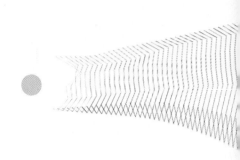

法律文书写作实训

叶永禄◎主 编
张晓梅 李 琴 邱文宇◎副主编

图书在版编目(CIP)数据

法律文书写作实训/叶永禄主编. —北京:北京大学出版社,2023.6
ISBN 978-7-301-34080-6

Ⅰ.①法… Ⅱ.①叶… Ⅲ.①法律文书—写作—中国—高等学校—教材 Ⅳ.①D926.13

中国国家版本馆 CIP 数据核字(2023)第 100914 号

书　　　名	法律文书写作实训 FALÜ WENSHU XIEZUO SHIXUN
著作责任者	叶永禄　主编
责 任 编 辑	尹　璐
标 准 书 号	ISBN 978-7-301-34080-6
出 版 发 行	北京大学出版社
地　　　址	北京市海淀区成府路 205 号　100871
网　　　址	http://www.pup.cn　新浪微博:@北京大学出版社
电 子 邮 箱	zpup@pup.cn
电　　　话	邮购部 010-62752015　发行部 010-62750672　编辑部 021-62071998
印 刷 者	三河市北燕印装有限公司
经 销 者	新华书店
	787 毫米×1092 毫米　16 开本　32.5 印张　1032 千字 2023 年 6 月第 1 版　2024 年 7 月第 3 次印刷
定　　　价	89.00 元

未经许可,不得以任何方式复制或抄袭本书之部分或全部内容。
版权所有,侵权必究
举报电话:010-62752024　电子邮箱:fd@pup.cn
图书如有印装质量问题,请与出版部联系,电话:010-62756370

前　言

法律文书是一个国家法律规范和法律职能的具体体现，是进行各种法律活动和处理法律事务的产物。它不仅是具体实施法律的重要手段，同时也是生动宣传法律的现实教材、记录法律活动的文字载体，更是考核法律人才的重要内容。法律文书的质量，既是法律工作人员法律素养和工作能力的反映，同时也是一个国家和社会法制建设状况和法治水平的体现。因此，学习和提高法律文书的制作水平和能力，不仅是法科学生的必修课程，也是法律实务工作人员必须孜孜不倦追求的目标。为此，我们精心编写了《法律文书写作实训》教材，在体现法律文书基本理论与知识体系化和完整性的同时，特别强调了法律文书的制作规范和制作技巧。

本教材共有六编十七章，分别为第一编总论、第二编刑事诉讼法律文书、第三编民事诉讼法律文书、第四编行政诉讼法律文书、第五编非诉讼法律文书和第六编其他法律文书。内容涵盖司法、仲裁、公证、律师法律服务等众多领域，既可以作为法律院校、法律培训机构的教材使用，也可以作为司法工作人员、仲裁员、公证员和律师等从事法律工作的参考用书。

本教材由叶永禄教授任主编，张晓梅副教授、李琴副教授和邱文宇律师任副主编。各章撰稿人分别为（按各章先后为序）：叶永禄撰写第一章、第八章、第十章、第十四章；李琴撰写第二章、第九章；冯立志撰写第三章、第六章；张晓梅撰写第四章、第五章、第七章、第十二章；邱文宇撰写第十一章、第十五章、第十六章、第十七章；黄威撰写第十三章。全书由叶永禄负责统稿并最后审定。

在本教材的撰写过程中，中国政法大学许身健教授、上海市高级人民法院宋向今法官、浙江省金华市人民检察院鲍庆华检察官、上海市锦天城律师事务所丁华律师、北京大成（上海）律师事务所王善良主任等，不仅对教材的撰写工作给予充分的关注，而且还在一些重要的问题上给予了热心的指导和支持。此外，上海交通大学凯原法学院揭严铮同学为教材撰写做了大量的资料收集和整理工作，在此一并向他们表示感谢！

最后，衷心感谢上海交通大学凯原法学院历届领导班子对法律实践教学工作的指导，感谢凯原法学院对"法律实训系列"教材出版的支持！

编　者

2022年12月12日于上海

目 录
Contents

第一编 总 论

第一章 法律文书概述 001
  第一节 法律文书的概念与特点 001
  第二节 法律文书的作用 005
  第三节 法律文书的分类 006
  第四节 法律文书的制作原则 006

第二章 法律文书的制作要求 008
  第一节 法律文书的外在形式与内部结构 008
  第二节 法律文书的语言要求 010
  第三节 法律文书的主要表达方式 014

第二编 刑事诉讼法律文书

第三章 公安机关刑事法律文书 019
  第一节 概述 019
  第二节 受案登记表与受案回执 022
  第三节 呈请立案报告书与立案决定书 026
  第四节 呈请拘留报告书与拘留证 033
  第五节 提请批准逮捕书与逮捕证 040
  第六节 通缉令 050
  第七节 起诉意见书 055

第四章 人民检察院刑事法律文书 059
  第一节 概述 059
  第二节 批准逮捕决定书与不批准逮捕决定书 060
  第三节 起诉书与不起诉决定书 067

第四节	公诉意见书	076
第五节	量刑建议书	078
第六节	刑事抗诉书	081

第五章　人民法院刑事法律文书　088

第一节	概述	088
第二节	第一审刑事判决书	089
第三节	第一审刑事附带民事判决书	102
第四节	第一审未成年人案件刑事判决书	110
第五节	第二审刑事判决书	116
第六节	再审刑事判决书	123
第七节	刑事裁定书	130

第六章　律师刑事法律文书　135

第一节	概述	135
第二节	刑事自诉状	136
第三节	刑事附带民事诉讼起诉状	141
第四节	刑事上诉状	145
第五节	辩护词	150

第七章　监狱法律文书　155

第一节	概述	155
第二节	罪犯入监登记表	156
第三节	罪犯奖惩审批表	160
第四节	提请减刑、假释建议书	163
第五节	监狱起诉意见书	169
第六节	对死缓罪犯提请执行死刑意见书	171

第三编　民事诉讼法律文书

第八章　律师民事法律文书　175

第一节	概述	175
第二节	民事起诉状	177
第三节	民事反诉状	191
第四节	民事上诉状	195
第五节	民事再审申请书	201

第六节　民事答辩状　　　　　　　　　　　205
　　　第七节　民事代理词　　　　　　　　　　　209
　　　第八节　民事申请书　　　　　　　　　　　216

第九章　人民法院民事法律文书　　　　　　　　　242
　　　第一节　概述　　　　　　　　　　　　　　242
　　　第二节　第一审民事判决书　　　　　　　　244
　　　第三节　第二审民事判决书　　　　　　　　258
　　　第四节　再审民事判决书　　　　　　　　　267
　　　第五节　民事裁定书　　　　　　　　　　　292
　　　第六节　民事调解书　　　　　　　　　　　335

第十章　人民检察院民事法律文书　　　　　　　　343
　　　第一节　民事抗诉书　　　　　　　　　　　343
　　　第二节　民事检察建议书　　　　　　　　　348

第四编　行政诉讼法律文书

第十一章　律师行政法律文书　　　　　　　　　　355
　　　第一节　概述　　　　　　　　　　　　　　355
　　　第二节　行政起诉状　　　　　　　　　　　356
　　　第三节　行政上诉状　　　　　　　　　　　363
　　　第四节　行政诉讼再审申请书　　　　　　　367
　　　第五节　行政诉讼答辩状　　　　　　　　　370
　　　第六节　行政诉讼代理词　　　　　　　　　373

第十二章　人民法院行政法律文书　　　　　　　　376
　　　第一节　概述　　　　　　　　　　　　　　376
　　　第二节　第一审行政判决书　　　　　　　　377
　　　第三节　第二审行政判决书　　　　　　　　387
　　　第四节　再审行政判决书　　　　　　　　　391
　　　第五节　行政裁定书　　　　　　　　　　　397
　　　第六节　行政赔偿调解书　　　　　　　　　401

第五编　非诉讼法律文书

第十三章　律师非诉讼法律文书　405
- 第一节　概述　405
- 第二节　律师见证书　407
- 第三节　法律意见书　410
- 第四节　法律建议书　413
- 第五节　调解协议书　416
- 第六节　合同书　419

第十四章　仲裁法律文书　424
- 第一节　概述　424
- 第二节　仲裁协议书　425
- 第三节　仲裁申请书　430
- 第四节　仲裁答辩书　433
- 第五节　仲裁代理词　436
- 第六节　仲裁裁决书　439
- 第七节　仲裁调解书　447
- 第八节　撤销仲裁裁决申请书　451
- 第九节　不予执行仲裁裁决申请书　454

第十五章　公证法律文书　458
- 第一节　概述　458
- 第二节　公证申请书　459
- 第三节　公证文书　462

第六编　其他法律文书

第十六章　笔录　473
- 第一节　概述　473
- 第二节　现场勘验笔录　476
- 第三节　询问笔录　480
- 第四节　讯问笔录　484
- 第五节　法庭审理笔录　489

	第六节　合议庭评议笔录	494
第十七章	**国家赔偿法律文书**	498
	第一节　概述	498
	第二节　行政赔偿申请书	498
	第三节　刑事赔偿申请书	502
	第四节　行政赔偿决定书	505
	第五节　刑事赔偿决定书	507

第一编 总论

PART ONE
LEGAL WRITING

第一章 法律文书概述

第一节 法律文书的概念与特点

一、法律文书的概念

法律文书通常有广义和狭义两种理解。广义的法律文书，是指一切在法律上有效的或具有法律意义的文件、文书、公文的总称，包括规范性法律文书和非规范性法律文书。

所谓规范性的法律文书是指国家有关权力机关依照职权所制定并正式颁布的要求人们普遍遵守的行为规则，包括宪法、法律、法规，其中包括国家立法、地方立法及各企事业单位内部规范的各项管理制度。

所谓非规范性法律文书是指国家司法机关、律师及律师事务所、仲裁机关、公证机关和案件当事人依法制作的处理各类诉讼案件以及非诉讼案件的具有法律效力或法律意义的非规范性文件的总称。国家司法机关包括公安机关（含国家安全机关）、人民检察院、人民法院和监狱管理机关等。非规范性法律文件只适用于特定的人和特定的事，如判决书、裁定书等，这就是狭义的法律文书。

本教材所指的法律文书就是狭义的法律文书。

二、法律文书的特点

法律文书不同于普通文书,它具有如下特点:

(一)合法性

法律文书是一种具有法律效力或法律意义的文书,因此,制作法律文书必须符合国家法律的规定。合法性是法律文书的首要特征,它包括主体合法、依据合法、内容合法和运用合法等方面的内容。

(1)主体合法。即法律文书的制作主体必须符合法律的规定。对各种法律文书,法律都规定了明确的制作主体,譬如,裁判文书必须由代表国家行使审判权的各级人民法院制作;公诉文书必须是由代表国家行使公诉权的各级人民检察院制作;侦查文书必须是由对刑事案件具有侦查权的公安机关、国家安全机关、检察机关、监狱及军队保卫部门制作;刑事自诉文书、民事和行政诉讼类文书可以由当事人或者当事人委托的律师制作。

(2)依据合法。即制作法律文书必须依据现行有效的法律制作,而不得随意使用其他依据。具体而言,制作法律文书所依据的就是现行有效的《中华人民共和国刑事诉讼法》(以下简称《刑事诉讼法》)、《中华人民共和国民事诉讼法》(以下简称《民事诉讼法》)、《中华人民共和国行政诉讼法》(以下简称《行政诉讼法》)、《中华人民共和国仲裁法》(以下简称《仲裁法》)、《中华人民共和国人民调解法》(以下简称《调解法》)和《中华人民共和国公证法》(以下简称《公证法》)等法律,以及最高人民法院相应的司法解释。

(3)内容合法。即法律文书的内容,包括法律文书正文部分事实的叙述、依据的说明、理由的阐述以及结论的作出,都必须符合《中华人民共和国民法典》(以下简称《民法典》)、《中华人民共和国刑法》(以下简称《刑法》)以及各种行政法律法规的规定和最高人民法院所作的相关司法解释。

(4)运用合法。即法律文书实际运用过程必须符合法律规定程序,办理法律明确的手续。譬如,《刑事诉讼法》第89条规定:"人民检察院审查批准逮捕犯罪嫌疑人由检察长决定。重大案件应当提交检察委员会讨论决定。"这一法条就是对人民检察院制作批准逮捕决定书的法定程序和手续的明确规定,任何人都不得违反。

(二)规范性

法律文书是一种具有较强规范要求的文书类型。从文书的纸张规格、书写内容、语言表述到签署用印,都必须遵循严格的制作规范。制作者必须严格按照这些规范化要求制作法律文书。否则,法律文书不仅会失去它本来应有的面貌,甚至还会影响它的功能实现。这里所说的规范化主要是指以下方面:

1. 文书形式的程式化

法律文书是一种在形式上具有明显程式性特点的文书。经过司法活动的长期实践，法律文书在反复使用的过程中已经在写作格式、篇章结构和转述来文的方式等方面形成了一整套特有的规范和稳定的技术性要求。它的程式化特点具体表现在两个方面：

一是结构固定化。法律文书大都有固定的结构，包括首部、主体（正文）、尾部三部分。其中，首部又包括：(1) 制作机关、文种名称、编号；(2) 当事人等基本情况；(3) 案由、审理经过等内容。正文包括：(1) 案情事实；(2) 处理（请求）理由；(3) 处理（请求）意见等要素。尾部包括：(1) 交代有关事项；(2) 签署、日期、用印；(3) 附注说明等要求。每部分的内容固定，层次分明。

当然，这是对绝大多数文书，尤其是司法机关和仲裁机构制作的文书的结构层次的概括，而有些报告类文书、表格类文书及当事人制作的法律文书，则不具有如此明显的结构层次。

二是用语成文化。法律文书是具有法律效力或法律意义的特定文书种类，为减少随意性，不少法律文书的用语都是规范的统一文字，甚至还使用格式化的用语、语序。譬如，在人民法院的判决书中，通常以"经审理查明：……"作为人民法院对事实认定的引导词；而以"本院认为：……"作为人民法院阐述理由的开篇语。另外，这两者的顺序也是固定而不得前后倒置的。有的法律文书甚至采取统一印制格式的方式，文书制作者只需在使用时填入适当的部分文字即可。

2. 文书内容的要素化

在上述程式化的规范中，法律文书结构中的各部分内容都具有要素化的特点。首先，每个大单元都由若干个小单元构成。譬如，在起诉状的"正文"部分，是由诉讼请求、事实与理由、证据及证据来源等组成的；在判决书的"正文"部分，是由案件事实、处理理由和处理意见等组成的。其次，在每个小单元中还有基本固定的构成要素。譬如，关于当事人的身份事项，如果当事人是公民，身份事项应当包括姓名、性别、出生年月日、民族、出生地、文化程度、职业或工作单位、住址等；如果当事人为法人或其他组织，身份事项应当包括法人或其他组织名称、住址、法定代表人姓名、法定代表人职务及联系方式等。

当然，不同种类的法律文书，其内容要素也不尽相同。制作者应根据不同类别法律文书的具体要求来制作。

3. 文字表述的准确化

法律文书对文字表述有很高的要求，这主要是因为法律文书往往涉及国家、集体、个人的根本利益，它是有法律效力或现实法律意义的文书，因此，文字表述必须高度精确。这里所谓的"精"就是精当，"确"就是确切、准确。也就是说，法律文书的文字表述要做到：是则是，非则非，是违法行为就是违法行为，是构成犯罪就是构成犯罪,反之亦然,不能有丝毫的含混模棱。

（三）实效性

法律文书的实效性,指的是法律文书实施的可行性和实施效果的目的性。

首先,法律文书实效性体现在制作法律文书的目的性。法律文书都是为解决实际法律问题而制作的,因此,制作者有明确的目的追求。譬如,当事人制作合同书,是为了明确双方的权利义务关系,实现双方所追求的交易利益;当事人签订了仲裁协议书,是希望通过一种对抗性比较小、当事人意思自治性比较强、解决纠纷效率比较高的纠纷解决方式,来解决彼此将要发生或者已经发生的纠纷;当事人制作仲裁申请书,是希望依据事先约定的仲裁协议将纠纷提交仲裁委员会通过仲裁的方式,实现对自己合法权益的保障;仲裁结束制作裁决书,是要通过仲裁审理,在查明案件事实的基础上,正确适用法律,以明确双方当事人的责任,对案件处理作出决定;当事人制作撤销仲裁裁决申请书,是要通过人民法院对仲裁实施司法监督程序,纠正错误的仲裁裁决;当事人制作仲裁执行申请书,则是要通过人民法院强制执行来实现生效仲裁裁决所确定的民事权益。

其次,法律文书的实效性还体现在被制作的法律文书具有可实施性。这种可实施性不仅体现为法律文书对双方当事人具有的法律约束性,还体现在某些法律文书具有国家强制力保证实施的特质。如上所述,当事人签订的合同对双方都具有约束力,当事人应当履行什么义务,可以享受什么权利,都必须受到合同的约束。当事人既不可消极履行合同约定的义务,也不得滥用合同中规定的权利,否则都将因构成对合同的违背而承担法律责任。如果当事人行使权利受到障碍或者发生争议,可以有法律救济手段,即通过仲裁或诉讼所形成的仲裁机构裁决书或人民法院判决书,要求承担法律义务的一方当事人自觉履行裁决书或判决书中确定的义务,否则权利人可以提出申请,请求人民法院运用国家强制力,来确保裁决书或判决书中确定的民事权利得以实现。

当然,法律文书的强制力也有强弱之分,这种强弱不仅体现在不同主体所制作的法律文书上,也体现在同一主体所制作的法律文书上。譬如,在刑事诉讼中,公安机关对犯罪嫌疑人或被告人采取的强制措施就会使用拘传票、取保候审决定书、监视居住决定书、拘留证、逮捕证等,这些法律文书虽然都是公安机关或人民检察院作出的,但其强制力的强弱是显而易见的。再如,人民法院发布的传票,本身就有一定的强制性,其注意事项中明确规定"被传人必须准时到达应到处所"。但诉讼活动中,由于某些公民法律意识的淡薄,常常发生拒不到庭或不按时到庭的情况,这一现象说明,传票的强制力是有限的。但法律对此并非无能为力,我国《民事诉讼法》规定对经过合法传唤的被告拒不到庭的可缺席判决,对合法传唤的原告拒不到庭的可按撤诉处理,由此可见,传票中载明的该项内容还是具有法律保障力的。和传票相比,拘传票的强制力则十分强烈,其注意事项中规定:"被拘传人如抗拒拘传或脱逃得强制拘传。"

第二节 法律文书的作用

法律文书是在进行诉讼活动、与诉讼相联系的非讼活动中实施法律行为的文字载体。它的根本作用在于正确反映实施法律的情况。具体表现为以下几点：

一、具体实施法律的重要手段

实现法的作用与目的的条件是法律实施。法律实施，是指通过一定的方式使法律规范的要求和规定在社会生活中得以贯彻和实现的活动，包括法律适用和法律执行。法律文书是实施法律的一种表现形式。它担负着从概括的法条转为生动的实际运用的表现任务，反映了法律规范实际运行过程中的状态。法律文书制作的根本目的就在于有效地保证法律的具体实施。

二、有关法律活动的忠实记录

我国法律规定，全部诉讼活动的每个程序、每一环节，都必须用相应的法律文书来记载和认定，才能生效。各个环节的诉讼文书，从头到尾依次衔接或间有交错，忠实地记载办理案件的全过程。一套完整的诉讼案卷便形成一个诉讼文书的系统，储存着诉讼信息。

同样，公证书记载公证机关办理公证事项的活动，使法律行为或者有法律意义的文书和事实的真实性、合法性得以确认。仲裁文书则是对国内企业之间有关经济合同争议和涉外经济贸易及海事合同争议仲裁活动的忠实记载。

三、生动宣传法律的现实教材

中共十八届四中全会通过的《中共中央关于全面推进依法治国若干重大问题的决定》明确提出，要坚持把全民普法和守法作为依法治国的长期基础性工作，开展法治宣传教育。开展全民普法，是人类法治发展史上的一大创举。开展法治宣传的方式和途径多种多样，其中法律文书就是生动宣传法律的现实教材。人们通过公开对外的法律文书，不仅可以了解具体案件的处理过程和结果，还可以通过对案件处理过程和结果的认识，学习法律知识，提高法治意识。

四、综合考核政法干部的重要尺度

法律文书制作是对法律工作者法律素质的综合检验。制作一份高质量的法律文书，不仅需要制作者具有丰富的法律知识和法律工作经验，还需要制作者具有较高的法律素质，是对制作者法律思维能力、法律表达能力和对法律事实的探索能力的综合检验,并因此成为综合考核政法干部的重要尺度。

第三节 法律文书的分类

法律文书可以通过不同的标准进行分类:

(1)根据案件性质不同,可分为:刑事法律文书、民事法律文书、行政法律文书、仲裁法律文书、公证法律文书、国家赔偿法律文书和非诉讼法律文书等。

(2)根据法律文书的制作主体不同,可分为:公安机关法律文书、检察机关法律文书、人民法院法律文书、监狱法律文书、公证机关法律文书、仲裁机构法律文书和当事人、律师法律文书。

(3)根据程序的阶段不同,可以分为:侦查文书、公诉(起诉)文书、裁判文书等。

(4)按照写作和表达方法的不同,可分为:文字叙述式法律文书、填空式法律文书、表格式法律文书和笔录式法律文书。

(5)按照文书种类(文种)的不同,可分为:报告类法律文书、通知类法律文书、判决类法律文书、裁定类法律文书、决定类法律文书等。

第四节 法律文书的制作原则

一、以事实为依据

案件事实是案件成立的基础,没有案件事实,自然也就谈不上案件了。因此,制作法律文书首先就应当遵守以事实为依据原则,要求法律工作者在制作法律文书时必须从实际出发,实事求是,以客观存在的案件事实为依据。具体地说:

(一)法律文书必须如实反映案件的事实真相

案件的事实真相也就是案件的本来面貌,它是客观存在的,而不是无中生有,或者是经过篡改的案件事实,包括案件发生的时间、地点、原因、经过和结果等情况。如果法律文书叙述的事实不符合案件的事实真相,那么它最终得出的结果也肯定是错误的。

(二)法律文书所反映的案件事实必须有确实充分的证据相印证

案件事实是已经发生过的事实,因此,要完成事实发现和事实形成必须通过确实充分的证据才能实现。只有为证据证明的事实才能成为案件的法律事实。在裁判文书中,只有经过法庭质证的证据才能作为确定案件事实的依据。

二、以法律为准绳

法律文书具有极强的法律属性,其根本作用在于确保法律的具体实施。因此,制作法律文书必须遵循以法律为准绳原则，即依据现行法律对案件作出正确处理。这里所谓的现行法律，既包括作为国家根本大法的宪法，也包括其他部门法。而法律文书最直接的法律依据是各种程序法和实体法。

（一）程序法是法律文书制作的法律依据

法律文书是随着一定的法律程序产生的，特定的法律程序就有特定的法律文书与之相适应。程序法作为规范法律程序的法律，自然也就成为法律文书的重要依据。在每一部程序法中，对于相应的一些重要法律文书都规定了具体的制作时间、制作原则和制作的具体内容。因此，以法律为准绳原则要求制作法律文书必须严格遵守程序法的规定。

（二）实体法是法律文书作出结论的法律依据

以法律为准绳原则还要求法律文书结论的作出必须符合实体法的规定。即所有法律文书，只要涉及案件的实体内容，制作时都必须援引有关的实体法条文作为得出结论的依据。譬如，在民事案件中援引民事法律法规，在刑事案件中援引刑事法律法规，在行政案件中援引行政法律法规等。

三、公正、公开

司法公正是现代司法制度的基石，也是建设法治国家的基本要求。因此，司法公正既是制作法律文书应当遵循的基本原则，也是法律文书最终追求的目标。遵循司法公正原则，就要求在制作法律文书的时候必须充分尊重客观事实，严格依据国家法律，做到不偏不倚，刚直不阿。既要追求实体的公正，也要实现程序的公正。

司法公开是实现司法公正的重要途径和手段。就法律文书而言，这种公开不仅是对当事人的公开，也是对整个社会的公开。法律文书应当依法向社会公开，接受社会的监督。当然，法律文书的公开必须以尊重法律为前提，凡是法律规定不得公开的内容，如涉及国家秘密、个人隐私和商业秘密等，在法律文书中也不能公开。

第二章 法律文书的制作要求

第一节 法律文书的外在形式与内部结构

制作法律文书有严格的规范要求。因此，在制作法律文书时，首先必须掌握其制作的要求。从名称、格式到内容、语言，以及表达方式，都应当了解并充分掌握。我们尤其需要明确以下几点：

一、外在表现形式

法律文书从文书的纸张规格、书写内容到签署用印，都必须遵循严格的制作规范和要求。

从名称来看，大多数法律文书往往通过"书""状"和"词"等形式出现。其中，"书"有人民法院制作的，如刑事、民事和行政判决书、裁定书以及民事调解书等；有人民检察院制作的，如刑事起诉书和抗诉书、民事和行政抗诉书等；有公安机关制作的，如起诉意见书、立案决定书、提请批准逮捕书等；有公证机构制作的公证书、仲裁机构制作的裁决书，还有当事人制作的，如民事再审申请书、支付令申请书和执行申请书等。"状"是由当事人在民事、行政诉讼中提出起诉或应诉时制作的，如民事、行政起诉状，民事、行政上诉状，民事、行政答辩状等。"书"和"状"一般都有固定的格式。"词"则是在法庭辩论阶段使用的，如辩护人、委托代理人为维护当事人的合法权益而制作的辩护词、民事诉讼和行政诉讼代理词，它通常没有固定的格式要求。代理词在形成书面并向人民法院提交时，可以表述为"代理意见"。

二、内部结构

大多数法律文书都有固定的格式，从结构上我们可以将法律文书分为首部、正文和尾部三个部分。

（一）首部

法律文书的首部是整篇文书的起始部分。虽然不同的文书首部各项不尽相同，但总体上都包括以下内容：

1. 标题和案号

人民法院、人民检察院、公安机关以及仲裁机构制作的法律文书通常都有标题和案号。标题通常由制作机关的名称与文种名称构成，而且在标题的右下方必须写上案件编号，即案号。当事人等制作的法律文书一般只要求写明文种名称即可。

2. 当事人和法定代理人、委托代理人等基本情况

在法律文书中，当事人包括刑事诉讼中的犯罪嫌疑人、被告人、被害人、刑事附带民事诉讼的原告人和被告人；行政诉讼中的原告、被告；民事诉讼中的原告、被告和第三人等。其中，第三人包括有独立请求权的第三人和无独立请求权的第三人。如果当事人是公民，其基本情况主要写明姓名、性别、出生年月日、民族、职业和住址等。如果当事人是法人或者其他组织，其基本情况应该写明法人或组织的名称、地址，以及法定代表人或主要负责人的姓名、职务等。对于法定代理人和委托代理人的基本情况，可以写得相对简单些。法定代理人的基本情况一般包括姓名、职业和住址，同时在姓名后面注明其与当事人的关系。委托代理人的基本情况只需要写明姓名、工作单位和职务。

当然，有些法律文书可能对当事人及诉讼参与人身份事项的说明有特别的要求，在书写时应该特别注意。

需要明确的是：

（1）公民的住址主要是指公民的住所地，即公民户籍所在地。在民事诉讼中，如果公民不在住所地居住的，也可以以经常居住地为其住址。所谓经常居住地是公民离开住所地至提起民事诉讼时已经连续居住一年以上的地方，但公民住院就医的地方除外。如果公民的户籍迁出后尚未落户，有经常居住地的，将该居住地列为住址；没有经常居住地的，以原户籍所在地为其住址。

（2）法人或者其他组织的住址是指法人或者其他组织的主要办事机构所在地。法人或者其他组织的主要办事机构所在地不能确定的，法人或者其他组织的注册地或者登记地为其住址。

（3）法定代表人是指代表法人行使职权的人，通常是法人的正职行政负责人，而非党、团负责人。如果没有正职负责人的，由主持工作的副职负责人担任法定代表人。设有董事会的法人，以董事长为法定代表人；没有董事长的法人，可以列经董事会授权的负责人为法人的法定代表人。

（4）其他组织是指合法成立，有一定的组织机构和财产，但不具备法人资格的组织，如私营企业、合伙组织、合伙型联营企业等。其他组织的主要负责人通常也是指最高行政正职负责人。

（5）法定代理人是指无诉讼行为能力或限制行为能力人的监护人。如果监护人之间互相推诿代理责任的，由人民法院指定其中一人代为诉讼。

3. 案由、案件来源、案件审理经过等

案由是指案件的性质,案件来源是指该案件是如何提起的。这两项内容只有部分法律文书必须写。案件审理经过这一项往往在人民法院制作的法律文书中要加以说明,它包括审判组织、审判方式以及有关人员出庭情况等。

（二）正文

正文部分是法律文书的重要内容,主要包括事实、证据和理由。除此之外,起诉类文书还包括请求事项,裁判类文书还包括处理意见。

当然,不同的法律文书其正文部分的内容要点也是不同的。对此,我们将在后面各章讲述具体文书制作时具体说明。

（三）尾部

法律文书的结尾部分除了交代一些相关事项外,还包括签署、日期、用印以及附注。不同的法律文书对于需要交代的事项各不相同,具体内容将在后面各章讲述相关法律文书时详细介绍。

第二节 法律文书的语言要求

法律文书对语言有特别的要求,主要包括以下几个方面:

一、准确

所谓准确,就是用最贴切、最恰当的语言来反映法律文书的具体内容,也就是选字、遣词、造句以及标点符号都应该正确、精准,不能产生歧义。法律文书的内容往往涉及人们的声名荣辱、财产得失、生命健康安全等,因此,在制作法律文书时,必须字斟句酌,以最精准的文字和最恰当的表述,避免产生歧义。否则,任何误差小则成为人们茶余饭后的笑话,大则可能造成案件事实与结论大相径庭。

有人认为民事、行政法律文书和刑事诉讼实务文书不同,因为它们不涉及生杀予夺的大事,所以文字不准确甚至有些差错都没有关系,其实不然。曾经有一对夫妻因为性生活不和谐产生矛盾,丈夫向法院提起诉讼要求离婚。某人民法院在该案审理终结后作出离婚判决,民事判决书中写道:"原、被告由于生理方面的原因影响夫妻生活,导致感情破裂。"结果,不明真相的人看到判决书后以为原、被告有生理缺陷,使当事人在各自单位被人嘲笑,对当事人造成了不必要的伤害。

要真正做到用语准确,必须做到:

1. 避免错别字的产生

在制作法律文书的时候,如果粗心的话,很容易产生错别字。当然,有些也可能是打印上出现的错误。但是,无论什么原因,只要有错别字,就会影响文书语言的准确。譬如："本院授理后，依法……""现已审理中结"中的"授理"和"中结"都是错误的，正确的用词应该是"受理"和"终结"。

2. 不生造词句

有些制作者由于受外界各种影响或表达能力的局限，往往生造词句，使文书的意思令人费解。例如，"原告于是不得不去了人流"，这里的"人流"显然是受日常生活语言的影响，因为在日常生活中我们常常将"人工流产"称为"人流"，但用于法律文书中就不够明确。又如，"被告突然拦住原告进行纠理"中"纠理"也是制作者自创的，他本来想表达的是"被告突然拦住原告进行纠缠、论理"。

3. 尽量少用抽象的语言

所谓抽象的语言就是意思不明确、不具体的用语。例如，"原告认为被告和其他女人有不正当的男女关系"中"不正当的男女关系"就非常抽象。虽然日常生活中如果这么说大家都明白到底是怎么回事，但是在法律文书中出现就违背了准确这一原则。

4. 切忌指代混乱

指代混乱就是在制作法律文书的时候指代不明确，从而造成人物等关系的混乱不清。比如，有些法律文书中对当事人的称谓非常不统一，在同一文书中一会儿用"原告×××""被告×××"，一会儿用"原告""被告"，一会儿又用"我""他（她）"，还有直接写当事人的姓名。譬如，在一份民事判决书中有这么一句话："原告王××诉称，被告×××于××年××月××日与其丈夫一起打自己。"在这里，"其"和"自己"指代混乱，产生了歧义。

准确是法律文书语言的重要特点，它是确保法律文书其他语言风格的前提和基础，是这些语言风格中的灵魂。但是，这里所说的准确不是绝对的准确，而是相对的准确。一方面，语言本身的局限性使其不可能达到绝对的准确；另一方面，法律文书所要反映的某些特殊内容也排斥语言的绝对准确。为此，在强调语言准确的同时，制作法律文书还必须注意适当使用模糊语言。

模糊语言也就是意义含糊的词语、句子等，如"也许""大概"等。但是，使用模糊语言是有原则的，只能在不影响案件的本来面貌和处理结果的情况下才可以使用。譬如，法律文书涉及个人隐私和商业机密等内容时，就必须采用模糊语言来概括，不应该详细表述。

二、精练

精练就是在准确的基础上使文章言简意赅。言简，即文字简洁、干练；意赅，是文意赅备。言简意赅要求法律文书的制作者必须用最简洁的文字反映最完整的意思。既反对事无巨细，冗长、拖沓；也反对苟简疏漏，一味追求文字的简洁而忽视了文书内容的完整性、全面性。

我国古代就非常注意法律文书语言的精练，比如清朝有一份状子的内容就非常简洁、明了。它用"夫亡、无嗣、翁鳏、叔壮"这样简短的八个字，将一个古代妇女所处的家庭环境展现得淋漓尽致。夫亡，即丈夫亡故；无嗣，也就是没有子嗣、后代；翁鳏，指老公公是个鳏夫；叔壮，意思是小叔子正当壮年。这样的家庭环境充分说明这位古代妇女置身其中的艰难，在那样一个讲究"三从四德"的社会，这位妇女确实再也找不出留下的理由了。可见，这份状子虽然文字简洁，但文意赅备，为打赢这场官司奠定了良好的基础。

现代语言也许很难像文言文那样具有概括性，但是我们仍然应该在制作法律文书时尽量做到用语精练。如果语言表达不精练，势必会造成法律文书内容的主次不清，从而影响其质量、效果。在司法实践中，不少司法文书都反映出这方面的问题。

面对各类复杂和烦琐的案件，制作法律文书时更要保证其语言的精练。为此，必须注意以下几点：

1. 忌语言啰唆

由于法律文书所涉及的内容主要是发生在公民、法人和有关组织之间的各类纠纷，所以往往比较复杂、烦琐。在反映这些内容时，稍不注意就会出现语言啰唆的现象。譬如，有一篇民事起诉状中这样写道："原告王××与被告张××本来属于夫妻关系，由于××××年××月××日作为妻子的原告王××生产下一个女婴之后……"该民事起诉状语言之啰唆是显而易见的。

2. 避免口语化现象

在制作法律文书的时候，语言表达也很容易口语化。有些制作者写出来的东西甚至就像日常生活中很随意地说出来的话一样。例如："被告说已经把钱还给了原告，可是原告却说被告没有还钱，所以两个人吵得不可开交。"这样的表达虽然通俗，但不符合文书语言的精练要求。

3. 切忌随便使用简称

司法实践中，法律文书制作使用简称的现象比较多，这样虽然表面上看文字简洁，但是文意却不完备。例如，以"牛马感情不和"来表述姓牛的原告与姓马的被告夫妻感情不和，让人啼笑皆非。又如，"被告与父母分居多年，对父母未尽赡养义务"，这里的"分居"是"分开居住"之意，和我们通常所说的"夫妻分居"之分居意思不同。

所以，在制作法律文书的时候应该特别注意语言的简洁，同时又不能忽视文书内容的完整。精练是言简与意赅两方面的统一，任何一方都不可以偏废。

三、庄重

庄重原有端庄郑重之意，在这里则是强调法律文书的语言必须是经过严格的筛选、过滤之后，得以净化的语言。

司法活动是严肃的社会活动，反映司法活动的法律文书也必须严肃对待。法律文书是反映司法活动的法律文书，作为法律法规的重要载体，其用语不可以马虎和随便。尤其是在民事法律文书中，由于民事案件均发生于民间，而起诉、应诉类法律文书亦均由当事人制作，所以往往难以避免一些当事人为图一时之快用非常恶毒、粗野、不堪的语言对对方进行人身攻击。有的法官在制作民事裁判文书时也不注意斟酌语言，如使用"搞第三者""轧姘头""奸夫"等词，影响了民事裁判文书的严肃、庄重。

强调法律文书语言的庄重，要求制作者在制作文书时尽量做到：

1. 正确运用法言法语

一般来说，法律文书的语言来源于四个途径：一是借用日常生活用语。这一部分占法律文书用语的比例较大，因为每一个案件都是发生在我们的生活之中的。二是虽然借用日常生活用语，但从法律上赋予其特殊的含义。如第三人、证据等，这些词语在日常生活和民事诉讼实务法律文书中都会用到，但是其含义却不尽相同。日常生活中，两个人中间来了另外一个人，这个人我们称为"第三人"。但是在法律文书中，"第三人"是民事诉讼当事人中的一种，包括有独立请求权的第三人和无独立请求权的第三人。三是借用别的专业术语。当然，是否借用别的专业术语必须根据具体案情的需要而定。四是法律专门术语。如原告、被告等，这些都是在民事、行政诉讼中才用到的术语。在制作法律文书时，实际上不是单纯地使用上述某一方面的语言，而是将不同来源的语言加以综合运用。不过，在运用这些语言的过程中，我们应该尽可能使用法言法语，以确保法律文书的严肃性。

2. 切忌使用华丽的辞藻

华丽的辞藻都是用来起修饰作用的，目的是使文章更为生动活泼，富有感染力。法律文书作为文书的一种，从性质上说它是具有法律效力或法律意义的。这一性质决定了它所追求的目标是以理服人，而不是以情动人。正因为如此，在制作法律文书时，用语必须严肃、庄重，切忌使用华丽的辞藻。譬如，某民事起诉状中有这么一句话："想当年原告天生丽质，使被告一见钟情。"这句话虽然形象生动，但就民事起诉状而言，它并没有什么实质意义，既不能解释该民事案件当事人纠纷的事实经过，也不能阐明起诉的理由，反而削弱了该民事起诉状的严肃性。

3. 忌用形象化语言

制作法律文书时还必须注意忌用形象化语言。在司法实践中，有些当事人为了解恨，常常喜欢在制作自书文书时，用形象化的语言，以达到侮辱或丑化对方当事人的目的，如"被告简直像魔鬼""×××人模狗样""×××长得像丑八怪"等。这些语言都使法律文书显得不严肃、不庄重。

4. 避免方言土语

在司法实践中，有些司法工作者为了使语言接近生活，让当地人能够更好地理解法律文书的含义，往往将一些方言土语引进法律文书之中。这样不但使很多外地人看不懂，而且也使大量的属于国家发布的司法文书变成地方性文件，影响其庄重性。特别典型的是对于某些涉案人员的称谓各地很不统一。譬如，某人民法院民事判决书中这样写道："于是，原告简××当场指着被告于××的女人破口大骂。"这里所指的"女人"实际是妻子。但是如果不懂当地的习惯，就很容易对此产生误解。

5. 摈弃污言秽语

法律文书中的污秽语言通常产生于对当事人原话的引用。有些制作者为了充分反映案件的具体情况，喜欢在文书中引用当事人的原话，因而难以避免地把当事人互相对骂时使用的一些污言秽语也原封不动地照搬过来。这是极不严肃的。

四、朴实

朴实即朴素、平实。法律文书反映的是法律纠纷的具体情况，它是针对普通的人和普通的事制作的，而不是用来哗众取宠的。因此，法律文书的语言必须以朴素、平实的姿态面对它的阅读者。这样，人们才能看懂、听懂它，并理解它，甚至服从它。因此，在制作法律文书时，应该尽量避免使用生僻的词语与深奥的语言。法律文书必须面向大多数人，只有通俗易懂的朴实的语言才能为大多数人所接受。如果大家都看不明白，无法理解，这样的法律文书等于一纸空文。

当然，朴素、平实并不是说要把来源于群众的朴实语言不加选择地照搬照抄，更不可以为追求语言的通俗易懂而使法律文书的语言走向无聊和庸俗。

五、严谨

如果说前面四个方面主要是对字、词、句等提出要求的话，那么严谨则主要针对的是行文的整体协调。它在法律文书的制作中，就像人身体内的脉络一样，掌握、协调着内容之间的关系，使整篇文书的语言和结构更为严密。

综上所述，准确、精练、庄重、朴实、严谨是法律文书制作中缺一不可的语言要求。其中，准确是最根本的，精练、庄重、朴实、严谨都必须以准确为基础。只有首先确保语言的准确，才能够进一步谈它的精练、庄重、朴实和严谨。

第三节　法律文书的主要表达方式

我们知道，一般文章的表达方式有五种，即叙述、说明、议论、描写和抒情。叙述，就是把事情的前后经过记载下来；说明，就是把事物的形状、性质、特征等解释明白；议论，即对人或者事物发表见解、主张理由等；描写，是用语言文字将人和事物的形象刻画出来；抒情，则是抒发感情。

法律文书是一种特殊的文书体裁，它追求的是以理服人的效果，而不是追求以情动人的场面。这一特殊性决定了法律文书的表达方式主要是叙述、说明和议论。

一、叙述

法律文书的叙述是对于案件事实的文字记载，就是将各种纠纷的前后经过写清楚。任何案件的审理必须以事实为根据，以法律为准绳。因此，事实叙述对于法律文书非常重要。一份好的法律文书的事实部分必须达到以下几方面要求：

1. 内容全面客观

事实是定案的依据，所以叙述事实首先要做到全面客观。全面，就是要在事实部分将纠纷的整个过程叙述清楚。虽然各种不同的法律文书事实部分的内容要点不完全相同，但是一般都是由一些基本要素构成的。譬如，刑事法律文书的事实叙述一般要抓住时间、地点、动机、目的、手段、情节和后果等七个要素。而民事法律文书的事实叙述则包括三个层次：一是民事纠纷发生前各方当事人在法律关系中所处的地位；二是民事纠纷的具体过程，如纠纷的原因、时间、地点、经过、结果等；三是民事纠纷发生后各方当事人在法律关系中所处的地位。

客观，就是要求制作者按照案件的本来面貌叙述事实，不能任意夸大或者缩小。事实是不可以凭空捏造的，法律文书的事实必须有足够证据证明，每一事实都要有合法有效的证据与之相印证。这样才能够真正使叙述达到客观的要求。

2. 因果关系清楚

因果关系是事物内在的必然联系。对于法律文书来说，因果关系清楚是指叙述事实时一定要将当事人的行为和案件的结果之间是否有内在必然的联系写明白。有无因果关系是当事人是否要承担法律责任的一个关键因素。所以，在制作法律文书的时候，我们一定要有非常客观的态度，只有客观地综观案件发生、发展的整个过程，才能够把握行为与结果之间是否有内在必然的联系，从而得出正确的结论。

3. 重点突出

一篇高质量的法律文书不能满足于对案件事实的平铺直叙，而是必须抓住案件的重点加以叙述，为案件的正确解决奠定良好基础。譬如，对于刑事法律文书来说，事实的重点就是被告人犯罪的关键情节，所以，在叙述刑事法律文书事实的时候，必须把握犯罪构成要件，突出关键情节。对于民事法律文书而言，就是要抓住当事人矛盾的关键所在，突出争议焦点。只有了解当事人双方的争议焦点，才可以知道问题的症结所在，从而更好地解决双方当事人之间的矛盾和冲突。而在行政纠纷中，行政机关行政行为的合法性是双方当事人的争议焦点，因此，行政法律文书的事实叙述就必须抓住行政机关的行政行为是否合法这一关键事实。

当然，由于法律文书的制作主体不同，制作者站的角度不同，想达到的目的不同，其对案件重点的认识和感受也不一定相同。尤其是民事案件当事人在制作、使用的诉讼实务文书时，往往容易站在自己的立场上，指责对方，把责任一味推给别人，而对自己的问题则避重就轻。

4. 叙述方法恰当

法律文书的叙述方法有很多，但最重要的方法有三种：一是时间顺序法，即按照时间的先后顺序叙述案件事实，将案件发生、发展和变化的情况反映出来。这种方法也叫"自然顺序法"。譬如，一人多次作案，触犯同一罪名的案件，就适合使用时间顺序法叙述案件事实。二是突出主要人物法，即对于有两个人以上当事人的案件，如果当事人在案件中存在不同的地位，那么叙述事实的时候就有必要将主要当事人涉及的案件排列在前，次要当事人涉及的案件事实安排在后。共同犯罪案件就适合突出主要人物法叙述案件事实。三是突出主要事件法，是指涉及事实在两件以上的案件，在反映案件事实情况时必须将主要事实先叙述，次要事实后叙述。譬如，在一人多次作案，触犯不同罪名的数罪并罚案件中，在叙述当事人的作案事实时，就必须先叙述主罪事实再叙述次罪事实。

二、说明

法律文书中用到的说明往往是针对某种情况或某种要求而言的，通常涉及对人、现场及有关事项的说明。除事实和理由之外，法律文书结构的首部、尾部和正文的证据部分都会用到说明这种表达方式。人民法院制作的裁判文书，还必须就判决结果部分作出说明。无论是对某种情况的说明，还是对某种要求的说明，都必须做到客观、真实，具体、明确。

1. 客观、真实

所谓客观、真实，就是必须符合事实的本来面目，不虚构、臆想。在制作法律文书中，对有关事项的说明一定要尊重客观事实，使人感到可信，不虚假，尤其不能够影响对案件的正确判断。譬如，一般法律文书都必须在首部客观、真实地介绍当事人的基本情况，具体包括姓名、性别、出生年月日、民族、职业和住址等。其中，仅姓名这一事项的说明就要求做到：第一，必须写明其查证属实的真实姓名，即身份证或户口簿上记载的姓名；只有确实无法查证的情况下才能变通。第二，如果当事人有和犯罪相关的其他名字，也必须一并予以说明。这里所说的其他名字包括当事人的化名、冒名、乳名、绰号等。第三，假如当事人是外国人，还必须说明其中文译名。

2. 具体、明确

所谓具体、明确，就是指当制作者说明某一问题时一定要抓住这个问题的实质，不能笼统、抽象地只给人大概印象，这样才能真正达到说明的目的。譬如，现场勘验笔录是典型的说明性文书，它是侦查人员在办案过程中，依法对犯罪嫌疑人作案的场所和有关痕迹、物品、人身、尸体进行勘验、检查，或者人民检察院审理案件过程中对现场或物证进行勘验时所作的文字记录。现场说明主要包括以下内容：（1）现场地点，即案发现场具体地点的名称；（2）现场位置，如所在地点是室内，要说明是楼房还是平房以及幢数、层数和具体房间等情况；（3）周围环境，如地形、道路、交通、建筑物等情况；（4）现场状况和勘验发现情况，这是说明的重点，如室外出入口情况、室内布置情况、罪犯活动痕迹、现场保护情况等。民事勘验情况应记明物证的名称、种类、质量、规格、外形、大小及现场其他有关情况。现场说明必须做到真实、清楚、准确，说明有一定顺序，详略得当。另外，单项勘验如尸体检验、人身检查、物证检验、侦查实验等，都必须单独制作笔录，其说明更加需要细致入微。

三、议论

议论通常用于法律文书的理由部分，所以也叫"说理"。顾名思义，说理就是讲道理，即告诉人们为什么某一法律文书的结论是这样的而不是那样的。如原告为什么提出起诉，人民法院为什么作出如此处理意见等，均需要有充分的理由。

法律文书的议论追求周密、合法，既要符合一般事理，又要符合法理。周密、合法的法律文书才真正能够以理服人。要使理由达到周密、合法，必须注意以下几个方面：

1. 论据要客观

这里所指的论据一是指事实依据，二是指法律依据。"以事实为依据，以法律为准绳"是审理案件的基本原则，也是法律文书说理的指导思想。没有客观的事实和正确的法律依据，法律文书最后所得出的结论将是错误的，甚至是荒谬的。

2. 论证要恰当

论证是运用论据得出论点的过程。能正确揭示论据与论点之间的逻辑关系，是保证法律文书作出正确结论的又一关键。只有遵循逻辑规则，揭示论据与论点之间的本质联系，充分证明由论据得出论点的必然性，法律文书的结论才能够使人信服。法律文书理由部分的论证方法很多，具体如何论证要视不同情况而定。不同案情、不同文种，其论证的方法也不尽相同。但是，一定要选择最恰当的方法。

3. 论点要正确

客观的论据加上科学的论证方法，自然就可以得出正确的结论，而这个结论就是前面所说的论点。法律文书的论点是对当事人之间是非曲直的认定。得出正确结论是法律文书最终想要达到的目的。这个结论直接反映了制作者的态度和观点，从中可以了解制作者所站的立场。特别是人民法院制作的裁判文书的结论，其正确性显得尤为重要。

在法律文书制作中，叙述、说明和议论三种主要的表达方式往往同时出现于同一法律文书中，缺一不可。其中，叙述是最基础的，议论则是最终的目的。叙述和说明都是为议论服务的。只有这样，才能够确保法律文书在以事实为根据，以法律为准绳的前提下得出正确的结论。

第二编 刑事诉讼法律文书

第三章 公安机关刑事法律文书

第一节 概 述

一、公安机关刑事法律文书的概念及特点

公安机关刑事法律文书，是指公安机关在办理刑事案件过程中依法制作和使用的具有法律效力的专用法律文书，是公安机关进行刑事侦查活动的记录和凭证，对公安机关严格执法程序、实现执法公正具有重要的作用。

公安机关刑事法律文书是刑事诉讼法律文书的一种，在制作主体、格式、内容和法律效力上都具有区别于其他法律文书的特点，主要表现在以下三个方面：[1]

1. 法律的约束性

公安机关刑事法律文书是公安机关在刑事诉讼活动中为行使侦查与监管职权而制作的文件材料，是刑事诉讼活动的具体体现，因而具有一定的法律约束性。这种法律约束性具有双重性质，一方面，它的制作受法律法规的制约；另一方面，它又对侦查办案与监管工作起着制约作用。所谓受法律法规的制约，就是公安机关刑事法律文书的制作必须按照有关法律法规的规定和要求来制作，而且必须履行一定的

---

[1] 周水清主编：《公安机关刑事法律文书制作与使用》，中国民主法制出版社2021年版，第3—6页。

法律手续,才能被视为有法律效力的文书。所谓对侦查办案和监管工作起制约作用,就是按照法律法规规定的内容、要求和程序制作的公安机关刑事法律文书对侦查办案和监管活动有一定的法律约束力。

2. 制作的规范性

规范性主要包括文书制作形式的规范与制作程序的规范。形式的规范性主要指:(1)结构的程式化,文体结构固定;(2)形式规格的统一,在制作刑事法律文书时,每种文书格式中的全部内容项目要齐全、完备,形式、规格、用纸、文字书写、用印等均应遵循统一规定的格式和标准,不能另辟蹊径。制作程序规范性体现在制作文书程序的先后顺序上,如在取保候审的过程中,贯穿了"制作、批准、签发、宣读、签名、捺指印"等一系列先后程序,如果文书制作的程序前后颠倒、缺漏,都将导致程序的不合法,公安机关的执法行为将会被质疑。

3. 适用的特定性

公安机关刑事法律文书的适用具有特定性,在刑事法律文书发生效力后,仅对该案件涉及的犯罪嫌疑人、被害人等产生法律效力,对案外人不产生法律效力,不具有普遍的法律约束力。

二、公安机关刑事法律文书的分类

为了贯彻落实修改后的《刑事诉讼法》和《公安机关办理刑事案件程序规定》,规范公安机关刑事执法活动,公安部办公厅于 2020 年 8 月 21 日下发《关于修改和补充部分刑事法律文书式样的通知》,对《公安机关刑事法律文书式样(2012 版)》中的部分法律文书式样进行修改和补充。修改后的公安机关刑事法律文书总共有 100 种,根据文书作用和使用条件的不同,可以分为以下几类:

(1)立案、管辖、回避类文书。具体包括受案登记表、受案回执、立案决定书、不予立案通知书、不立案理由说明书、指定管辖决定书、移送案件通知书、回避/驳回申请回避决定书等。

(2)律师参与刑事诉讼文书。具体包括提供法律援助通知书、会见犯罪嫌疑人申请表、准予会见犯罪嫌疑人决定书和通知书、不准予会见犯罪嫌疑人决定书等。

(3)强制措施文书。具体包括拘传证、传讯通知书、取保候审决定书、执行通知书、被取保候审人义务告知书、取保候审保证书、收取保证金通知书、保存证件清单、退还保证金决定书和通知书、没收保证金决定书和通知书、对保证人罚款决定书和通知书、责令具结悔过决定书、解除取保候审决定书和通知书、准许被取保候审人离开所居市县决定书、监视居住决定书、执行通知书、指定居所监视居住通知书、解除监视居住决定书和通知书、拘留证、拘留通知书、延长拘留期限通知书、提请批准逮捕书、逮捕证、逮捕通知书、变更逮捕措施通知书、不予释放/变更强制措施通知书、提请批准延长侦查羁押期限意见书、延长侦查羁押期限通知书、计算/重新计算侦查羁押期限通知书、入所健康检查表、换押证、释放通知书、释放证明书等。

（4）侦查取证文书。具体包括传唤证、提讯提解证、询问/讯问笔录、犯罪嫌疑人诉讼权利义务告知书、被害人诉讼权利义务告知书、证人诉讼权利义务告知书、未成年人法定代理人到场通知书、询问通知书、现场勘验笔录、解剖尸体通知书、_____笔录、调取证据通知书、调取证据清单、搜查证、接受证据材料清单、查封决定书、扣押决定书、扣押清单、登记保存清单、查封/解除查封清单、协助查封/解除查封通知书、发还清单、随案移送清单、销毁清单、扣押/解除扣押邮件/电报通知书、协助查询财产通知书、协助冻结/解除冻结财产通知书、鉴定聘请书、鉴定意见通知书、准予补充鉴定/重新鉴定决定书、不准予补充鉴定/重新鉴定决定书、通缉令、关于撤销_____字〔 〕_____号通缉令的通知、办案协作函、撤销案件决定书、终止侦查决定书、起诉意见书、补充侦查报告书、没收违法所得意见书、违法所得清单、强制医疗意见书等。

（5）技术侦查文书。具体包括采取技术侦查措施决定书、执行技术侦查措施通知书、延长技术侦查措施期限决定书、解除技术侦查措施决定书等。

（6）执行文书。具体包括减刑/假释建议书、假释证明书、暂予监外执行决定书、收监执行通知书、准许拘役罪犯回家决定书、刑满释放证明书等。

（7）刑事通用文书。具体包括呈请_____报告书、复议决定书、要求复议意见书、提请复核意见书、死亡通知书等。

（8）规范性文书。具体包括刑事侦查卷宗（封面）、卷内文书目录、_____告知书等。

三、公安机关刑事法律文书的作用

公安机关刑事法律文书是公安民警执法的文字工具，是公安机关办理刑事案件的客观记载，其内容的制作集中反映了法律性质，是刑事诉讼活动不可或缺的法律文件。公安机关刑事法律文书的作用表现在如下几个方面：

1. 公安机关刑事法律文书是公安机关刑事诉讼行为的具体表现形式

公安机关在刑事诉讼活动中的诉讼行为大部分是以刑事法律文书的形式体现的。公安机关刑事法律文书和公安机关的刑事诉讼行为是形式与内容的关系。没有公安机关的刑事诉讼行为，就不会产生相应的刑事法律文书；没有相应的刑事法律文书，刑事诉讼行为也无法得以体现。刑事法律文书既是公安机关办理刑事案件的记录、证明，也是刑事案件重要的有机组成部分。因此，公安机关制作和使用刑事法律文书是办理刑事案件的具体表现形式。

2. 公安机关刑事法律文书是整个刑事诉讼活动的基础

公安机关刑事法律文书是公安机关侦查办理案件的真实记录。公安机关从开始受理案件到案件移送审查起诉止的每道程序和每项活动,都会用公安机关刑事法律文书记录下来。整个侦查活动离不开公安机关刑事法律文书,公安机关刑事法律文书不仅是公安机关刑事诉讼活动的反映,也是认定案件事实、确定案件性质与罪名的基础材料,还是检察院审查起诉、人民法院审判定罪量刑的依据,是侦查、审查起诉、审判等整个刑事诉讼活动的基础。

3. 公安机关刑事法律文书是检查公安机关刑事诉讼行为的依据

公安机关刑事法律文书伴随着刑事诉讼进程的发展而产生,记录了公安机关刑事诉讼行为。通过复核刑事法律文书,可以判断公安机关侦查办案和监管工作质量的好坏。

第二节 受案登记表与受案回执

一、受案登记表

(一)知识要点

1. 概念和特点

受案登记表,是指公安机关对接受的公民报案、控告、举报、扭送、犯罪嫌疑人自首或有关单位移送,以及工作中发现案件时记录受案处理意见的文书。

受案登记表是公安机关受理案件的凭证,是公安机关办理案件的第一道法律手续,是一种刑事案件、行政案件通用的文书,主要作用是如实记录案件来源和简要案情。在某些情况下,受案登记表是确定违法犯罪行为追诉时效的依据。

2. 法律依据和制作条件

《刑事诉讼法》第110条第3、4款规定:"公安机关、人民检察院或者人民法院对于报案、控告、举报,都应当接受。对于不属于自己管辖的,应当移送主管机关处理,并且通知报案人、控告人、举报人;对于不属于自己管辖而又必须采取紧急措施的,应当先采取紧急措施,然后移送主管机关。犯罪人向公安机关、人民检察院或者人民法院自首的,适用第三款规定。"

《公安机关办理刑事案件程序规定》第171条规定:"公安机关接受案件时,应当制作受案登记表和受案回执"。

由此可见,具有下列条件之一的,应当制作受案登记表:

(1)公民扭送、报案、控告或举报的;

(2)110报警服务台指令的;

(3) 违法犯罪嫌疑人投案的;
(4) 有关单位移送案件的;
(5) 公安机关在日常工作中发现的。

3. 使用情况

公安机关对接受的案件,应当按照管辖范围,迅速进行审查,认为有犯罪事实需要追究刑事责任的时候,应当立案;认为没有犯罪事实,或者犯罪事实显著轻微,不需要追究刑事责任的时候,不予立案。

(二) 内容要点和制作技巧

受案登记表为一式两份填表型文书,由接受案件单位存档和附卷,由首部、正文、尾部组成,其内容主要包括案件来源、报案人、移送单位、接报民警、简要案情或报案记录、受案意见、受案部门负责人审批情况等。

制作时需注意以下内容:

(1) "案件来源"栏,由受案民警根据实际情况在对应的位置直接勾选。

(2) "报案人"栏,填写报案人的信息,包括报案人的姓名、性别、出生日期、身份证件种类及号码、工作单位、联系方式、现住址。此处需注意:一是报案人不愿公开自己姓名和报案行为的,此栏可以注明"匿名";二是如果案件是其他单位移送的,则"报案人"栏不必填写,只填写"移送单位"栏;三是如果案件是公安机关在工作中自行发现的,则"报案人"栏、"移送单位"栏均不必填写。

(3) "移送单位"栏,填写移送案件的单位名称。

(4) "接报民警"栏,如通过电话或者网上接报的,填写该接报民警姓名;如果是报案人到公安机关报案、控告、举报或自首的,需有2名民警负责接报案件,填写2名民警姓名。

(5) "简要案情或者报案记录"栏,填写简要案情或者报案人报称的基本情况,主要包括发案时间、地点、简要过程、后果和现状,涉案人(或涉案单位)基本情况及到案经过。有受害人的,需写明人身伤害、财物损失情况。还需注意的是,如同时接受了报案人提供的证据,还应当在此栏中写明接受证据情况见所附接受证据清单,并按照要求制作接受证据清单。

(6) "受案意见"栏,由受案民警根据案件性质、管辖权限以及是否需要追究刑事责任等实际情况勾选相应的选项。选择"其他"情形时,需将具体情况在随后的横线处注明。

(7) "受案审批"栏,由受案部门负责人签署审批意见,审批意见应该明确具体,不能仅签署"同意"或"不同意",而应该根据实际情况签署"同意立案侦查"等意见。

（三）文书样式

受案登记表
（行政刑事通用）

示例 3-1

（受案单位名称和印章） ×公（ ）受案字〔 〕 号

案件来源	□110指令 □工作中发现 □报案 □投案 □移送 □扭送 □其他				
报案人	姓 名		性别		出生日期
	身份证件种类		证件号码		
	工作单位		联系方式		
	现住址				
移送单位		移送人		联系方式	
接报民警		接报时间	年 月 日 时 分	接报地点	
简要案情或者报案记录（发案时间、地点、简要过程、涉案人基本情况、受害情况等）以及是否接受证据：					
受案意见	□属本单位管辖的行政案件，建议及时调查处理 □属本单位管辖的刑事案件，建议及时立案侦查 □不属于本单位管辖，建议移送_____处理 □不属于公安机关职责范围，不予调查处理并当场书面告知当事人 □其他_____ 受案民警： 年 月 日				
受案审批	受案部门负责人： 年 月 日				

一式两份，一份留存，一份附卷。

二、受案回执

（一）知识要点

1. 概念和特点

受案回执，是公安机关接受案件后，告知报案人、控告人、举报人、扭送人接受案件情况的文书，属于刑事案件、行政案件通用的文书，其适用于有报案人、控告人、举报人、扭送人的案件。受案回执与受案登记表配套使用，其目的是便于报案人等了解立案情况，监督受案单位的工作进展情况。

《刑事诉讼法》中没有规定受案回执，但作为公安部部门规章的《公安机关办理刑事案件程序规定》要求应当出具受案回执。受案回执是公安机关内部从严要求、推进执法公开，进而更加充分地保障当事人知情权、督促公安机关自身及时高效办理案件的重要举措之一。受案回执具有两个功能：一是公安机关受案的凭证；二是供当事人凭受案回执上记载的查询方式查询案件办理情况。

2. 法律依据和制作条件

《公安机关办理刑事案件程序规定》第171条规定："公安机关接受案件时，应当制作受案登记表和受案回执，并将受案回执交扭送人、报案人、控告人、举报人。扭送人、报案人、控告人、举报人无法取得联系或者拒绝接受回执的，应当在回执中注明。"受案回执适用于有报案人、控告人、举报人、扭送人的案件。

3. 使用情况

扭送人、报案人、控告人或者举报人到公安机关报案的，应当当场制作受案回执一式两份，一份由扭送人、报案人、控告人、举报人签字后存卷，一份交扭送人、报案人、控告人、举报人收存。当场送达有困难的，可以通过传真、邮寄等方式送达。

（二）内容要点和制作技巧

受案回执由公安机关受案单位填写制作，一式两份，一份附卷，一份交扭送人、报案人、控告人、举报人收存。受案回执由首部、正文、尾部组成，其主要内容包括受送达人名称、报案时间、案件名称、受案登记表文号、查询方式、联系人和联系方式，以及报案人、控告人、举报人、扭送人签收栏等内容。

制作时需注意以下内容：

（1）加盖受案单位印章时，受案单位印章不要求必须加盖县级以上公安机关印章，加盖办案部门印章即可。

（2）填写"报案人、控告人、举报人、扭送人"签收栏，在确定报案人、控告人、举报人、扭送人中的任何一项后，其他三项用删除线划去，由报案人、控告人、举报人或扭送人签字捺指印并填写日期。

（3）对于行政执法机关移送的涉嫌犯罪案件，应当在移送案件通知书的回执上签字，不必制作受案回执；对于其他公安、司法机关移送的案件，应当在移送案件通知书等文书或者其他送达回执上签字。

（三）文书样式

示例 3-2

受 案 回 执

_____：

你（单位）于_____年_____月_____日报称的_____
_____一案我单位已受理（受案登记表文号为
×公（　）受案字〔　〕×××号）。

你（单位）可通过_____
____查询案件进展情况。

联系人、联系方式：_____。

受案单位（印）
年　　月　　日

~~报案人、控告人、~~
~~举报人、扭送人：~~
　　年　　月　　日

一式两份，一份附卷，一份交报案人、控告人、举报人、扭送人。

第三节　呈请立案报告书与立案决定书

一、呈请立案报告书

（一）知识要点

1. 概念和特点

呈请立案报告书，是指公安机关侦查部门对符合法定条件的案件，呈请领导审批决定立案的书面报告。公安机关接受案件或者发现犯罪线索后，应当立即审查以下内容：（1）是否有犯罪事实；（2）是否达到刑事案件立案标准；（3）是否符合案件管辖规定，即是否属于本单位管辖。在符合以上标准后，应当制作呈请立案报告书，呈请领导审批立案。

呈请立案报告书有两个特点：一是依法确认案件成立及刑事诉讼活动开始的文字凭据；二是对侦查工作具有指导意义，因为呈请立案报告书对案情进行了一定的分析，对后续侦查工作的具体实施具有指导作用。

2. 法律依据和制作条件

《刑事诉讼法》第109条规定："公安机关或者人民检察院发现犯罪事实或者犯罪嫌疑人，应当按照管辖范围，立案侦查。"

《刑事诉讼法》第112条规定："人民法院、人民检察院或者公安机关对于报案、控告、举报和自首的材料，应当按照管辖范围，迅速进行审查，认为有犯罪事实需要追究刑事责任的时候，应当立案；认为没有犯罪事实，或者犯罪事实显著轻微，不需要追究刑事责任的时候，不予立案，并且将不立案的原因通知控告人。控告人如果不服，可以申请复议。"

公安机关发现案件同时符合以下条件时，应当制作呈请立案报告书：

（1）认为有犯罪事实；

（2）达到刑事案件立案标准；

（3）符合案件管辖规定，属于本单位管辖。

3. 使用情况

对符合立案条件的，办案部门应当制作呈请立案报告书，连同接受刑事案件登记表等受案材料，报县级以上公安机关负责人批准立案。

（二）内容要点和制作技巧

呈请立案报告书使用通用的"呈请×××报告书"格式，严格来讲，"呈请×××报告书"不属于刑事法律文书，而属于内部使用的审批性文书。由于公安机关进行的有关刑事诉讼活动往往涉及公民的人身权利与财产权利，因此，《刑事诉讼法》和《公安机关办理刑事案件程序规定》对公安机关有关诉讼活动都规定了比较明确的审批程序。

呈请立案报告书是叙述性文书，由审批栏和正文组成。审批栏设办案单位意见栏、审核意见栏、领导批示栏。呈请立案报告书制作完毕后，应当由办案单位主要领导填写办理意见，然后送有关部门进行审核，审核部门签署意见后，送单位领导批示。

正文由办案单位制作，分为首部、正文、尾部三部分：

1. 首部

首部写清楚文书名称,即"呈请立案报告书",不用编写文号。

2. 正文

正文由报告导语、接受案件情况、立案根据、立案理由和意见等四部分组成。

(1) 报告导语。主要概括写明案件名称和来源、接受案件后的处置、已掌握证据、是否有犯罪事实发生的结论,然后接程式句"现将有关情况报告如下"。

(2) 接受案件情况。根据接受案件的实际情况,概述接受案件的时间、地点,报案、控告、举报、扭送、自首以及现场抓获的经过。

(3) 立案根据。即立案的事实依据,主要写明通过现场勘查、访问、检验、鉴定等侦查方法获取的可以证明犯罪事实已经发生的证据,以及被害人的人身、财产损失情况。

(4) 立案理由和意见。呈请审批报告的结尾部分应总结前述案情,根据相关法律依据,依法提出处理建议。呈请立案报告书的综上所述部分,应写明综合上述情况,认为犯罪事实已经发生,应当追究犯罪人刑事责任,属于自己管辖的意见。

3. 尾部

尾部为程式化用语"妥否,请批示",写明呈请立案单位全称并加盖公章,由2名侦查人员签名。

总之,制作呈请立案报告书等叙述性文书时,应当做到描述案件事实清楚、引用法律条文准确、结论明确易懂、语言准确精练。

(三) 文书样式

示例 3-3

领导批示	
审核意见	
办案单位意见	

呈请立案报告书

第一部分：犯罪嫌疑人的基本情况［姓名、性别、出生日期、出生地、身份证号码、民族、文化程度、职业或工作单位及职务、政治面貌（如是人大代表、政协委员，一并写明具体级、届代表、委员）、采取强制措施情况、简历等］。尚未确定犯罪嫌疑人的，写明案件基本情况。如果涉及其他人员的，写明该人基本情况。

第二部分：呈请事项（立案，采取或解除强制措施、侦查措施，破案，侦查终结，撤销案件等需要领导批示的事项）。

第三部分：事实依据（详细叙述有关案件事实，并对有关证据进行分析）。

第四部分：法律依据（写明依据的具体法律规定）。

第五部分：结语和落款。

二、立案决定书

（一）知识要点

1. 概念和特点

立案决定书，是指公安机关发现犯罪事实或犯罪嫌疑人，决定立案侦查时使用的决定类文书。

立案决定书是公安机关开展侦查活动的合法依据。立案决定书制作完毕，表明案件已经进入侦查阶段，公安机关可以对案件进行侦查，并依法采取各项侦查措施和强制措施。

2. 法律依据和制作条件

《刑事诉讼法》第109条规定："公安机关或者人民检察院发现犯罪事实或者犯罪嫌疑人，应当按照管辖范围，立案侦查。"

《刑事诉讼法》第112条规定："人民法院、人民检察院或者公安机关对于报案、控告、举报和自首的材料，应当按照管辖范围，迅速进行审查，认为有犯罪事实需要追究刑事责任的时候，应当立案；认为没有犯罪事实，或者犯罪事实显著轻微，不需要追究刑事责任的时候，不予立案，并且将不立案的原因通知控告人。控告人如果不服，可以申请复议。"

《公安机关办理刑事案件程序规定》第178条第1款规定："公安机关接受案件后，经审查，认为有犯罪事实需要追究刑事责任，且属于自己管辖的，经县级以上公安机关负责人批准，予以立案；认为没有犯罪事实，或者犯罪事实显著轻微不需要追究刑事责任，或者具有其他依法不追究刑事责任情形的，经县级以上公安机关负责人批准，不予立案。"

根据经领导批示同意的呈请立案报告书，可制作立案决定书，并开展有关侦查工作。公安机关使用立案决定书，应当符合以下条件：

（1）有犯罪事实，需要追究刑事责任；

（2）符合案件管辖规定，属于本单位管辖；

（3）县级以上公安机关负责人已经批准立案侦查。

3. 使用情况

对有报案人、控告人、举报人、扭送人的，应当告知立案情况，但案件涉及国家秘密、共同犯罪、集团犯罪、黑社会性质组织犯罪等情况需要保密时，可视情况不予告知。告知和不予告知情况，应当在立案决定书中注明。对行政执法机关移送的案件，依法决定立案后，书面通知移送案件的行政执法机关。

（二）内容要点和制作技巧

立案决定书属于多联式填表型文书，由正本和存根两部分组成。其中，正本在侦查活动终结时存入诉讼卷，作为公安机关开展侦查的依据。

1. 正本

由首部、正文、尾部三部分组成。

（1）首部。首部包括制作机关名称、文书名称（已印制好）和文书字号，只需按要求填写文书字号。

（2）正文。正文填写的内容主要是法律依据和案件名称。

文书将法律依据设置为可选项，公安机关根据案件实际情况选择适用正确的法条。如是公安机关工作中发现的犯罪事实或犯罪嫌疑人，法律依据选择《刑事诉讼法》第109条；如是公民报案、控告、举报、扭送或者犯罪嫌疑人自首的案件，法律依据选择《刑事诉讼法》第112条。

在填写案件名称时，如果案件已经确认犯罪嫌疑人，则填写犯罪嫌疑人的姓名和涉嫌的罪名；如案件尚未确定犯罪嫌疑人，可以以发生或发现案件的时间、地点和案件性质确定案件名称，也可以以被害人或者被害单位及案件性质作为案件名称。

（3）尾部。尾部填写成文时间、公安机关名称，并加盖印章。

2. 存根

存根作为公安机关立案的凭证，用于公安机关留存备查。如犯罪嫌疑人尚未确定，犯罪嫌疑人基本情况栏可以不填，并用横线划掉。

（三）文书样式

×××公安局
立案决定书
（存　根）

×公（　）立字〔　〕　号

示例 3-4

案件名称＿＿＿＿＿＿＿＿＿＿＿＿＿＿＿＿＿＿＿＿＿＿＿＿＿＿＿＿＿＿＿
案件编号＿＿＿＿＿＿＿＿＿＿＿＿＿＿＿＿＿＿＿＿＿＿＿＿＿＿＿＿＿＿＿
犯罪嫌疑人＿＿＿＿＿＿＿＿＿＿＿＿＿＿＿＿＿＿＿＿＿＿＿＿　男/女
出生日期＿＿＿＿＿＿＿＿＿＿＿＿＿＿＿＿＿＿＿＿＿＿＿＿＿＿＿＿＿＿＿
住　　址＿＿＿＿＿＿＿＿＿＿＿＿＿＿＿＿＿＿＿＿＿＿＿＿＿＿＿＿＿＿＿
单位及职业＿＿＿＿＿＿＿＿＿＿＿＿＿＿＿＿＿＿＿＿＿＿＿＿＿＿＿＿＿＿
批　准　人＿＿＿＿＿＿＿＿＿＿＿＿＿＿＿＿＿＿＿＿＿＿＿＿＿＿＿＿＿＿
批准时间＿＿＿＿＿＿＿＿＿＿＿＿＿＿＿＿＿＿＿＿＿＿＿＿＿＿＿＿＿＿＿
办　案　人＿＿＿＿＿＿＿＿＿＿＿＿＿＿＿＿＿＿＿＿＿＿＿＿＿＿＿＿＿＿
办案单位＿＿＿＿＿＿＿＿＿＿＿＿＿＿＿＿＿＿＿＿＿＿＿＿＿＿＿＿＿＿＿
填发时间＿＿＿＿＿＿＿＿＿＿＿＿＿＿＿＿＿＿＿＿＿＿＿＿＿＿＿＿＿＿＿
填　发　人＿＿＿＿＿＿＿＿＿＿＿＿＿＿＿＿＿＿＿＿＿＿＿＿＿＿＿＿＿＿

×××公安局
立案决定书

×公（ ）立字〔 〕 号

根据《中华人民共和国刑事诉讼法》第一百零九条/第一百一十二条之规定，决定对_____案立案侦查。

×××公安局（印）
××××年××月××日

此联附卷

第四节 呈请拘留报告书与拘留证

一、呈请拘留报告书

(一)知识要点

1. 概念和特点

呈请拘留报告书,是指承办案件的单位对现行犯或重大嫌疑分子需要采取拘留措施时所制作的报请县级以上公安机关负责人审批的文书。它是公安机关决定拘留犯罪嫌疑人、制作拘留证的必经程序和依据。对于尚未立案侦查的犯罪嫌疑人,应当在抓获后立即办理立案、拘留手续。

呈请拘留报告书经领导批准,即可签发拘留证,是签发拘留证的依据。

2. 法律依据和制作条件

《刑事诉讼法》第 82 条规定:"公安机关对于现行犯或者重大嫌疑分子,如果有下列情形之一的,可以先行拘留:(一)正在预备犯罪、实行犯罪或者在犯罪后即时被发觉的;(二)被害人或者在场亲眼看见的人指认他犯罪的;(三)在身边或者住处发现有犯罪证据的;(四)犯罪后企图自杀、逃跑或者在逃的;(五)有毁灭、伪造证据或者串供可能的;(六)不讲真实姓名、住址,身份不明的;(七)有流窜作案、多次作案、结伙作案重大嫌疑的。"

《刑事诉讼法》第 71 条第 4 款规定:"对违反取保候审规定,需要予以逮捕的,可以对犯罪嫌疑人、被告人先行拘留。"

《刑事诉讼法》第 77 条第 2 款规定:"被监视居住的犯罪嫌疑人、被告人违反前款规定,情节严重的,可以予以逮捕;需要予以逮捕的,可以对犯罪嫌疑人、被告人先行拘留。"

《公安机关办理刑事案件程序规定》第 125 条规定:"拘留犯罪嫌疑人,应当填写呈请拘留报告书,经县级以上公安机关负责人批准,制作拘留证。执行拘留时,必须出示拘留证,并责令被拘留人在拘留证上签名、捺指印,拒绝签名、捺指印的,侦查人员应当注明。紧急情况下,对于符合本规定第一百二十四条所列情形之一的,经出示人民警察证,可以将犯罪嫌疑人口头传唤至公安机关后立即审查,办理法律手续。"

综上所述,对现行犯或重大嫌疑分子,有证据证明有《刑事诉讼法》第 82 条规定的情形之一的,应制作呈请拘留报告书,由县级以上公安机关负责人批准拘留。被取保候审、监视居住的犯罪嫌疑人、被告人违反取保候审、监视居住规定,情节严重,需要逮捕的,可以先行拘留,亦应制作呈请拘留报告书。

3. 使用情况

承办案件的单位拘留犯罪嫌疑人,应当填写呈请拘留报告书,经县级以上公安机关负责人批准后,制作拘留证,执行拘留。

(二)内容要点和制作技巧

呈请拘留报告书是叙述性文书,属于公安机关内部使用的审批性文书,由审批栏和正文组成。审批栏内容和呈请立案报告书一样。

正文也是由首部、正文、尾部三部分组成,由呈请单位制作。

1. 首部

首部为文书名称,即"呈请拘留报告书"。

2. 正文

正文包括犯罪嫌疑人基本情况、呈请事项、拘留的事实依据与法律依据、呈请意见等内容。

(1)犯罪嫌疑人基本情况。应写明犯罪嫌疑人的姓名、性别、出生日期、身份证号码、民族、文化程度、工作单位、职业、住址和违法犯罪经历等。确实无法查明其真实姓名的,也可以暂填写其自报的姓名。

(2)呈请事项。呈请领导批示的事项为程式化语句,即"现呈请对犯罪嫌疑人×××刑事拘留,理由如下"。

(3)拘留的事实依据。写明实施拘留措施的事实依据,简要叙述有关案件事实,并分析相关证据。即首先把已经查清的拟被拘留人的犯罪事实或重大嫌疑的事实叙述清楚,包括犯罪的时间、地点、手段、经过、危害后果等。如是重大嫌疑人,则应写明已经认定的嫌疑事实,写出犯罪事实的嫌疑根据。其次,概括叙述已经获取的证明犯罪事实发生和证明案件事实与犯罪嫌疑人相关的证据情况。

(4)拘留的法律依据。写明犯罪嫌疑人触犯《刑法》的具体条款和涉嫌的罪名,以及犯罪嫌疑人符合《刑事诉讼法》第82条规定的具体哪项拘留条件。

(5)呈请意见。应写明综合上述情况,犯罪嫌疑人已经涉嫌×××罪,符合拘留的条件,呈请对犯罪嫌疑人刑事拘留。

3. 尾部

尾部包括程式化语句"妥否,请批示",以及承办单位名称、承办人员姓名、日期,并加盖公章。

呈请拘留报告书属于内部审批性文书,经领导审批的呈请拘留报告书应当存入侦查工作卷。

（三）文书样式

领导批示	
审核意见	
办案单位意见	

示例 3-5

呈请拘留报告书

  第一部分：犯罪嫌疑人的基本情况［姓名、性别、出生日期、出生地、身份证号码、民族、文化程度、职业或工作单位及职务、政治面貌（如是人大代表、政协委员，一并写明具体级、届代表、委员）、采取强制措施情况、简历等］。尚未确定犯罪嫌疑人的，写明案件基本情况。如果涉及其他人员的，写明该人基本情况。

  第二部分：呈请事项（立案，采取或解除强制措施、侦查措施，破案，侦查终结，撤销案件等需要领导批示的事项）。

  第三部分：事实依据（详细叙述有关案件事实，并对有关证据进行分析）。

  第四部分：法律依据（写明依据的具体法律规定）。

  第五部分：结语和落款。

二、拘留证

（一）知识要点

1. 概念和特点

拘留证是公安机关依法对犯罪嫌疑人执行拘留时使用的凭证式文书。拘留是在侦查过程中，遇到法定的紧急情况时，对于现行犯或者重大嫌疑分子所采取的临时剥夺其人身自由的强制方法，具有严厉的强制性，因此，公安机关拘留人的时候，必须出示拘留证。

拘留证既是侦查人员执行拘留的合法凭证，也是对被拘留人员执行羁押的依据。刑事拘留具有以下特点：一是有权决定采用刑事拘留的机关一般是公安机关；二是刑事拘留只有在紧急情况下才能采用；三是刑事拘留是一种剥夺公民自由的强制措施；四是刑事拘留是一种临时性措施；五是刑事拘留的对象具有特定性。

2. 法律依据和制作条件

《刑事诉讼法》第82条、第71条第4款、第77条第2款，《公安机关办理刑事案件程序规定》第125条，见前文。

《刑事诉讼法》第85条第1款规定："公安机关拘留人的时候，必须出示拘留证。"

制作拘留证应当符合以下条件：

（1）拘留的对象必须符合：① 现行犯或重大嫌疑分子；② 违反取保候审规定，情节严重，需要予以逮捕；③ 违反监视居住规定，情节严重，需要予以逮捕。

（2）案件已经立为刑事案件。

（3）县级以上公安机关负责人批准呈请拘留报告书。

3. 使用情况

公安机关执行拘留时，必须向被拘留人出示拘留证，责令其在拘留证上签名、捺指印。拘留后，应当立即将被拘留人送看守所羁押，至迟不得超过24小时。异地执行拘留，无法及时将犯罪嫌疑人押解回管辖地的，应当在宣布拘留后立即将其送抓获地看守所羁押，至迟不得超过24小时。

（二）内容要点和制作技巧

拘留证是多联式填空型文书，由正本、副本、存根三部分组成。其中，正本是公安机关拘留犯罪嫌疑人的凭证，侦查终结时存入诉讼卷；副本是看守所收押被拘留人时的凭证，交由看守所收执；存根用于公安机关存档备查。

1. 正本

正本分为首部、正文和尾部三部分。

（1）首部。首部由制作机关名称、文书名称和文书字号组成。相关内容已经印制好，只需在空格处填写发文单位简称、年份、发文顺序号。

（2）正文。正文包括拘留的法律依据、被拘留人的基本情况、羁押犯罪嫌疑人的看守所名称。法律依据，应当根据案件具体情况填写《刑事诉讼法》第82条、第71条、第77条；被拘留人的基本情况包括姓名、性别、出生日期、住址。如犯罪嫌疑人不讲真实姓名，可以填写其自报的姓名；如犯罪嫌疑人拒绝供述自己姓名的，则可以根据案件内容及性质，对其进行编号填写，如"合同诈骗嫌疑人一号"。

看守所名称要写拟投送羁押的看守所名称。

(3) 尾部。填写成文时间、单位名称,并加盖制作文书的公安机关印章。

2. 副本

副本是看守所收押被拘留人的凭证,其正文内容及制作要求与正本基本一样。填写清楚执行拘留时间和涉嫌罪名,执行拘留时间和涉嫌罪名都应和正本一致,执行拘留时间应精确到小时。

3. 存根

存根用于公安机关存档备查,存根内容应按照顺序填写好所列内容。其中,拘留原因应填写"涉嫌×××罪"。

(三) 文书样式

×××公安局

拘　留　证

(存　根)

×公（　）拘字〔　〕　号

案件名称＿＿＿＿＿＿＿＿＿＿＿＿＿＿＿＿＿＿＿＿＿＿＿＿＿＿＿

案件编号＿＿＿＿＿＿＿＿＿＿＿＿＿＿＿＿＿＿＿＿＿＿＿＿＿＿＿

犯罪嫌疑人＿＿＿＿＿＿＿＿＿＿＿＿＿＿＿＿＿＿＿＿＿＿男/女

出生日期＿＿＿＿＿＿＿＿＿＿＿＿＿＿＿＿＿＿＿＿＿＿＿＿＿＿＿

住　　址＿＿＿＿＿＿＿＿＿＿＿＿＿＿＿＿＿＿＿＿＿＿＿＿＿＿＿

拘留原因＿＿＿＿＿＿＿＿＿＿＿＿＿＿＿＿＿＿＿＿＿＿＿＿＿＿＿

批 准 人＿＿＿＿＿＿＿＿＿＿＿＿＿＿＿＿＿＿＿＿＿＿＿＿＿＿＿

批准时间＿＿＿＿＿＿＿＿＿＿＿＿＿＿＿＿＿＿＿＿＿＿＿＿＿＿＿

执 行 人＿＿＿＿＿＿＿＿＿＿＿＿＿＿＿＿＿＿＿＿＿＿＿＿＿＿＿

办案单位＿＿＿＿＿＿＿＿＿＿＿＿＿＿＿＿＿＿＿＿＿＿＿＿＿＿＿

填发时间＿＿＿＿＿＿＿＿＿＿＿＿＿＿＿＿＿＿＿＿＿＿＿＿＿＿＿

填 发 人＿＿＿＿＿＿＿＿＿＿＿＿＿＿＿＿＿＿＿＿＿＿＿＿＿＿＿

示例 3-6

×××公安局
拘 留 证

×公（ ）拘字〔 〕 号

根据《中华人民共和国刑事诉讼法》第_____条之规定，兹决定对犯罪嫌疑人_____（性别_____，出生日期_____，住址_____）执行拘留，送_____看守所羁押。

公安局（印）

年 月 日

本证已于_____年_____月_____日_____时向我宣布。

被拘留人： （捺指印）

本证副本已收到，被拘留人_____于_____年_____月_____日_____时送至我所。

接收民警： 看守所（印）

此联附卷

×××公安局
拘 留 证
（副 本）

×公（ ）拘字〔 〕 号

根据《中华人民共和国刑事诉讼法》第_____条之规定，兹决定对犯罪嫌疑人_____（性别_____，出生日期_____，住址_____）执行拘留，送_____看守所羁押。

执行拘留时间：_____年_____月_____日_____时

涉嫌罪名_____

属于律师会见需经许可的案件：是/否

公安局（印）

年 月 日

此联交看守所

第五节　提请批准逮捕书与逮捕证

一、提请批准逮捕书

（一）知识要点

1. 概念和特点

提请批准逮捕书，是指公安机关依法对犯罪嫌疑人提请同级人民检察院批准逮捕时使用的文书。

提请批准逮捕书是公安机关向人民检察院提请批准逮捕的对外文书，在公安机关内部需要先行制作呈请批准逮捕报告书审批后方可生成。提请批准逮捕书是独立于案卷材料、证据的由公安机关制作的论证符合逮捕条件的法律文书。提请批准逮捕书是公安机关提请逮捕犯罪嫌疑人的法律凭证，是公安机关行使诉讼权利并严格依法办案的一种表现形式。

2. 法律依据和制作条件

《刑事诉讼法》第80条规定："逮捕犯罪嫌疑人、被告人，必须经过人民检察院批准或者人民法院决定，由公安机关执行。"

《刑事诉讼法》第81条规定："对有证据证明有犯罪事实，可能判处徒刑以上刑罚的犯罪嫌疑人、被告人，采取取保候审尚不足以防止发生下列社会危险性的，应当予以逮捕：（一）可能实施新的犯罪的；（二）有危害国家安全、公共安全或者社会秩序的现实危险的；（三）可能毁灭、伪造证据，干扰证人作证或者串供的；（四）可能对被害人、举报人、控告人实施打击报复的；（五）企图自杀或者逃跑的。批准或者决定逮捕，应当将犯罪嫌疑人、被告人涉嫌犯罪的性质、情节、认罪认罚等情况，作为是否可能发生社会危险性的考虑因素。对有证据证明有犯罪事实，可能判处十年有期徒刑以上刑罚的，或者有证据证明有犯罪事实，可能判处徒刑以上刑罚，曾经故意犯罪或者身份不明的，应当予以逮捕。被取保候审、监视居住的犯罪嫌疑人、被告人违反取保候审、监视居住规定，情节严重的，可以予以逮捕。"

《刑事诉讼法》第87条规定："公安机关要求逮捕犯罪嫌疑人的时候，应当写出提请批准逮捕书，连同案卷材料、证据，一并移送同级人民检察院审查批准。必要的时候，人民检察院可以派人参加公安机关对于重大案件的讨论。"

《公安机关办理刑事案件程序规定》第133条规定："对有证据证明有犯罪事实，可能判处徒刑以上刑罚的犯罪嫌疑人，采取取保候审尚不足以防止发生下列社会危险性的，应当提请批准逮捕：（一）可能实施新的犯罪的；（二）有危害国家安全、公共安全或者社会秩序的现实危险的;(三)可能毁灭、伪造证据,干扰证人作证或者串供的;(四)可能对被害人、举报人、控告人实施打击报复的;(五)企图自杀或者逃跑的。对于有证据证明有犯罪事实,可能判处十年有期徒刑以上刑罚的,或者有证据证明有犯罪事实,可能判处徒刑以上刑罚,曾经故意犯罪或者身份不明的,应当提请批准逮捕。公安机关在根据第一款的规定提请人民检察院审查批准逮捕时,应当对犯罪嫌疑人具有社会危险性说明理由。"

《公安机关办理刑事案件程序规定》第 134 条规定:"有证据证明有犯罪事实,是指同时具备下列情形:(一)有证据证明发生了犯罪事实;(二)有证据证明该犯罪事实是犯罪嫌疑人实施的;(三)证明犯罪嫌疑人实施犯罪行为的证据已有查证属实的。前款规定的'犯罪事实'既可以是单一犯罪行为的事实,也可以是数个犯罪行为中任何一个犯罪行为的事实。"

《公安机关办理刑事案件程序规定》第 135 条规定:"被取保候审人违反取保候审规定,具有下列情形之一的,可以提请批准逮捕:(一)涉嫌故意实施新的犯罪行为的;(二)有危害国家安全、公共安全或者社会秩序的现实危险的;(三)实施毁灭、伪造证据或者干扰证人作证、串供行为,足以影响侦查工作正常进行的;(四)对被害人、举报人、控告人实施打击报复的;(五)企图自杀、逃跑,逃避侦查的;(六)未经批准,擅自离开所居住的市、县,情节严重的,或者两次以上未经批准,擅自离开所居住的市、县的;(七)经传讯无正当理由不到案,情节严重的,或者经两次以上传讯不到案的;(八)违反规定进入特定场所、从事特定活动或者与特定人员会见、通信两次以上的。"

《公安机关办理刑事案件程序规定》第 136 条规定:"被监视居住人违反监视居住规定,具有下列情形之一的,可以提请批准逮捕:(一)涉嫌故意实施新的犯罪行为的;(二)实施毁灭、伪造证据或者干扰证人作证、串供行为,足以影响侦查工作正常进行的;(三)对被害人、举报人、控告人实施打击报复的;(四)企图自杀、逃跑,逃避侦查的;(五)未经批准,擅自离开执行监视居住的处所,情节严重的,或者两次以上未经批准,擅自离开执行监视居住的处所的;(六)未经批准,擅自会见他人或者通信,情节严重的,或者两次以上未经批准,擅自会见他人或者通信的;(七)经传讯无正当理由不到案,情节严重的,或者经两次以上传讯不到案的。"

《公安机关办理刑事案件程序规定》第 137 条规定:"需要提请批准逮捕犯罪嫌疑人的,应当经县级以上公安机关负责人批准,制作提请批准逮捕书,连同案卷材料、证据,一并移送同级人民检察院审查批准。犯罪嫌疑人自愿认罪认罚的,应当记录在案,并在提请批准逮捕书中写明有关情况。"

制作提请批准逮捕书必须同时符合实体条件和程序条件，实体条件是指需要逮捕的对象符合法律规定的逮捕条件；程序条件是指向人民检察院提请批准逮捕已经县级以上公安机关负责人批准。

法律规定应当逮捕的情况包括以下三类：

（1）《公安机关办理刑事案件程序规定》第133条第1款规定的一般逮捕条件，包括证据条件、罪刑条件和危险性条件三个方面。证据条件是指有证据证明有犯罪事实；罪刑条件是指根据已经查明的事实、性质、情节、危害后果等，对犯罪嫌疑人所实施的犯罪行为可能判处有期徒刑以上刑罚；危险性条件是指非对犯罪嫌疑人实施逮捕，不足以防止犯罪嫌疑人实施对社会造成危害的行为。

（2）《公安机关办理刑事案件程序规定》第133条第2款规定的对特定严重犯罪的犯罪嫌疑人径行逮捕条件。包括三种情形：一是有证据证明有犯罪事实，可能判处10年有期徒刑以上刑罚的；二是有证据证明有犯罪事实，可能判处有期徒刑以上刑罚，曾经故意犯罪的；三是有证据证明有犯罪事实，可能判处有期徒刑以上刑罚，身份不明的。

（3）违反取保候审或监视居住规定，情节严重的。

3. 使用情况

公安机关提请逮捕犯罪嫌疑人时，应当制作提请批准逮捕书，连同案卷材料、证据，一并移送同级人民检察院审查批准。

（二）内容要点和制作技巧

提请批准逮捕书属于叙述性文书，由首部、正文、尾部三部分组成。

1. 首部

首部由制作机关名称、文书名称、文书字号三部分组成。相关内容已经印制好，只需在空格处填写发文单位简称、年份、文号即可。

2. 正文

正文主要包括犯罪嫌疑人基本情况、违法犯罪经历、因本案采取强制措施的情况、辩护律师基本情况、案件来源及办理情况、犯罪事实、证明其涉嫌犯罪及具有社会危险性的证据、提请批准逮捕的法律依据等。

（1）犯罪嫌疑人的身份情况。包括犯罪嫌疑人的姓名、性别、出生日期、出生地、身份证件种类和号码、民族、文化程度、职业或工作单位及职务、住址、政治面貌等内容依次写清楚。其中，在填写犯罪嫌疑人姓名时，如果有别名、曾用名、绰号等与案件有关的名字也要一并写清楚，如果未查清犯罪嫌疑人的姓名，可按其自报的姓名填写，如果犯罪嫌疑人拒绝供述姓名的，可以填写代号。在填写政治面貌时，如果犯罪嫌疑人是人大代表、政协委员的，一并写明具体的级、届代表、委员等信息。如果是单位犯罪的案件，还应当写明单位的名称及地址。

（2）违法犯罪经历及因本案被采取强制措施的情况。对犯罪嫌疑人接受刑事处罚、治安处罚及劳动教养的情况应写清楚，包括处罚的时间、地点、原因及处罚的内容等。同时还应写明因本案被采取强制措施的情况。

（3）共同犯罪的案件，一案需要提请批准逮捕数名犯罪嫌疑人时，可合写一份提请批准逮捕书，并根据犯罪嫌疑人在共同犯罪中的地位和作用（主犯、从犯、胁从犯）进行排序制作，将其身份情况和违法犯罪经历分别叙述。

（4）辩护律师基本情况。包括律师姓名、所在律师事务所或法律援助机构名称、律师执业证编号等，同时应将辩护律师的基本情况列在辩护对象基本情况的下方。

（5）案件办理情况。需依次写明案由、案件来源、案件侦查过程及犯罪嫌疑人归案情况等。案由，可表述为"犯罪嫌疑人×××涉嫌诈骗罪一案"；案件来源，即公安机关获取案件线索或受理案件的来源，如系单位或公民举报、控告、上级交办、有关部门移送及工作中发现等；案件侦查过程，简要写明案件侦查过程中各个法律程序，如受案时间、立案时间等；最后写明犯罪嫌疑人归案的情况。

（6）案件事实。首先要注明"经依法侦查查明"，然后详细叙述经侦查认定的犯罪事实，包括犯罪时间、地点、经过、手段、目的、动机、危害后果等与犯罪相关的事实要素。要注意根据案件情况，围绕《刑法》规定的犯罪构成要件，结合证据，具体论述符合逮捕条件应予以逮捕的理由。

对于只有一个犯罪嫌疑人的案件，如实施多次犯罪的，其犯罪事实应逐一列举；如犯罪嫌疑人同时触犯数个罪名的，犯罪事实应该按照主次顺序分别列举。对于共同犯罪的案件，写明犯罪嫌疑人的共同犯罪事实及各自在共同犯罪中的地位和作用后，按照犯罪嫌疑人的主次顺序，分别叙述各个犯罪嫌疑人的单独犯罪事实。

（7）证据。分列相关证据时，应根据不同性质案件的不同特点，有针对性地列举主要证据，并说明证据与犯罪嫌疑人、犯罪事实的关系。

（8）认罪认罚情况。《公安机关办理刑事案件程序规定》第137条第2款明确规定："犯罪嫌疑人自愿认罪认罚的，应当记录在案，并在提请批准逮捕书中写明有关情况。"犯罪嫌疑人对指控的犯罪事实没有异议，应当认定为认罪；仅对个别事实情节提出异议的，也应当认定为认罪。犯罪嫌疑人真诚悔罪，愿意接受处罚的，应当认定为认罚。

（9）法律依据。法律依据具体包括犯罪嫌疑人涉嫌犯罪的实体法律依据和提请批准逮捕犯罪嫌疑人的程序法律依据两部分。在引用法律条文时，要做到引用条文准确、全面，分清款和项。

3. 尾部

尾部包括文书送达的人民检察院名称、制作文书的公安机关印章、制作文书的日期及附注。其中，附注包括案件材料的卷数、犯罪嫌疑人羁押的地点。

（三）文书样式

示例3-7

×××公安局
提请批准逮捕书

×公（ ）提捕字〔 〕 号

犯罪嫌疑人×××……［犯罪嫌疑人姓名（别名、曾用名、绰号等），性别，出生日期，出生地，身份证件种类及号码，民族，文化程度，职业或工作单位及职务，居住地（包括户籍所在地、经常居住地、暂住地），政治面貌（如是人大代表、政协委员，一并写明具体级、届代表、委员），违法犯罪经历以及因本案被采取强制措施的情况（时间、种类及执行场所）。案件有多名犯罪嫌疑人的，应逐一写明］

辩护律师×××……［如有辩护律师，写明其姓名、所在律师事务所或者法律援助机构名称、律师执业证编号］

犯罪嫌疑人涉嫌×××（罪名）一案，由×××举报（控告、移送）至我局（写明案由和案件来源，具体为单位或者公民举报、控告、上级交办、有关部门移送、本局其他部门移交以及工作中发现等）。……（简要写明案件侦查过程中的各个法律程序开始的时间，如接受案件、立案的时间。具体写明犯罪嫌疑人归案情况）

经依法侦查查明：……（应当根据具体案件情况，详细叙述经侦查认定的犯罪事实，并说明应当逮捕的理由）

（对于只有一个犯罪嫌疑人的案件，犯罪嫌疑人实施多次犯罪的犯罪事实应逐一列举；同时触犯数个罪名的犯罪嫌疑人的犯罪事实应该按照主次顺序分别列举。

对于共同犯罪的案件，写明犯罪嫌疑人的共同犯罪事实及各自在共同犯罪中的地位和作用后，按照犯罪嫌疑人的主次顺序，分别叙述各个犯罪嫌疑人的单独犯罪事实。）

认定上述事实的证据如下：

……（分列相关证据，并说明证据与犯罪事实的关系）

……（犯罪嫌疑人自愿认罪认罚的，简要写明相关情况）

综上所述，犯罪嫌疑人×××……（根据犯罪构成简要说明罪状）其行为已触犯《中华人民共和国刑法》第×××条之规定，涉嫌×××罪，可能判处徒刑以上刑罚。现有……（证明其犯罪事实的证据、其他证据）等证据证明，其……（依据《中华人民共和国刑事诉讼法》第八十一条第一款具体说明其可能具有的社会危害性，或者涉嫌×××罪，可能判处十年有期徒刑以上刑罚/可能判处徒刑以上刑罚，曾经故意犯罪或身份不明）。依照《中华人民共和国刑事诉讼法》第八十一条、第八十七条之规定，犯罪嫌疑人×××符合逮捕条件，特提请批准逮捕。

  此致
×××人民检察院

×××公安局（印）
××××年××月××日

附：本案卷宗×卷×页。

二、逮捕证

（一）知识要点

1. 概念和特点

逮捕证是公安机关依法对批准或决定逮捕的犯罪嫌疑人或被告人执行逮捕时使用的凭证式文书。

逮捕证既是侦查人员执行逮捕的凭证，也是公安机关对被逮捕人执行羁押的依据。逮捕证具有严厉的法律强制性，持逮捕证执行逮捕的侦查人员对抗拒逮捕的犯罪嫌疑人可以采取相应的强制方法，必要时可以使用械具。

2. 法律依据和制作条件

《刑事诉讼法》第80条规定："逮捕犯罪嫌疑人、被告人，必须经过人民检察院批准或者人民法院决定，由公安机关执行。"

《刑事诉讼法》第93条第1款规定："公安机关逮捕人的时候，必须出示逮捕证。"

《公安机关办理刑事案件程序规定》第142条规定："接到人民检察院批准逮捕决定书后，应当由县级以上公安机关负责人签发逮捕证，立即执行，并在执行完毕后三日以内将执行回执送达作出批准逮捕决定的人民检察院。如果未能执行，也应当将回执送达人民检察院，并写明未能执行的原因。"

《公安机关办理刑事案件程序规定》第143条第1款规定："执行逮捕时，必须出示逮捕证，并责令被逮捕人在逮捕证上签名、捺指印，拒绝签名、捺指印的，侦查人员应当注明。逮捕后，应当立即将被逮捕人送看守所羁押。"

《公安机关办理刑事案件程序规定》第146条第1款规定："人民法院、人民检察院决定逮捕犯罪嫌疑人、被告人的，由县级以上公安机关凭人民法院、人民检察院决定逮捕的法律文书制作逮捕证并立即执行。必要时，可以请人民法院、人民检察院协助执行。执行逮捕后，应当及时通知决定机关。"

制作、使用逮捕证必须同时具备以下条件：

(1) 逮捕的对象是《刑事诉讼法》规定的符合逮捕条件的犯罪嫌疑人、被告人，即为符合《刑事诉讼法》第 81 条规定逮捕条件的犯罪嫌疑人、被告人；

(2) 经人民检察院批准或经人民检察院、人民法院决定；

(3) 由公安机关出具逮捕证并执行，逮捕的执行由公安机关负责，人民检察院和人民法院不能自行制作逮捕证和执行逮捕。

3. 使用情况

公安机关逮捕人的时候，必须出示逮捕证。逮捕后，应当立即将被逮捕人送看守所羁押。在执行完毕后三日以内将执行回执送达作出批准逮捕决定的人民检察院；如果未能执行，也应当将回执送达人民检察院，并写明未能执行的原因。除无法通知的以外，应当在逮捕后 24 小时以内，通知被逮捕人的家属。

(二) 内容要点和制作技巧

逮捕证是多联式填空型文书，由正本、副本和存根三部分组成。

1. 正本

正本是公安机关逮捕犯罪嫌疑人或被告人的凭证，该联要向被逮捕人宣读，并在侦查终结时存入诉讼卷。正本由首部、正文、尾部三部分组成。

(1) 首部。首部由制作机关名称、文书名称和文书字号组成，按要求填写即可。

(2) 正文。正文包括逮捕批准或决定机关名称、涉嫌罪名、被逮捕人的基本情况和拟羁押的看守所名称。"批准/决定"属于选择项，用删除线划去不需要的选项。如果被逮捕人不讲真实姓名，可以按其自报的姓名进行填写。

(3) 尾部。尾部包括文书制作日期、制作单位名称与印章及附注。填写签收栏时，由被逮捕人自行填写逮捕的时间，时间精确到小时；由看守所填写接收犯罪嫌疑人的时间，犯罪嫌疑人在逮捕前已羁押在看守所的，填写执行拘留的时间。

2. 副本

副本是公安机关将被逮捕人送交看守所以及看守所羁押被逮捕人的凭证，此联交看守所。内容与填写事项和正本基本一致，但"属于律师会见需经许可的案件"属于选择项，根据案件实际情况进行选择，不需要的选项用删除线划去。

3. 存根

用于公安机关留存备查，按照文书印制的内容和顺序依次进行填写即可。其中，逮捕原因填写被逮捕人涉嫌的具体罪名即可，如涉嫌"故意伤害罪"。

（三）文书样式

示例3-8

×××公安局
逮 捕 证
（存　根）

×公（　）捕字〔　〕　号

案件名称_____
案件编号_____
犯罪嫌疑人_____　男/女
出生日期_____
住　　址_____
逮捕原因_____
批准或决定逮捕时间_____
批准或决定机关_____
执 行 人_____
办案单位_____
填发时间_____
填 发 人_____

×××公安局
逮 捕 证

×公（ ）捕字〔 〕 号

根据《中华人民共和国刑事诉讼法》第八十条之规定，经_____批准/决定，兹由我局对涉嫌_____罪的_____（性别___，出生日期_____，住址_____）执行逮捕，送_____看守所羁押。

公安局（印）

年 月 日

本证已于_____年_____月_____日_____时向我宣布。

被逮捕人： （捺指印）

本证副本已收到，被逮捕人_____已于_____年_____月_____日送至我所（如先行拘留的，填写拘留后羁押时间）。

接收民警： 看守所（印）

年 月 日

此联附卷

×××公安局
逮 捕 证
（副　本）

　　　　　　　　　　　　　　　　　　×公（　）捕字〔　〕　号

　　根据《中华人民共和国刑事诉讼法》第八十条之规定，经_____批准/决定，兹由我局对涉嫌_____罪的_____（性别___，出生日期_____，住址_____）执行逮捕，送_____看守所羁押。

　　执行逮捕时间：_____年_____月_____日_____时

　　属于律师会见需经许可的案件：是/否

　　　　　　　　　　　　　　　　　　　　　　公安局（印）
　　　　　　　　　　　　　　　　　　　　　　　年　月　日

此联交看守所

第六节 通 缉 令

一、知识要点

（一）概念和特点

通缉令是公安机关在办理刑事案件过程中，对在逃的应当逮捕的犯罪嫌疑人发布追捕归案命令时制作使用的文书。通缉令是法律赋予公安机关的一项重要的侦查措施和手段。

通缉令只能由公安机关发布。由于通缉是侦查中追捕在逃犯罪嫌疑人的紧急措施，是执行逮捕的继续，因只有公安机关有执行逮捕权，所以只有公安机关有权发布通缉令。人民检察院直接侦查的案件，如果犯罪嫌疑人在逃需要通缉的，也应当通过公安机关发布通缉令，并由公安机关布置力量进行追捕。

（二）法律依据和制作条件

《刑事诉讼法》第155条规定："应当逮捕的犯罪嫌疑人如果在逃，公安机关可以发布通缉令，采取有效措施，追捕归案。各级公安机关在自己管辖的地区以内，可以直接发布通缉令；超出自己管辖的地区，应当报请有权决定的上级机关发布。"

《公安机关办理刑事案件程序规定》第274条规定："应当逮捕的犯罪嫌疑人在逃的，经县级以上公安机关负责人批准，可以发布通缉令，采取有效措施，追捕归案。县级以上公安机关在自己管辖的地区内，可以直接发布通缉令；超出自己管辖的地区，应当报请有权决定的上级公安机关发布。通缉令的发送范围，由签发通缉令的公安机关负责人决定。"

《公安机关办理刑事案件程序规定》第275条规定："通缉令中应当尽可能写明被通缉人的姓名、别名、曾用名、绰号、性别、年龄、民族、籍贯、出生地、户籍所在地、居住地、职业、身份证号码、衣着和体貌特征、口音、行为习惯，并附被通缉人近期照片，可以附指纹及其他物证的照片。除了必须保密的事项以外，应当写明发案的时间、地点和简要案情。"

发布通缉令应当符合以下条件：

（1）通缉对象是应当逮捕而在逃的犯罪嫌疑人；

（2）呈请意见经县级以上公安机关负责人批准。

（三）使用情况

县级以上公安机关在自己管辖的地区内，可以直接发布通缉令；超出自己管辖的地区，应当报请有权决定的上级公安机关发布通缉令。

二、内容要点和制作技巧

逮捕令是多联式填空型文书,由对内发布联、对外发布联和存根三部分组成。

(一) 对内发布联

对内发布联是通缉犯罪嫌疑人、被告人、罪犯的内部文书,分为首部、正文、尾部三部分。

1. 首部

首部包括文书名称、文书字号,文书名称已经印制好,只需填写文书字号即可。

2. 正文

正文包括犯罪嫌疑人的基本情况、在逃人员网上编号、身份证号码、体貌特征、行为特征、口音、携带物品、特长、发布范围、简要案情、工作要求和注意事项、联系人、联系电话、抄送部门等。

(1) 犯罪嫌疑人基本情况。写明犯罪嫌疑人的姓名(包括别名、曾用名、绰号等)、性别、年龄、民族、职业、工作单位、户籍所在地、住址等。在逃人员网上编号、身份证号码应当根据有关情况准确填写。体貌特征、行为特征、口音、携带物品、特长等内容要写清楚、具体且详细。体貌特征包括面部特征、肤色、身高、体态、发型、衣着等;行为特征包括行为活动规律、行为动作的特殊表现形态;口音要写明是否有地方口音;携带物品要写明被通缉对象在逃跑时是否携带枪支、弹药、爆炸物、赃款赃物以及所携带物品的数量、特征等;特长应写明被通缉对象掌握何种技能,如驾驶、拳击、爆破等。

(2) 发布范围。根据案件实际需要,并结合《刑事诉讼法》第155条第2款规定的公安机关管辖范围填写发布范围。

(3) 简要案情。写明被通缉的犯罪嫌疑人的作案时间、地点、手段、案件性质、情节及后果等。对需要保密的,应当有选择地进行说明。

(4) 工作要求和注意事项。写明对被通缉对象的追捕措施及抓获后如何处理等,要写明办案单位、联系人、联系电话及通信地址等。

(5) 附件。有条件的,可以在通缉令中注明被通缉人的照片、指纹、DNA编号及社会关系。

(6) 抄送部门。写明通缉令应当抄送的部门名称即可。

(二) 对外发布联

对外发布联的内容和对内发布联基本相同,在填写时可以参照对内发布联填写。但是,对外发布联不需要公开犯罪嫌疑人的指纹、DNA编号以及犯罪嫌疑人的社会关系信息。同时,需要对外保密的内容,应当有选择性地说明。

（三）存根

存根是签发单位留存的部分，是签发通缉令的根据，用于存档备查。按照文书印制的内容和顺序依次进行填写即可。

三、文书样式

示例3-9

```
            ×××公安局
             通　缉　令
              （存　根）

                          ×公（　）缉字〔　〕　号

案件名称＿＿＿＿＿＿＿＿＿＿＿＿＿＿＿＿＿＿＿＿＿＿
案件编号＿＿＿＿＿＿＿＿＿＿＿＿＿＿＿＿＿＿＿＿＿＿
被通缉人＿＿＿＿＿＿＿＿＿＿＿＿＿＿＿＿＿＿＿男/女
出生日期＿＿＿＿＿＿＿＿＿＿＿＿＿＿＿＿＿＿＿＿＿＿
身份证号码＿＿＿＿＿＿＿＿＿＿＿＿＿＿＿＿＿＿＿＿＿
住　　址＿＿＿＿＿＿＿＿＿＿＿＿＿＿＿＿＿＿＿＿＿＿
单位及职业＿＿＿＿＿＿＿＿＿＿＿＿＿＿＿＿＿＿＿＿＿
通缉时间＿＿＿＿＿＿＿＿＿＿＿＿＿＿＿＿＿＿＿＿＿＿
批　准　人＿＿＿＿＿＿＿＿＿＿＿＿＿＿＿＿＿＿＿＿＿
批准时间＿＿＿＿＿＿＿＿＿＿＿＿＿＿＿＿＿＿＿＿＿＿
办　案　人＿＿＿＿＿＿＿＿＿＿＿＿＿＿＿＿＿＿＿＿＿
办案单位＿＿＿＿＿＿＿＿＿＿＿＿＿＿＿＿＿＿＿＿＿＿
填发时间＿＿＿＿＿＿＿＿＿＿＿＿＿＿＿＿＿＿＿＿＿＿
填　发　人＿＿＿＿＿＿＿＿＿＿＿＿＿＿＿＿＿＿＿＿＿
```

通　缉　令

×公（　）缉字〔　　〕　　号

　　犯罪嫌疑人的基本情况、在逃人员网上编号、身份证号码、体貌特征、行为特征、口音、携带物品、特长：_____
_____
_____
_____
_____

　　发布范围：_____
　　简要案情：_____
_____
_____
_____

联系人、联系电话：_____

附：1. 犯罪嫌疑人照片、指纹。

　　2. 犯罪嫌疑人社会关系。
　　3. DNA 编号。

公安局（印）
年　月　日

抄送部门：_____

（注：此联用于对内发布）

通 缉 令

×公（ ）缉字〔 〕 号

犯罪嫌疑人的基本情况、身份证号码、体貌特征、行为特征、口音、携带物品、特长：＿＿＿＿＿＿＿＿＿＿＿＿＿＿＿＿＿＿＿＿＿＿＿＿＿＿＿＿＿＿
＿＿＿＿＿＿＿＿＿＿＿＿＿＿＿＿＿＿＿＿＿＿＿＿＿＿＿＿＿＿＿＿＿＿＿＿
＿＿＿＿＿＿＿＿＿＿＿＿＿＿＿＿＿＿＿＿＿＿＿＿＿＿＿＿＿＿＿＿＿＿＿＿
＿＿＿＿＿＿＿＿＿＿＿＿＿＿＿＿＿＿＿＿＿＿＿＿＿＿＿＿＿＿＿＿＿＿＿＿

发布范围：＿＿＿＿＿＿＿＿＿＿＿＿＿＿＿＿＿＿＿＿＿＿＿＿＿＿＿＿＿＿
简要案情：＿＿＿＿＿＿＿＿＿＿＿＿＿＿＿＿＿＿＿＿＿＿＿＿＿＿＿＿＿＿
＿＿＿＿＿＿＿＿＿＿＿＿＿＿＿＿＿＿＿＿＿＿＿＿＿＿＿＿＿＿＿＿＿＿＿＿
＿＿＿＿＿＿＿＿＿＿＿＿＿＿＿＿＿＿＿＿＿＿＿＿＿＿＿＿＿＿＿＿＿＿＿＿
＿＿＿＿＿＿＿＿＿＿＿＿＿＿＿＿＿＿＿＿＿＿＿＿＿＿＿＿＿＿＿＿＿＿＿＿

联系人、联系电话：＿＿＿＿＿＿＿＿＿＿＿＿＿＿＿＿＿＿＿＿＿＿＿＿＿＿

附：犯罪嫌疑人照片。

公安局（印）
年 月 日

（注：此联用于对外发布）

第七节　起诉意见书

一、知识要点

（一）概念和特点

起诉意见书，是指公安机关对于侦查终结的案件，认为犯罪事实清楚，证据确实、充分，应当依法追究犯罪嫌疑人刑事责任的，在移送同级人民检察院时制作的提请检察机关予以审查起诉的文书。

起诉意见书兼具程序法与实体法双重法律意义。从程序法角度看，起诉意见书的制作标志着公安机关侦查工作的结束，检察机关审查起诉工作的开始；从实体法角度看，起诉意见书标志着公安机关经侦查，认为犯罪嫌疑人犯罪事实清楚，证据确实、充分，依法应当追究刑事责任。

（二）法律依据和制作条件

《刑事诉讼法》第162条规定："公安机关侦查终结的案件，应当做到犯罪事实清楚，证据确实、充分，并且写出起诉意见书，连同案卷材料、证据一并移送同级人民检察院审查决定；同时将案件移送情况告知犯罪嫌疑人及其辩护律师。犯罪嫌疑人自愿认罪的，应当记录在案，随案移送，并在起诉意见书中写明有关情况。"

《公安机关办理刑事案件程序规定》第289条规定："对侦查终结的案件，应当制作起诉意见书，经县级以上公安机关负责人批准后，连同全部案卷材料、证据，以及辩护律师提出的意见，一并移送同级人民检察院审查决定；同时将案件移送情况告知犯罪嫌疑人及其辩护律师。犯罪嫌疑人自愿认罪的，应当记录在案，随案移送，并在起诉意见书中写明有关情况；认为案件符合速裁程序适用条件的，可以向人民检察院提出适用速裁程序的建议。"

制作起诉意见书的案件应当是已经侦查终结的案件，根据《公安机关办理刑事案件程序规定》第283条的规定，侦查终结的案件，应当同时符合以下条件：（1）案件事实清楚；（2）证据确实、充分；（3）犯罪性质和罪名认定正确；（4）法律手续完备；（5）依法应当追究刑事责任。

（三）使用情况

公安机关案件侦查终结时，须制作起诉意见书，连同全部案卷材料、证据，以及辩护律师提出的意见，一并移送同级人民检察院审查决定，同时将案件移送情况告知犯罪嫌疑人及其辩护律师。

二、内容要点和制作技巧

起诉意见书由首部、正文和尾部三部分组成。

（一）首部

首部包括制作文书的公安机关名称、文书名称、文书字号、犯罪嫌疑人的基本情况（依次写明姓名、性别、出生日期、出生地、身份证件种类及号码、民族、文化程度、职业或单位及职务、居住地）、政治面貌和违法犯罪经历等方面的内容。如果犯罪嫌疑人委托辩护律师的，应当写明辩护律师的相关情况，所在律师事务所或法律援助机构名称、律师执业证编号等（制作要求参见提请批准逮捕书）。

（二）正文

正文是起诉意见书的核心部分，主要包括以下内容：

1. 案件侦办情况

主要写明案由、案件来源、犯罪嫌疑人到案的情况等。首先，写明案件名称和来源，如犯罪嫌疑人×××涉嫌×××一案，由×××控告、举报、上级交办、有关部门移送或者工作中发现等；其次，简要写明案件侦查过程中的各个法律程序开始的时间，如接受案件、立案的时间，具体写明犯罪嫌疑人归案情况；最后，写明犯罪嫌疑人×××涉嫌×××案，现已侦查终结。

2. 案件事实

在规定格式"经依法侦查查明"后，详细叙述经侦查认定的犯罪事实，包括犯罪时间、地点、经过、手段、目的、动机、危害后果等与犯罪相关的事实要素（制作要求参见提请批准逮捕书）。

对于案情复杂的刑事案件，在叙述犯罪事实时，要根据案件的具体情况，因案而异，因人而异，采用不同的方法叙述，尽可能把犯罪嫌疑人的犯罪事实准确、简明、扼要地叙述清楚。

3. 证据

在规定格式"认定上述事实的证据如下"后分列相关证据，并写清所列证据与案件事实的关系。在列举证据时，不需要把本案全部证据一一列举出来，而是根据不同性质案件的不同特点，有针对性地列出部分主要证据，并进行简明扼要的叙述。

在叙述完案件事实和证据情况之后，另起一段，写明总结概括的语句"上述犯罪事实清楚，证据确实、充分，足以认定"。

4. 案件有关情节

具体写明犯罪嫌疑人是否有累犯、立功、自首、和解等影响量刑的从重、从轻、减轻等犯罪情节。

5. 认罪认罚情况

如犯罪嫌疑人认罪认罚的，应如实简要写明相关情况。

6. 移送审查起诉的依据

一般包括事实依据和法律依据，事实依据需要概括说明犯罪嫌疑人的行为罪状和涉嫌的罪名；法律依据需要写明移送案件依据的具体法律条款，即《刑事诉讼法》第162条。如果是当事人和解的公诉案件，应当写明双方当事人已自愿达成和解协议及履行情况，同时可以提出从宽处理的建议。

（三）尾部

尾部包括受文机关名称、制作日期、公安局印章及附注等。在填写"附注"时，根据实际情况填写犯罪嫌疑人所在的羁押地点、案件卷宗数量、随案移交物品情况、被害人提起附带民事诉讼的情况等内容。

三、文书样式

示例3-10

×××公安局
起诉意见书

×公（ ）诉字〔 〕 号

犯罪嫌疑人×××……〔犯罪嫌疑人姓名（别名、曾用名、绰号等），性别，出生日期，出生地，身份证件种类及号码，民族，文化程度，职业或工作单位及职务，居住地（包括户籍所在地、经常居住地、暂住地），政治面貌（如是人大代表、政协委员，一并写明具体级、届代表、委员），违法犯罪经历以及因本案被采取强制措施的情况（时间、种类及执行场所）。案件有多名犯罪嫌疑人的，应逐一写明〕

辩护律师×××……（如有辩护律师，写明其姓名、所在律师事务所或者法律援助机构名称、律师执业证编号）

犯罪嫌疑人涉嫌×××（罪名）一案，由×××举报（控告、移送）至我局（写明案由和案件来源，具体为单位或者公民举报、控告、上级交办、有关部门移送或工作中发现等）。……（简要写明案件侦查过程中的各个法律程序开始的时间，如接受案件、立案的时间。具体写明犯罪嫌疑人归案情况。最后写明犯罪嫌疑人×××涉嫌×××案，现已侦查终结）

经依法侦查查明：……（详细叙述经侦查认定的犯罪事实，包括犯罪时间、地点、经过、手段、目的、动机、危害后果等与定罪有关的事实要素。应当根据具体案件情况，围绕刑法规定的该罪构成要件，进行叙述）

（对于只有一个犯罪嫌疑人的案件，犯罪嫌疑人实施多次犯罪的犯罪事实应逐一列举；同时触犯数个罪名的犯罪嫌疑人的犯罪事实应该按照主次顺序分别列举。

对于共同犯罪的案件，写明犯罪嫌疑人的共同犯罪事实及各自在共同犯罪中的地位和作用后，按照犯罪嫌疑人的主次顺序，分别叙述各个犯罪嫌疑人的单独犯罪事实。)

　　认定上述事实的证据如下：

　　……（分列相关证据，并说明证据与案件事实的关系）

　　上述犯罪事实清楚，证据确实、充分，足以认定。

　　犯罪嫌疑人×××……（具体写明是否有累犯、立功、自首、和解等影响量刑的从重、从轻、减轻等犯罪情节；犯罪嫌疑人自愿认罪认罚的，简要写明相关情况）

　　综上所述，犯罪嫌疑人×××……（根据犯罪构成简要说明罪状）其行为已触犯《中华人民共和国刑法》第××条之规定，涉嫌×××罪。依照《中华人民共和国刑事诉讼法》第一百六十二条之规定，现将此案移送审查起诉。（当事人和解的公诉案件，应当写明双方当事人已自愿达成和解协议以及履行情况，同时可以提出从宽处理的建议。犯罪嫌疑人自愿认罪认罚的，如果认为案件符合速裁程序适用条件，可以在起诉意见书中建议人民检察院适用速裁程序办理，并简要说明理由。）

　　此致
×××人民检察院

×××公安局（印）
××××年××月××日

附：1. 本案卷宗×卷×页。
　　2. 随案移交物品×件。

第四章 人民检察院刑事法律文书

第一节 概 述

一、人民检察院刑事法律文书的概念和特点

人民检察院刑事法律文书是指人民检察院在办理刑事案件过程中，为实现其职能而依法制作的具有法律效力或法律意义的法律文书。

根据《刑事诉讼法》的规定，刑事案件的检察、批准逮捕、检察机关直接受理的案件的侦查、提起公诉，由人民检察院负责。人民检察院在履行职能时，必须制作相应的法律文书，这些法律文书也是刑事诉讼的重要组成部分。

人民检察院刑事法律文书主要有以下特点：

1. 主体的特定性

人民检察院刑事法律文书的制作主体只能是各级人民检察院，其他任何机关、团体和个人都无权制作。

2. 内容的合法性

人民检察院刑事法律文书必须依法制作，程序合法，内容合法。法律文书是人民检察院依法办案的载体，只有合法的法律文书才能发挥其应有的作用。

3. 格式的规范性

人民检察院刑事法律文书有明确的制作规范和严格的格式要求，制作时必须具备相应的要素，遵循格式规范。最高人民检察院 2020 年 1 月 15 日发布的《人民检察院刑事诉讼法律文书格式样本（2020 版）》是目前适用的文书样本。

二、人民检察院刑事法律文书的分类

人民检察院刑事法律文书可以按照不同的标准进行分类。

1. 按适用的诉讼阶段划分

根据适用的诉讼阶段的不同，人民检察院刑事法律文书可以分为立案文书、回避文书、证据文书、强制措施文书、侦查文书、公诉文书、执行监督文书、特别程

序文书、通用或其他文书。

2. 按适用范围划分

根据适用范围的不同，人民检察院刑事法律文书可以分为检察诉讼文书、检察工作文书。检察诉讼文书是人民检察院在诉讼过程中制作的，可引起诉讼活动开始、进行或终止的文书，具有公开性；检察工作文书是人民检察院在内部工作过程中使用的文书，不具有公开性。

第二节 批准逮捕决定书与不批准逮捕决定书

一、批准逮捕决定书

（一）知识要点

1. 概念和特点

批准逮捕决定书，是指人民检察院对公安机关提请的逮捕犯罪嫌疑人的案件进行审查后，认为符合逮捕条件的，决定批准逮捕犯罪嫌疑人时所制作的法律文书。

批准逮捕决定书有以下特点：

（1）批准逮捕决定书属于填空式文书，制作者根据实际情况在空格处填写相关内容。

（2）批准逮捕决定书仅适用于有逮捕必要的犯罪嫌疑人，是人民检察院针对公安机关的提请批准逮捕书作出的同意批捕的审批决定。

（3）批准逮捕决定书是公安机关执行逮捕的法律依据，公安机关只有在收到人民检察院的批准逮捕决定书后，才能执行逮捕。

2. 法律依据和制作条件

《刑事诉讼法》第81条，见前文。

《刑事诉讼法》第90条规定："人民检察院对于公安机关提请批准逮捕的案件进行审查后，应当根据情况分别作出批准逮捕或者不批准逮捕的决定。对于批准逮捕的决定，公安机关应当立即执行，并且将执行情况及时通知人民检察院。对于不批准逮捕的，人民检察院应当说明理由，需要补充侦查的，应当同时通知公安机关。"

从上述法律规定中可以看出，制作批准逮捕决定书应具备如下条件：

（1）公安机关向同级人民检察院提出"提请批准逮捕书"。公安机关对有证据证明有犯罪事实且有逮捕必要的犯罪嫌疑人，应制作提请批准逮捕书，移送人民检察院审批。没有侦查部门的提请批准逮捕书，就不会有人民检察院的批准逮捕决定书。

(2) 人民检察院经过审查后，认为有证据证明有犯罪事实，可能判处徒刑以上刑罚的犯罪嫌疑人、被告人，采取取保候审尚不足以防止发生刑事诉讼法所规定的社会危险性，有逮捕的必要。

(3) 人民检察院应当自接到公安机关提请批准逮捕书后的七日以内，作出批准逮捕或者不批准逮捕的决定。批准逮捕的，制作批准逮捕决定书。

3. 使用情况

人民检察院制作批准逮捕决定书之后，应将正本联送达公安机关，由公安机关执行逮捕。

(二) 内容要点和制作技巧

批准逮捕决定书一式四联，分别为存根联、副本联、正本联、回执联。

1. 存根联

存根联由制作单位统一保存备查。

(1) 首部包括制作机关名称、文书名称、文书字号，在文书名称下方括号注明"存根"。制作机关名称即"×××人民检察院"；文书名称即"批准逮捕决定书"；文书字号即"××检××批捕〔20××〕×号"。

(2) 正文写明案由、犯罪嫌疑人基本情况。案由即犯罪嫌疑人涉嫌的罪名；犯罪嫌疑人基本情况包括姓名、性别、出生日期、公民身份号码、工作单位、住址、是否为人大代表或政协委员。

(3) 尾部包括送达机关、批准人、承办人、填发人、填发时间。写明送达机关名称；批准人、承办人、填发人分别签名；填写签发年月日。

批准人填写批准制作该法律文书的有关负责人的姓名；承办人填写事项承办人的姓名；填发人填写制作法律文书的人的姓名；填发时间填写实际制作法律文书的时间。

2. 副本联

副本联由负责捕诉的部门附卷。

(1) 首部包括制作机关名称、文书名称、文书字号，在文书名称下方括号注明"副本"。制作机关名称、文书名称、文书字号与存根联相同。

(2) 正文包括送达机关（即提请批准逮捕的侦查机关名称）、提请批准逮捕的时间及文书编号、犯罪嫌疑人的姓名及涉嫌罪名、批准逮捕的决定及执行时间等内容。表述为："＿＿＿＿＿＿：你＿＿＿＿＿于＿＿＿＿＿年＿＿＿＿＿月＿＿＿＿＿日以＿＿＿＿＿号提请批准逮捕书提请批准逮捕犯罪嫌疑人＿＿＿＿＿，经本院审查认为，该犯罪嫌疑人涉嫌＿＿＿＿＿犯罪，符合《刑事诉讼法》第八十一条规定的逮捕条件，决定批准逮捕犯罪嫌疑人＿＿＿＿＿。请依法立即执行，并将执行情况在三日以内通知本院。"

（3）尾部包括制作文书的日期并加盖公章。即应写明制作文书的年月日，加盖人民检察院院印。

3. 正本联

正本联送达侦查机关执行。

正本联与副本联的唯一区别就是文书名称下方无括号注明的内容。除此之外，正本联的内容与副本联的内容完全一致，此处不赘。

4. 回执联

回执联为执行回执，由侦查机关填写完毕退回检察机关后附卷。

（1）首部包括制作机关名称和文书名称，在文书名称下方括号注明"回执"。制作机关名称即"×××人民检察院"；文书名称即"批准逮捕决定书"。

（2）正文包括送达机关名称、批准逮捕决定书的制作日期和文书字号、批准逮捕决定书的执行情况等内容。

送达机关名称即作出批准逮捕决定的人民检察院名称。批准逮捕决定书的执行情况应填写犯罪嫌疑人何时已被执行逮捕或者因何原因未执行逮捕。表述为："_____人民检察院：根据《刑事诉讼法》第九十条的规定，现将你院_____年_____月_____日_____号批准逮捕决定书的执行情况通知如下：犯罪嫌疑人_____已于_____年_____月_____日由_____执行逮捕（或者因_____未执行逮捕）。特此通知"。

（3）尾部应写明回执联的制作时间并加盖公章。此处的公章为侦查机关的公章。

（三）文书样式

示例 4-1

×××人民检察院
批准逮捕决定书①
（存　根）

××检××批捕〔20××〕×号

案由：_____
犯罪嫌疑人基本情况（姓名、性别、出生日期、公民身份号码、工作单位、住址、是否为人大代表或政协委员）：_____
送达机关：_____

---

① 童建明、万春主编：《人民检察院刑事诉讼法律文书适用指南（上）》，中国检察出版社2020年版，第579页。

批准人：_____
承办人：_____
填发人：_____
填发时间：_____

×××人民检察院
批准逮捕决定书[①]
（副　本）

××检××批捕〔20××〕×号

_____：

你_____于_____年_____月_____日以_____号提请批准逮捕书提请批准逮捕犯罪嫌疑人_____，经本院审查认为，该犯罪嫌疑人涉嫌_____犯罪，符合《刑事诉讼法》第八十一条规定的逮捕条件，决定批准逮捕犯罪嫌疑人_____。请依法立即执行，并将执行情况在三日以内通知本院。

20××年××月××日
（院印）

正本联、回执联样式略

二、不批准逮捕决定书

（一）知识要点

1. 概念和特点

不批准逮捕决定书，是指人民检察院对公安机关提请的逮捕犯罪嫌疑人的案件进行审查后，认为不符合逮捕条件的，决定不批准逮捕犯罪嫌疑人时所制作的法律文书。

不批准逮捕决定书具有以下特点：

（1）不批准逮捕决定书属于填空式文书，制作者需根据实际情况在空格处填写相关内容。

（2）不批准逮捕决定书仅适用于无逮捕必要的犯罪嫌疑人，是人民检察院针对公安机关的提请批准逮捕书作出的不同意批捕的审批决定。

[①] 童建明、万春主编：《人民检察院刑事诉讼法律文书适用指南（上）》，中国检察出版社2020年版，第580页。

2. 法律依据和制作条件

《刑事诉讼法》第 16 条规定："有下列情形之一的，不追究刑事责任，已经追究的，应当撤销案件，或者不起诉，或者终止审理，或者宣告无罪：（一）情节显著轻微、危害不大，不认为是犯罪的；（二）犯罪已过追诉时效期限的；（三）经特赦令免除刑罚的；（四）依照刑法告诉才处理的犯罪，没有告诉或者撤回告诉的；（五）犯罪嫌疑人、被告人死亡的；（六）其他法律规定免予追究刑事责任的。"

《刑事诉讼法》第 74 条规定："人民法院、人民检察院和公安机关对符合逮捕条件，有下列情形之一的犯罪嫌疑人、被告人，可以监视居住：（一）患有严重疾病、生活不能自理的；（二）怀孕或者正在哺乳自己婴儿的妇女；（三）系生活不能自理的人的唯一扶养人；（四）因为案件的特殊情况或者办理案件的需要，采取监视居住措施更为适宜的；（五）羁押期限届满，案件尚未办结，需要采取监视居住措施的。对符合取保候审条件，但犯罪嫌疑人、被告人不能提出保证人，也不交纳保证金的，可以监视居住。监视居住由公安机关执行。"

《刑事诉讼法》第 90 条，见前文。

从上述法律规定中可以看出，制作不批准逮捕决定书应具备如下条件：

（1）公安机关向同级人民检察院提出"提请批准逮捕书"。

（2）人民检察院经审查认为不符合逮捕的条件。

（3）人民检察院应当自接到公安机关提请批准逮捕书后的七日以内，作出批准逮捕或者不批准逮捕的决定。不批准逮捕的，制作不批准逮捕决定书。

3. 使用情况

人民检察院制作完成不批准逮捕决定书之后，应送达公安机关。公安机关应当在接到通知后立即释放犯罪嫌疑人，并且将执行情况及时通知人民检察院。对于需要继续侦查，并且符合取保候审、监视居住条件的，依法取保候审或者监视居住。

公安机关如果认为人民检察院不批准逮捕的决定有错误，可以要求复议，但是必须将被拘留的人立即释放。

（二）内容要点和制作技巧

与批准逮捕决定书一样，不批准逮捕决定书也是一式四联，分别为存根联、副本联、正本联、回执联。

1. 存根联

存根联由制作单位统一保存备查。

（1）首部包括制作机关名称、文书名称和文书字号，在文书名称下方括号注明"存根"。制作机关名称即"×××人民检察院"；文书名称即"不批准逮捕决定书"；文书字号即"××检××不批捕〔20××〕×号"。

（2）正文写明案由、犯罪嫌疑人基本情况、不批准逮捕的原因。案由即犯罪嫌疑人涉嫌的罪名；犯罪嫌疑人基本情况包括姓名、性别、出生日期、公民身份号码、工作单位、住址等。不批准逮捕原因主要为犯罪嫌疑人的行为不符合《刑事诉讼法》第 81 条的规定。根据最高人民检察院 2019 年 12 月 30 日公布施行的《人民检察院刑事诉讼规则》第 139 条第 2 项的规定，具有《刑事诉讼法》第 16 条规定的情形之一的，人民检察院应当作出不批准逮捕或不予逮捕的决定。《人民检察院刑事诉讼规则》第 141 条规定，对符合《刑事诉讼法》第 74 条第 1 款规定的犯罪嫌疑人，人民检察院经审查认为不需要逮捕的，可以在作出不批准逮捕决定的同时，向公安机关提出采取监视居住措施的建议。

（3）尾部包括送达机关、批准人、承办人、填发人、填发时间。写明送达机关名称；批准人、承办人、填发人分别签名；填写签发年月日。

2. 副本联

副本联由负责捕诉的部门附卷。

（1）首部包括制作机关名称、文书名称、文书字号，在文书名称下方括号注明"副本"。制作机关名称、文书名称、文书字号与存根联相同。

（2）正文包括送达机关（即提请批准逮捕的侦查机关名称）、提请批准逮捕的时间及文书编号、犯罪嫌疑人的姓名、不批准逮捕的原因和决定等内容。表述为："＿＿＿＿＿：你＿＿＿＿＿于＿＿＿＿＿年＿＿＿＿＿月＿＿＿＿＿日以＿＿＿＿＿号提请批准逮捕书提请批准逮捕犯罪嫌疑人＿＿＿＿＿，经本院审查认为：＿＿＿＿＿，根据《刑事诉讼法》第九十条的规定，决定不批准逮捕犯罪嫌疑人＿＿＿＿＿。请依法立即执行，并在三日以内将执行情况通知本院。"

（3）尾部包括制作文书的日期并加盖公章。即应写明制作文书的年月日，加盖人民检察院院印。

3. 正本联

正本联送达侦查机关执行。

正本联与副本联的唯一区别就是文书名称下方无括号注明的内容。除此之外，正本联的内容与副本联的内容完全一致，此处不赘。

4. 回执联

回执联为执行回执，由侦查机关填写完毕退回后附卷。

（1）首部包括制作机关名称和文书名称，在文书名称下方括号注明"回执"。制作机关名称即"×××人民检察院"；文书名称即"不批准逮捕决定书"。

（2）正文包括送达机关名称、不批准逮捕决定书的制作日期和文书字号、不批准逮捕决定书的执行情况等内容。不批准逮捕决定书的回执联应填写犯罪嫌疑人于何时被释放或者变更为何种强制措施。表述为："＿＿＿＿＿人民检察院：根据《刑事诉讼法》第九十一条的规定，现将你院＿＿＿＿＿年＿＿＿＿＿月＿＿＿＿＿日＿＿＿＿＿号不批准逮捕决定书的执行情况通知如下：犯罪嫌疑人＿＿＿＿＿已于＿＿＿＿＿年＿＿＿＿＿月＿＿＿＿＿日由＿＿＿＿＿释放（或者变更为＿＿＿＿＿）。特此通知"。

(3) 尾部应写明回执联的制作时间并加盖公章。此处的公章为侦查机关的公章。

（三）文书样式

示例 4-2

×××人民检察院
不批准逮捕决定书
（存　根）

××检××不批捕〔20××〕×号

案　由：_____
犯罪嫌疑人基本情况：_____
不批准逮捕原因：_____
送达机关：_____
批准人：_____
承办人：_____
填发人：_____
填发时间：_____

×××人民检察院
不批准逮捕决定书[①]
（副　本）

××检××不批捕〔20××〕×号

_____：
　　你_____于____年__月__日以____号提请批准逮捕书提请批准逮捕犯罪嫌疑人_____，经本院审查认为：_____，根据《刑事诉讼法》第九十条的规定，决定不批准逮捕犯罪嫌疑人_____。请依法立即执行，并在三日以内将执行情况通知本院。

20××年××月××日
（院印）

正本联、回执联略

---

① 童建明、万春主编：《人民检察院刑事诉讼法律文书适用指南（上）》，中国检察出版社 2020 年版，第 584 页。

第三节　起诉书与不起诉决定书

一、起诉书

(一) 知识要点

1. 概念和特点

起诉书，是指人民检察院认为犯罪嫌疑人的犯罪事实已经查清，证据确实、充分，依法应当追究刑事责任，依照审判管辖的规定，向人民法院提起公诉时制作的法律文书。

起诉书具有以下特点：

(1) 起诉书是叙述式文书。起诉书里应写明案件事实、证据，阐明起诉的法律依据。

(2) 起诉书的制作意味着人民法院第一审程序启动，案件进入审判阶段。

(3) 起诉书是人民检察院派员出庭支持公诉的基础，也是被告人、辩护人提出辩护意见的依据。

2. 法律依据和制作条件

《刑事诉讼法》第169条规定："凡需要提起公诉的案件，一律由人民检察院审查决定。"

《刑事诉讼法》第176条第1款规定："人民检察院认为犯罪嫌疑人的犯罪事实已经查清，证据确实、充分，依法应当追究刑事责任的，应当作出起诉决定，按照审判管辖的规定，向人民法院提起公诉，并将案卷材料、证据移送人民法院。"

由此可见，制作起诉书的条件是：人民检察院认为犯罪嫌疑人的犯罪事实已经查清，证据确实、充分，依法应当追究刑事责任。只有在这种情况下，才能制作起诉书。

3. 使用情况

起诉书制作完成后，人民检察院据此向人民法院提起公诉，指控被告人构成犯罪，该刑事案件进入审判阶段。

(二) 内容要点和制作技巧

犯罪主体有自然人和单位两种，相应地，起诉书首先可以分成自然人犯罪案件的起诉书和单位犯罪案件的起诉书两种。另外，如果属于刑事附带民事诉讼案件，还有刑事附带民事起诉书这一特殊类型。随着认罪认罚从宽制度的确立，起诉书还有自然人犯罪案件认罪认罚的起诉书和单位犯罪案件认罪认罚案件的起诉书等类型。本部分以自然人犯罪案件的起诉书为例予以介绍。

起诉书属于叙述式文书。从结构上来说，可以分成首部、正文、尾部三部分。

1. 首部

起诉书的首部包括人民检察院名称、文书名称、文号、被告人基本情况、案由和案件来源、案件审查过程。

（1）人民检察院名称。即"×××人民检察院"。除最高人民检察院外，各地方人民检察院的名称前应写明省、自治区、直辖市的名称；对涉外案件提起公诉时，各级人民检察院的名称前均应注明"中华人民共和国"的字样。人民检察院名称一般使用宋体小二号字。

（2）文书名称。即"起诉书"。文书名称排在人民检察院名称的下一行。文书名称一般使用宋体二号字加粗。

（3）文号。由制作起诉书的人民检察院的简称、案件性质（即"刑诉"）、起诉年度、案件顺序号组成。有的在人民检察院简称和案件性质之间加上办案部门简称，即"××检××刑诉〔20××〕×号"。其中，年度需用四位数字表述。年度和顺序号均用阿拉伯数字。文号写在该行的最右端，上下各空一行。文号里的汉字一般用楷体_GB2312四号，数字为Times New Roman四号。

（4）被告人基本情况。包括姓名、性别、出生年月日、出生地和户籍地、公民身份号码、民族、文化程度、职业、工作单位及职务、住址，是否受过刑事处罚及处罚的种类和时间，采取强制措施的情况等。正文一般用仿宋_GB2312三号。

关于姓名，应当使用身份证、户口簿上的姓名。被告人如有与案情有关的曾用名、别名、化名或者绰号的，应当在其姓名后面用括号注明；被告人是外国人的，应当在其中文译名后面用括号注明外文姓名，还应注明国籍、护照号码、国外居所。如果确实无法查明身份的，使用被告人自报的姓名，括号注明自报。被告人自报的姓名可能造成损害他人名誉、败坏道德风俗等不良影响的，可以对被告人编号并按编号制作起诉书，附具被告人的照片，记明足以确定被告人面貌、体格、指纹以及其他反映被告人特征的事项。

关于出生日期，一般应以公历为准，具体到年月日。出生日期应当以其合法身份证件上记载的出生日期为准，没有合法身份证件的，以户籍登记中的出生日期为准。确实无法查明其真实出生日期的，使用被告人自报的出生日期，括号注明自报。除未成年人外，如果确实查不清出生日期的，也可以注明年龄。

关于公民身份号码，写明居民身份证、护照等法定身份证件的号码。对尚未办理身份证的，应当注明。

关于文化程度，填写国家承认的学历。文化程度分为研究生（博士、硕士）、大学、大专、中专、高中、初中、小学、文盲等档次。

关于工作单位和职业，填写当事人的工作单位名称以及从事的职业种类。单位名称应当填写全称，必要时在前面加上地域名称。认定当事人的工作单位，不能单纯凭人事档案是否在该单位，而应当视其是否实际在该单位工作。只要其实际在该单位工作的，即可认定为工作单位。职业应当填写从事工作的种类。没有工作单位的，可以根据实际情况填写经商、务工、农民、在校学生或者无业等。

关于被告人的住址，应填写被告人的经常居住地。如果该当事人离开户籍所在地在其他地方连续居住满一年以上的，则以该地为经常居住地。真实住址无法查清的，可写其自报的住址，并括号注明自报。

关于被告人曾受过行政处罚、刑事处罚的，应当在起诉书中写明。其中，行政处罚限于与定罪有关的情况。一般应先写受到行政处罚的情况，再写受到刑事处罚的情况。叙写行政处罚时，应注明处罚的时间、种类、处罚单位；叙写刑事处罚时，应当注明处罚的时间、原因、种类、决定机关、释放时间。

关于采取强制措施情况的叙写，必须注明原因、种类，批准或者决定的机关和时间、执行的机关和时间。被采取过多种强制措施的，应按照执行时间的先后分别叙写。

另外，如果有多名被告人的，按照主从关系的顺序，先后叙写各个被告人的基本情况。

（5）案由和案件来源、案件审查过程。通常可表述为"本案由（监察/侦查机关）调查/侦查终结，以被告人×××涉嫌×××罪，于（受理日期）向本院移送起诉。本院受理后，于××××年××月××日已告知被告人有权委托辩护人，××××年××月××日已告知被害人及其法定代理人（近亲属）、附带民事诉讼的当事人及其法定代理人有权委托诉讼代理人，依法讯问了被告人，听取了辩护人、被害人及其诉讼代理人的意见，审查了全部案件材料。本院于（一次退查日期、二次退查日期）退回侦查机关补充侦查，侦查机关于（一次重报日期、二次重报日期）补充侦查完毕移送起诉。本院于（一次延长日期、二次延长日期、三次延长日期）延长审查起诉期限15日。"

需注意的是，此部分并非要求包含上述所有内容，而是应分别按不同情形，根据案件的实际情况叙写。例如，如果不存在退回侦查机关补充侦查或延长审查起诉期限等情况，则无须填写该事项。

2. 正文

起诉书的正文包括案件事实、证据、起诉根据和理由。

（1）案件事实。案件事实通常以"经依法审查查明"开头，包括犯罪的时间、地点、经过、手段、动机、目的、危害后果等与定罪量刑有关的事实要素。起诉书叙述的指控犯罪事实的必备要素应当明晰、准确。被告人被控有多项犯罪事实的，应当逐一列举，对于犯罪手段相同的同一犯罪可以概括叙写。

案件事实部分是起诉书的重点，叙写案件事实，应当注意以下几点：

第一，对起诉书所指控的所有犯罪事实，无论是一人一罪、多人一罪，还是一人多罪、多人多罪，都必须逐一列举。

第二，叙述案件事实，要按照合理的顺序进行。一般可按照时间先后顺序；一人多罪的，应当按照各种犯罪的轻重顺序叙述，把重罪放在前面，把次罪、轻罪放在后面；多人多罪的，应当按照主犯、从犯或者重罪、轻罪的顺序叙述，突出主犯、重罪。

第三，叙写案件事实时，可以根据案件事实的不同情况，采取相应的表述方式。重大案件要详细写明犯罪事实，特别要将属于犯罪构成要件或者与定罪量刑有关的事实要素列为重点；一般案件虽然也应详细写明案件事实，但对多起相同的案件事实，可以先概括叙述相同情节，再列举每起事实的具体时间、结果等，无须详细叙述每一起犯罪实施的过程。涉及国家秘密或者有伤风化的情节等，应概括叙写，不作具体描述。

第四，对共同犯罪案件中有同案犯在逃的，应在其姓名后括号注明"另案处理"。

(2) 证据。在叙写犯罪事实之后，应另起一段，列举证据。此部分通常以"认定上述事实的证据如下"开头，引出证据。

起诉书中列举证据时，应写明证据的名称、种类，但无须对证据与事实、证据与证据之间的关系进行具体分析、论证。叙写证据时，一般应当采取"一事一证"的方式，即在每一起案件事实后，写明据以认定的主要证据。对于作案多起的一般刑事案件，如果案件事实是概括叙述的，证据的叙写也可以采取"一罪一证"的方式，即在该种犯罪后概括写明主要证据的种类，而不再指出认定每一起案件事实的证据。

(3) 起诉根据和理由。起诉根据和理由包括被告人触犯的刑法条款、犯罪的性质及认定的罪名、处罚条款、法定从轻、减轻或者从重处罚的情节，共同犯罪各被告人应负的罪责等。

此部分以"本院认为"开头，叙写时应注意以下问题：

第一，对行为性质、危害程度、情节轻重，要结合犯罪的构成要件进行概括性表述，突出本罪的特征，语言要精练、准确。

第二，对法律条文的引用，要准确、完整、具体，写明法律的全称和条、款、项。条、款、项使用汉字数字。

第三，对于量刑情节的认定，应遵循如下原则：一是对于具备轻重不同的法定量刑情节，一般应当在起诉书中认定。但涉及自首、立功等可能因特定因素发生变化的情节，也可以在案件事实之后仅对有关事实作客观表述；二是对于酌定量刑情节，可以根据案件的具体情况，从有利于出庭支持公诉的角度出发，决定是否在起诉书中作出认定。

3. 尾部

起诉书的尾部包括致送法院名称、署名、日期、盖章、附项。

起诉书应当署具体承办案件的检察官和检察官助理的姓名；日期为签发起诉书的日期，使用阿拉伯数字，如"2020年1月1日"；加盖人民检察院院印。

附项主要包含：(1) 被告人现在处所：具体包括在押被告人的羁押场所或监视居住、取保候审的处所；(2) 案卷材料和证据××册；(3) 证人、鉴定人、需要出庭的有专门知识的人的名单（列明姓名、性别、年龄、职业、住址、联系方式，并注明证人、鉴定人是否出庭），需要保护的被害人、证人、鉴定人的化名名单；(4) 有关涉案款物情况，如查封、扣押、冻结的财物及孳息的清单；(5) 被害人（单位）附带民事诉讼情况；(6) 其他需要附注的事项。

（三）文书样式

示例 4-3

×××人民检察院

起　诉　书①

（自然人犯罪案件普通程序适用）

××检××刑诉〔20××〕×号

被告人……（写明姓名、性别、出生年月日、公民身份号码、民族、文化程度、职业或者工作单位及职务、是否系人大代表或政协委员、户籍地、住址、曾受到刑事处罚以及与本案定罪量刑相关的行政处罚的情况和因本案采取强制措施的情况等）

本案由（监察/侦查机关）调查/侦查终结，以被告人×××涉嫌×××罪，于（受理日期）向本院移送起诉。本院受理后，于××××年××月××日已告知被告人有权委托辩护人，××××年××月××日已告知被害人及其法定代理人（近亲属）、附带民事诉讼的当事人及其法定代理人有权委托诉讼代理人，依法讯问了被告人，听取了辩护人、被害人及其诉讼代理人的意见，审查了全部案件材料。本院于（一次退查日期、二次退查日期）退回侦查机关补充侦查，侦查机关于（一次重报日期、二次重报日期）补充侦查完毕移送起诉。本院于（一次延长日期、二次延长日期、三次延长日期）延长审查起诉期限15日。

经依法审查查明：

……（写明经检察机关审查认定的犯罪事实，包括犯罪时间、地点、经过、手段、目的、动机、危害后果等与定罪、量刑有关的事实要素。应当根据具体案件情

---

① 童建明、万春主编：《人民检察院刑事诉讼法律文书适用指南（下）》，中国检察出版社2020年版，第747—749页。

况,围绕刑法规定的该罪的构成要件叙写)

认定上述事实的证据如下:

(1)物证:……(2)书证:……(3)证人证言:证人×××的证言;(4)被害人陈述:被害人×××的陈述;(5)被告人供述和辩解:被告人×××的供述和辩解;(6)鉴定意见:……(7)勘验、检查、辨认、侦查实验等笔录:……(8)视听资料、电子数据:……

本院认为,被告人……(概述被告人行为的性质、危害程度、情节轻重)其行为触犯了《中华人民共和国刑法》第××条(引用罪状、法定刑条款),犯罪事实清楚,证据确实、充分,应当以××罪追究其刑事责任。根据《中华人民共和国刑事诉讼法》第一百七十六条的规定,提起公诉,请依法判处。

此致
×××人民法院

检察官 ×××
检察官助理 ×××
20××年××月××日
(院印)

附件:1. 被告人现在处所:具体包括在押被告人的羁押场所或监视居住、取保候审的处所。

2. 案卷材料和证据××册。

3. 证人、鉴定人、需要出庭的专门知识的人的名单,需要保护的被害人、证人、鉴定人的名单。

4. 有关涉案款物情况。

5. 被害人(单位)附带民事诉讼情况。

6. 其他需要附注的事项。

二、不起诉决定书

(一)知识要点

1. 概念和特点

不起诉决定书,是指检察机关对于公安机关移送起诉的案件或者自行侦查终结的案件,认为被告人的行为应当不起诉或可以不起诉至人民法院时依法制作的法律文书。

不起诉决定书具有以下特点:

(1) 不起诉决定书是叙述式文书。不起诉决定书里应写明案件事实，阐明不起诉的理由和法律依据。

不起诉决定有三种情形：一是法定不起诉，即没有犯罪事实，或者具有《刑事诉讼法》第16条规定的情形之一，如犯罪已过追诉时效期限，人民检察院应当作出不起诉决定；二是相对不起诉，即犯罪情节轻微，依照刑法规定不需要判处刑罚或者免除刑罚，人民检察院可以作出不起诉决定；三是存疑不起诉，即对于二次补充侦查的案件，人民检察院仍然认为证据不足，不符合起诉条件的，应当作出不起诉决定。

(2) 不起诉决定书的制作意味着刑事诉讼的终结，具有不再通过公诉方式追究被不起诉人刑事责任的法律效力。

2. 法律依据和制作条件

《刑事诉讼法》第177条第1款、第2款规定："犯罪嫌疑人没有犯罪事实，或者有本法第十六条规定的情形之一的，人民检察院应当作出不起诉决定。对于犯罪情节轻微，依照刑法规定不需要判处刑罚或者免除刑罚的，人民检察院可以作出不起诉决定。"

《刑事诉讼法》第175条第4款规定："对于二次补充侦查的案件，人民检察院仍然认为证据不足，不符合起诉条件的，应当作出不起诉的决定。"

由此可见，制作不起诉决定书的条件是：人民检察院认为没有犯罪事实，或者犯罪情节轻微，或者二次补充侦查后仍然证据不足等，符合刑事诉讼法规定的不起诉条件。只有在这种情况下，才能制作不起诉决定书。

3. 使用情况

不起诉决定书制作完成后，人民检察院应当公开宣布不起诉的决定，并且将不起诉决定书送达被不起诉人和其所在单位。对于公安机关移送起诉的案件，应将不起诉决定书送达公安机关。对于有被害人的案件，决定不起诉的，人民检察院还应当将不起诉决定书送达被害人。

(二) 内容要点和制作技巧

不起诉决定有三种情形，即法定不起诉、相对不起诉、存疑不起诉。相应地，不起诉决定书也有三种样式，但格式基本相同。

不起诉决定书属于叙述式文书。从结构上来说，可以分为首部、正文、尾部三部分。

1. 首部

不起诉决定书的首部包括人民检察院名称、文书名称、文号、被不起诉人（或者被不起诉单位）基本情况、辩护人基本情况、案由和案件来源。

(1) 文书名称，即"不起诉决定书"；文号，即"××检××刑不诉〔20××〕

×号"。

(2) 被不起诉人基本情况，写明姓名、性别、出生年月日、出生地和户籍地、公民身份号码、民族、文化程度、职业、工作单位及职务、住址，是否受过刑事处罚，采取强制措施的种类、时间、决定机关以及羁押处所等。其中，被不起诉人住址写居住地，如果户籍地与暂住地不一致的，应当写明户籍所在地和暂住地。

如系被不起诉单位，应写明该单位名称、统一社会信用代码、住所地、联系方式，法定代表人和诉讼代表人的姓名、职务、联系方式。

(3) 辩护人基本情况。写明辩护人的姓名、单位。

(4) 案由和案件来源。案由应当写移送起诉时或者侦查终结时认定的行为性质。如果与负责捕诉的部门认定的行为性质不一致，以移送起诉时或者侦查终结时认定的为准。案件来源包括监察、公安、国家安全机关移送，本院侦查终结，其他人民检察院移送等情况。同时应注意，应写明移送起诉的日期。如果曾经退回补充侦查，还应写明退回的日期、次数和再次移送的日期。

以公安机关移送起诉为例，案由和案件来源可表述为："本案由×××（侦查机关名称）侦查终结，以被不起诉人×××涉嫌××罪，于××××年××月××日向本院移送起诉。"

2. 正文

不起诉决定书的正文包括案件事实、不起诉的法律根据和理由、涉案财物处理情况、告知事项。

(1) 案件事实，包括否定或者指控被不起诉人构成犯罪的事实以及作为不起诉决定根据的事实。此部分应当根据法定不起诉、相对不起诉、存疑不起诉三种不起诉的性质、内容和特点，针对案件具体情况各有侧重点地叙写。

(2) 不起诉的法律根据和理由，写明作出不起诉决定适用的法律条款。法定不起诉应援引《刑事诉讼法》第 16 条和 177 条第 1 款；相对不起诉应援引《刑事诉讼法》第 177 条第 2 款；存疑不起诉应援引《刑事诉讼法》第 175 条第 4 款。引用的法律应当用全称，法律条款用汉字。

(3) 涉案财物处理情况，写明查封、扣押、冻结的涉案款物的处理情况。

(4) 告知事项，写明被不起诉人或被不起诉单位享有申诉权，被害人享有申诉权和起诉权。对被不起诉人的告知事项表述为："被不起诉人如不服本决定，可以自收到本决定书后七日内向本院申诉。"对被害人的告知事项表述为："被害人如不服本决定，可以自收到本决定书后七日以内向×××人民检察院申诉，请求提起公诉；也可以不经申诉，直接向×××人民法院提起自诉。"

3. 尾部

不起诉决定书的尾部包括署名、日期和盖章。署名是署检察院的院名，日期是该不起诉决定书的签发日期，加盖检察院院印。

(三) 文书样式

×××人民检察院
不起诉决定书①

（相对不起诉适用）

××检××刑不诉〔20××〕×号

示例 4-4

被不起诉人……[写明姓名、性别、出生年月日、公民身份号码、民族、文化程度、职业或者工作单位及职务（国家机关工作人员利用职权实施的犯罪，应当写明犯罪期间在何单位任何职）、户籍地、住址、是否受过刑事处罚，采取强制措施的种类、时间、决定机关等]

（如系被不起诉单位，则应写明名称、住所地等）

辩护人……（写姓名、单位）

本案由×××（监察/侦查机关名称）调查/侦查终结，以被不起诉人×××涉嫌×××罪，于××××年××月××日向本院移送起诉。

（如果是自侦案件，此处写"被不起诉人×××涉嫌××一案，由本院调查/侦查终结，于××××年××月××日移送起诉或不起诉"。如果案件是其他人民检察院移送的，此处应当将指定管辖、移送单位以及移送时间等写清楚。）

（如果案件曾经退回补充侦查，应当写明退回补充侦查的日期、次数以及再次移送起诉时间。）

经本院依法审查查明：

…………

（概括叙写案件事实，其重点内容是有关被不起诉人具有的法定情节和检察机关酌情作出不起诉决定的具体理由的事实。要将检察机关审查后认定的事实和证据写清楚，不必叙写调查/侦查机关移送审查时认定的事实和证据。对于证据不足的事实，不能写入不起诉决定书中。在事实部分中表述犯罪情节时应当以犯罪构成要件为标准，还要将体现其情节轻微的事实及符合不起诉条件的特征叙述清楚。叙述事实之后，应当将证明"犯罪情节"的各种证据一一列举，以阐明犯罪情节如何轻微。）

---

① 童建明、万春主编：《人民检察院刑事诉讼法律文书适用指南（下）》，中国检察出版社2020年版，第790—792页。

本院认为，×××实施了《中华人民共和国刑法》第××条规定的行为，但犯罪情节轻微，具有×××情节（此处写明认罪认罚、从轻、减轻或者免除刑事处罚具体情节的表现），根据《中华人民共和国刑法》第××条的规定，不需要判处刑罚（或者免除刑罚）。依据《刑事诉讼法》第一百七十七条第二款的规定，决定对×××（被不起诉人的姓名）不起诉。

查封、扣押、冻结的涉案款物的处理情况。

被不起诉人如不服本决定，可以自收到本决定书后七日内向本院申诉。

被害人如不服本决定，可以自收到本决定书后七日以内向×××人民检察院申诉，请求提起公诉；也可以不经申诉，直接向×××人民法院提起自诉。

×××人民检察院

20××年××月××日

（院印）

第四节　公诉意见书

一、知识要点

（一）概念和特点

公诉意见书是指在刑事诉讼中，人民检察院出庭支持公诉的公诉人在法庭调查结束后，就案件的事实、证据、定罪量刑等发表意见时所制作的法律文书。

公诉意见书具有以下特点：

(1) 公诉意见书是法庭上口头发表的叙述式文书，是对起诉书的进一步阐述。

(2) 公诉人发表公诉意见是法庭审理公诉案件的必备内容。公诉人通过公诉意见书，论证被告人犯罪事实清楚，证据确实充分，并就法律适用问题发表意见，同时也可做必要的法治宣传。

（二）法律依据和制作条件

《刑事诉讼法》第198条规定："法庭审理过程中，对与定罪、量刑有关的事实、证据都应当进行调查、辩论。经审判长许可，公诉人、当事人和辩护人、诉讼代理人可以对证据和案件情况发表意见并且可以互相辩论。审判长在宣布辩论终结后，被告人有最后陈述的权利。"

由此可以看出，制作公诉意见书的条件是：

(1) 该刑事案件属于公诉案件。

(2) 该案件已处于法庭审理阶段。人民法院决定开庭审判后，公诉人在出庭之前可拟定公诉意见书的草稿。在法庭审理过程中，可根据法庭调查的情况进行适当修改，就证据、定罪量刑、法治宣传教育等方面发表意见。

（三）使用情况

公诉意见书是在法庭调查结束后、法庭辩论开始时，公诉人当庭口头发表。公诉意见书是法庭听取公诉机关意见的重要方式。

二、内容要点和制作技巧

公诉意见书属于叙述式文书。从结构上来说，可以分成首部、正文、尾部三部分。

（一）首部

首部包括人民检察院名称、文书名称、被告人姓名、案由、起诉书文号、称呼语。其中，文书名称为"公诉意见书"；案由即被告人涉嫌的罪名；称呼语限于法庭审判人员，即为"审判长、审判员"或"审判长、人民陪审员"。

需注意的是，因公诉意见书是当庭口头发表，故除称呼语外，首部的其他内容在法庭上通常不表述。

（二）正文

正文包括说明公诉人出庭的法律依据、具体公诉意见及总结。

1. 出庭的法律依据

此部分表述为："根据《中华人民共和国刑事诉讼法》第一百八十九条、第一百九十八条和第二百零九条等规定，我（们）受×××人民检察院的指派，代表本院，以国家公诉人的身份，出席法庭支持公诉，并依法对刑事诉讼实行法律监督。现对本案证据和案件情况发表如下意见，请法庭注意。"

2. 具体公诉意见

此部分重点阐述三方面问题：

（1）根据法庭调查的情况，概述法庭质证的情况、各证据的证明作用，并运用各证据之间的逻辑关系证明被告人的犯罪事实清楚，证据确实、充分。

（2）根据被告人的犯罪事实，论证应适用的法律条款，并提出定罪及从重、从轻、减轻处罚等意见。

（3）根据庭审情况，在揭露被告人犯罪行为的社会危害性的基础上做必要的法治宣传和教育工作。这部分可根据案件的具体情况决定是否制作。

3. 总结

在具体公诉意见发表之后，另起一段，以"综上所述"开头，归纳概括检察机关对被告人定罪量刑的意见。

（三）尾部

尾部写明公诉人的姓名、发表日期、注明当庭发表。

三、文书样式

示例 4-5

××××人民检察院

公诉意见书①

被告人：×××

案由：×××

起诉书号：×××

审判长、审判员（人民陪审员）：

根据《中华人民共和国刑事诉讼法》第一百八十九条、第一百九十八条和第二百零九条等规定，我（们）受×××人民检察院的指派，代表本院，以国家公诉人的身份，出席法庭支持公诉，并依法对刑事诉讼实行法律监督。现对本案证据和案件情况发表如下意见，请法庭注意。

……（结合案情阐述具体公诉意见）

综上所述，起诉书认定本案被告人×××的犯罪事实清楚，证据确实、充分，依法应当认定被告人有罪，并建议_____（根据是否认罪认罚等情况提出量刑建议或从重、从轻、减轻处罚等意见）。

公诉人　×××

20××年××月××日当庭发表

第五节　量刑建议书

一、知识要点

（一）概念和特点

量刑建议书，是指人民检察院对提起公诉的案件，就被告人的量刑问题，专门向人民法院提出的书面建议。

量刑建议书具有以下特点：

---

① 童建明、万春主编：《人民检察院刑事诉讼法律文书适用指南（下）》，中国检察出版社 2020 年版，第 832—833 页。

(1) 量刑建议书属于填空式文书，有相对固定的格式与内容。

(2) 量刑建议书可以是具体确定的建议，也可以具有一定的量刑幅度。

(3) 除有减轻处罚或者免除处罚情节外，量刑建议应当在法定量刑幅度内提出，不能低于法定最低刑。

(二) 法律依据和制作条件

《刑事诉讼法》第 176 条规定："人民检察院认为犯罪嫌疑人的犯罪事实已经查清，证据确实、充分，依法应当追究刑事责任的，应当作出起诉决定，按照审判管辖的规定，向人民法院提起公诉，并将案卷材料、证据移送人民法院。犯罪嫌疑人认罪认罚的，人民检察院应当就主刑、附加刑、是否适用缓刑等提出量刑建议，并随案移送认罪认罚具结书等材料。"

《人民检察院刑事诉讼规则》第 274 条规定："认罪认罚案件，人民检察院向人民法院提起公诉的，应当提出量刑建议，在起诉书中写明被告人认罪认罚情况，并移送认罪认罚具结书等材料。量刑建议可以另行制作文书，也可以在起诉书中写明。"

《人民检察院刑事诉讼规则》第 275 条规定："犯罪嫌疑人认罪认罚的，人民检察院应当就主刑、附加刑、是否适用缓刑等提出量刑建议。量刑建议一般应当为确定刑。对新类型、不常见犯罪案件，量刑情节复杂的重罪案件等，也可以提出幅度刑量刑建议。"

《人民检察院刑事诉讼规则》第 364 条规定："人民检察院提起公诉的案件，可以向人民法院提出量刑建议。除有减轻处罚或者免除处罚情节外，量刑建议应当在法定量刑幅度内提出。建议判处有期徒刑、管制、拘役的，可以具有一定的幅度，也可以提出具体确定的建议。提出量刑建议的，可以制作量刑建议书，与起诉书一并移送人民法院。量刑建议书的主要内容应当包括被告人所犯罪行的法定刑、量刑情节、建议人民法院对被告人判处刑罚的种类、刑罚幅度、可以适用的刑罚执行方式以及提出量刑建议的依据和理由等。认罪认罚案件的量刑建议，按照本章第二节的规定办理。"

《人民检察院刑事诉讼规则》第 418 条规定："人民检察院向人民法院提出量刑建议的，公诉人应当在发表公诉意见时提出。对认罪认罚案件，人民法院经审理认为人民检察院的量刑建议明显不当向人民检察院提出的，或者被告人、辩护人对量刑建议提出异议的，人民检察院可以调整量刑建议。"

从上述规定可以看出，制作量刑建议书的条件是：犯罪嫌疑人认罪认罚的，人民检察院应当就主刑、附加刑、是否适用缓刑等提出量刑建议；其他提起公诉的案件，人民检察院可以向人民法院提出量刑建议。量刑建议可以在起诉书中写明，也可以另行制作文书。人民检察院向人民法院单独以书面形式提出量刑建议时,应制作量刑建议书。

(三)使用情况

量刑建议书并非公诉案件的必备文书。如果使用量刑建议书,应将量刑建议书与起诉书一并移送人民法院。

二、内容要点和制作技巧

量刑建议书属于填空式文书,从结构上来说,可以分成首部、正文、尾部三部分。

(一)首部

首部包括人民检察院名称、文书名称、文号。文书名称即"量刑建议书";文号表述为"××检××量建〔20××〕×号"。

(二)正文

正文包括案由、应当追究刑事责任的法律依据及法定刑、具有的法定量刑情节和酌定量刑情节、量刑的法律依据和具体建议等内容。制作时应注意以下问题:

(1)法定刑为依法应适用的具体刑罚档次;量刑情节包括法定从重、从轻、减轻或者免除处罚情节(如累犯、从犯、自首等)和酌定从重、从轻处罚情节(如认罪态度、退赔和解等),如果有其他量刑理由的,可以列出;量刑建议的法律依据包括刑法、相关法律和司法解释等。例如,法定从重处罚情节:累犯;酌定从轻处罚情节:到案后如实供述罪行。

(2)量刑具体建议包括主刑种类及幅度或单处附加刑或者免予刑事处罚,也可以对执行方式提出建议,比如适用缓刑。

(3)被告人犯有数罪的,应当分别指出其触犯的法律、涉嫌罪名、法定刑、量刑情节,对指控的各罪分别提出量刑建议后,可以根据案件具体情况决定是否提出总的量刑建议。

(4)一案中有多名被告人的,可以分别制作量刑建议书,也可以在同一份量刑建议书中集中表述。

(三)尾部

尾部包括致送法院名称、检察官署名、日期、加盖院印。

量刑建议书应当署具体承办案件的检察官姓名;量刑建议书的年月日为审批量刑建议书的日期。

三、文书样式

××××人民检察院

量刑建议书[①]

示例 4-6

××检××量建〔20××〕×号

被告人_____涉嫌_____罪一案，经本院审查认为，被告人_____的行为已触犯《中华人民共和国刑法》第_____条第_____款第_____项之规定，犯罪事实清楚，证据确实、充分，应当以_____罪追究其刑事责任，其法定刑为_____。

因其具有以下量刑情节：

(1) 法定从重处罚情节：_____

(2) 法定从轻、减轻或者免除处罚情节：_____

(3) 酌定从重处罚情节：_____

(4) 酌定从轻处罚情节：_____

(5) 其他：_____

故根据_____（法律依据）的规定，建议判处被告人_____（主刑种类及幅度或单处附加刑或者免予刑事处罚），_____（执行方式），并处_____（附加刑）。

此致
×××人民法院

检察员　×××

20××年××月××日

（院印）

第六节　刑事抗诉书

刑事抗诉书，是指检察机关认为本级人民法院第一审的判决、裁定确有错误，或者最高人民检察院对各级人民法院已经发生法律效力的判决和裁定、上级人民检

[①] 童建明、万春主编：《人民检察院刑事诉讼法律文书适用指南（下）》，中国检察出版社 2020 年版，第 774 页。

察院对下级人民法院已经发生法律效力的判决和裁定,发现确有错误,依法提出抗诉时制作的法律文书。

由此可见,刑事抗诉书分为第二审程序适用的抗诉书和审判监督程序适用的抗诉书两种。《刑事诉讼法》还专门规定了针对违法所得没收案件裁定书的抗诉,此类专门的抗诉书亦分为二审程序的抗诉书和审判监督程序的抗诉书两种。本部分仅介绍一般意义上的第二审程序适用的刑事抗诉书和审判监督程序适用的抗诉书,对违法所得没收案件的抗诉书不再赘述。

一、第二审程序适用的刑事抗诉书

(一)知识要点

1. 概念和特点

第二审程序适用的刑事抗诉书,是指人民检察院认为本级人民法院第一审的判决、裁定确有错误,依法向上一级人民法院提出抗诉时制作的法律文书。

第二审程序适用的刑事抗诉书具有以下特点:

(1)第二审程序适用的刑事抗诉书针对的是本级人民法院第一审的判决、裁定,是纠正人民法院第一审错误判决、裁定的重要手段。

(2)第二审程序适用的刑事抗诉书是人民检察院行使审判监督职权的重要工具,可以促使人民法院正确适用法律,惩罚犯罪,保护公民和法人的合法权益。

2. 法律依据和制作条件

《刑事诉讼法》第228条规定:"地方各级人民检察院认为本级人民法院第一审的判决、裁定确有错误的时候,应当向上一级人民法院提出抗诉。"

由此可以看出,制作第二审程序适用的刑事抗诉书的条件如下:

(1)人民法院的一审判决已经作出,但还没有发生法律效力。

(2)人民检察院认为人民法院的一审判决、裁定确有错误。

(3)人民检察院需在该判决、裁定的抗诉期限内制作刑事抗诉书。

(4)人民检察院应当向作出一审判决、裁定的人民法院的上一级人民法院提交抗诉书。

3. 使用情况

人民检察院针对第一审刑事判决、裁定提出抗诉的,在抗诉期限内提交刑事抗诉书,向上一级人民法院提出抗诉。

(二)内容要点和制作技巧

刑事抗诉书属于叙述式文书,从结构上来说,可以分成首部、正文、尾部三个部分。

1. 首部

首部包括制作抗诉书的人民检察院名称、文书名称、文号。

人民检察院名称应用全称;如果是涉外案件,要冠以"中华人民共和国"字样。文书名称即"刑事抗诉书"。文号由检察院简称、办案部门简称、文书简称、年度、序号组成,即"××检××诉刑抗〔20××〕×号"。

2. 正文

正文包括原审判决、裁定情况,审查意见,抗诉理由,结论性意见、法律根据、决定和请求事项。

(1) 原审判决、裁定情况。写明原审人民法院名称、文书名称和案号、被告人姓名、案由、裁判结果。表述为:"×××人民法院以××号刑事判决(裁定)书对被告人×××(姓名)××(案由)一案判决(裁定)……(判决、裁定结果)"

此部分应注意以下问题:第一,不写被告人的基本情况,只写姓名即可;第二,对于案由,如果人民检察院和人民法院认定的罪名不一致,应当分别表述;第三,如果调查/侦查、起诉、审判阶段没有超时限等程序违法现象时,不必写明公安机关、检察机关和人民法院的办案经过,只简要写明人民法院判决、裁定的结果。

(2) 审查意见。此部分要观点鲜明,简明扼要,明确指出原审判决或裁定的错误所在,向二审法院明示检察院抗诉的重点。

(3) 抗诉理由。从认定事实错误、适用法律不当、审判程序严重违法等方面展开。根据不同案件的情况,针对上述三个角度中的一个或数个,叙写具体的抗诉理由,论证抗诉意见的正确性。

抗诉理由是刑事抗诉书的核心,制作时应注意以下问题:

第一,关于事实认定错误方面。如果认为原审人民法院认定案件事实有错误,应当针对原审裁判的错误之处,提出纠正意见,强调抗诉的针对性。对于有多起"犯罪事实"的抗诉案件,只叙写原判决或裁定认定事实不当的部分,对没有错误的部分,以"对……事实的认定无异议"概括即可,体现抗诉的针对性。对于共同犯罪的案件,可以只对原判决或裁定漏定或错定的部分被告人犯罪事实作重点叙述,对其他被告人的犯罪事实简写或者不写。关于证据部分,应当在论述事实时有针对性地列举证据,说明证据的内容要点及其与犯罪事实的联系。还应注意的是,刑事抗诉书中不能追诉起诉书中没有指控的犯罪事实。如有自首、立功等情节,应在抗诉书中予以论述。

第二,关于法律适用不当方面。如果法院适用法律不当,主要针对犯罪行为的本质特征,论述应该如何认定行为性质,如罪与非罪、此罪与彼罪,从而正确适用法律。如果原审法院量刑不当,如畸轻畸重,要从引用罪状、量刑情节等方面分别论述。

第三,关于审判程序严重违法方面。如果法院审判程序严重违法,抗诉书应主要根据《刑事诉讼法》及有关司法解释,逐个论述原审法院违反法定程序的事实表现,再写明影响公正判决的现实或可能性,最后阐述法律规定的正确诉讼程序。

(4) 结论性意见、法律依据、决定和请求事项。结论性意见以"综上所述"开头,以简洁、明确的语言,概括前述的抗诉理由;法律依据即《刑事诉讼法》第228条;决定和请求事项表述为"特提出抗诉,请依法判处"。

3. 尾部

尾部包括致送法院名称、署名、日期、盖章、附注。

致送法院应为原审人民法院的上一级人民法院。署名为提出抗诉的、与原审人民法院同级的人民检察院名称,日期为制作刑事抗诉书的年月日,同时加盖院印。附注写明被告人现羁押处所;如果原审被告人未被羁押的,写明住所或居所;写明新的证据目录和证人名单,如无新证据,可不附。

(三) 文书样式

示例 4-7

×××人民检察院

刑事抗诉书[①]

××检××诉刑抗〔20××〕×号

×××人民法院以××号刑事判决(裁定)书对被告人×××(姓名)××(案由)一案判决(裁定)……(判决、裁定结果)本院依法审查后认为(如果是被害人及其法定代理人不服地方各级人民法院第一审的判决而请求人民检察院提出抗诉的,应当写明这一程序,然后再写"本院依法审查后认为"),该判决(裁定)确有错误(包括认定事实有误、适用法律不当、审判程序严重违法),理由如下:

……(根据不同情况,理由从认定事实有误、适用法律不当、审判程序严重违法等几个方面阐述)

综上所述……(概括上述理由)为维护司法公正,准确惩治犯罪,依照《中华人民共和国刑事诉讼法》第二百二十八条的规定,特提出抗诉,请依法判处。

此致
×××人民法院

×××人民检察院
20××年××月××日
(院印)

附:1. 被告人×××现羁押于×××(或者现住×××)。
    2. 其他有关材料。

---

① 童建明、万春主编:《人民检察院刑事诉讼法律文书适用指南(下)》,中国检察出版社 2020 年版,第 1282—1283 页。

二、审判监督程序适用的刑事抗诉书

(一) 知识要点

1. 概念和特点

审判监督程序适用的刑事抗诉书,是指最高人民检察院对各级人民法院已经发生法律效力的判决和裁定、上级人民检察院对下级人民法院已经发生法律效力的判决和裁定,发现确有错误,依法提出抗诉时制作的法律文书。

审判监督程序适用的刑事抗诉书具有以下特点:

(1) 审判监督程序适用的刑事抗诉书针对的是人民法院已经生效的判决、裁定,是纠正人民法院已生效但有错误的判决、裁定的重要手段。

(2) 审判监督程序适用的刑事抗诉书是人民检察院对人民法院审判工作进行监督的重要方式,体现了有错必纠的原则。

2. 法律依据和制作条件

《刑事诉讼法》第254条第3款规定:"最高人民检察院对各级人民法院已经发生法律效力的判决和裁定,上级人民检察院对下级人民法院已经发生法律效力的判决和裁定,如果发现确有错误,有权按照审判监督程序向同级人民法院提出抗诉。"

由此可以看出,制作审判监督程序适用的刑事抗诉书的条件如下:

(1) 人民法院的判决、裁定已经发生法律效力。

(2) 人民检察院认为人民法院已生效的判决、裁定确有错误。

(3) 人民检察院应当向同级人民法院提出抗诉书。

3. 使用情况

针对已经生效的判决、裁定提出抗诉的,向同级人民法院提交刑事抗诉书,提出抗诉。

(二) 内容要点和制作技巧

审判监督程序的刑事抗诉书从结构上来说,可以分成首部、正文、尾部三部分。

1. 首部

首部包括制作刑事抗诉书的人民检察院名称、文书名称、文号、原审被告人基本情况。

文书名称即"刑事抗诉书";文号为"××检××审刑抗〔20××〕×号";原审被告人基本情况分别写明姓名、性别、公民身份号码、出生年月日、民族、出生地、职业、单位及职务、住址、服刑情况、刑满释放或者假释的具体日期等。有数名被告人的,依犯罪事实情节由重至轻的顺序分别列出。

2. 正文

正文包括生效判决或裁定概况，对生效判决或裁定的审查意见，抗诉理由，结论性意见、法律根据、决定和要求事项。

（1）生效判决或裁定概况。如果是一审生效判决或裁定，不仅要写明一审判决或裁定的主要内容，还要写明一审判决或裁定的生效时间。如果是二审终审的判决或裁定，应当分别写明一审和二审判决或裁定的主要内容。此外，还应当写明提起审判监督程序抗诉的原因。

（2）对生效判决或裁定的审查意见。首先，对于原审判决、裁定中认定的事实或新发现的事实、证据，应该作比较详细的介绍。其次，明确指出原判决、裁定的错误所在，观点鲜明，简明扼要，向再审法院明示检察院抗诉的重点。

（3）抗诉理由。从认定事实错误、适用法律不当、审判程序严重违法等方面展开。根据不同案件的情况，针对上述三个角度中的一个或数个，叙写具体的抗诉理由，论证抗诉意见的正确性。叙写此部分应注意的问题，与前述第二审程序适用的刑事抗诉书相同。

（4）结论性意见、法律根据、决定和要求事项。结论性意见以"综上所述"开头，以简洁、明确的语言，概括前述的抗诉理由；法律依据即《刑事诉讼法》第254条第3款；决定和请求事项表述为"提出抗诉，请依法判处"。

3. 尾部

尾部包括致送法院名称、署名、日期、盖章、附注。

署名为提出抗诉的人民检察院名称，加盖院印。日期为制作刑事抗诉书的年月日。附注写明被告人现羁押处所；如果原审被告人未被羁押的，写明住所或居所；写明新的证据目录和证人名单，如无新证据，可不附。

（三）文书样式

示例 4-8

×××人民检察院
刑事抗诉书[①]

××检××审刑抗（20××）×号

原审被告人……（依次写明姓名、性别、出生年月日、民族、出生地、职业、单位及职务、住址、服刑情况。有数名被告人的，依犯罪事实情节由重至轻的顺序分别列出）

×××人民法院以×××号刑事判决书（裁定书）书对被告人×××（姓名）××（案由）一案判决（裁定）……（写明生效的一审判决、裁定或者一审及二审

---

① 童建明、万春主编：《人民检察院刑事诉讼法律文书适用指南（下）》，中国检察出版社2020年版，第1307—1308页。

判决、裁定情况）经依法审查（如果是被告人及其法定代理人不服地方各级人民法院的生效判决、裁定而请求人民检察院提出抗诉的，或者有关人民检察院提请抗诉的，应当写明这一程序，然后再写"经依法审查"），本案的事实如下：

……（概括叙述检察机关认定的事实、情节。应当根据具体案件事实、证据情况，围绕刑法规定该罪构成要件特别是争议问题，简明扼要地叙述案件事实、情节。一般应当具备时间、地点、动机、目的、关键行为情节、数额、危害结果、作案后表现等有关定罪量刑的事实、情节要素。一案有数罪、各罪有数次作案的，应当依由重至轻或者时间顺序叙述）

本院认为，该判决（裁定）确有错误（包括认定事实有误、适用法律不当、审判程序严重违法），理由如下：

……（根据情况，理由可以从认定事实错误、适用法律不当和审判程序严重违法等几方面分别论述）

综上所述……（概括上述理由）为维护司法公正，准确惩治犯罪，依照《中华人民共和国刑事诉讼法》第二百五十四条第三款的规定，对×××人民法院×××号刑事判决（裁定）书，提出抗诉，请依法判处。

此致
×××人民法院

×××人民检察院
20××年××月××日
（院印）

附：1. 被告人×××现羁押于×××（或者现住×××）。
  2. 其他有关材料。

第五章 人民法院刑事法律文书

第一节 概 述

一、人民法院刑事法律文书的概念和特点

人民法院刑事法律文书，是指法院在审判刑事案件过程中依法制作的、具有法律效力的法律文书。

人民法院是审判机关，在审理刑事案件过程中必须制作相应的法律文书。人民法院刑事法律文书是人民法院行使国家审判权的体现，是展现司法公正的重要载体。人民法院刑事法律文书具有以下特点：

（一）主体的特定性

人民法院刑事法律文书的制作主体是唯一的，即只能是人民法院，其他任何组织和个人均无权制作。

（二）制作的合法性

人民法院制作刑事法律文书必须以客观事实为依据，依照法律的规定来进行，遵循制作内容合法和程序合法的要求。

（三）实施的强制性

人民法院制作的已发生法律效力的刑事法律文书具有强制执行力，由国家强制力保障实施。抗拒执行的，需承担相应的法律后果。

（四）效力的稳定性

人民法院制作的刑事法律文书一经生效，任何组织和个人都必须履行和认可。非经法定程序，不得变更或者撤销。

二、人民法院刑事法律文书的分类

人民法院刑事法律文书可以按照不同的标准进行分类：

（一）按处理问题的对象划分

根据处理问题的对象不同，可以将其划分为刑事判决书和刑事裁定书。刑事判

决书针对的是实体问题，刑事裁定书主要针对的是程序问题。

（二）按文书性质划分

根据文书性质的不同，可以将其划分为刑事裁判类文书、通知类文书、报告类文书及决定、命令、布告类文书等。

（三）按诉讼程序划分

根据诉讼程序的不同，可以将其划分为第一审刑事法律文书、第二审刑事法律文书、审判监督程序刑事法律文书、死刑复核程序刑事法律文书、执行程序刑事法律文书等。

目前，刑事法律文书的参照样式是由最高人民法院发布并于1999年7月1日施行的《法院刑事诉讼文书样式》（样本）。另外，最高人民法院陆续单独发布了未成年人刑事案件刑事判决书样式、特赦案件刑事裁定书样式等。

第二节　第一审刑事判决书

一、知识要点

（一）概念和特点

第一审刑事判决书，是指人民法院依照我国刑事诉讼法规定的第一审程序，对审理终结的刑事案件作出的确认被告人是否有罪、如何适用刑罚等实体问题的法律文书。人民法院根据查明的事实和法律规定，确定被告人有罪还是无罪；构成犯罪的，确认构成何罪及处以何种刑罚或免除处罚。

第一审刑事判决书具有如下特点：

（1）第一审刑事判决书是叙述式文书。人民法院适用第一审程序对刑事案件进行审理后，根据事实、证据和法律制作第一审刑事判决书，意味着一审诉讼的终结。

（2）第一审刑事判决书可以上诉或抗诉。不服一审判决的，可在收到第一审刑事判决书的法定期限内，向上一级人民法院提起上诉或抗诉。

（3）第一审刑事判决书有多种类型。根据适用情况的不同，第一审刑事判决书有如下几种：一审公诉案件适用普通程序的刑事判决书；一审单位犯罪案件的刑事判决书；一审公诉案件适用简易程序的刑事判决书；一审自诉案件刑事判决书；一审自诉、反诉并案审理的刑事判决书等。

本节以下内容以一审公诉案件适用普通程序的刑事判决书为例。

（二）法律依据和制作条件

《刑事诉讼法》第200条规定："在被告人最后陈述后，审判长宣布休庭，合议庭进行评议,根据已经查明的事实、证据和有关的法律规定,分别作出以下判决:(一)案件事实清楚,证据确实、充分,依据法律认定被告人有罪的,应当作出有罪判决;(二)依据法律认定被告人无罪的,应当作出无罪判决;(三)证据不足,不能认定被告人有罪的,应当作出证据不足、指控的犯罪不能成立的无罪判决。"

由以上规定可以看出,一审公诉案件适用普通程序刑事判决书的制作条件是:

(1)必须在合议庭审理并且评议之后,才能制作。

(2)必须是根据已查明的事实、证据和有关的法律规定制作。一审公诉案件适用普通程序刑事判决书是法庭在已经查明的事实和证据的基础上,根据法律规定,在判决书中作出相应的判决结果。

(三)使用情况

第一审刑事判决书使用频率很高,是人民法院依法行使审判权、惩罚犯罪、保护人民的重要武器。宣告判决,一律公开进行。当庭宣告判决的,应当在五日以内将判决书送达当事人和提起公诉的人民检察院;定期宣告判决的,应当在宣告后立即将判决书送达当事人和提起公诉的人民检察院。判决书应当同时送达辩护人、诉讼代理人。被告人、自诉人及其法定代理人不服地方各级人民法院第一审刑事判决的,可从接到判决书的第二日起十日内,向上一级人民法院上诉。地方各级人民检察院认为本级人民法院第一审的刑事判决确有错误的时候,应当从接到判决书的第二日起十日内,向上一级人民法院提出抗诉。

二、内容要点和制作技巧

除有特别说明之外,人民法院刑事法律文书中标点符号用法按照《中华人民共和国国家标准〈标点符号用法〉》(GB/T15834—2011)的规定执行;数字用法按照《中华人民共和国国家标准〈出版物上数字用法〉》(GB/T15835—2011)的规定,结合人民法院诉讼文书的特点,用汉字或阿拉伯数字表示。

第一审刑事判决书由首部、正文、尾部三部分组成。本部分以一审公诉案件适用普通程序的刑事判决书为例。

(一)首部

首部包括人民法院的名称、文书名称、案号、诉讼参加人、案件的由来和审理经过等内容。

1. 人民法院的名称

人民法院的名称应完整,一般应与院印的文字一致。基层人民法院的名称前应写明所在的省、自治区、直辖市的名称,涉外案件还要冠以"中华人民共和国"字样。人民法院的名称居中排列。法院名称一般用二号小标宋体字。

2. 文书名称

文书名称为"刑事判决书",无须"一审"字样。文书名称位于人民法院名称的下一行,居中排列。文书名称一般用二号小标宋体字。

3. 案号

案号是指用于区分各级法院办理案件的类型和次序的简要标识,由中文汉字、阿拉伯数字及括号组成。案号包含立案年度、制作法院、案件类型、案件的顺序号等要素信息。2016 年 1 月 1 日前,人民法院的名称以文字简称表示。2015 年 7 月 10 日,最高人民法院发布《关于人民法院案件案号的若干规定》,于 2016 年 1 月 1 日施行,同时发布了《人民法院案件类型及其代字标准》《各级法院代字表》。2018 年 12 月 7 日,最高人民法院发布《关于修改〈关于人民法院案件案号的若干规定〉的决定》,修改后的《关于人民法院案件案号的若干规定》于 2019 年 1 月 1 日施行,其中规定,案号的基本要素为收案年度、法院代字、专门审判代字、类型代字、案件编号。对刑事案件来说,案号的基本要素为收案年度、法院代字、类型代字、案件编号。收案年度是收案的公历自然年,用阿拉伯数字表示。法院代字是案件承办法院的简化标识,用中文汉字、阿拉伯数字表示。具体到每个人民法院的代字,可在《各级法院代字表》中查看。如上海市徐汇区人民法院的代字为"沪 0104"。类型代字是案件类型的简称,用中文汉字表示。一审刑事案件的类型代字为"刑初"。案件编号是收案的次序号,用阿拉伯数字表示。一审刑事案件案号表述为"(××××)……刑初……号"。如(2021)苏 0812 刑初 429 号判决书,是指江苏省淮安市清江浦区人民法院于 2021 年收案的第 429 个案件的一审刑事判决书。每个刑事案件编定的案号均具有唯一性。

案号在文书名称的下一行,居右侧,最末的"号"字与下面正文右端各行看齐。案号上下各空一行。案号及后续的主文等一般用三号仿宋体字。

4. 公诉机关

公诉机关即为人民检察院。应写明公诉机关的完整名称,在"公诉机关"与人民检察院名称之间不用标点符号,也不用空格,人民检察院名称后用句号。即"公诉机关×××人民检察院",如"公诉机关上海市闵行区人民检察院"。

5. 被告人的基本情况

写明被告人的姓名、性别、出生年月日、民族、出生地、文化程度、职业或者工作单位和职务、住址、因本案所受强制措施情况、现羁押处所。需注意以下问题:

(1)关于姓名。如有与案情有关的别名、化名、绰号的,应在其姓名后用括号加以注明。"被告人"称谓与姓名之间不用标点符号,写法如"被告人张三"。被告人是外国人的,应当在其中文译名后用括号写明其外文姓名、护照号码、国籍。对不愿供述或者无法确定其真实姓名的被告人,可以按照被告人自报的姓名表述,并用括号注明"自报"。

(2) 关于出生年月日和出生地。应写被告人准确的出生年月日。成年被告人确实查不清出生年月日的,可写年龄,括号注明"自报"。为行文简洁,可将出生年月日和出生地合并写为"××××年××月××日出生于×××(地名)"。

(3) 关于住址。住址应写户籍所在地。经常居住地与户籍所在地不一致的,写经常居住地。居无定所的,写户籍所在地。前述的出生日期和此处的地址应使用阿拉伯数字。

(4) 关于因本案所受强制措施情况。应写明所采取的强制措施类型,如取保候审、监视居住、刑事拘留、逮捕等,以及实施该强制措施的时间。被刑事拘留和逮捕的被告人,可能涉及折抵刑期问题。采取强制措施的写法如"因本案于2019年6月13日被刑事拘留,同年7月18日被逮捕",或者"因涉嫌犯挪用资金罪于2019年5月9日被刑事拘留,同年6月13日被取保候审"。

被告人曾受过刑事处罚、行政处罚,或者在限制人身自由期间有逃跑等法定或者酌定从重处罚情节的,应当写明其事由和时间;被告人系累犯的,应写明最后一次刑罚执行完毕的时间。被告人有上述情节的,这些内容放在"因本案所采取的强制措施"具体内容之前。

(5) 关于标点符号的使用。被告人项内书写的各种情况之间,一般可用逗号隔开;如果某项内容较多,可视行文需要,采用分号或者句号。

(6) 关于多个被告人。同案被告人有二人以上的,按起诉书的顺序列项书写。起诉书通常是按主从关系的顺序列项书写。

6. 辩护人

辩护人是律师的,只写姓名、工作单位和职务,即"辩护人×××,××律师事务所律师"。法律援助机构指派律师为被告人提供辩护的,还应写明指派的单位,如"辩护人×××,上海××律师事务所律师,系上海市××区法律援助中心指派"。辩护人是人民团体或者被告人所在单位推荐的,只写姓名、工作单位和职务。辩护人是被告人的监护人、亲友的,还应写明其与被告人的关系,如"辩护人×××,××学校教师,系被告人之弟"。同案被告人有二人以上并各有辩护人的,分别在各被告人项的下一行列项书写辩护人的情况。同一律师事务所的两个律师同时为一个被告人担任辩护人的,应当分行列明。

7. 案件的由来和审理经过

(1) 案件的由来。写明案件的来源、指控的罪名、检察院起诉的日期。即"×××人民检察院以××检××刑诉〔××××〕××号起诉书指控被告人×××犯××罪,于××××年××月××日向本院提起公诉"。检察院的起诉日期为法院签收起诉书等材料的日期。此处的日期用阿拉伯数字。

(2) 审理经过。写明立案后组成的审判组织、审理方式、出庭人员情况等内容，表明案件现已审理终结。适用普通程序审理的，审判组织应写明依法组成合议庭。审理方式有公开开庭和不公开开庭。开庭审理的，最好写明开庭日期；不公开开庭的，应写明不公开开庭审理的理由，如"因本案涉及国家秘密（或者个人隐私）"。出庭人员情况应写明出庭支持公诉的检察员和其他参加诉讼的人员。检察院出庭支持公诉的人员一律称为检察员，不能称为检察长、副检察长等职务称谓。检察员的写法为"×××人民检察院指派检察员××出庭支持公诉"。其他参加诉讼人员包括被害人及其法定代理人、诉讼代理人，被告人、辩护人，以及证人、鉴定人、翻译人员等。被害人及其法定代理人、诉讼代理人出庭参加诉讼的，在此处出庭人员中写明，未出庭的则不写。有些共同犯罪中，出庭的被告人、辩护人人数较多，可以不再一一列明，而是概写为"上列被告人及其辩护人"。存在指定管辖或者延期审理、简易程序转入普通程序等情形的，应具体表述，以客观反映案件的审理过程。例如，存在延期审理或延长审理期限的情况，应写明"本案依法延期审理（或者延长审理期限）"。审理经过的最后，应写明"现已审理终结"。

案件的由来和审理经过这部分内容的书写，是要体现审判程序的合法性，所以应认真对待，按照顺序分别表明相关事项。一般表述如下：

×××人民检察院以××检××刑诉〔××××〕××号起诉书指控被告人×××犯××罪，于××××年××月××日向本院提起公诉。本院依法组成合议庭，公开（或者因××××，不公开）开庭审理了本案。×××人民检察院指派检察员×××出庭支持公诉。被害人×××及其法定代理人×××、诉讼代理人×××，被告人×××、辩护人×××，证人×××、鉴定人×××、翻译人员×××到庭参加诉讼。现已审理终结。

如果人民法院曾依据《刑事诉讼法》第200条第3项的规定作出无罪判决，人民检察院又提起公诉的，原判决不予撤销，但在制作判决书时，应在案件审判经过段"×××人民检察院以××检××刑诉〔××××〕××号起诉书指控"一句前，增写"被告人×××曾于××××年××月××日被×××人民检察院以×××罪向×××人民法院提起公诉。因证据不足，指控的犯罪不能成立，被×××人民法院依法判决宣告无罪"。

如果案件经第二审人民法院发回重审，原审法院重审之后，在制作判决书时，在写"开庭审理了本案"之后，增写以下内容："于××××年××月××日作出（××××）……刑初……号刑事判决，被告人×××提出上诉（或者×××人民检察院提出抗诉）。×××人民法院于××××年××月××日作出（××××）……刑终……号刑事裁定，撤销原判，发回重审。本院依法另行组成合议庭，公开（或者不公开）开庭审理了本案。"

（二）正文

正文是一审刑事判决书的核心内容，包括事实、理由、判决结果三部分。裁判文书行文应当规范、准确、清楚、朴实、庄重、凝练，一般不得使用方言、俚语、土语、生僻词语、古旧词语、外语；特殊情形必须使用的，应当注明实际含义。

1. 事实

事实是判决的基础，是判决理由和判决结果的根据。制作一审刑事判决书，首先要把事实叙述清楚。事实部分包括四个方面的内容：人民检察院指控被告人犯罪的事实、证据与适用法律的意见；被告人的供述、辩解和辩护人的辩护意见；经法庭审理查明的事实和据以定案的证据。按上述顺序分别书写，以体现控辩式的审理方式。

（1）人民检察院指控被告人犯罪的事实、证据与适用法律的意见。判决书的事实部分先写检察院指控的基本内容，以"×××人民检察院指控"作为开头，后面通常用冒号，引出下文。内容主要包括三个方面：一是概述公诉机关指控的犯罪事实，书写时应叙述过程完整，涉及定罪量刑的情节齐全；二是写明公诉机关指控被告人犯罪的证据，书写时通常只列明证据名录，不叙写证据的具体内容；三是表明公诉机关对案件适用法律的意见，写明公诉机关对被告人行为的定性、量刑的具体意见。被告人实施犯罪行为的时间、涉案金额等用阿拉伯数字。

（2）被告人的供述、辩解和辩护人的辩护意见。这部分包括被告人和辩护人两个方面，可以分别写、分段写，也可以适当合并在一起写。被告人对公诉机关指控的事实和罪名无异议的，可以表述为"被告人对起诉书指控的事实和罪名均无异议"。有异议的，则写明被告人辩解的内容，通常以"被告人×××辩称"开头，概述被告人的辩解意见和有关证据。辩护人的辩护意见通常以"辩护人×××提出的辩护意见是"开头，概述辩护人的辩护意见和有关证据。此处应注意的是，对被告人的口头辩解应进行提炼，对辩护人的辩护意见应归纳核心观点。

（3）人民法院经审理查明的事实和据以定案的证据。此部分以"经审理查明"开头，先写经审理查明的事实，再写据以定案的证据。

叙述事实时，主要写明案件发生的时间、地点，被告人的动机、目的、手段，实施行为的过程、危害结果和被告人在案发后的表现等内容，并以是否具备犯罪构成要件为重点，兼叙影响定性处理的各种情节。叙述事实要层次清楚，重点突出。一般按时间先后顺序叙述；一人犯数罪的，应当按罪行主次的顺序叙述；一般共同犯罪案件，应当以主犯为主线进行叙述；集团犯罪案件，可以先综述集团的形成和共同的犯罪行为，再按首要分子、主犯、从犯、胁从犯或者罪重、罪轻的顺序分别叙述各个被告人的犯罪事实。

叙写完经法庭审理查明的事实后，应另起一段写证据。在证据的表述上通常首先写明："上述事实，有公诉机关提交，并经法庭质证、认证的下列证据予以证实"，然后再详细表述证据内容。

认定事实的证据应注意：首先，除无须举证的事实外，只有经过举证、质证、认证的证据，才能作为认定案件事实的证据。其次，证据的写法可因案而异。案情简单或者控辩双方没有异议的，可以集中表述；案情复杂或者控辩双方有异议的，应当进行分析、认证；一人犯数罪或者共同犯罪案件，还可以分项或者逐人逐罪叙述证据或者对证据进行分析、认证。无论采用哪种写法，证据的表述应具体、明确。最后，应注意对证据的分析、认证，尤其是控辩双方有异议的证据。防止并杜绝用"以上事实，证据充分，被告也供认不讳，足以认定"的抽象、笼统的说法或者用简单的罗列证据的方法，来代替对证据的具体分析、认证。认证和采信证据的过程应当在判决书中充分体现出来。

被告人及其辩护人提出排除非法证据申请的，判决书应当说明是否对证据收集的合法性进行调查、证据是否排除及其理由。另外，叙写证据时，还应当注意保守国家秘密、商业秘密、个人隐私，保护报案人、控告人、举报人、被害人、证人的安全和名誉。

2. 理由

理由是判决的灵魂，是将犯罪事实和判决结果有机联系在一起的纽带。理由的核心内容是针对案情特点，运用法律规定和犯罪构成理论，阐述公诉机关的指控是否成立，对控辩双方的意见进行分析论证，表示是否予以采纳并说明理由。论证被告人的行为是否构成犯罪，犯什么罪，依法应当如何处理，为判决结果打下基础。2018年6月1日，最高人民法院发布《关于加强和规范裁判文书释法说理的指导意见》，进一步加强和规范人民法院裁判文书释法说理工作，提高释法说理水平和裁判文书质量。裁判文书释法说理的目的是通过阐明裁判结论的形成过程和正当性理由，提高裁判的可接受性，实现法律效果和社会效果的有机统一。宣告无罪、判处法定刑以下刑罚、判处死刑的案件的判决书，更应当强化释法说理。

理由部分以"本院认为"开头，根据查证属实的事实、证据和有关法律规定，对定罪与否的理由和量刑理由进行论证。理由的论述应结合具体案情，忌说空话、套话，千篇一律。应充分阐明适用法律的道理，使理由具有较强的说服力。判决书通过阐明裁判结论的形成过程和正当性理由，可以充分发挥裁判的定分止争和价值引领作用。书写判决理由时，应注意以下几点：

（1）依法确定罪名。应当以刑法和相关司法解释作为确定罪名的依据，遵循罪刑法定原则。如果一人犯数罪，指控的罪名均成立的，一般先定重罪，后定轻罪。共同犯罪案件，应在分清各被告人在共同犯罪中的地位、作用和刑事责任的前提下，依次确定首要分子、主犯、从犯或者胁从犯、教唆犯的罪名。

（2）认定量刑情节。如果被告人具有从轻、减轻、免除处罚或者从重处罚等一种或者数种情节的，应当分别或者综合予以认定。量刑情节与最终的判决结果密切相关，量刑的法定情节应认定，酌定情节可阐述、认定。

（3）评析控辩意见。对控辩双方适用法律方面的意见应当回应，有分析地表明是否予以采纳，并阐明理由。对公诉机关指控的罪名支持的，一般表述为"公诉机关指控的罪名成立"。认为公诉机关指控的罪名不成立的，应阐明理由。对被告人的辩解和辩护人的辩护意见，应表明采纳与否，并说明理由。

（4）正确引用法律依据。引用法律依据时，应当严格适用《最高人民法院关于裁判文书引用法律、法规等规范性法律文件的规定》。刑事裁判文书应当引用法律、法律解释或者司法解释。

在引用法律条文时，应当注意以下问题：首先，应使用法律、法律解释或者司法解释的全称，不能用简称。如应使用《中华人民共和国刑法》，而不能写成《刑法》。其次，法律条文要准确、完整、具体。准确就是要符合判决结果；完整就是将据以定性处理的法律依据全部引用；具体就是引用法律依据条文外延最小的规定，如果法律条文有款和项的，应写明第×条第×款，或者第×条第×款第（×）项，或者第×条第（×）项（项应加全角括号）。再次，要有先后顺序。并列引用多个法律文件的，应先引用法律及法律解释，后引用司法解释；先引用实体法，后引用程序法。引用多个法律条文的，先引用有关定罪与确定量刑幅度的条文，后引用从轻、减轻、免除处罚或者从重处罚的条文；先引用适用主刑的条文，后引用适用附加刑的条文；某种犯罪需要援引其他条款的法定刑处罚的，先引用本条条文，再按本条的规定，引用相应的他罪条文；一人犯数罪的，应当逐罪引用法律条文；共同犯罪的，既可集中引用有关的法律条文，也可逐人逐罪引用有关的法律条文。最后，引用的法律条文的条款项应使用汉字数字。

3. 判决结果

判决结果是依照有关法律的具体规定，对被告人作出的定性处理的结论。"判决如下"一语之后，应使用冒号。判决结果有两项以上的，用汉字数字排序分别表示。判决结果中的刑期、罚金及没收财产等的财产数额也均用汉字数字。判决结果是判决书的重要内容，通常分为以下三种情况：

第一，定罪判刑的，表述为：

"一、被告人×××犯××罪，判处……（写明主刑、附加刑）

（刑期从判决执行之日起计算。判决执行以前先行羁押的，羁押一日折抵刑期一日，即自××××年××月××日起至××××年××月××日止。）

二、被告人×××……（写明决定追缴、退赔或者发还被害人、没收财物的名称、种类和数额）"

第二，定罪免刑的，表述为："被告人×××犯××罪，免予刑事处罚（如有追缴、退赔或没收财物的，续写为第二项）。"

第三，宣告无罪的，表述为："被告人×××无罪。"

另外，因被告人未达到刑事责任年龄，或者被告人是精神病人，在不能辨认或者不能控制自己行为时造成危害结果，不予刑事处罚的，应当在判决结果中宣告被告人不负刑事责任。表述为:"被告人×××不负刑事责任。"

书写判决结果时,还应注意以下问题:

(1) 判处的各种刑罚,应该按法律规定写其名称,不能随意简化,也不能随意增加。例如,不能将"判处死刑,缓期二年执行"简写为"判处死缓";不能将"判处有期徒刑二年,缓刑三年"增写为"判处有期徒刑二年,缓期三年执行"。

(2) 判处主刑的,应该写明刑期的起算日或折抵方法及具体的起止日期。例如,判处无期徒刑的,应该用括号注明"刑期从判决确定之日起计算";判处有期徒刑且前期羁押的,应该用括号注明"刑期从判决执行之日起计算。判决执行以前先行羁押的,羁押一日折抵刑期一日,即自××××年××月××日起至××××年××月××日止"。此处的年月日用阿拉伯数字表示。判处缓刑的,用括号注明"缓刑考验期限从判决确定之日起计算"。判处缓刑的,不存在刑期折抵问题。

(3) 判处罚金的,应该用括号注明缴纳罚金的期限。对同一被告人既被判处有期徒刑又并处罚金的,应当在判处的有期徒刑和罚金刑之后另起一段,分别用括号注明有期徒刑刑期起止的日期和缴纳罚金的期限。罚金缴纳期限通常表述为"罚金自本判决生效之日起××日内向本院缴纳"。

(4) 追缴、退赔和发还被害人、没收的财物,应当写明其名称、种类和数额。财物多、种类杂的,可以在判决结果中概括表述,另列清单,作为判决书的附件。

(5) 数罪并罚的,应当分别定罪量刑(包括主刑和附加刑),然后按照刑法关于数罪并罚的原则,决定执行的刑罚。

(6) 一案多人的,应当以罪责的主次或者判处刑罚的轻重为顺序,逐人分项定罪判处。

(7) 检察机关指控被告人犯数罪,经审理确认其中一罪因证据不足、指控犯罪不能成立的,只需在判决理由部分就证据不足、指控的犯罪不能成立予以充分论证即可,在判决结果中不再表述。

(三) 尾部

尾部包括交代上诉权、上诉期限、上诉法院,合议庭组成人员署名,日期,法官助理、书记员署名,加盖印戳和公章,附录。

(1) 交代上诉权、上诉期限、上诉法院。在"判决结果"之后,另起一行,写明"如不服本判决,可在接到判决书的第二日起十日内,通过本院或者直接向×××人民法院提出上诉。书面上诉的,应交上诉状正本一份,副本×份。"

(2) 合议庭组成人员署名。在尾部的右下方,由审判长、审判员或人民陪审员依次署名。院长、庭长参加合议庭的,通常担任审判长,署名为审判长,不署职务名称。

(3) 日期。判决书尾部的日期,应当是作出判决的日期。当庭宣判的,应当写当庭宣判的日期。日期用汉字数字表示。

（4）法官助理、书记员署名。在日期下方，由法官助理、书记员署名。

（5）加盖印戳和公章。在日期左下方与法官助理、书记员署名的左上方，加盖"本件与原本核对无异"印戳。判决书原本上不写"本件与原本核对无异"字样。院印加盖在日期居中位置。院印上不压审判员，下不压书记员，下弧骑年压月在成文时间上。印章国徽底边缘及上下弧以不覆盖文字为限。

（6）附录。在书记员签名页之后，另页附"相关法律条文"，列明本判决书中所涉的所有相关法律条文，以便让当事人和公众能全面理解法院裁判和法律适用，用当事人看得见的方式实现司法公正。

三、文书样式

【样式1】

示例5-1

×××人民法院

刑事判决书①

（一审公诉案件适用普通程序用）

（××××）……刑初……号

公诉机关×××人民检察院。

被告人……（写明姓名、性别、出生年月日、民族、出生地、文化程度、职业或者工作单位和职务、住址和因本案所受强制措施情况等，现羁押处所）

辩护人……（写明姓名、工作单位和职务）

×××人民检察院以×检×诉〔××××〕××号起诉书指控被告人×××犯××罪，于××××年××月××日向本院提起公诉。本院依法组成合议庭，公开（或者不公开）开庭审理了本案。×××人民检察院指派检察员×××出庭支持公诉。被害人×××及其法定代理人×××、诉讼代理人×××，被告人×××及其法定代理人×××、辩护人×××，证人×××，鉴定人×××，翻译人员×××等到庭参加诉讼。现已审理终结。

×××人民检察院指控……（概述人民检察院指控被告人犯罪的事实、证据和适用法律的意见）

被告人×××辩称……（概述被告人对指控的犯罪事实予以供述、辩解、自行辩护的意见和有关证据）辩护人×××提出的辩护意见是……（概述辩护人的辩护意见和有关证据）

经审理查明，……（首先写明经庭审查明的事实；其次写明经举证、质证定案

---

① 法律应用研究中心编：《最高人民法院刑事诉讼文书样式：制作规范与法律依据》，中国法制出版社2021年版，第4—6页。

的证据及其来源；最后对控辩双方有异议的事实、证据进行分析、认证）

本院认为，……（根据查证属实的事实、证据和有关法律规定，论证公诉机关指控的犯罪是否成立，被告人的行为是否构成犯罪，犯的什么罪，应否从轻、减轻、免除处罚或者从重处罚。对于控辩双方关于适用法律方面的意见，应当有分析地表示是否予以采纳，并阐明理由）依照……（写明判决的法律依据）的规定，判决如下：

……［写明判决结果。分三种情况：

第一，定罪判刑的，表述为：

"一、被告人×××犯××罪，判处……（写明主刑、附加刑）

（刑期从判决执行之日起计算。判决执行以前先行羁押的，羁押一日折抵刑期一日，即自××××年××月××日起至××××年××月××日止）

二、被告人×××……（写明决定追缴、退赔或者发还被害人、没收财物的名称、种类和数额）"

第二，定罪免刑的，表述为：

"被告人×××犯××罪，免予刑事处罚（如有追缴、退赔或没收财物的，续写为第二项）。"

第三，宣告无罪的，表述为：

"被告人×××无罪。"］

如不服本判决，可在接到判决书的第二日起十日内，通过本院或者直接向×××人民法院提出上诉。书面上诉的，应交上诉状正本一份，副本×份。

审判长　×××
审判员　×××
审判员　×××
××××年××月××日
（院印）

本件与原本核对无异

书记员　×××

附：相关法律条文。

【样式 2】

×××人民法院
刑事判决书[①]
（一审单位犯罪案件用）

（××××）……刑初……号

公诉机关×××人民检察院。

被告单位……（写明单位名称、住所地）

诉讼代表人……（写明姓名、工作单位和职务）

辩护人……（写明姓名、工作单位和职务）

被告人……（写明直接负责的主管人员、其他直接责任人员的姓名、性别、出生年月日、民族、出生地、文化程度、职业或者工作单位和职务、住址以及因本案所受强制措施情况等，现羁押处所）

辩护人……（写明姓名、工作单位和职务）

×××人民检察院以×检×诉〔××××〕××号起诉书指控被告单位×××犯××罪，被告人×××犯××罪，于××××年××月××日向本院提起公诉。本院依法组成合议庭，公开（或者不公开）开庭审理了本案。×××人民检察院指派检察员×××出庭支持公诉。被害人×××及其法定代理人×××、诉讼代理人×××，被告单位的诉讼代表人×××及其辩护人×××、证人×××，被告人×××及其辩护人×××，证人×××，鉴定人×××，翻译人员×××等到庭参加诉讼。现已审理终结。

×××人民检察院指控……（概述人民检察院指控被告单位和被告人犯罪的事实、证据和适用法律的意见）

被告单位×××辩称……（概述被告单位对指控的犯罪事实予以供述、辩解、自行辩护的意见和有关证据）辩护人×××提出的辩护意见是……（概述辩护人的辩护意见和有关证据）

被告人×××辩称……（概述被告人对指控的犯罪事实予以供述、辩解、自行辩护的意见和有关证据）辩护人×××提出的辩护意见是……（概述辩护人的辩护意见和有关证据）

经审理查明，……（首先写明经庭审查明的有关被告单位犯罪的事实和被告人犯罪的事实；其次写明经举证、质证定案的证据及其来源；最后对控辩双方有异议的事实、证据进行分析、认证）

[①] 法律应用研究中心编：《最高人民法院刑事诉讼文书样式：制作规范与法律依据》，中国法制出版社2021年版，第14—16页。

本院认为，……（根据查证属实的事实、证据和有关法律规定，论证公诉机关指控的单位犯罪是否成立，被告单位及其直接负责的主管人员、其他直接责任人员的行为是否构成犯罪，犯的什么罪，应否实行"双罚制"，应否从轻、减轻、免除处罚或者从重处罚。对于控辩双方关于适用法律方面的意见，应当有分析地表示是否予以采纳，并阐明理由）依照……（写明判决的法律依据）的规定，判决如下：

　　……［写明判决结果。分三种情况：

　　第一，定罪判刑的，表述为：

　　"一、被告单位×××犯××罪，判处罚金×××元，×××……（写明缴纳期限）

　　二、被告人×××犯××罪，判处……（写明主刑、附加刑）

　　（刑期从判决执行之日起计算。判决执行以前先行羁押的，羁押一日折抵刑期一日，即自××××年××月××日起至××××年××月××日止。）

　　（如有追缴、退赔或者发还被害人、没收财物的，应在以上各项之后续项写明。）"

　　第二，定罪免刑的，表述为：

　　"一、被告单位×××犯××罪，免予刑事处罚；

　　二、被告人×××犯××罪，免予刑事处罚。

　　（如有追缴、退赔或者发还被害人、没收财物的，应在以上各项之后续项写明。）"

　　第三，宣告无罪的，表述为：

　　"一、被告单位×××无罪；

　　二、被告人×××无罪。"］

　　如不服本判决，可在接到判决书的第二日起十日内，通过本院或者直接向×××人民法院提出上诉。书面上诉的，应当提交上诉状正本一份，副本×份。

审判长　×××
审判员　×××
审判员　×××
××××年××月××日
（院印）

本件与原本核对无异

法官助理　×××
书记员　×××

附：相关法律条文。

第三节　第一审刑事附带民事判决书

一、知识要点

（一）概念和特点

第一审刑事附带民事判决书，是指人民法院依照我国刑事诉讼法和民事诉讼法规定的程序，对审理终结的刑事附带民事案件，确认被告人的行为是否构成犯罪，以及如何负担刑事责任和承担民事赔偿责任的法律文书。由于被告人的犯罪行为而遭受物质损失的，在刑事诉讼过程中，被害人或其法定代理人、近亲属、人民检察院有权提起附带民事诉讼，人民法院应制作相应的刑事附带民事诉讼的法律文书。

刑事附带民事诉讼是在刑事诉讼过程中，依照民事诉讼程序附带解决民事赔偿问题。刑事附带民事判决书不同于单纯的刑事判决书和民事判决书，它既决定被告人的行为是否构成犯罪，如何进行处罚，又决定被告人是否应承担民事赔偿责任以及具体的民事赔偿数额。

对附带民事判决的上诉、抗诉期限，应当按照刑事部分的上诉、抗诉期限确定。附带民事部分另行审判的，上诉期限也应当按照刑事诉讼法规定的期限确定。即刑事附带民事诉讼中的民事判决，上诉、抗诉期限为10日（从接到判决书的第二日起计算），而非15日。

（二）法律依据和制作条件

《刑法》第36条规定："由于犯罪行为而使被害人遭受经济损失的，对犯罪分子除依法给予刑事处罚外，并应根据情况判处赔偿经济损失。承担民事赔偿责任的犯罪分子，同时被判处罚金，其财产不足以全部支付的，或者被判处没收财产的，应当先承担对被害人的民事赔偿责任。"

《刑事诉讼法》第101条规定："被害人由于被告人的犯罪行为而遭受物质损失的，在刑事诉讼过程中，有权提起附带民事诉讼。被害人死亡或者丧失行为能力的，被害人的法定代理人、近亲属有权提起附带民事诉讼。如果是国家财产、集体财产遭受损失的，人民检察院在提起公诉的时候，可以提起附带民事诉讼。"

由以上法律规定可以看出，制作第一审刑事附带民事判决书应具备如下条件：

(1) 因被告人的犯罪行为而使被害人遭受经济损失，或使国家财产、集体财产遭受损失。

(2) 人民法院对第一审刑事附带民事诉讼案件审理完毕，当事人未就经济损失的赔偿达成调解协议。

(三)使用情况

实务中,刑事附带民事诉讼案件有一定数量,第一审刑事附带民事判决书也经常使用。当庭宣告判决的,应当在五日以内将判决书送达当事人和提起公诉的人民检察院;定期宣告判决的,应当在宣告后立即将判决书送达当事人和提起公诉的人民检察院。

二、内容要点和制作技巧

第一审刑事附带民事判决书由首部、正文、尾部三部分组成。因其兼具刑事诉讼和民事诉讼两方面,在制作时要注意体现这个特点。因第一审刑事附带民事判决书的有些内容及制作技巧与第一审刑事判决书相同,故相同的部分不再详细展开介绍,可参阅本章第二节"第一审刑事判决书"相关内容。

(一)首部

首部包括人民法院的名称、文书名称、案号、公诉机关、当事人基本情况、案件的由来和审理经过等内容。

1. 人民法院的名称

写明"×××人民法院"。

2. 文书名称

写明"刑事附带民事判决书"。

3. 案号

案号表述为"(××××)……刑初××号"。

4. 公诉机关

写明"公诉机关×××人民检察院"。

5. 当事人的基本情况

(1)附带民事诉讼原告人。公诉案件中,附带民事诉讼如系被害人提起的,列为"附带民事诉讼原告人",写明姓名、性别、出生年月日、民族、出生地、文化程度、职业或者工作单位和职务、住址等,并表明"系本案被害人"。如果被害人已经死亡,经更换当事人,由其近亲属提起附带民事诉讼的,将其近亲属列为附带民事诉讼原告人,除前述个人基本信息外,应注明其与死者的关系。如果被害人是无行为能力人或者限制行为能力人,应当在附带民事诉讼原告人之后列第二项"法定代理人",并注明其与被害人的关系。

附带民事诉讼如系公诉机关提起的,根据《最高人民法院关于适用〈中华人民共和国刑事诉讼法〉的解释》(以下简称《刑事诉讼法解释》)第142条的规定,应当将人民检察院列为附带民事诉讼原告人。通常合并表述为"公诉机关暨附带民事公益诉讼起诉人×××人民检察院"。

附带民事诉讼如系自诉提起，列为"自诉人暨附带民事诉讼原告人"，写明姓名、性别、出生年月日、民族、出生地、文化程度、职业或者工作单位和职务、住址等。

(2) 附带民事诉讼代理人。写明姓名、工作单位和职务。

(3) 被告人及辩护人。被告人写明姓名、性别、出生年月日、民族、出生地、文化程度、职业或者工作单位和职务、住址、因本案所受强制措施情况等，现羁押处所。被告人为多人，但其中只有部分人是民事赔偿主体的，在其后加"暨附带民事诉讼被告人"，其他人仍列为"被告人"。辩护人写明姓名、工作单位和职务。

(4) 其他附带民事诉讼被告人。如有除被告人以外的人对被害人负有赔偿责任的，在"被告人"项后单独列项为"附带民事诉讼被告人"。《刑事诉讼法解释》第143条规定："附带民事诉讼中依法负有赔偿责任的人包括：（一）刑事被告人以及未被追究刑事责任的其他共同侵害人；（二）刑事被告人的监护人；（三）死刑罪犯的遗产继承人；（四）共同犯罪案件中，案件审结前死亡的被告人的遗产继承人；（五）对被害人的物质损失依法应当承担赔偿责任的其他单位和个人。"

(5) 附带民事诉讼代理人。被告人有民事诉讼代理人的，写明姓名、工作单位和职务。如果辩护人同时担任附带民事诉讼代理人的，可在"辩护人"项同时表示，如"辩护人暨诉讼代理人×××"。

6. 案件的由来和审理经过

(1) 公诉案件一般表述为："×××人民检察院以××检××刑诉〔××××〕××号起诉书指控被告人×××犯××罪，于××××年××月××日向本院提起公诉。在诉讼过程中，附带民事诉讼原告人×××向本院提起附带民事诉讼。本院依法组成合议庭，公开（或者因××××，不公开）开庭进行了合并审理。×××人民检察院指派检察员×××出庭支持公诉。附带民事诉讼原告人×××及其法定代理人×××、诉讼代理人×××，被告人×××及其法定代理人×××、辩护人×××，证人×××，鉴定人×××，翻译人员×××等到庭参加诉讼。现已审理终结。"

如果是公诉机关提起附带民事诉讼，可适当精炼。

(2) 自诉案件一般表述为："自诉人×××以被告人×××犯××罪，并由此造成经济损失为由，于××××年××月××日向本院提起控诉。本院受理后，依法实行独任审判（或者组成合议庭），公开（或者因××××，不公开）开庭审理了本案。自诉人×××及其诉讼代理人×××，被告人×××及其辩护人×××等到庭参加诉讼。现已审理终结。"

(二) 正文

正文包括事实、理由、判决结果三部分。

1. 事实

首先，公诉案件以"×××人民检察院指控"开头，概述人民检察院指控被告人犯罪的事实、证据和适用法律的意见。自诉案件以"自诉人×××诉称"开头，概述自诉人指控被告人犯罪和由此造成经济损失的事实、证据和诉讼请求。

其次，概述被告人对人民检察院或自诉人指控的犯罪事实和附带民事诉讼的诉讼请求予以辩解、自行辩护的意见和有关证据，以及辩护人的辩护意见和有关证据。

最后，写明经法庭审理查明的事实、据以定案的证据及其来源，对控辩双方有异议的事实、证据进行分析认证。要注意的是，既要写明经法庭查明的犯罪事实，又要写明由于被告人的犯罪行为使被害人遭受经济损失的事实。

2. 理由

理由部分以"本院认为"开头，根据查证属实的事实、证据和法律规定，论证公诉机关或者自诉人指控的犯罪是否成立，被告人的行为是否构成犯罪，犯的什么罪，应否追究刑事责任；论证被害人是否由于被告人的犯罪行为而遭受经济损失，被告人对被害人的经济损失应否负民事赔偿责任；应否从轻、减轻、免除处罚或者从重处罚。对于控辩双方关于适用法律方面的意见，应当有分析地表示是否予以采纳，并阐明理由。

在援引判决的法律依据时，除了引用刑事方面的相关规定外，还需引用民事方面的相关规定。同时应注意，无论是实体法还是程序法，都应先引用刑事方面的规定，后引用民事方面的规定。

3. 判决结果

判决结果分四种情况，此处以公诉案件为例：

第一，定罪判刑并应当赔偿经济损失的，表述为：

"一、被告人×××犯××罪，判处……（写明主刑、附加刑）

（刑期从判决执行之日起计算。判决执行以前先行羁押的，羁押一日折抵刑期一日，即自××××年××月××日起至××××年××月××日止。）

二、被告人×××赔偿附带民事诉讼原告人×××……（写明受偿人的姓名、赔偿的金额和支付的日期）"

第二，定罪免刑并应当赔偿经济损失的，表述为：

"一、被告人×××犯××罪，免予刑事处罚；

二、被告人×××赔偿附带民事诉讼原告人×××……（写明受偿人的姓名、赔偿的金额和支付的日期）"

第三，宣告无罪但应当赔偿经济损失的，表述为：

"一、被告人×××无罪；

二、被告人×××赔偿附带民事诉讼原告人×××……（写明受偿人的姓名、赔偿的金额和支付的日期）"

第四，宣告无罪且不赔偿经济损失的，表述为：

"一、被告人×××无罪；

二、被告人×××不承担民事赔偿责任。"

赔偿金支付的日期通常写为"应于本判决生效之日起××日内"。附带民事诉讼原告人的赔偿请求不予支持的，应写为"被告人×××不承担民事赔偿责任"，不宜表述为"驳回附带民事诉讼原告人的诉讼请求"。

（三）尾部

尾部包括交代上诉权、上诉期限、上诉法院，合议庭组成人员或者独任审判员署名，日期，法官助理、书记员署名，加盖印戳和公章，附录。

在判决书尾部结束之后，另页附"相关法律条文"，列明本判决书中所涉的相关法律条文。

三、文书样式

【样式1】

示例5-2

×××人民法院

刑事附带民事判决书[①]

（一审公诉案件适用普通程序用）

（××××）……刑初……号

公诉机关×××人民检察院。

附带民事诉讼原告人……（写明姓名、性别、出生年月日、民族、出生地、文化程度、职业或者工作单位和职务、住址等）

被告人……（写明姓名、性别、出生年月日、民族、出生地、文化程度、职业或者工作单位和职务、住址、因本案所受强制措施情况等，现羁押处所）

辩护人……（写明姓名、工作单位和职务）

×××人民检察院以×检×诉〔××××〕××号起诉书指控被告人×××犯××罪，于××××年××月××日向本院提起公诉。诉讼过程中，附带民事诉讼原告人向本院提起附带民事诉讼。本院依法组成合议庭，公开（或者不公开）开庭进行了合并审理。×××人民检察院指派检察员×××出庭支持公诉。附带民事诉

[①] 法律应用研究中心编：《最高人民法院刑事诉讼文书样式：制作规范与法律依据》，中国法制出版社2021年版，第20—22页。

讼原告人×××及其法定代理人×××、诉讼代理人×××，被告人×××及其法定代理人×××、辩护人×××，证人×××，鉴定人×××，翻译人员×××等到庭参加诉讼。现已审理终结。

×××人民检察院指控……（概述人民检察院指控被告人犯罪的事实、证据和适用法律的意见）

附带民事诉讼原告人诉称……（概述附带民事诉讼原告人的诉讼请求和有关证据）

被告人×××辩称……（概述被告人对人民检察院指控的犯罪事实和附带民事诉讼原告人的诉讼请求予以供述、辩解、自行辩护的意见和有关证据）辩护人×××提出的辩护意见是……（概述辩护人的辩护意见和有关证据）

经审理查明，……（首先写明经法庭审理查明的事实，既要写明经法庭查明的全部犯罪事实，又要写明由于被告人的犯罪行为使被害人遭受经济损失的事实；其次写明据以定案的证据及其来源；最后对控辩双方有异议的事实、证据进行分析、认证）

本院认为，……（根据查证属实的事实、证据和法律规定，论证公诉机关指控的犯罪是否成立，被告人的行为是否构成犯罪，犯的什么罪，应否追究刑事责任；论证被害人是否由于被告人的犯罪行为而遭受经济损失，被告人对被害人的经济损失应否负民事赔偿责任；应否从轻、减轻、免除处罚或者从重处罚。对于控辩双方关于适用法律方面的意见，应当有分析地表示是否予以采纳，并阐明理由）依照……（写明判决的法律依据）的规定，判决如下：

……[写明判决结果。分四种情况：

第一，定罪判刑并应当赔偿经济损失的，表述为：

"一、被告人×××犯××罪，判处……（写明主刑、附加刑）（刑期从判决执行之日起计算。判决执行以前先行羁押的，羁押一日折抵刑期一日，即自××××年××月××日起至××××年××月××日止。）

二、被告人×××赔偿附带民事诉讼原告人×××……（写明受偿人的姓名、赔偿的金额和支付的日期）"

第二，定罪免刑并应当赔偿经济损失的，表述为：

"一、被告人×××犯××罪，免予刑事处罚；

二、被告人×××赔偿附带民事诉讼原告人×××……（写明受偿人的姓名、赔偿的金额和支付的日期）"

第三，宣告无罪但应当赔偿经济损失的，表述为：

"一、被告人×××无罪；

二、被告人×××赔偿附带民事诉讼原告人×××……（写明受偿人的姓名、赔偿的金额和支付的日期）"

第四，宣告无罪且不赔偿经济损失的，表述为：

"一、被告人×××无罪；

二、被告人×××不承担民事赔偿责任。"]

如不服本判决，可在接到判决书的第二日起十日内，通过本院或者直接向×××人民法院提出上诉。书面上诉的，应当提交上诉状正本一份，副本×份。

审判长　×××

审判员　×××

审判员　×××

××××年××月××日

（院印）

本件与原本核对无异

法官助理　×××

书记员　×××

附：相关法律条文。

【样式2】

×××人民法院

刑事附带民事判决书[①]

（一审自诉案件用）

（××××）……刑初……号

自诉人暨附带民事诉讼原告人……（写明姓名、性别、出生年月日、民族、出生地、职业或者工作单位和职务、住址等）

诉讼代理人……（写明姓名、工作单位和职务）

被告人……（写明姓名、性别、出生年月日、民族、出生地、文化程度、职业或者工作单位和职务、住址等）

辩护人……（写明姓名、工作单位和职务）

自诉人×××以被告人×××犯××罪，并由此造成经济损失为由，于××××年××月××日向本院提起控诉。本院受理后，依法实行独任审判（或者组成合议庭），公开（或者不公开）开庭审理了本案。自诉人×××及其诉讼代理人××

---

① 法律应用研究中心编：《最高人民法院刑事诉讼文书样式：制作规范与法律依据》，中国法制出版社2021年版，第31—32页。

×，被告人×××及其辩护人×××等到庭参加诉讼。现已审理终结。

自诉人×××诉称……（概述自诉人指控被告人犯罪和由此造成经济损失的事实、证据和诉讼请求）

被告人×××辩称……（概述被告人对自诉人的指控予以供述、辩解、自行辩护的意见和有关证据）辩护人×××提出的辩护意见是……（概述辩护人的辩护意见和有关证据）

经审理查明，……（首先写明经法庭审理查明的被告人的犯罪事实，包括由此造成被害人经济损失的事实；其次写明据以定案的证据及其来源；最后对控辩双方有异议的事实、证据进行分析、认证）

本院认为，……（写明根据查证属实的事实、证据和法律规定，论证自诉人暨附带民事诉讼原告人的指控是否成立，被告人的行为是否构成犯罪，应如何处罚，被告人的行为是否给被害人造成经济损失和应否承担民事赔偿责任。对于控辩双方关于适用法律方面的意见，应当有分析地表示是否予以采纳，并阐明理由）依照……（写明判决的法律依据）的规定，判决如下：

……［写明判决结果。分四种情况：

第一，定罪判刑并应当赔偿经济损失的，表述为：

"一、被告人×××犯××罪，判处……（写明主刑、附加刑）

（刑期从判决执行之日起计算。判决执行以前先行羁押的，羁押一日折抵刑期一日，即自××××年××月××日起至××××年××月××日止。）

二、被告人×××赔偿自诉人×××……（写明赔偿的金额和支付日期）"

第二，定罪免刑并应当赔偿经济损失的，表述为：

"一、被告人×××犯××罪，免予刑事处罚；

二、被告人×××赔偿自诉人×××……（写明赔偿的金额和支付日期）"

第三，宣告无罪但应当赔偿经济损失的，表述为：

"一、被告人×××无罪；

二、被告人×××赔偿自诉人×××……（写明赔偿的金额和支付日期）"

第四，宣告无罪且不赔偿经济损失的，表述为：

"一、被告人×××无罪；

二、被告人×××不承担民事赔偿责任。"］

如不服本判决，可在接到判决书的第二日起十日内，通过本院或者直接向×××人民法院提出上诉。书面上诉的，应当提交上诉状正本一份，副本×份。

审判员　×××

××××年××月××日

（院印）

本件与原本核对无异

         法官助理　×××
         书 记 员　×××

附：相关法律条文。

第四节　第一审未成年人案件刑事判决书

一、知识要点

（一）概念和特点

第一审未成年人案件刑事判决书，是指人民法院依照我国刑事诉讼法和相关解释的规定，对审理终结的已满12周岁不满18周岁的未成年人刑事案件，根据查明的事实、证据和有关法律规定，确认被告人的行为是否构成犯罪以及如何负担刑事责任的法律文书。

与第一审刑事判决书相比，第一审未成年人案件刑事判决书具有如下特点：

1. 体现惩罚与教育相结合

我国对犯罪的未成年人实行教育、感化、挽救的方针，坚持教育为主、惩罚为辅的原则。对未成年人犯罪，不能完全按照成年人犯罪的审判方式和程序进行，应反映"寓教于审、惩教结合"的特点。

2. 语言易于未成年人理解

未成年人刑事判决书的语言表述应当简洁、通俗易懂、注重说理，便于未成年被告人及其法定代理人理解。

3. 一审判决书样式专门规定

我国历来重视未成年人犯罪的特殊之处，最高人民法院曾针对未成年人刑事案件，先后发布过数个专门规定。《刑事诉讼法》和《刑事诉讼法解释》也分别设有专章，规定未成年人刑事案件诉讼程序。2009年10月12日，最高人民法院办公厅下发了《最高人民法院办公厅关于印发一审未成年人刑事案件适用普通程序的刑事判决书样式和一审未成年人刑事公诉案件适用简易程序的刑事判决书样式的通知》，发布了一审未成年人刑事案件适用普通程序的刑事判决书样式和一审未成年人刑事公诉案件适用简易程序的刑事判决书样式。

（二）法律依据和制作条件

《刑事诉讼法》第277条规定："对犯罪的未成年人实行教育、感化、挽救的方针,坚持教育为主、惩罚为辅的原则。人民法院、人民检察院和公安机关办理未成年人刑事案件,应当保障未成年人行使其诉讼权利,保障未成年人得到法律帮助,并由熟悉未成年人身心特点的审判人员、检察人员、侦查人员承办。"

《刑事诉讼法》第285条规定:"审判的时候被告人不满十八周岁的案件,不公开审理。但是,经未成年被告人及其法定代理人同意,未成年被告人所在学校和未成年人保护组织可以派代表到场。"

由此可见,第一审未成年人案件刑事判决书的制作条件是:只适用于未成年人犯罪案件,在审理终结后制作。

(三)使用情况

未成年人犯罪案件在我国有一定比例,本文书时常适用。当庭宣告判决的,应当在五日以内将判决书送达当事人和提起公诉的人民检察院;定期宣告判决的,应当在宣告后立即将判决书送达当事人和提起公诉的人民检察院。

二、内容要点和制作技巧

第一审未成年人刑事判决书包括首部、正文、尾部三部分。因第一审未成年人刑事判决书的有些内容及制作技巧与第一审刑事判决书相同,故相同的部分不再详细展开介绍,可参阅本章第二节"第一审刑事判决书"相关内容。

(一)首部

首部包括人民法院的名称、文书名称、案号、公诉机关、被告人基本情况、法定代理人或合适成年人、辩护人、案件的由来和审理经过等内容。

1. 人民法院的名称等

人民法院的名称写明"×××人民法院",文书名称写明"刑事判决书",案号表述为"(××××)……刑初……号",公诉机关写明"公诉机关×××人民检察院"。文书名称无须表述未成年人字样。

2. 被告人的基本情况

被告人写明姓名、性别、出生年月日、民族、出生地、文化程度、职业或工作单位、学校、住址,以及所受强制措施情况等,现羁押处所。

被告人是未成年人的刑事案件,应当查明被告人实施被指控的犯罪时的年龄,判决书中应当写明未成年被告人出生的年月日。对于没有充分证据证明被告人实施被指控的犯罪时已经达到法定刑事责任年龄且确实无法查明的,应当推定其没有达到相应法定刑事责任年龄。判决书应写明"实施被指控的犯罪时不满××周岁",或"实施被指控的犯罪时已满××周岁不满××周岁",同时用括号注明"推定"。相关证据足以证明被告人实施被指控的犯罪时已经达到法定刑事责任年龄,但是无法准确查明被告人具体出生日期的,应当认定其达到相应法定刑事责任年龄。判决书应写明"实施被指控的犯罪时已满××周岁"。

对未成年被告人也可以采取强制措施,但应当严格限制适用逮捕措施。人民法院决定逮捕,应当讯问未成年被告人,听取辩护律师的意见。

3. 法定代理人、合适成年人

根据《刑事诉讼法》的规定,未成年人刑事案件,在讯问和审判的时候,应当通知未成年被告人的法定代理人到场。制作判决书时,应列法定代理人,写明姓名、工作单位和职务、住址、与被告人的关系。法定代理人无法通知、法定代理人不能到场或者法定代理人是共犯的,即使法定代理人没有出庭,也应当列写法定代理人项。未成年被告人没有法定代理人或者无法查到法定代理人的,可以不写法定代理人。此时,未成年被告人其他成年亲属,所在学校、单位、居住地基层组织或者未成年人保护组织的代表,可以作为合适成年人到场,制作判决书时,在被告人项下列"合适成年人"项,写明姓名、工作单位和职务、住址、与被告人的关系。

被告人犯罪时未成年,开庭审理时已成年的,判决书中不列法定代理人。

4. 辩护人

审判时不满18周岁的未成年被告人没有委托辩护人的,人民法院应当通知法律援助机构指派熟悉未成年人身心特点的律师为其提供辩护。

5. 案件的由来和审理经过

写明案件的来源、指控的罪名、检察院起诉的日期或人民法院立案受理日期,以及立案后组成的审判组织、审理方式、出庭人员情况等内容,表明案件现已审理终结。

未成年人刑事案件由未成年人案件审判组织审理,通常由人民法院的少年法庭审理。《刑事诉讼法解释》第550条规定:"被告人实施被指控的犯罪时不满十八周岁、人民法院立案时不满二十周岁的案件,由未成年人案件审判组织审理。下列案件可以由未成年人案件审判组织审理:(一)人民法院立案时不满二十二周岁的在校学生犯罪案件;(二)强奸、猥亵、虐待、遗弃未成年人等侵害未成年人人身权利的犯罪案件;(三)由未成年人案件审判组织审理更为适宜的其他案件。共同犯罪案件有未成年被告人的或者其他涉及未成年人的刑事案件,是否由未成年人案件审判组织审理,由院长根据实际情况决定。"审理未成年人刑事案件的人员应当经过专门培训,熟悉未成年人身心特点、善于做未成年人思想教育工作。参加审理未成年人刑事案件的人民陪审员,也应该是熟悉未成年人身心特点、关心未成年人保护工作的人员。

在审理方式上,开庭审理时被告人不满18周岁的案件,一律不公开审理,同时表明不公开审理的原因,即表述为"因本案被告人系未成年人(或者因本案涉及未成年被告人),依法不公开开庭审理了本案"。但是,经未成年被告人及其法定代理人同意,未成年被告人所在学校和未成年人保护组织可以派代表到场。

(二) 正文

正文包括事实、理由、判决结果三部分。

1. 事实

概述人民检察院指控被告人犯罪的事实、证据和适用法律的意见；写明未成年被告人对指控的犯罪事实予以辩解、自行辩护的意见和有关证据，概述法定代理人、辩护人的意见和有关证据；写明法庭经审理查明的事实、据以定案的证据等。在制作时应注意以下几点：

(1) 关于法定代理人的意见。未成年人因心智所限，在自我辩解、自行辩护方面可能存在未能全面、客观表达的情况，法定代理人在法庭上可以发表意见。未成年被告人最后陈述后，其法定代理人可以进行补充陈述。对此，判决书中应予以全面表述，不能遗漏。法定代理人的意见排在辩护人的辩护意见之前。

(2) 关于未成年人的调查报告。法庭对人民检察院移送的关于未成年被告人性格特点、家庭情况、社会交往、成长经历、犯罪原因、犯罪前后的表现、监护教育等情况的调查报告，以及辩护人提交的反映未成年被告人上述情况的书面材料，应当接受。必要时，人民法院可以委托社区矫正机构、共青团、社会组织等对未成年被告人的上述情况进行调查，或者自行调查。未成年人刑事案件中，关于未成年人的调查报告，应在判决书的"经审理查明"之后，围绕调查报告内容予以表述。可以表述为："在法庭审理过程中，本院了解到……（概述被告人的家庭情况、社会交往、成长经历、性格特点、平时表现等同被告人实施被指控犯罪密切相关的情况，以及实施被指控的犯罪前后的表现）"辩护人提交的有关未成年被告人情况的书面材料，法庭应当审查并听取控辩双方意见。在表述未成年被告人情况的材料内容时，也应注意要简明扼要，保护未成年被告人及其家庭的隐私。一般写明与被告人量刑密切相关的情况即可。控辩双方对未成年被告人调查报告反映的情况提出的意见，应予客观表述。

(3) 关于未成年被告人的年龄。年龄在未成年人犯罪案件中至关重要，判决书中应当写明未成年被告人出生的年月日。无法查实准确的出生年月日的，要注意写明控辩双方对年龄及相关证据的意见，对控辩双方有异议的年龄、证据要进行分析、认证。

(4) 关于监护、帮教条件等。根据《刑事诉讼法解释》的规定，控辩双方提出对未成年被告人判处管制、宣告缓刑等量刑建议的，应当向法庭提供有关未成年被告人能够获得监护、帮教以及对所居住社区无重大不良影响的书面材料。如果判处未成年被告人管制、宣告缓刑等刑罚的，判决书中还应对该书面材料进行叙述。

(5) 关于被害人隐私的保护。对隐私案件的未成年被害人，在判决书中应当只写姓，不写名，如表述为"张某某"，但应注意，不能写成"张××"。

2. 理由

此部分通常以"本院认为"开头，根据查证属实的事实、证据和有关法律规定，论证公诉机关指控的犯罪是否成立，被告人的行为是否构成犯罪，犯的什么罪，应否从轻、减轻、免除处罚或者从重处罚。对于控辩双方关于适用法律方面的意见，应当有分析地表示是否予以采纳，并阐明理由。结合庭审查明的未成年被告人的成长轨迹，剖析未成年被告人走上犯罪道路的主客观方面的原因。

未成年人刑事判决书中，应体现对未成年被告人的教育、感化、挽救方针和教育为主、惩罚为辅的原则。因此，第一审未成年人刑事判决书中，除了对定罪和量刑进行论述之外，还应分析未成年被告人走上犯罪道路的主客观原因，帮助未成年被告人认识到犯罪行为的社会危害性，使未成年被告人能尽快悔过自新，重新回归社会。

3. 判决结果

判决结果的三种情况与第一审刑事判决书相同，此处不赘。

(三) 尾部

尾部包括交代上诉权、上诉期限、上诉法院、合议庭组成人员或者独任审判员署名、日期，法官助理、书记员署名，加盖印戳和公章，附录。

在判决书尾部结束之后，另页附"相关法律条文"，列明本判决书中所涉的相关法律条文。

三、文书样式[①]

×××人民法院
刑事判决书[②]
(一审未成年人刑事案件适用普通程序用)

(××××) ……刑初……号

公诉机关×××人民检察院。

被告人……（写明姓名、性别、出生年月日、民族、户籍所在地、职业或者工作单位、学校、住址，所受强制措施情况等，现羁押处所）

法定代理人……（写明姓名、工作单位和职务、住址、与被告人的关系）

辩护人（或者指定辩护人）……（写明姓名、工作单位和职务）

×××人民检察院以××检×诉〔××××〕××号起诉书指控被告人×××

---

① 鉴于第一审未成年人案件刑事判决书的特殊性，相关文书的示例在此略去。
② 资料来源：https://www.court.gov.cn/fabu-xiangqing-405.html，2022年12月15日访问。本书样式已对制作情况调查报告的依据和《刑事诉讼法》的条文序号作了相应修改。

犯××罪，于××××年××月××日向本院提起公诉。本院于××××年××月××日立案，并依法组成合议庭。因本案被告人系未成年人（或者因本案涉及未成年被告人），依法不公开开庭审理了本案。×××人民检察院指派检察员××出庭支持公诉，被害人×××及其法定代理人×××、诉讼代理人×××，被告人×××及其法定代理人×××、辩护人（或者指定辩护人）×××，证人×××，鉴定人×××，翻译人员×××等到庭参加诉讼。现已审理终结。

×××人民检察院指控……（概述人民检察院指控被告人犯罪的事实、证据和适用法律的意见）

被告人×××辩称……（概述被告人对指控的犯罪事实予以供述、辩解、自行辩护的意见和有关证据）法定代理人×××……（概述对公诉机关指控被告人犯罪的意见、提供的有关证据）辩护人×××提出的辩护意见是……（概述辩护人的辩护意见和有关证据）

×××根据《最高人民法院关于适用〈中华人民共和国刑事诉讼法〉的解释》，向法庭提交了被告人×××的情况调查报告。

经审理查明，……（首先写明经庭审查明的事实；其次写明经举证、质证定案的证据及其来源；最后对控辩双方有异议的事实、证据进行分析、认证）

在审理过程中，法庭了解到……（概述被告人×××的情况调查报告中与其量刑密切相关的内容）控辩双方对被告人×××的情况调查报告表述了以下意见：……（如果可能判处被告人非监禁刑罚的，概述所具备的监护、帮教条件等情况）

本院认为，……（根据查证属实的事实、证据和有关法律规定，论证公诉机关指控的犯罪是否成立，被告人的行为是否构成犯罪，犯的什么罪，应否从轻、减轻、免除处罚或者从重处罚。对于控辩双方关于适用法律方面的意见，应当有分析地表示是否予以采纳，并阐明理由。对于认定未成年被告人构成犯罪的，结合庭审查明的未成年被告人的成长轨迹，剖析未成年被告人走上犯罪道路的主客观方面的原因）依照……（写明判决的法律根据）的规定，判决如下：

……[写明判决结果。分四种情况：

第一，定罪判刑的，表述为：

"一、被告人×××犯××罪，判处……（写明主刑、附加刑）

（刑期从判决执行之日起计算。判决执行以前先行羁押的，羁押一日折抵刑期一日，即自××××年××月××日起至××××年××月××日止。）

二、被告人×××……（写明决定追缴、退赔或者发还被害人、没收财物的名称、种类和数额）"

第二，定罪免刑的，表述为：

"被告人×××犯××罪，免予刑事处罚（如有追缴、退赔或者没收财物的，续写第二项)。"

第三,对被告人因不满十六周岁不予刑事处罚的,表述为:

"被告人×××不负刑事责任。"

第四,宣告无罪的,不论是适用《中华人民共和国刑事诉讼法》第二百条第(二)项还是第(三)项,均应表述为:

"被告人×××无罪"。]

如不服本判决,可在接到判决书的第二日起十日内,通过本院或者直接向人民法院提出上诉。书面上诉的,应当提交上诉状正本一份,副本×份。

审判长　×××
人民陪审员　×××
人民陪审员　×××
××××年××月××日
(院印)

本件与原本核对无异

书记员　×××

附:相关法律条文。

第五节　第二审刑事判决书

一、知识要点

(一)概念和特点

第二审刑事判决书,是指人民法院对于当事人上诉或者人民检察院抗诉的刑事案件,根据我国刑事诉讼法规定的第二审程序,对第一审人民法院未生效的刑事判决进行审理,依法作出处理决定时制作的法律文书。

人民法院通过制作第二审刑事判决书,可以及时纠正第一审判决中的错误,保障法律的正确实施。由此既保护当事人的合法权益,也保证人民法院正确行使审判权。

相较第一审刑事判决书,第二审刑事判决书具有如下特点:

(1)第二审刑事判决书的制作是以第二审程序启动为前提。被告人、自诉人及其法定代理人，不服地方各级人民法院第一审的判决、裁定，有权用书状或者口头向上一级人民法院上诉。被告人的辩护人和近亲属，经被告人同意，可以提出上诉。附带民事诉讼的当事人及其法定代理人，可以对地方各级人民法院第一审的判决、裁定中的附带民事诉讼部分提出上诉。地方各级人民检察院认为本级人民法院第一审的判决、裁定确有错误的时候，应当向上一级人民法院提出抗诉。

（2）第二审刑事判决书不得加重被告人的刑罚，但人民检察院提出抗诉或者自诉人提出上诉的，不受此限。

（3）第二审刑事判决是终审判决。当事人提出申诉的，不停止判决的执行。

（二）法律依据和制作条件

《刑事诉讼法》第 236 条规定："第二审人民法院对不服第一审判决的上诉、抗诉案件，经过审理后，应当按照下列情形分别处理：（一）原判决认定事实和适用法律正确、量刑适当的，应当裁定驳回上诉或者抗诉，维持原判；（二）原判决认定事实没有错误，但适用法律有错误，或者量刑不当的，应当改判；（三）原判决事实不清楚或者证据不足的，可以在查清事实后改判；也可以裁定撤销原判，发回原审人民法院重新审判。原审人民法院对于依照前款第三项规定发回重新审判的案件作出判决后，被告人提出上诉或者人民检察院提出抗诉的，第二审人民法院应当依法作出判决或者裁定，不得再发回原审人民法院重新审判。"

从以上法律规定可以看出，第二审人民法院在两种情形下应制作第二审刑事判决书：一是认为原判决认定事实没有错误，但适用法律有错误或者量刑不当的，此时应当制作第二审刑事判决书改判；二是认为原判决事实不清楚或者证据不足的，此时可以在查清事实后制作第二审刑事判决书改判。

（三）使用情况

第二审刑事判决书是常用的法律文书，绝大多数由被告人上诉而引起。第二审刑事判决是终审判决，当事人对生效的判决可以提出申诉，但不停止判决的执行。

二、内容要点和制作技巧

第二审刑事判决书的结构与第一审刑事判决书基本相同，也是包括首部、正文、尾部三部分，但在具体内容的表述上有自己的特有之处。

（一）首部

第二审刑事判决书的首部包括人民法院的名称和文书名称、案号、公诉机关、当事人的基本情况、辩护人、案件的由来和审理经过等。

1. 人民法院的名称和文书名称

第二审刑事判决书中人民法院名称和文书名称的写法，与第一审刑事判决书相同。"刑事判决书"无须加二审字样。

2. 案号

案号的构成要素与第一审刑事判决书相同，但因二审是终审程序，故案件类型代字为"刑终"。第二审刑事案件案号表述为"（××××）……刑终……号"。

3. 公诉机关和当事人的基本情况

此部分根据不同情况采用不同的写法：

（1）公诉案件人民检察院提出抗诉的，第一项应写为"抗诉机关×××人民检察院"；隔行列第二项，写为"原审被告人……（写明姓名、性别、出生年月日、民族、出生地、文化程度、职业或者工作单位和职务、住址、因本案所受强制措施情况等，现羁押处所）"；第三项列辩护人（写明姓名、工作单位和职务）。如果在同一个案件中，人民检察院提出抗诉，被告人也提出上诉的，第二项、第三项不变。被害人及其法定代理人不服第一审判决，人民检察院依其请求决定抗诉的，依然属于人民检察院提出抗诉，第一项还是应写为"抗诉机关×××人民检察院"。

（2）公诉案件的被告人提出上诉的，第一项写为"原公诉机关×××人民检察院"；第二项写"上诉人（原审被告人）……"被告人的辩护人和近亲属经被告人同意提出上诉的，上诉人仍列为原审被告人。

（3）自诉案件的自诉人提出上诉的，第一项写"上诉人（原审自诉人）……"第二项写"原审被告人……"

（4）自诉案件的被告人提出上诉的，第一项写"上诉人（原审被告人）……"第二项写"原审自诉人……"

（5）自诉人和被告人都提出上诉的，第一项写"上诉人（原审自诉人）……"第二项写"上诉人（原审被告人）……"

（6）共同犯罪案件中的数个被告人，有的提出上诉，有的没有提出上诉的，前面列写提出上诉的"上诉人（原审被告人）……"项，后面续写未提出上诉的"原审被告人……"项。

4. 辩护人

写明辩护人的姓名、工作单位和职务。

5. 案件的由来和审理经过

写明案件来源、第二审法院对案件进行审理的审判组织、审理方式、出庭人员情况等内容，表明案件现已审理终结。此部分根据不同情况有不同的表达方式。

（1）公诉案件被告人提出上诉的，表述为：

"×××人民法院审理×××人民检察院指控原审被告人×××犯××罪一案，于××××年××月××日作出（××××）……刑初……号刑事判决。原审被告人×××不服，提出上诉。本院依法组成合议庭，公开（或者因××××，不公开）开庭审理了本案。×××人民检察院指派检察员×××出庭履行职务。上诉人（原审被告人）×××及其辩护人×××等到庭参加诉讼。现已审理终结。"

(2) 被告人的辩护人和近亲属经被告人同意提出上诉的，将前述"原审被告人×××不服，提出上诉"一句改为"被告人×××的近亲属（或者辩护人）经征得被告人×××同意，提出上诉"。

(3) 公诉案件人民检察院提出抗诉的，可将"原审被告人×××不服，提出上诉"一句改为"×××人民检察院以……为由提出抗诉"。同时将"×××人民检察院指派检察员×××出庭履行职务"一句改为"×××人民检察院指派检察员×××出庭支持抗诉"。

(4) 被害人及其法定代理人请求人民检察院提出抗诉的，可将"原审被告人×××不服，提出上诉"一句改为"被害人（或者其法定代理人）×××不服，请求×××人民检察院提出抗诉。×××人民检察院决定并于××××年××月××日向本院提出抗诉"。同时将"×××人民检察院指派检察员×××出庭履行职务"一句改为"×××人民检察院指派检察员×××出庭支持抗诉"。

(5) 第二审人民法院未开庭审理的，将"本院依法组成合议庭，公开（或者因××××，不公开）开庭审理了本案"改为"本院依法组成合议庭，经过阅卷，讯问被告人，听取其他当事人、辩护人、诉讼代理人的意见，认为事实清楚，决定不开庭审理"。

（二）正文

第二审刑事判决书与第一审刑事判决书一样，其正文包括事实、理由、判决结果三部分。但与第一审刑事判决书相比，第二审刑事判决书有自己的特点。

根据《刑事诉讼法》的规定，第二审人民法院应当就第一审判决认定的事实和适用法律进行全面审查，不受上诉或者抗诉范围的限制。共同犯罪的案件只有部分被告人上诉的，也应当对全案进行审查，一并处理。因此，第二审刑事判决书是以对第一审刑事判决书的全面审查为基础的，并非局限于上诉或者抗诉的范围。但同时，第二审刑事判决书在制作时，应重点针对上诉或者抗诉的主要理由和第一审刑事判决书的错误进行叙事说理。

1. 事实

(1) 概述原判决认定的事实、证据、理由和判处结果。此部分以"原判认定"作为开头，按照事实、证据、理由、判处结果的顺序概述第一审判决书的主要内容。

(2) 概述控辩双方在二审中的意见。被告人提出上诉的，先写明上诉、辩护的意见，再写明公诉机关的意见。公诉机关提出抗诉的，先写明抗诉意见，再写明被告人、辩护人的意见。人民检察院在二审中提出新意见的，要表明。

(3) 写明经二审审理查明的事实、二审据以定案的证据，针对上述或抗诉理由中与原判认定的事实、证据有异议的问题进行分析、认证。此部分通常以"经审理查明"作为开头。如果二审判决认定的事实和证据与原判没有变动的，判决书应重点叙述原判认定的事实和证据，对二审"经审理查明"的事实和证据，进行概括叙述即可，即表明"一审判决认定事实的证据均经一审法庭调查程序查证属实，二审审理查明的事实、证据与原审判决相同，予以确认"之意即可，以避免文字上不必要的重复。反之，如果二审判决认定的事实和证据与一审有较大变动，应重点叙述二审审理查明认定的事实和证据，阐明二审认定事实的正确性。

2. 理由

理由部分应根据二审查明的事实、证据和有关法律规定，论证原审判决认定的事实、证据和适用法律是否正确。对于上诉人（被告人）、辩护人以及出庭履行职务或者支持抗诉的检察人员等在适用法律、定性处理方面的意见，应当有分析地表示是否予以采纳，并阐明理由。此部分通常以"本院认为"作为开头，不过对于争议较多的案件，也可以根据争议焦点分别评判，在每个争议焦点中用"本院认为"作为开头，进行阐述。

二审改判的刑事判决书，其重点应当针对一审判决中的错误，以及上诉、抗诉的意见和理由进行说理。对上诉、抗诉意见都应当进行分析、论证，充分阐明肯定或者否定的理由，为判决结果的作出奠定基础。

根据《最高人民法院关于裁判文书引用法律、法规等规范性法律文件的规定》，二审刑事判决书引用法律依据时，应先引用实体法，后引用程序法。如先引用《刑法》条文用以定罪量刑，后引用《刑事诉讼法》条文用以撤销一审相关判决结果，从而改判或发回原审法院重审。但实务中，部分法院先引用《刑事诉讼法》关于改判的规定，后引用《刑法》条文，此种方式从逻辑上看也有道理。

3. 判决结果

写明二审法院对案件审理后作出的处理决定。主要有两种情况（以被告人提出上诉为例）：

第一，全部改判的，表述为：

"一、撤销×××人民法院（××××）……刑初……号刑事判决；

二、上诉人（原审被告人）×××……（写明改判的具体内容）

（刑期从……）"

此处应注意，不要写成"撤销×××人民法院（××××）……刑初……号刑事判决书"。

第二，部分改判的，表述为：

"一、维持×××人民法院（××××）……刑初……号刑事判决的第×项，即……（写明维持的具体内容）

二、撤销×××人民法院（××××）……刑初……号刑事判决的第×项，即……（写明撤销的具体内容）

三、上诉人（原审被告人）×××……（写明部分改判的具体内容）

(刑期从……)"

此处应注意,改判的内容有多项的,应逐项写明。

(三)尾部

第二审刑事判决书的尾部包括交代判决的法律效力、合议庭人员署名、日期、法官助理及书记员署名、加盖印戳和公章、附录。

在判决结果之后,应另起一行,写明"本判决为终审判决"且无须表明不得上诉。如果改判被告人死刑立即执行的,需报请最高人民法院核准,应将"本判决为终审判决"改为"本判决依法报请最高人民法院核准"。第二审人民法院的判决结果是在法定刑以下判处刑罚,并且依法应当报请最高人民法院核准的,应写明"本判决报请最高人民法院核准后生效"。尾部其他内容的要求与第一审刑事判决书相同。

在判决书尾部结束之后,另页附"相关法律条文",列明本判决书中所涉的相关法律条文。

三、文书样式

×××人民法院

刑事判决书①

(被告人提出上诉二审改判用)

(××××)……刑终……号

示例 5-3

原公诉机关×××人民检察院。

上诉人(原审被告人)……(写明姓名、性别、出生年月日、民族、出生地、文化程度、职业或者工作单位和职务、住址、因本案所受强制措施情况等,现羁押处所)

辩护人……(写明姓名、工作单位和职务)

×××人民法院审理×××人民检察院指控原审被告人×××犯××罪一案,于××××年××月××日作出(××××)……刑初……号刑事判决。原审被告人×××不服,提出上诉。本院依法组成合议庭,公开(或者不公开)开庭审理了本案。×××人民检察院指派检察员×××出庭履行职务。上诉人(原审被告人)×××及其辩护人×××等到庭参加诉讼。现已审理终结。

……(首先概述原判决认定的事实、证据、理由和判处结果;其次概述上诉、辩护的意见;最后概述人民检察院在二审中提出的新意见)

---

① 法律应用研究中心编:《最高人民法院刑事诉讼文书样式:制作规范与法律依据》,中国法制出版社2021年版,第45—46页。

经审理查明，……（首先写明经二审审理查明的事实；其次写明二审据以定案的证据；最后针对上诉理由中与原判认定的事实、证据有异议的问题进行分析、认证）

本院认为，……（根据二审查明的事实、证据和有关法律规定，论证原审法院判决认定的事实、证据和适用法律是否正确。对于上诉人、辩护人或者出庭履行职务的检察人员等在适用法律、定性处理方面的意见，应当有分析地表示是否予以采纳，并阐明理由）依照……（写明判决的法律依据）的规定，判决如下：

……［写明判决结果。分两种情况：

第一，全部改判的，表述为：

"一、撤销×××人民法院（××××）……刑初……号刑事判决；

二、上诉人（原审被告人）×××……（写明改判的具体内容）

（刑期从……）"

第二，部分改判的，表述为：

"一、维持×××人民法院（××××）……刑初……号刑事判决的第×项，即……（写明维持的具体内容）

二、撤销×××人民法院（××××）……刑初……号刑事判决的第×项，即……（写明撤销的具体内容）

三、上诉人（原审被告人）×××……（写明部分改判的具体内容）

（刑期从……）"］

本判决为终审判决。

审判长　×××
审判员　×××
审判员　×××
××××年××月××日
（院印）

本件与原本核对无异

法官助理　×××
书记员　×××

附：相关法律条文。

第六节 再审刑事判决书

一、知识要点

（一）概念和特点

再审刑事判决书，是指人民法院依照我国刑事诉讼法规定的审判监督程序，对于已经发生法律效力的判决，经发现其在认定事实或者适用法律上确有错误，进行重新审理后，就案件的实体问题作出处理决定时制作的法律文书。再审刑事判决书是对已经发生法律效力但确有错误的判决进行纠正，体现了实事求是、有错必纠的原则。

再审刑事判决书的效力不能一概而论。如果原来是第一审案件，应当依照第一审程序进行审判，所作的判决，可以上诉、抗诉；如果原来是第二审案件，或者是上级人民法院提审的案件，应当依照第二审程序进行审判，所作的判决，是终审的判决。

（二）法律依据和制作条件

《刑事诉讼法解释》第472条规定："再审案件经过重新审理后，应当按照下列情形分别处理：（一）原判决、裁定认定事实和适用法律正确、量刑适当的，应当裁定驳回申诉或者抗诉，维持原判决、裁定；（二）原判决、裁定定罪准确、量刑适当，但在认定事实、适用法律等方面有瑕疵的，应当裁定纠正并维持原判决、裁定；（三）原判决、裁定认定事实没有错误，但适用法律错误或者量刑不当的，应当撤销原判决、裁定，依法改判；（四）依照第二审程序审理的案件，原判决、裁定事实不清、证据不足的，可以在查清事实后改判，也可以裁定撤销原判，发回原审人民法院重新审判。原判决、裁定事实不清或者证据不足，经审理事实已经查清的，应当根据查清的事实依法裁判；事实仍无法查清，证据不足，不能认定被告人有罪的，应当撤销原判决、裁定，判决宣告被告人无罪。"

从以上法律规定可以看出，再审刑事判决书的制作条件如下：

（1）再审刑事判决书的制作以启动再审程序为前提。根据《刑事诉讼法》的规定，当事人及其法定代理人、近亲属，对已经发生法律效力的判决，可以向人民法院或者人民检察院提出申诉。符合法定情形的，人民法院应当重新审判。各级人民法院院长对本院已经发生法律效力的判决和裁定，如果发现在认定事实上或者在适用法律上确有错误，必须提交审判委员会处理。最高人民法院对各级人民法院已经发生法律效力的判决和裁定，上级人民法院对下级人民法院已经发生法律效力的判决和裁定，如果发现确有错误，有权提审或者指令下级人民法院再审。最高人民检察院对各级人民法院已经发生法律效力的判决和裁定，上级人民检察院对下级人民法院已经发生法律效力的判决和裁定，如果发现确有错误，有权按照审判监督程序向同级人民法院提出抗诉。

（2）人民法院对再审案件审理终结后，制作再审刑事判决书。

（三）使用情况

司法实践中，确有错误的生效判决比例较低，故再审刑事判决书适用频率也较低。依照第一审程序进行审判所作的判决，可以上诉、抗诉；依照第二审程序进行审判所作的判决，是终审的判决。

二、内容要点和制作技巧

再审刑事判决书有按一审程序再审和按二审程序再审两种，从结构上来说，都由首部、正文、尾部三部分组成。

（一）首部

首部包括人民法院的名称、文书名称、案号、诉讼各方、案件的由来和审理经过。

1. 人民法院的名称、文书名称

本部分写法与前述第一审刑事判决书、第二审刑事判决书相同。

2. 案号

刑事再审案件的类型代字为"刑再"。再审刑事判决书的案号表述为："（××××）……刑再……号"。

3. 诉讼各方

（1）由人民检察院按照审判监督程序提出抗诉引起再审的，第一项列为"抗诉机关"，即"抗诉机关：×××人民检察院"；第二项列为"原审被告人"，写明姓名、性别、出生年月日、民族、出生地、文化程度、职业或者工作单位和职务、住址、现羁押处所。

（2）由本院审判委员会决定再审、上级人民法院提审或者指令下级人民法院再审的，公诉案件第一项列"原公诉机关"，第二项列"原审被告人"。自诉案件第一项列"原审自诉人"，第二项列"原审被告人"。

（3）再审时原审被告人如有辩护人的，在其后增写"辩护人"项。再审时原审自诉人如有委托诉讼代理人的，应在其后增写"委托诉讼代理人"项。

4. 案件的由来和审理经过

此部分应表明原判决的基本情况、提起再审的根据及再审的经过等。

原判决的基本情况包括原公诉机关、指控的罪名、原审法院的判决时间及判决结果、上诉、抗诉情况等。

再审案件的由来主要有以下情况：

由原第一审人民法院决定再审的,一般可以表述为:"本院又于××××年××月××日作出(××××)……刑监……号再审决定书,由本院另行组成合议庭进行再审"。

由上级人民法院指令再审的,一般可以表述为:"×××人民法院于××××年××月××日作出(××××)……刑监……号再审决定书,指令本院对本案进行再审"。

由人民检察院提出抗诉再审的,一般可以表述为:"×××人民检察院于××××年××月××日以……刑事抗诉书,向本院提出抗诉。本院作出(××××)……刑抗……号再审决定,另行组成合议庭进行审理"。

当事人及其法定代理人、近亲属向人民法院申诉再审的,一般可以表述为:"×××向本院提出申诉,本院于××××年××月××日作出(××××)……刑申……号再审决定书,另行组成合议庭进行审理"。

再审的审理经过也应表明审判程序、审理方式、出庭人员等情况。最后写明"现已审理终结"。

(二)正文

正文包括事实、理由、判决结果三部分。

1. 事实

(1)概述原审判决的基本内容,包括认定的事实、证据、判决理由、判决结果。如经历过二审程序,简单说明二审的裁判结果,表明判决发生法律效力。

(2)写明人民检察院提出的抗诉意见或在再审中提出的意见,以及再审中原审被告人的辩解和辩护人的辩护意见。

(3)写明再审认定的事实和证据。对各方有异议的事实和证据作出分析、认证。此部分以"经再审查明"作为开头。如果原审判决认定的事实有错误,应详细写明再审查明的事实和证据,否定原审判决认定错误的事实。当然,对认定正确的部分也应予以肯定。

2. 理由

根据再审查明的事实、证据和有关法律规定,针对原审生效判决和各方的主要意见,有分析地表示采纳或不予采纳,指出原判的定罪量刑,哪些是正确的、哪些是错误的或者是全部错误的,并说明理由;然后引用相关法律条文,作为再审改判的法律依据。

再审刑事判决书的理由部分,应当根据不同情况,有针对性地论述改判的理由:

(1)宣告无罪的,分为两种情况:① 依据法律认定原审被告人无罪的,应当根据再审认定的事实、证据和有关法律规定,通过分析论证,说明原审被告人的行为不构成犯罪,原判错误;并针对决定再审理由、申诉理由,以及原审被告人及其辩护人的辩解、辩护意见等进行评判,表示是否予以采纳。② 证据不足,不能认定被告人有罪的，应当根据再审认定的事实、证据和有关法律规定，阐明原判认定原审被告人犯罪的事实不清、证据不足，指控的犯罪不能成立。

（2）定罪正确，量刑不当的，应当根据再审认定的事实、证据和有关法律规定，通过分析论证，说明原判定性正确，但量刑不当，以及对原审被告人为什么应当从轻、减轻、免除处罚或者从重处罚；并针对决定再审理由、申诉理由，以及原审被告人及其辩护人的辩解、辩护意见等进行评判，表示是否予以采纳。

（3）变更罪名的，应当根据再审认定的事实、证据和有关法律规定，通过分析论证，说明原判定性有误，但原审被告人的行为仍构成犯罪，以及犯何罪，是否应当从轻、减轻、免除处罚或者从重处罚；并针对决定再审理由、申诉理由以及原审被告人及其辩护人的辩解、辩护意见等进行评判，表示是否予以采纳。

3. 判决结果

再审刑事判决书判决结果的表述，无论是全部改判还是部分改判，均与第二审刑事判决书基本相同。详见下述样式中的表述方式，此处不赘。

（三）尾部

尾部包括交代上诉事项或判决的法律效力、合议庭人员署名、日期、法官助理及书记员署名、加盖印戳和公章、附录。因再审案件有的是按一审程序审理，有的是按二审程序审理，故按照一审程序审理的，再审刑事判决书应写明上诉事项；按照二审程序审理的，应写明"本判决为终审判决"。其他内容的制作要求与第一审或第二审刑事判决书相同。

在判决书尾部结束之后，另页附"相关法律条文"，列明本判决书中所涉的相关法律条文。

三、文书样式

【样式1】

示例 5-4

××× 人民法院
刑事判决书①
（按一审程序再审改判用）

（××××）……刑再……号

原公诉机关×××人民检察院。

原审被告人……（写明姓名、性别、出生年月日、民族、出生地、文化程度、职业或者工作单位和职务、住址等，现羁押处所）

辩护人……（写明姓名、工作单位和职务）

---

① 法律应用研究中心编：《最高人民法院刑事诉讼文书样式：制作规范与法律依据》，中国法制出版社2021年版，第75—76页。

×××人民检察院指控原审被告人×××犯××罪一案，本院于××××年××月××日作出（××××）……刑初……号刑事判决。该判决发生法律效力后，……（写明提起再审的根据）本院依法另行组成合议庭，公开（或者不公开）开庭审理了本案。×××人民检察院检察员×××出庭履行职务。被害人×××、原审被告人×××及其辩护人×××等到庭参加诉讼。现已审理终结。

　　……（概述原审判决认定的事实、证据、判决的理由和判决结果）

　　……（概述再审中原审被告人的辩解和辩护人的辩护意见。对人民检察院在再审中提出的意见，应当一并写明）

　　经再审查明，……（写明再审认定的事实和证据，并就诉讼双方对原判有异议的事实、证据作出分析、认证）

　　本院认为，……（根据再审查明的事实、证据和有关法律规定，对原判和诉讼各方的主要意见作出分析，阐明改判的理由）依照……（写明判决的法律依据）的规定，判决如下：

　　……〔写明判决结果。分两种情况：

　　第一，全部改判的，表述为：

　　"一、撤销本院（××××）……刑初……号刑事判决；

　　二、原审被告人×××……（写明改判的内容）"

　　第二，部分改判的，表述为：

　　"一、维持本院（××××）……刑初……号刑事判决的第×项，即……（写明维持的具体内容）

　　二、撤销本院（××××）……刑初……号刑事判决的第×项，即……（写明撤销的具体内容）

　　三、原审被告人×××……（写明部分改判的内容）"〕

　　如不服本判决，可在接到判决书的第二日起十日内，通过本院或者直接向×××人民法院提出上诉。书面上诉的，应当提交上诉状正本一份，副本×份。

审判长　×××
审判员　×××
审判员　×××
××××年××月××日
（院印）

本件与原本核对无异

法官助理　×××
书记员　×××

附：相关法律条文。

【样式2】

×××人民法院
刑事判决书①
（按二审程序再审改判用）

（××××）……刑再……号

原公诉机关×××人民检察院。

原审上诉人（原审被告人）……（写明姓名、性别、出生年月日、民族、出生地、文化程度、职业或者工作单位和职务、住址等，现羁押处所）

辩护人……（写明姓名、工作单位和职务）

×××人民检察院指控原审被告人×××犯××罪一案，×××人民法院于××××年××月××日作出（××××）……刑初……号刑事判决，本院于××××年××月××日作出（××××）……刑终……号刑事判决（或者裁定）。上述裁判发生法律效力后，……（写明提起再审的根据）本院依法另行组成合议庭，公开（或者不公开）开庭审理了本案。×××人民检察院检察员×××出庭履行职务。被害人×××、原审被告人×××及其辩护人×××等到庭参加诉讼。现已审理终结。

……（概述原审判决认定的事实、证据、判决的理由和判决结果）

……（概述再审中原审被告人的辩解和辩护人的辩护意见。对人民检察院在再审中提出的意见，应当一并写明）

经再审查明，……（写明再审认定的事实和证据，并就诉讼双方对原判有异议的事实、证据作出分析、认证）

本院认为，……（根据再审查明的事实、证据和有关法律规定，对原判和诉讼各方的主要意见作出分析，阐明改判的理由）依照……（写明判决的法律依据）的规定，判决如下：

……〔写明判决结果。分六种情况：

第一，原系一审，提审后全部改判的，表述为：

"一、撤销×××人民法院（××××）……刑初……号刑事判决；

二、被告人×××……（写明改判的内容）"

第二，原系一审，提审后部分改判的，表述为：

"一、维持×××人民法院（××××）……刑初……号刑事判决的第×项，即……（写明维持的具体内容）

---

① 法律应用研究中心编：《最高人民法院刑事诉讼文书样式：制作规范与法律依据》，中国法制出版社2021年版，第80—82页。

二、撤销×××人民法院（××××）……刑初……号刑事判决的第×项，即……（写明撤销的具体内容）

三、被告人×××……（写明部分改判的内容）"

第三，原系二审维持原判，再审后全部改判的，表述为：

"一、撤销本院（××××）……刑终……号刑事裁定和×××人民法院（×××）……刑初……号刑事判决；

二、被告人×××……（写明改判的内容）"

第四，原系二审维持原判，再审后部分改判的，表述为：

"一、维持本院（××××）……刑终……号刑事裁定和×××人民法院（×××）……刑初……号刑事判决中……（写明维持的具体内容）

二、撤销本院（××××）……刑终……号刑事裁定和×××人民法院（××××）……刑初……号刑事判决中……（写明撤销的具体内容）

三、被告人×××……（写明部分改判的内容）"

第五，原系二审改判，再审后全部改判的，表述为：

"一、撤销本院（××××）……刑终……号刑事判决和×××人民法院（×××）……刑初……号刑事判决；

二、被告人×××……（写明改判的内容）"

第六，原系二审改判，再审后部分改判的，表述为：

"一、维持本院（××××）……刑终……号刑事判决中的第×项，即……（写明维持的具体内容）

二、撤销本院（××××）……刑终……号刑事判决的第×项，即……（写明撤销的具体内容）

三、被告人×××……（写明改判的内容）"〕

本判决为终审判决。

审判长　×××
审判员　×××
审判员　×××
××××年××月××日
（院印）

本件与原本核对无异

法官助理　×××
书记员　×××

附：相关法律条文。

第七节　刑事裁定书

一、知识要点

（一）概念和特点

刑事裁定书是人民法院根据我国刑事诉讼法的规定，在刑事案件的审理和执行过程中，就程序问题和部分实体问题作出处理时所制作的法律文书。

人民法院利用刑事裁定书，可以及时处理刑事案件审理和执行过程中的相关问题，为审判和执行工作的顺利进行提供保障。

与刑事判决书比较，刑事裁定书具有如下特点：

1. 刑事裁定书的使用范围较广

刑事裁定书针对的对象除程序问题之外，还有部分实体问题。处理程序问题的刑事裁定书，如驳回刑事自诉、准许撤诉、中止审理等裁定书；处理实体问题的刑事裁定书，如减刑、假释、减免罚金等裁定书。刑事判决书则只涉及案件的实体问题。

2. 刑事裁定书的使用次数不限

刑事裁定书可以针对不同对象，在一个刑事案件中数次使用，且均可发生法律效力。刑事判决书则只会有一个发生法律效力。

3. 一审刑事裁定书的上诉、抗诉期限较短

不服一审刑事裁定书的上诉、抗诉期限为 5 日，从接到刑事裁定书的第二日起算。刑事判决书的上诉、抗诉期限则为 10 日。

（二）法律依据和制作条件

因刑事裁定书使用范围较广，故并无统一的制作依据和制作条件。在处理不同问题时，需符合该特定问题的相关要求。例如，中止审理裁定书，其制作的法律依据和制作条件为《刑事诉讼法》第 206 条："在审判过程中，有下列情形之一，致使案件在较长时间内无法继续审理的，可以中止审理：（一）被告人患有严重疾病，无法出庭的；（二）被告人脱逃的；（三）自诉人患有严重疾病，无法出庭，未委托诉讼代理人出庭的；（四）由于不能抗拒的原因。中止审理的原因消失后，应当恢复审理。中止审理的期间不计入审理期限。"减免罚金裁定书，其制作的法律依据和制作条件为《刑事诉讼法》第 271 条："被判处罚金的罪犯，期满不缴纳的，人民法院应当强制缴纳；如果由于遭遇不能抗拒的灾祸等原因缴纳确实有困难的，经人民法院裁定，可以延期缴纳、酌情减少或者免除。"驳回上诉或者抗诉刑事裁定书，其制作的法律依据和制作条件为《刑事诉讼法》第 236 条第 1 款第 1 项："第

二审人民法院对不服第一审判决的上诉、抗诉案件,经过审理后,应当按照下列情形分别处理:(一)原判决认定事实和适用法律正确、量刑适当的,应当裁定驳回上诉或者抗诉,维持原判……"

(三)使用情况

刑事裁定书制作完成后,人民法院应送达当事人。不服一审刑事裁定书的,可在接到刑事裁定书的第二日起 5 日内,向上一级人民法院上诉或抗诉。二审刑事裁定书为终审裁定。

二、内容要点和制作技巧

刑事裁定书有 20 余种,针对不同对象,具体内容会有一定差异,但从结构上来看,基本都由首部、正文、尾部三部分组成。现以第二审刑事裁定书(维持原判用)为例,介绍一下其内容及制作技巧。

(一)首部

第二审刑事裁定书(维持原判用)的首部包括人民法院的名称和文书名称、案号、原公诉机关、当事人的基本情况、辩护人、案件的由来和审理经过等。

1. 人民法院的名称和文书名称

人民法院的名称应完整,地方人民法院的名称应写明省、自治区或直辖市的名称。文书名称写明"刑事裁定书"。文书名称在人民法院名称之下另起一行,均居中排列。

2. 案号

对刑事案件来说,案号的基本要素为收案年度、法院代字、类型代字、案件编号。二审刑事裁定书的案件类型代字为"刑终"。

3. 原公诉机关和当事人的基本情况

被告人提出上诉的,先列原公诉机关,表述为"原公诉机关×××人民检察院"。再列上诉人,括号注明"原审被告人",写明姓名、性别、出生年月日、民族、出生地、文化程度、职业或者工作单位和职务、住址和因本案所受强制措施情况等,现羁押处所。

公诉机关提出抗诉的,先列抗诉机关,表述为"抗诉机关×××人民检察院",此处的"×××人民检察院"为原提起公诉的检察机关,非二审中派检察员出庭履行职务的检察机关。再列原审被告人。

公诉机关提出抗诉、被告人同时也提出上诉的,先列抗诉机关,再列上诉人,括号注明"原审被告人"。

4. 辩护人的基本情况

如果被告人委托辩护人的,写明辩护人的姓名、工作单位和职务。

5. 案件的由来和审理经过

写明一审法院对被告人作出判决的日期、判决书案号等信息，表明被告人或公诉机关不服，提出上诉或抗诉，写明二审的审判程序、审理方式、出庭人员情况等，最后表明"现已审理终结"。

（二）正文

正文包括事实、理由和裁定结果。

1. 事实

（1）首先，概述原判决认定的事实、证据、理由和判决结果。其次，概述检察机关和被告人及辩护人各方的意见。检察机关抗诉的，先写抗诉意见，再写被告人及辩护人的辩解、辩护意见；被告人上诉的，先写被告人及辩护人的上诉、辩护意见，再概述人民检察院在二审中提出的意见。

（2）首先写明经二审审理查明的事实；其次写明二审据以定案的证据；最后针对上诉理由中与原判认定的事实、证据有异议的问题进行分析、认证。

在维持原判的刑事裁定书中，二审法院查证属实的事实与原判认定的事实应该是一致的，故为了避免文字上不必要的重复，可重点叙述原判认定的事实和证据，而对二审审理查明的事实和证据进行概括叙述，对原判认定的事实和证据予以确认即可。

2. 理由

（1）根据二审查明的事实、证据和有关法律规定，论证原审法院判决认定事实、证据和适用法律是正确的。

（2）对于上诉人、辩护人或者出庭履行职务的检察人员等在适用法律、定性处理方面的意见，应当逐一作出回答，阐明上诉、抗诉的主张不能成立、不予采纳的理由。驳回的理由应当具体、充分，有理有据。

（3）引用《刑事诉讼法》第236条第1款第1项，作为裁定维持原判的法律依据。

3. 裁定结果

裁定结果表述为："驳回上诉（或抗诉），维持原判。"

（三）尾部

尾部包括交代裁定的法律效力、合议庭人员署名、日期、法官助理及书记员署名、加盖印戳和公章、附录。

在裁定结果之后，应另起一行，写明"本裁定为终审裁定"。其他事项的表述与前述刑事判决书的要求相同。

在裁定书尾部结束之后，另页附"相关法律条文"，列明本裁定书中所涉的相关法律条文。对维持原判的刑事裁定书来说，主要是《刑事诉讼法》第236条第1款第1项。

三、文书样式

×××人民法院
刑事裁定书①
（二审维持原判用）

（××××）……刑终……号

原公诉机关×××人民检察院。

上诉人（原审被告人）……（写明姓名、性别、出生年月日、民族、出生地、文化程度、职业或者工作单位和职务、住址和因本案所受强制措施情况等，现羁押处所）

辩护人……（写明姓名、工作单位和职务）

×××人民法院审理×××人民检察院指控原审被告人×××犯××罪一案，于××××年××月××日作出（××××）……刑初……号刑事判决。原审被告人×××不服，提出上诉。本院依法组成合议庭，公开（或者不公开）开庭审理了本案。×××人民检察院指派检察员×××出庭履行职务。上诉人（原审被告人）×××及其辩护人×××等到庭参加诉讼。现已审理终结。

……（首先概述原判决认定的事实、证据、理由和判决结果；其次概述上诉、辩护的意见；最后概述人民检察院在二审中提出的新意见）

经审理查明，……（首先写明经二审审理查明的事实；其次写明二审据以定案的证据；最后针对上诉理由中与原判认定的事实、证据有异议的问题进行分析、认证）

本院认为，……（根据二审查明的事实、证据和有关法律规定，论证原审法院判决认定事实、证据和适用法律是正确的。对于上诉人、辩护人或者出庭履行职务的检察人员等在适用法律、定性处理方面的意见，应当逐一作出回答，阐明不予采纳的理由）依照……（写明裁定的法律依据）的规定，裁定如下：

驳回上诉，维持原判。

本裁定为终审裁定。

审判长　×××
审判员　×××
审判员　×××
××××年××月××日
（院印）

---

① 法律应用研究中心编：《最高人民法院刑事诉讼文书样式：制作规范与法律依据》，中国法制出版社2021年版，第054—055页。

本件与原本核对无异

               法官助理　×××
               书　记　员　×××

附： 相关法律条文。

第六章 律师刑事法律文书

第一节 概　　述

一、律师刑事法律文书的概念

律师刑事法律文书，一般是指在刑事诉讼中，律师向办案机关提交的各类法律文书。

律师刑事法律文书的撰写是刑事律师的一项基本工作内容，也是一项必备的基础技能。一篇形式完美、逻辑清晰、论证充分的刑事法律文书可以提高辩护意见的说服力，获得司法机关的认可，赢得当事人的信任。刑事法律文书也是刑事律师综合能力的体现，撰写一篇优秀的刑事法律文书需要深厚的文字功底和法律专业知识。

二、律师刑事法律文书的种类

律师刑事法律文书可以按照不同的划分标准进行分类：

1. 根据刑事诉讼的进程，律师需要向办案机关递交不同的刑事法律文书

（1）侦查阶段使用的律师刑事法律文书。包括向侦查机关递交的刑事控告书、取保候审申请书、不予立案复议申请书、撤销案件法律意见书等。

（2）审查起诉阶段使用的律师刑事法律文书。包括向检察院递交的羁押必要性审查申请书、建议不批准逮捕的法律意见书、建议不起诉的法律意见书、辩护意见等。

（3）审判阶段使用的律师刑事法律文书。包括向法院递交的申请证人出庭申请书、申请启动非法证据排除程序申请书、重新鉴定、勘验申请书、刑事自诉状、上诉状和辩护词等。

2. 根据委托人的不同，可以划分为代理犯罪嫌疑人、被告人的刑事法律文书外及代理刑事自诉人、刑事附带民事诉讼当事人的刑事法律文书

代理犯罪嫌疑人、被告人使用的刑事法律文书，是指辩护律师在刑事诉讼活动

中，为维护犯罪嫌疑人、被告人的合法利益，根据事实和法律，向办案机关提交的说明犯罪嫌疑人、被告人无罪、罪轻或者减轻、免除其刑事责任的各种法律文书。代理刑事自诉人使用的法律文书主要为刑事自诉状，代理刑事附带民事诉讼原告使用的法律文书主要为刑事附带民事起诉状。

三、律师刑事法律文书写作的总体要求

好的律师刑事法律文书一般都具有形式完美、条理清晰、逻辑通畅的特点。

形式完美，是指文书版面美观、规范，令人赏心悦目，能激发人的阅读欲。完美的形式需要在封面、标题、格式等各方面着力。律师刑事法律文书可以像书籍一样有封面、封底，让阅读者对法律文书所属的案件、文书目的等信息一目了然。律师刑事法律文书可以以辩护意见的核心观点作为主标题，让标题成为辩护律师向司法机关表达观点的开始。律师刑事法律文书可以使用阅读者最熟悉的《党政机关公文格式》所确立的标准，以便阅读者看起来最舒适。

条理清晰，是指文书应有条有理，重点突出。撰写律师刑事法律文书，是向他人表达自己的观点，让阅读者在最短的时间内了解作者所要表达的主要内容。可以采用不同的写作技巧达到条理清晰的目标。比如，把主要辩护观点单独成段，作为文章的引言，让阅读者带着观点去审查；把最有可能被采纳的观点放在优先位置，减少阅读者的抵触心理。①

逻辑通畅，是指文书推理严密、前后呼应。律师刑事法律文书要做到逻辑通畅：一是论证、论理必须遵从逻辑基本规律。任何判断进而推出的结论被确认时，应当有充足的理由作为论据，并遵照同一律和矛盾律的基本原则进行论证、论理。二是法律文书内部结构的核心逻辑应当是司法三段论，即根据法律规则，从已查证的案件事实，推出裁判结论。

第二节 刑事自诉状

一、知识要点

（一）概念

刑事自诉状，又称刑事起诉状，是刑事案件的被害人或其法定代理人直接向人民法院提起刑事诉讼，请求依法追究被告人刑事责任时向人民法院提交的法律文书。

---

① 寇居节：《如何进行刑事法律文书的写作》，载微信公众号"江苏宁瑞律师事务所"，2019年4月1日。

刑事自诉状是被害人一方行使起诉权，控告犯罪，维护自身合法权益的重要手段，也是人民法院受理和审判刑事自诉案件、追究被告人刑事责任的基础。

（二）特征

与刑事公诉案件相比，刑事自诉案件具有以下特点：第一，自诉案件首先由被害人或其法定代理人直接到人民法院起诉，不经过公安或者检察机关；第二，在法院审理过程中，适用调解；第三，被告人在自诉案件审理过程中可以提出反诉；第四，自诉案件具有可分性，可以只对部分侵害人提起自诉，也可以只有部分被害人告诉，还可以只对部分犯罪行为提起自诉；第五，自诉案件中自诉人与被告人的诉讼权利是平等的。

（三）法律依据和制作条件

1. 法律依据

《刑事诉讼法》第210条规定："自诉案件包括下列案件：（一）告诉才处理的案件；（二）被害人有证据证明的轻微刑事案件；（三）被害人有证据证明对被告人侵犯自己人身、财产权利的行为应当依法追究刑事责任，而公安机关或者人民检察院不予追究被告人刑事责任的案件。"

《刑事诉讼法》第211条规定："人民法院对于自诉案件进行审查后，按照下列情形分别处理：（一）犯罪事实清楚，有足够证据的案件，应当开庭审判；（二）缺乏罪证的自诉案件，如果自诉人提不出补充证据，应当说服自诉人撤回自诉，或者裁定驳回。自诉人经两次依法传唤，无正当理由拒不到庭的，或者未经法庭许可中途退庭的，按撤诉处理。法庭审理过程中，审判人员对证据有疑问，需要调查核实的，适用本法第一百九十六条的规定。"

《刑事诉讼法解释》第1条规定："人民法院直接受理的自诉案件包括：（一）告诉才处理的案件：1.侮辱、诽谤案（刑法第二百四十六条规定的，但严重危害社会秩序和国家利益的除外）；2.暴力干涉婚姻自由案（刑法第二百五十七条第一款规定的）；3.虐待案（刑法第二百六十条第一款规定的，但被害人没有能力告诉或者因受到强制、威吓无法告诉的除外）；4.侵占案（刑法第二百七十条规定的）。（二）人民检察院没有提起公诉，被害人有证据证明的轻微刑事案件：1.故意伤害案（刑法第二百三十四条第一款规定的）；2.非法侵入住宅案（刑法第二百四十五条规定的）；3.侵犯通信自由案（刑法第二百五十二条规定的）；4.重婚案（刑法第二百五十八条规定的）；5.遗弃案（刑法第二百六十一条规定的）；6.生产、销售伪劣商品案（刑法分则第三章第一节规定的，但严重危害社会秩序和国家利益的除外）；7.侵犯知识产权案（刑法分则第三章第七节规定的，但严重危害社会秩序和国家利益的除外）；8.刑法分则第四章、第五章规定的，可能判处三年有期徒刑以下刑罚的案件。本项规定的案件，被害人直接向人民法院起诉的，人民法院应当依法受理。对其中证据不足，可以由公安机关受理的，或者认为对被告人可能判处三年有期徒刑以上刑罚的，应当告知被害人向公安机关报案，或者移送公安机关立案侦查。（三）被害人有证据证明对被告人侵犯自己人身、财产权利的行为应当依法追究刑事责任，且有证据证明曾经提出控告，而公安机关或者人民检察院不予追究被告人刑事责任的案件。"

《刑事诉讼法解释》第316条规定："人民法院受理自诉案件必须符合下列条件：（一）符合刑事诉讼法第二百一十条、本解释第一条的规定；（二）属于本院管辖；（三）被害人告诉；（四）有明确的被告人、具体的诉讼请求和证明被告人犯罪事实的证据。"

《刑事诉讼法解释》第317条规定："本解释第一条规定的案件，如果被害人死亡、丧失行为能力或者因受强制、威吓等无法告诉，或者是限制行为能力人以及因年老、患病、盲、聋、哑等不能亲自告诉，其法定代理人、近亲属告诉或者代为告诉的，人民法院应当依法受理。被害人的法定代理人、近亲属告诉或者代为告诉的，应当提供与被害人关系的证明和被害人不能亲自告诉的原因的证明。"

《刑事诉讼法解释》第318条规定："提起自诉应当提交刑事自诉状；同时提起附带民事诉讼的，应当提交刑事附带民事自诉状。"

《刑事诉讼法解释》第319条规定："自诉状一般应当包括以下内容：（一）自诉人（代为告诉人）、被告人的姓名、性别、年龄、民族、出生地、文化程度、职业、工作单位、住址、联系方式；（二）被告人实施犯罪的时间、地点、手段、情节和危害后果等；（三）具体的诉讼请求；（四）致送的人民法院和具状时间；（五）证据的名称、来源等；（六）证人的姓名、住址、联系方式等。对两名以上被告人提出告诉的，应当按照被告人的人数提供自诉状副本。"

2. 制作条件

《刑事诉讼法解释》第318条规定自诉人提起自诉应当提交刑事自诉状，同时该解释第316条规定了人民法院受理自诉案件需符合的条件。因此，刑事自诉状的内容应符合相关条件，否则人民法院不予受理。具体条件如下：

(1) 罪名符合《刑事诉讼法》第210条、《刑事诉讼法解释》第1条的规定。

(2) 属于受理法院的管辖范围。

(3) 被害人要亲自告诉；如果被害人死亡、丧失行为能力或者因受强制、威吓等无法告诉，或者是限制行为能力人，以及因年老、患病、盲、聋、哑等不能亲自告诉，可以由其法定代理人、近亲属告诉或者代为告诉。

(4) 有明确的被告人、具体的诉讼请求和证明被告人犯罪事实的证据。

（四）使用情况

《刑事诉讼法解释》第320条规定，人民法院在收到自诉人的刑事自诉材料后，应当在十五日以内审查完毕。符合受理条件的，应当决定立案，并书面通知自诉人或者代为告诉人。对犯罪事实清楚，有足够证据的自诉案件，应当开庭审理；对于缺乏罪证等情况的自诉案件，如果自诉人提不出补充证据，应当说服自诉人撤回自诉，或者裁定驳回。《刑事诉讼法解释》第 321 条规定，对已经立案，经审查缺乏罪证的自诉案件，自诉人提不出补充证据的，人民法院应当说服其撤回起诉或者裁定驳回起诉；自诉人撤回起诉或者被驳回起诉后，又提出了新的足以证明被告人有罪的证据，再次提起自诉的，人民法院应当受理。

二、内容要点和制作技巧

刑事自诉状由首部、正文、尾部三部分组成。

（一）首部

首部包括标题和当事人基本情况。

1. 标题

文书顶部居中写明"刑事自诉状"。

2. 当事人的基本情况

刑事自诉案件中提起诉讼的一方称为"自诉人"，被指控的一方称为"被告人"。应依次写明自诉人、被告人的姓名、性别、出生日期、民族、文化程度、职业、工作单位、住址、联系方式等。在自诉人本人无法或不能亲自告诉，由其法定代理人、近亲属代为告诉的情况下，应当先写自诉人，接着写代为告诉人，最后写被告人。

（二）正文

正文包括案由、诉讼请求、事实与理由、证据及其来源等内容。

1. 案由

即被告人的犯罪行为所构成的具体罪名。

2. 诉讼请求

在明确被告人犯罪行为构成具体罪名的基础上，请求人民法院依法追究其刑事责任。如"被告人吴某某犯非法侵入住宅罪，请求人民法院依法追究吴某某的刑事责任"。被告人的犯罪行为触犯两种或两种以上罪名，且都属于自诉案件的，应当逐一写明。

3. 事实与理由

该部分是刑事自诉状的核心内容，是人民法院受理案件、依法审判的基础。该部分应描述清楚犯罪的时间、地点、侵害的对象、动机、目的、情节、手段及造成的后果。[①] 在此基础上对犯罪行为进行定罪分析，阐明被告人构成的罪名，再分析应对被告人从重处罚的量刑情节。同时，还应注意引用法律条文应具体准确。

---

① 栾兆安：《律师文书写作技能与范例（第四版）》，法律出版社 2017 年版，第 227 页。

4. 证据及其来源

刑事自诉案件中，自诉人负有举证责任。在写完事实与理由之后，应当列举证明被告人犯罪事实的证据，并写明证据的来源和证人的姓名、住址、联系方式等。如果有多项证据材料，应当分项列举。为便于法院受理、审理案件，自诉人提供的证据应完整、准确无误。

（三）尾部

尾部包括致送机关、附项和落款。

1. 致送机关

即人民法院的名称。

2. 附项

即写明本自诉状副本的份数、证据名称和数量。

3. 落款

即自诉人或代为告诉人的签名或盖章，以及提起自诉的日期。

三、文书样式

示例6-1

刑事自诉状

自诉人：_____（姓名、性别、民族、出生年月日、职业、工作单位、住址、联系方式等）。

被告人：_____（姓名、性别、民族、出生年月日、职业、工作单位、住址、联系方式等）。

案由：_____

诉讼请求：_____

事实与理由：_____

证据及其来源，证人姓名和住址：_____

此致

×××人民法院

自诉人：×××

××××年××月××日

附：本自诉状副本×份。

第三节 刑事附带民事诉讼起诉状

一、知识要点

(一) 概念

刑事附带民事起诉状,是被害人由于刑事被告人的犯罪行为而遭受经济损失,在刑事诉讼程序中,依法向人民法院递交的要求刑事被告人等致害人给予民事赔偿的法律文书。

(二) 特征

刑事附带民事诉讼案件不同于刑事案件,也不同于一般的民事案件,具有以下特点:

1. 仅有部分刑事案件可以提起附带民事诉讼[①]

凡是具有被害人的刑事案件,犯罪行为都会对被害人造成一定的危害,带来一定的损失。但是,并非在所有的刑事案件中被害人均可以提起附带民事诉讼。

《刑事诉讼法解释》第175条规定,被害人因人身权利受到犯罪侵犯或者财物被犯罪分子毁坏而遭受物质损失的,有权在刑事诉讼过程中提起附带民事诉讼。第176条规定,被告人非法占有、处置被害人财产的,应当依法予以追缴或者责令退赔,被害人不能据此提起附带民事诉讼。

由此可见,区分什么案件可以提起刑事附带民事诉讼,主要看被告人的行为如何造成被害人的损失,以及造成的是否为经济损失。

第一,"损人不利己"的案件,被害人可以提起附带民事诉讼。这类案件中,被告人采取破坏性的犯罪行为造成了他人的经济损失,自身并未从犯罪行为中获取利益,被害人可以提起刑事附带民事诉讼。具体案由包括故意杀人、故意伤害、交通肇事、放火、侵害人身权利的寻衅滋事、故意毁坏财物等。对于这些案件,适用不告不理原则,被害人不提起附带民事诉讼的,法院不能主动判决被告人赔偿。

第二,"损人利己"的案件,被害人不能提起附带民事诉讼。这类案件中,被告人采用非法占有的手段,直接占有、处置他人财产,使他人财产归自己所有或者占有,从中获取财产利益。根据犯罪人不能通过犯罪行为获取利益的原则,法院会直接追缴或者责令退赔,而无须被害人提起附带民事诉讼。具体案由包括盗窃、诈骗、抢劫、抢夺、职务侵占、挪用资金、贪污、挪用公款等。对于这类案件,即使被害人不主张权利,法院也要依职权判决责令退赔。

[①] 臧德胜:《有效辩护三步法——法官视角的成功辩护之道》,法律出版社2016年版,第16页。

2. 附带民事诉讼中的赔偿责任主体较民事诉讼赔偿主体范围更大

附带民事诉讼中依法负有赔偿责任的人包括：（1）刑事被告人以及未被追究刑事责任的其他共同侵害人；（2）刑事被告人的监护人；（3）死刑罪犯的遗产继承人；（4）共同犯罪案件中，案件审结前死亡的被告人的遗产继承人；（5）对被害人的物质损失依法应当承担赔偿责任的其他单位和个人。

除上述法定责任主体外，如附带民事诉讼被告人的亲友自愿代为赔偿的，可以准许。

3. 附带民事诉讼赔偿范围较民事诉讼赔偿范围更小

法律规定，附带民事案件的赔偿范围小于民事案件的赔偿范围。附带民事案件赔偿范围主要包括：（1）医疗费；（2）护理费；（3）交通费；（4）误工费；（5）残疾辅助器具费；（6）住院伙食补助费；（7）营养费；（8）丧葬费；（9）其他直接损失。对于死亡赔偿金、残疾赔偿金，附带民事案件一般不予支持，但在交通肇事附带民事案件中作了灵活规定，在该类案件中支持死亡赔偿金、残疾赔偿金。对于精神损失，不能作为附带民事案件的诉讼请求，也不能作为单独提起民事诉讼的诉讼请求。

（三）法律依据和制作条件

1. 法律依据

《刑事诉讼法》第101条规定："被害人由于被告人的犯罪行为而遭受物质损失的，在刑事诉讼过程中，有权提起附带民事诉讼。被害人死亡或者丧失行为能力的，被害人的法定代理人、近亲属有权提起附带民事诉讼。如果是国家财产、集体财产遭受损失的，人民检察院在提起公诉的时候，可以提起附带民事诉讼。"

《刑事诉讼法解释》第175条规定："被害人因人身权利受到犯罪侵犯或者财物被犯罪分子毁坏而遭受物质损失的，有权在刑事诉讼过程中提起附带民事诉讼；被害人死亡或者丧失行为能力的，其法定代理人、近亲属有权提起附带民事诉讼。因受到犯罪侵犯，提起附带民事诉讼或者单独提起民事诉讼要求赔偿精神损失的，人民法院一般不予受理。"

《刑事诉讼法解释》第180条规定："附带民事诉讼中依法负有赔偿责任的人包括：（一）刑事被告人以及未被追究刑事责任的其他共同侵害人；（二）刑事被告人的监护人；（三）死刑罪犯的遗产继承人；（四）共同犯罪案件中，案件审结前死亡的被告人的遗产继承人；（五）对被害人的物质损失依法应当承担赔偿责任的其他单位和个人。附带民事诉讼被告人的亲友自愿代为赔偿的，可以准许。"

《刑事诉讼法解释》第181条规定："被害人或者其法定代理人、近亲属仅对部分共同侵害人提起附带民事诉讼的，人民法院应当告知其可以对其他共同侵害人，包括没有被追究刑事责任的共同侵害人，一并提起附带民事诉讼，但共同犯罪案件中同案犯在逃的除外。被害人或者其法定代理人、近亲属放弃对其他共同侵害人的诉讼权利的，人民法院应当告知其相应法律后果，并在裁判文书中说明其放弃诉讼请求的情况。"

《刑事诉讼法解释》第182条规定："附带民事诉讼的起诉条件是：（一）起诉人符合法定条件；（二）有明确的被告人；（三）有请求赔偿的具体要求和事实、理由；（四）属于人民法院受理附带民事诉讼的范围。"

《刑事诉讼法解释》第183条规定："共同犯罪案件，同案犯在逃的，不应列为附带民事诉讼被告人。逃跑的同案犯到案后，被害人或者其法定代理人、近亲属可以对其提起附带民事诉讼，但已经从其他共同犯罪人处获得足额赔偿的除外。"

2. 制作条件

附带民事诉讼的起诉条件是：

(1) 起诉人符合法定条件；

(2) 有明确的被告人；

(3) 有请求赔偿的具体要求和事实、理由；

(4) 属于人民法院受理附带民事诉讼的范围。

（四）使用情况

附带民事诉讼的过程具有依附性。人民法院受理附带民事诉讼后，审理时应当同刑事案件一并审判，只有为了防止刑事案件审判的过分迟延，才可以在刑事案件审判后，由同一审判组织继续审理附带民事诉讼。

二、内容要点和制作技巧

附带民事起诉状由首部、正文和尾部三部分组成。

（一）首部

首部包括标题和当事人基本情况。

1. 标题

文书顶部居中写明"刑事附带民事起诉状"。

2. 当事人的基本情况

按照原告、被告的顺序写明其基本情况。当事人是自然人的，应当写明姓名、性别、年龄、民族、出生地、文化程度、职业、工作单位、住址、联系方式等。当事人是无民事行为能力人或限制民事行为能力人的，写完当事人的基本情况后，应另起一行写明法定代理人的情况。当事人是法人或其他组织的，应当写明单位名称、所在地、企业性质、统一社会信用代码、经营范围和方式，以及法定代表人（主要负责人）姓名、职务。当事人委托律师的，应另起一行写明律师姓名及所在律师事务所名称。

（二）正文

正文包括诉讼请求、事实与理由、证据及其来源等内容。

1. 诉讼请求

即要求被告赔偿因犯罪行为造成的物质损失金额，应属于人民法院受理附带民事诉讼的赔偿范围，而且要具体、明确。

2. 事实与理由

首先写明附带民事诉讼被告的具体犯罪行为情况，包括犯罪的时间、地点、手段、情节、危害结果；其次写明附带民事诉讼被告的犯罪行为给附带民事诉讼原告造成的物质损失，包括损失的金额、计算依据、犯罪行为与损失之间的因果关系等；最后写明起诉所依据的法律条文。

3. 证据及其来源

附带民事诉讼的当事人对自己提出的主张，有责任提供证据。因此，附带民事诉讼原告应当提供相关的证据证明其诉讼请求。

（三）尾部

尾部包括致送机关、附项和落款。

1. 致送机关

即人民法院的名称。

2. 附项

即写明本诉状副本的份数，列出证据的名称和件数。

3. 落款

即附带民事诉讼原告人的签名或盖章，以及提起附带民事诉讼的日期。

三、文书样式

示例 6-2

刑事附带民事起诉状

附带民事诉讼原告：_____（姓名、性别、民族、出生年月日、出生地、职业、工作单位、住址等）

附带民事诉讼被告：_____（姓名、性别、民族、出生年月日、出生地、职业、工作单位、住址等）

诉讼请求：

事实与理由：

证据及其来源，证人姓名和住址：

此致
×××人民法院

　　　　　　　　　　　　　　　　　附带民事诉讼原告：（签名）
　　　　　　　　　　　　　　　　　××××年××月××日

附：本自诉状副本×份。

第四节　刑事上诉状

一、知识要点

（一）概念

刑事上诉状，是指刑事案件中的被告人、自诉人及其法定代理人，附带民事诉讼当事人及其法定代理人，以及经被告人同意的辩护人和近亲属，不服人民法院第一审未生效的判决或裁定，依照法定程序在法定期间内向人民法院递交的要求重审改判的法律文书。

刑事二审案件中，上诉状是法官最快了解上诉人诉求的途径，简约明了、诉求明确、依据翔实的上诉状能够帮助法官在第一时间抓住案件争议焦点，有助于案件的高效审理，也有助于上诉目标的实现。

（二）特征

对于上诉人上诉的二审刑事案件，审理时除遵守刑事诉讼的基本原则外，还要遵守第二审程序特有的原则：

1. 上诉不加刑原则

第二审人民法院审理上诉人上诉的案件，不得加重被告人的刑罚。第二审人民法院发回原审人民法院重新审判的案件，除有新的犯罪事实，人民检察院补充起诉的以外，原审人民法院也不得加重被告人的刑罚。

2. 二审全面审查原则

二审法官应当对案件的事实、证据、罪名、刑罚和审理程序进行全面审查，不受上诉范围的限制，从而使一审中的错误和问题都能得到纠正，确保案件得到彻底和正确的处理。

(三) 法律依据和制作条件

1. 法律依据

《刑事诉讼法》第 227 条规定:"被告人、自诉人和他们的法定代理人,不服地方各级人民法院第一审的判决、裁定,有权用书状或者口头向上一级人民法院上诉。被告人的辩护人和近亲属,经被告人同意,可以提出上诉。附带民事诉讼的当事人和他们的法定代理人,可以对地方各级人民法院第一审的判决、裁定中的附带民事诉讼部分,提出上诉。对被告人的上诉权,不得以任何借口加以剥夺。"

《刑事诉讼法》第 230 条规定:"不服判决的上诉和抗诉的期限为十日,不服裁定的上诉和抗诉的期限为五日,从接到判决书、裁定书的第二日起算。"

《刑事诉讼法》第 231 条规定:"被告人、自诉人、附带民事诉讼的原告人和被告人通过原审人民法院提出上诉的,原审人民法院应当在三日以内将上诉状连同案卷、证据移送上一级人民法院,同时将上诉状副本送交同级人民检察院和对方当事人。被告人、自诉人、附带民事诉讼的原告人和被告人直接向第二审人民法院提出上诉的,第二审人民法院应当在三日以内将上诉状交原审人民法院送交同级人民检察院和对方当事人。"

《刑事诉讼法》第 237 条第 1 款规定:"第二审人民法院审理被告人或者他的法定代理人、辩护人、近亲属上诉的案件,不得加重被告人的刑罚。第二审人民法院发回原审人民法院重新审判的案件,除有新的犯罪事实,人民检察院补充起诉的以外,原审人民法院也不得加重被告人的刑罚。人民检察院提出抗诉或者自诉人提出上诉的,不受前款规定的限制。"

《刑事诉讼法解释》第 383 条规定:"上诉人在上诉期限内要求撤回上诉的,人民法院应当准许。上诉人在上诉期满后要求撤回上诉的,第二审人民法院经审查,认为原判认定事实和适用法律正确,量刑适当的,应当裁定准许;认为原判确有错误的,应当不予准许,继续按照上诉案件审理。被判处死刑立即执行的被告人提出上诉,在第二审开庭后宣告裁判前申请撤回上诉的,应当不予准许,继续按照上诉案件审理。"

2. 制作条件

刑事上诉状由合格的上诉主体对第一审未生效的判决或裁定,在法定的上诉期限内按照法定程序向人民法院提出,具体制作条件包括:

(1) 须由合格的主体提出。被告人、自诉人和他们的法定代理人,附带民事诉讼的当事人和他们的法定代理人作为有独立刑事上诉权的主体可以自主决定是否提起上诉。被告人的辩护人和近亲属作为无独立刑事上诉权的主体,经被告人同意方可提起上诉。

(2) 须针对第一审未生效的判决或裁定提出。被告人、自诉人和他们的法定代理人不服地方各级人民法院一审的判决、裁定,有权向上一级人民法院上诉;附带民事诉讼的当事人和他们的法定代理人,可以对一审判决、裁定中附带民事诉讼部分提起上诉。

（3）须在上诉期限提起上诉。不服一审判决的上诉期限为十日，不服一审裁定的上诉期限为五日，从接到判决书、裁定书的第二日起算。对附带民事判决、裁定的上诉、抗诉期限，应当按照刑事部分的上诉、抗诉期限确定；附带民事部分另行审判的，上诉期限也应当按照刑事诉讼法规定的期限确定。

（4）须遵守上诉的程序规定。刑事上诉状既可以通过原审人民法院提出，也可以直接向上一级人民法院提出。

（四）使用情况

上诉人提交刑事上诉状之后，第二审人民法院应当受理并启动二审程序，审理上诉案件。第二审人民法院应当就第一审判决认定的事实和适用法律进行全面审查，不受上诉范围的限制。

上诉人可以在上诉期限内撤回上诉。上诉人是否提出上诉，以其在上诉期满前最后一次的意思表示为准，上诉人在上诉期限内要求撤回上诉的，人民法院应当准许撤回上诉。上诉人在上诉期满后要求撤回上诉的，第二审人民法院应审查。经审查，认为原判认定事实和适用法律正确，量刑适当的，应当裁定准许撤回上诉；认为原判确有错误的，应当不予准许撤回上诉，继续按照上诉案件审理。被判处死刑立即执行的被告人提出上诉，在第二审开庭后宣告裁判前申请撤回上诉的，应当不予准许撤回上诉，继续按照上诉案件审理。

二、内容要点和制作技巧

根据《刑事诉讼法解释》第 379 条第 2 款的规定，刑事上诉状内容一般包括：第一审判决书、裁定书的文号和上诉人收到的时间，第一审人民法院的名称，上诉的请求和理由，提出上诉的时间等。

刑事上诉状由首部、正文、尾部三部分组成，各部分主要内容如下：

（一）首部

1. 标题

居中写明"刑事上诉状"。

2. 当事人的基本情况

由于公诉案件与自诉案件不同，因此在列明当事人的基本情况时也应有所区别。具体而言，在公诉案件中一般应写明上诉人（原审被告人）的姓名、性别、出生年月日、民族、职业或工作单位和职务、住址。如果原审被告人系未成年人而由其法定代理人提起上诉的，应写为上诉人（原审被告人的法定代理人）的基本情况，之后另行写明原审被告人的基本情况。公诉案件的刑事上诉状中，没有被上诉人。在自诉案件中，自诉人、被告人中提起上诉的一方为上诉人，相对的另一方为被上诉人。上诉人和被上诉人基本情况的写法和前述公诉案件一致。

(二) 正文

1. 案由

应当写明上诉人在什么案件中不服何年何月何日人民法院所作的哪一案号刑事判决或裁定提起上诉。一般写法为：上诉人因××（案由）一案，不服××人民法院×××年××月××日第×号刑事判决（或裁定），现提出上诉。

2. 上诉请求

这是刑事上诉状的重要组成部分，是上诉人表明自己希望通过二审程序达到的目的。上诉请求一般要求写明上诉人请求第二审人民法院对原审裁判撤销或变更，或者请求第二审人民法院对原审裁判重新审理，依法改判。

3. 上诉理由

上诉人在这一部分主要是针对原审裁判的不当之处进行有理有据的论证，阐述上诉的理由和根据。上诉人可以从以下四个方面进行论述：

第一，认定事实方面。如认为原审裁定认定事实有误，在撰写上诉状时，可以根据被告人的辩解，结合在案证据，论证一审判决书认定事实存在的错误，并进一步论证该错误对法律适用的影响，进而得出应当撤销原判，予以改判或者发回重审的结论。

第二，适用法律方面。如果被告人对一审判决书认定的事实没有异议，但对法律适用有意见，那么上诉状的重点就应该是论证该事实不符合一审判决书认定罪名的构成要件，指出一审判决书适用法律错误，依法应当予以改判。如果上诉人认为一审判决书认定的事实不构成犯罪，在上诉状里论证被告人无罪即可。

第三，量刑方面。如果被告人对定性没有异议，仅对量刑有意见，那么上诉状应该结合在案证据和法律规定，根据案件事实情节论证被告人主观恶性较小，人身危险性较低，应当从轻处罚，证明一审判决书量刑畸重，依法应当予以改判。

第四，诉讼程序方面。具体提出一审法院在审理案件、裁判的过程中有哪些违反诉讼程序之处，并指出纠正的法律依据。

(三) 尾部

（1）写明刑事上诉状致送的第二审人民法院名称。

（2）上诉人在右下方签名和签署提起刑事上诉状的具体日期。

（3）标明有关附项。

(四) 制作技巧

刑事上诉状除了启动二审程序外，另外一个作用就是让法官对案件产生一个清晰明确的印象。为达到此目的，好的刑事上诉状一般具备以下几点：[1]

第一，语言理性简约，避免情绪化表达。经历一场刑事诉讼对当事人来说可能

---

[1] 袁婷：《刑事法官眼中，理想的上诉状该怎么写？》，载微信公众号"庭前独角兽"，2022年3月1日。

是人生的一场巨变,在此过程中情绪也像坐"过山车",难以自控。但让诉讼有序进行,依据法律保护自身权益需要的是冷静和理智。上诉状中如果通篇都是发泄愤懑或者诉说自身不幸的情绪性语言,显然无助于法官尽快了解上诉人的上诉理由。简约明了、理智客观的行文,会帮助法官在第一时间抓住上诉诉求,梳理争议焦点,高效审理案件。

第二,上诉理由具体明确,避免不必要的重复。上诉理由是上诉状中最重要的内容,也是刑事二审程序中审理的重中之重。上诉理由一定要针对原审认定事实、罪名、量刑等直接明确地提出。在上诉理由中切忌长篇大论重复叙述案情,甚至是与案件无关的内容,比起复述卷宗内容,直接、明确地提出上诉理由更为重要。

第三,条理清晰,逻辑严密。上诉状是法律文书,可以使用编、章、节、大标题、小标题、小小标题等方式进行标注。有标题、标注可以使人看得更为清楚,但条理清楚,不仅仅指有标题、标注,还要内容逻辑严密、观点论证清晰。这就要求在撰写上诉状时,提出上诉理由要有组织顺序,论证上诉理由要讲层次结构。

三、文书样式

刑事上诉状

上诉人(刑事案件被告人、刑事自诉案件自诉人、刑事附带民事案件原告人或被告人):＿＿＿＿＿＿(姓名、性别、出生年月日、民族、职业或工作单位、住址等)

被上诉人(刑事自诉案件自诉人或被告人、刑事附带民事案件原告人或被告人,刑事公诉案件被告人提起上诉则不列被上诉人):＿＿＿＿＿＿(姓名、性别、出生年月日、民族、职业或工作单位、住址等)

上诉人因＿＿＿＿＿＿一案,不服＿＿＿＿＿人民法院＿＿＿＿年＿＿＿月＿＿＿日第＿＿＿号刑事判决(或裁定),现提出上诉。

上诉请求:＿＿＿＿＿＿＿＿＿＿＿＿＿＿＿＿＿＿＿＿＿＿＿＿＿＿＿＿＿

上诉理由:＿＿＿＿＿＿＿＿＿＿＿＿＿＿＿＿＿＿＿＿＿＿＿＿＿＿＿＿＿
＿＿＿＿＿＿＿＿＿＿＿＿＿＿＿＿＿＿＿＿＿＿＿＿＿＿＿＿＿＿＿＿＿＿

此致

＿＿＿＿＿＿人民法院

上诉人:(签名)

××××年××月××日

示例6-3

附:上诉状副本×份。

第五节 辩 护 词

一、知识要点

（一）概念

辩护词是指辩护人在法庭审理中根据事实和法律规定，针对起诉书的指控或者原审判决的认定，从涉及被告人定罪量刑的事实、证据、法律适用以及诉讼程序等方面向裁判者发表的旨在维护被告人合法权益的意见。

（二）特征

1. 辩护词写作不是独立的程序，而应与其他辩护行为互动[①]

辩护词制作的一般步骤是，通过阅卷先有基本的辩护思路，然后根据辩护思路整理证据目录，与当事人核对相关问题，之后才能围绕辩护观点形成辩护词初稿，再根据庭审情况对辩护词进行修改定稿。由此可见，辩护词的写作不是一个独立的环节，而是对前期辩护工作的总结和反思，也是酝酿、调整后期辩护策略的过程。

在辩护词写作的过程中，可能会发现新问题、新线索，类似阅卷、会见、调查取证以至于申请再次开庭等多种辩护手段都可能再次被启动，一些辅助性工作，包括查询资料、研讨论证等也可能继续进行，后期的策略性安排也可能会有新的变化。因此，辩护人要养成辩护词写作与其他辩护手段互动的意识，不要将辩护词写作孤立化，要置于辩护的全流程中看待，与其他辩护活动共同组成一个系统工程。

2. 书面辩护词更能起到说服裁判者的作用

辩护词的目的是说服裁判者接受辩护人的观点，进而实现维护被告人合法权益的目的。相比于口头辩护，书面辩护更能起到说服裁判者的作用。首先，庭审口头辩护当然重要，但合议庭法官审理的案件繁多，事后写判决书的时候往往时过境迁、记忆淡化，因此，一份详尽专业的书面辩护词能最大限度地激活法官的庭审印象，争取对己方当事人最有利的判决。其次，裁判者承办案件主要依据的是案件事实、证据与法律，有效辩护需要律师对案件事实、证据与法律进行详细、专业的分析与论证，这些往往是口头辩护难以胜任的。

[①] 王九川：《辩护词写作的误区——谈辩护词写作的定位与构思》，http://www.360doc.com/content/22/0320/15/72655197_1022392146.shtml，2022年3月27日访问。

(三) 法律依据和制作条件

1. 法律依据

《刑事诉讼法》第 33 条规定："犯罪嫌疑人、被告人除自己行使辩护权以外，还可以委托一至二人作为辩护人。下列的人可以被委托为辩护人：（一）律师；（二）人民团体或者犯罪嫌疑人、被告人所在单位推荐的人；（三）犯罪嫌疑人、被告人的监护人、亲友。正在被执行刑罚或者依法被剥夺、限制人身自由的人，不得担任辩护人。被开除公职和被吊销律师、公证员执业证书的人，不得担任辩护人，但系犯罪嫌疑人、被告人的监护人、近亲属的除外。"

《刑事诉讼法》第 37 条规定："辩护人的责任是根据事实和法律，提出犯罪嫌疑人、被告人无罪、罪轻或者减轻、免除其刑事责任的材料和意见，维护犯罪嫌疑人、被告人的诉讼权利和其他合法权益。"

2. 制作条件

在刑事案件一审、二审的法庭辩论阶段，辩护人需要发表辩护意见，庭审结束后，辩护人还应提交书面辩护词，以便法官能够准确、全面地理解律师的辩护观点。

(四) 使用情况

辩护词是刑事辩护工作成果的凝结，是决定辩护效果的重要因素之一。辩护词的好坏，不是以辩护观点是否精彩，或者文字是否富有文采来评判，而是以是否能说服法官接受辩护人的观点，进而使案件获得一个理想的结果作为最终的评判标准。因此，辩护词的使用效果取决于法官对辩护词观点的采纳情况。

二、内容要点和制作技巧

(一) 内容要点

辩护词一般包括首部、序言、正文、结束语和尾部等部分。

1. 首部

首部即标题，一般写为"辩护词"或"××（被告人）××××（案由）一案辩护词"。

2. 序言

序言包括称呼语、辩护权的合法性依据、辩护人已经进行的工作以及辩护人对本案的基本看法等四个方面。

3. 正文

正文是辩护词的核心部分，是辩护人为维护被告人、上诉人的合法权益和履行法定职责所作的主旨阐述。根据刑事案件的特点，辩护人可以从以下方面阐述和论证：

(1) 事实方面，主要从事实是否清楚、证据是否确实充分进行辩护

定罪量刑的前提是查明案件事实，而案件事实是通过证据予以认定，因此可以先从证据的角度进行辩护。证据确凿、充分、来源合法，具有证明力是认定犯罪事实的基础。对于非法证据因缺少证明力应予以排除，对于孤证、存在矛盾的证据，不能作为证明犯罪的证据使用。在证据有证明力的基础上，再判断指控的犯罪事实是否成立，是否有被夸大或不存在的部分。如果指控事实成立，就进入下一步定罪方面的辩护。

(2) 定罪方面，主要从定罪是否准确进行辩护

在指控事实成立的前提下，首先要看指控的事实和行为是否构成犯罪；是否属于情节显著轻微，不认定为犯罪的情节；是行政违法还是刑事犯罪。如果指控的事实与行为构成犯罪，要注意区分一罪与数罪、此罪与彼罪的问题，还应关注被告人是否达到刑事责任年龄、是否具有刑事责任能力、是否具备特定罪名所具有的特定身份与主体资格要求、是单位犯罪还是个人犯罪、是故意犯罪还是过失犯罪等问题。在构成犯罪并应承担刑事责任的情况下，就进入下一步量刑方面的辩护。

(3) 量刑方面，主要从量刑是否适当进行辩护

量刑方面的辩护要注意被告人是否具有减轻、从轻或者免除处罚的量刑情节。比如，是否为共同犯罪中的从犯、胁从犯、教唆犯，是否有立功、重大立功、自首、坦白、退赃、被害人谅解等情节。

(4) 程序方面，主要从是否有违反法定程序的角度进行辩护

程序辩护在刑事诉讼中涉及的面非常广，在侦查、批准逮捕、审查起诉、一审、二审、申诉和再审等一切诉讼阶段均可提出。辩护人可以从回避、管辖、变更强制措施、排除非法证据、证据审查、开庭审理等刑事诉讼法规定的重要程序事项方面进行辩护。特别应该关注的是申请排除非法证据的程序性辩护和申请二审法院撤销原判、发回重审的程序性辩护。

4. 结束语

该部分是对辩护词的归纳和小结。一般有两个内容：一是辩护词的中心观点；二是向法庭提出对被告人的处理建议。

5. 尾部

辩护人签名、盖章，注明日期。

(二) 制作技巧

在辩护词写作过程中，还应注意以下方面：

1. 辩护词开篇时应表达整体辩护观点[1]

辩护词就类似于议论文，开篇就要提出一个命题，正文是对这个命题的论证，

---

[1] 邓楚开：《辩护词写作与发表中的六个关键问题》，载微信公众号"iCourt法秀"，2020年10月22日。

结尾是对辩护意见的总结,并对法官提出要求。因此,开篇就要表达整体的辩护观点,让法官知道辩护律师的整体辩护观点,给后面的整个辩护提供一个基点。

2. 辩护词的标题应具有分类功能,不宜过长

具有分类功能的标题优势是,辩护词的每句话、每个子标题等所表达的意思都能够让法官明确理解,有利于辩护信息的表达与传达,有利于法官接受辩护信息,使法官在阅读辩护词的时候,可以仅仅通过各层级标题就能够明确知道辩护律师的整体辩护思路和意见。同时,标题不宜过长,否则就不是一个标题,而是一段论述,把标题和正文内容混淆。

3. 辩护词的结构要有逻辑性

逻辑是辩护词的灵魂,没有逻辑,辩护词就没有生命力,更不可能有雄辩的说服力。实践中,有的辩护词文采很好,读起来也很顺畅,但就是缺乏雄辩的力量,究其原因就是缺少逻辑的力量。因此,辩护词进行结构排列的时候,一定要有内在逻辑。

对于每一起犯罪事实,可以从事实、法律和程序三块进行辩护。证据不充足,事实就不存在,事实不存在就不可能进行定罪量刑。涉及事实和法律问题时,要根据犯罪构成从多个角度来论证,并按照从客观到主观的顺序来排列,这样基本的逻辑错误就不会出现。

4. 辩护词应与质证意见有效衔接

辩护词应建立在质证意见的基础上,是对质证意见的总结和升华,不能与质证意见相矛盾,也应注意不能把质证意见内容再次放进辩护词中。

5. 辩护词中可以提供权威案例和专业知识供裁判者参考

辩护词中可以提供与案件有紧密联系的法律法规、同类案件裁判结果、相关指导性或者参考性案例。尤其是一些需要专门知识、较为特殊小众的案件,法官可能对这类案件涉及的专业知识或者相关法律法规并不特别熟悉,此时,在辩护词中提供相关附件可以帮助法官更好地了解案情、适用法律。

6. 一、二审辩护词的针对性不同[①]

二审辩护词和一审辩护词在撰写内容和撰写方法上基本相同,但辩护意见的针对性不同。一审辩护词主要针对起诉书中指控的犯罪事实、认定的罪名及所适用的法律;二审辩护词主要针对一审判决书在犯罪事实认定、适用法律及一审程序方面的不足。

---

① 栾兆安:《律师文书写作技能与范例(第四版)》,法律出版社2017年版,第266页。

三、文书样式

示例6-4

辩 护 词

尊敬的审判长、审判员、人民陪审员：

×××律师事务所接受被告人×××家属×××的委托，并经被告人×××本人同意，指派我担任×××的一审辩护人。接受委托后，我仔细查阅了全部案件材料，会见了被告人，参加了今天的法庭调查，听取了公诉人的公诉意见，现依据事实与法律，对本案发表如下辩护意见：

_____

_____

辩护人：（签名）

××××年××月××日

第七章 监狱法律文书

第一节 概 述

一、监狱法律文书的概念和特点

监狱法律文书，是指监狱机关依照法定程序和监管规定，在对罪犯执行刑罚、管理改造过程中制作的法律文书。

监狱法律文书主要有以下特点：

（一）主体的特定性

监狱法律文书的制作主体只能是监狱。根据《中华人民共和国监狱法》（以下简称《监狱法》）第 2 条的规定，监狱是国家的刑罚执行机关。被判处死刑缓期二年执行、无期徒刑、有期徒刑的罪犯，在监狱内执行刑罚。

（二）内容的特定性

监狱法律文书用于处理监狱执行刑罚、改造罪犯的具体事务，具有特定的内容和范围。监狱对罪犯实行惩罚和改造相结合、教育和劳动相结合的原则，并对罪犯依法监管，根据改造罪犯的需要，组织罪犯从事生产劳动，对罪犯进行思想教育、文化教育、技术教育。监狱法律文书在惩罚和改造罪犯的过程中大量使用，具有十分重要的作用。

（三）格式的特定性

监狱法律文书具有法律效力或法律意义，其格式需遵循一定的规范。2002 年，司法部监狱管理局制定了《监狱执法文书格式（试行）》，规定了 48 种文书的格式。

二、监狱法律文书的分类

监狱法律文书可以按照不同的标准进行分类：

（一）按文书的形式划分

根据文书形式的不同，监狱法律文书可以分为表格类文书、填空类文书、笔录类文书和叙述类文书。

(二) 按文书的内容划分

根据文书内容的不同，监狱法律文书可以分为刑罚执行类文书（如罪犯入监登记表、提请减刑建议书等）、狱政管理类文书（如罪犯奖励审批表、罪犯禁闭审批表等）、狱内安全防范类文书（如罪犯脱逃登记表、建立耳目审批表等）、罪犯教育改造类文书（如个别谈话记录、顽危犯认定审批表等）。

第二节 罪犯入监登记表

一、知识要点

(一) 概念和特点

罪犯入监登记表，是指监狱在收押新入监的罪犯时，依法制作的记载新入监罪犯基本情况的法律文书。

罪犯入监登记表是表格类文书，有多个栏目，是罪犯入监后的重要文字档案材料，是收监过程中制作的重要法律文书。

(二) 法律依据和制作条件

《刑事诉讼法》第264条第2款规定："对被判处死刑缓期二年执行、无期徒刑、有期徒刑的罪犯，由公安机关依法将该罪犯送交监狱执行刑罚。对被判处有期徒刑的罪犯，在被交付执行刑罚前，剩余刑期在三个月以下的，由看守所代为执行。对被判处拘役的罪犯，由公安机关执行。"

《监狱教育改造工作规定》第12条规定："监狱（监区）应当了解和掌握新收罪犯的基本情况、认罪态度和思想动态，进行个体分析和心理测验，对其危险程度、恶性程度、改造难度进行评估，提出关押和改造的建议。"

从以上规定可以看出，罪犯入监登记表的制作条件如下：

(1) 罪犯是被判处死刑缓期二年执行、无期徒刑、有期徒刑的犯罪分子。

(2) 该罪犯被送交监狱执行刑罚。罪犯被交付执行刑罚时，交付执行的人民法院应当将人民检察院的起诉书副本、人民法院的判决书、执行通知书、结案登记表同时送达监狱。

(3) 该罪犯符合收监条件。监狱经过审查，认为符合收监条件，决定收监后，应制作罪犯入监登记表。

(三) 使用情况

罪犯入监登记表的填写是监狱收押罪犯时必须履行的法律手续，是收押工作中的重要环节。

二、内容要点和制作技巧

罪犯入监登记表需完整、准确地记录罪犯的初始信息，以便了解罪犯的基本情况，为后续的刑罚执行和改造教育提供有力支撑。

罪犯入监登记表是表格式文书，由标题、眉栏、腹栏、尾栏四部分组成。

（一）标题

标题即为"罪犯入监登记表"。

（二）眉栏

有单位、编号、入监日期三个内容。"单位"填写监狱名称；"编号"根据狱政信息管理系统规定的方法确定，一般由省份代号、监狱代号、收押年份、入监顺序号组成；"入监日期"用阿拉伯数字填写。

（三）腹栏

腹栏是罪犯入监登记表的主体部分，栏目较多。从内容上看，可分为两大类，一是罪犯个人的相关信息，二是与罪犯关系密切人员的相关信息。这些内容有的可从人民检察院的起诉书副本、人民法院的判决书、执行通知书、结案登记表中查找，有的可通过与罪犯面谈、函调等方式取得。

1. 罪犯个人的相关信息

此部分包括罪犯的姓名、别名、性别、民族、出生日期、文化程度、捕前职业、原政治面貌、特长、身份证号、口音、籍贯（国籍）、原户籍所在地、家庭住址、婚姻状况、拘留日期、逮捕机关、逮捕日期、判决书号、判决机关、判决日期、罪名、刑种、刑期、刑期起止、附加刑、曾受何种处罚、本人简历、主要犯罪事实。

填写此部分时，应注意以下几点：

（1）关于别名、特长。没有别名、特长的，填写"无"。特长是指罪犯在捕前在劳动能力、文娱体育等方面的长处。

（2）关于口音。罪犯说普通话的，口音填写"普通话"；罪犯说方言的，口音可填写方言所在地区，如"云南"。

（3）关于婚姻状况。根据未婚、已婚、离异、丧偶不同情况填写。

（4）关于刑期起止。判处有期徒刑的罪犯，刑期起始日为被羁押之日，刑期终止日为刑期届满之日；判处无期徒刑的罪犯，只填写刑期起始日；判处死刑缓期二年执行的罪犯，刑期起始日暂不填写。

（5）关于曾受何种处罚。应填写现案之前所受到行政拘留以上的惩处，不包括因现案所受的处罚。

(6) 关于本人简历。应依次填写罪犯从小学开始的学习、工作或服刑等经历。如某时间段无工作的，职务（职业）栏填写"无业"；如某时间段是在监狱服刑的，职务（职业）栏填写"罪犯"。

(7) 关于主要犯罪事实。简要写明判决书认定的主要犯罪事实，包括犯罪时间、地点、情节、后果等。应注意既要全面，又要精炼。

2. 与罪犯关系密切人员的相关信息

此部分包括家庭成员及主要社会关系、同案犯的相关信息。其中，家庭成员及主要社会关系应填写该人与罪犯的关系、姓名、出生日期、政治面貌、工作单位和职务（职业）、住址、电话等；同案犯应填写姓名、性别、出生日期、捕前职业、刑期、家庭住址等。

（四）尾栏

尾栏即为"说明：此表一式两份"。

三、文书样式

示例 7-1

罪犯入监登记表

单位：　　　　　　　　编号：　　　　　　　　入监日期：

姓名		别名		性别		一寸免冠照片
民族		出生日期		文化程度		
捕前职业		原政治面貌		特长		
身份证号				口音		
籍贯（国籍）		原户籍所在地				
家庭住址				婚姻状况		
拘留日期		逮捕机关		逮捕日期		

（续表）

判决书号		判决机关		判决日期	
罪名		刑种			
刑期		刑期起止	自____年___月___日 至____年___月___日	附加刑	
曾受何种处罚					
本人简历	起时	止时	所在单位		职务（职业）
主要犯罪事实					
家庭成员及主要社会关系	关系	姓名	出生日期	政治面貌	工作单位职务（职业）	住址	电话
同案犯	姓名	性别	出生日期	捕前职业	罪名	刑期	家庭住址

说明：此表一式两份。

第三节 罪犯奖惩审批表

一、罪犯奖励审批表

（一）知识要点

1. 概念和特点

罪犯奖励审批表，是指监狱对具有法定奖励情形的罪犯，依照一定程序，给予行政奖励时呈请审批的法律文书。

罪犯奖励审批表是表格式文书，主要是对罪犯实施表扬、物质奖励、记功时使用。对符合条件的罪犯予以奖励，有利于激励罪犯积极改造。虽然准许离监探亲也属于对罪犯的行政奖励，但使用单独的罪犯离监探亲审批表。

2. 法律依据和制作条件

《监狱法》第57条第1款规定："罪犯有下列情形之一的，监狱可以给予表扬、物质奖励或者记功：（一）遵守监规纪律，努力学习，积极劳动，有认罪服法表现的；（二）阻止违法犯罪活动的；（三）超额完成生产任务的；（四）节约原材料或者爱护公物，有成绩的；（五）进行技术革新或者传授生产技术，有一定成效的；（六）在防止或者消除灾害事故中作出一定贡献的；（七）对国家和社会有其他贡献的。"

从以上法律规定可以看出，罪犯奖励审批表的制作条件是：只有在罪犯的表现符合行政奖励的条件时，才能制作罪犯奖励审批表。应实事求是，不得弄虚作假。

3. 使用情况

罪犯奖励审批表需逐级上报审批，监狱批准后即可实施。行政奖励不改变原判刑罚。

（二）内容要点和制作技巧

从结构上来看，罪犯奖励审批表可以分为表头、罪犯基本情况、奖励依据、审批意见四个方面。

1. 表头

表头有标题、单位、罪犯编号三部分。标题即为"罪犯奖励审批表"。单位填写罪犯所在的分监区；罪犯奖励审批表是监狱内部使用的文书，因此可不填写监狱名称。罪犯编号填写罪犯入监登记表上确定的编号。

2. 罪犯基本情况

填写罪犯姓名、性别、出生日期、民族、文化程度、罪名、刑种、刑期、刑期起止等内容。

刑种包括有期徒刑、无期徒刑、死缓。判无期徒刑的，刑期不填，用斜线划去;刑期起止栏只填写起刑日。判死缓的,刑期及刑期起止栏均不填,用斜线划去。死缓已减为无期徒刑或有期徒刑的,刑种填"原:死缓,现:无期徒刑或有期徒刑";无期徒刑减为有期徒刑的,亦同理。罪犯有过减刑的,刑期及刑期起止按最后一次减刑后的实际刑期和起止日计算。

3. 奖励依据

奖励依据是罪犯奖励审批表的重要栏目,包括事实依据和法律依据两个方面。

事实依据结合《监狱法》第 57 条第 1 款所列七项情形中的一种或几种,简要叙述罪犯符合行政奖励条件的具体事实。若罪犯是符合第一项条件,要全面反映出罪犯的日常表现;若罪犯是属于第二项至第七项的一种或几种情形,应重点写明行为发生的时间、地点、经过、结果等。

法律依据即为《监狱法》第 57 条第 1 款中的第几项。

奖励依据部分先写事实依据,事实依据写完之后,可用"为此"或"综上"引出法律依据,再写明建议予以奖励的种类。

4. 审批意见

审批意见分为分监区意见、监区意见、狱政科意见、监狱意见四栏。

分监区意见的写法通常是:"经分监区警察会议集体讨论,申请对×××给予××奖励。"监区意见的写法通常是:"经××××年××月××日监区长办公会讨论,建议(或同意)给予×××奖励。"狱政科意见的写法通常是:"经审查,情况属实,建议(或同意)给予×××奖励。"监狱意见的写法通常是:"同意给予×××奖励。"当然,监区意见、狱政科意见、监狱意见也可能是"不建议""不同意"。

(三)文书样式

罪犯奖励审批表

单位: 　　　　　　　　　　　　　　　　　　罪犯编号:

姓名		性别		出生日期	
民族		文化程度		罪名	
刑种		刑期		刑期起止	
奖励依据					

示例 7-2

（续表）

分监区意见	
监区意见	
狱政科意见	
监狱意见	

说明：凡提请对罪犯给予表扬、物质奖励或记功均填写此表。

二、罪犯处罚审批表

（一）知识要点

1. 概念和特点

罪犯处罚审批表，是指监狱对具有法定处罚情形的罪犯，依照一定程序，给予行政处罚时呈请审批的法律文书。

罪犯处罚审批表是表格式文书，主要是对罪犯实施警告、记过时使用。对破坏监管秩序的罪犯进行处罚，是打击抗拒改造行为的重要手段。虽然禁闭也属于对罪犯的行政处罚，但使用单独的罪犯禁闭审批表。

2. 法律依据和制作条件

《监狱法》第58条第1款规定："罪犯有下列破坏监管秩序情形之一的，监狱可以给予警告、记过或者禁闭：（一）聚众哄闹监狱，扰乱正常秩序的；（二）辱骂或者殴打人民警察的；（三）欺压其他罪犯的；（四）偷窃、赌博、打架斗殴、寻衅滋事的；（五）有劳动能力拒不参加劳动或者消极怠工，经教育不改的；（六）以自伤、自残手段逃避劳动的；（七）在生产劳动中故意违反操作规程，或者有意损坏生产工具的；（八）有违反监规纪律的其他行为的。"

由以上法律规定可以看出，罪犯处罚审批表的制作条件是：罪犯存在应予处罚的行为。罪犯存在监狱法所规定的应予处罚的行为时，应制作罪犯处罚审批表。对罪犯的处罚应依法进行。

3. 使用情况

罪犯处罚审批表需逐级上报审批，监狱批准后即可实施。

（二）内容要点和制作技巧

罪犯处罚审批表的结构和内容与罪犯奖励审批表基本相同，分为表头、罪犯基本情况、处罚依据、审批意见四个方面。

处罚依据也是包括事实依据和法律依据两个方面。事实依据简要叙述主要情节，包括事实的时间、地点、人物、情节、结果等。法律依据即为《监狱法》第58条第1款中的八项情形之一，要具体到"项"。

罪犯处罚审批表的其他内容与罪犯奖励审批表相同，此处不赘。

（三）文书样式

罪犯处罚审批表

单位：　　　　　　　　　　　　　　　　　　　罪犯编号：

姓名		性别		出生日期	
民族		文化程度		罪名	
刑种		刑期		刑期起止	
处罚依据					
分监区意见					
监区意见					
狱政科意见					
监狱意见					

说明：凡提请对罪犯给予警告、记过的均填写此表。

示例 7-3

第四节　提请减刑、假释建议书

一、提请减刑建议书

（一）知识要点

1. 概念和特点

提请减刑建议书，是指监狱对符合减刑条件的罪犯，依法向人民法院提出减刑建议时所制作的法律文书。

提请减刑建议书的适用对象是刑罚执行期间确有悔改或者立功表现，以及在死刑缓期执行期间没有故意犯罪的罪犯。在监狱服刑的罪犯，由监狱向人民法院提出减刑建议。提请减刑建议书是人民法院启动减刑案件审理的依据，也是人民法院裁定是否减刑的重要参考。

2. 法律依据和制作条件

《刑事诉讼法》第261条第2款规定："被判处死刑缓期二年执行的罪犯，在死刑缓期执行期间，如果没有故意犯罪，死刑缓期执行期满，应当予以减刑的，由执行机关提出书面意见,报请高级人民法院裁定;如果故意犯罪,情节恶劣,查证属实,应当执行死刑的,由高级人民法院报请最高人民法院核准;对于故意犯罪未执行死刑的,死刑缓期执行的期间重新计算,并报最高人民法院备案。"

《刑事诉讼法》第273条第2款规定:"被判处管制、拘役、有期徒刑或者无期徒刑的罪犯,在执行期间确有悔改或者立功表现,应当依法予以减刑、假释的时候,由执行机关提出建议书,报请人民法院审核裁定,并将建议书副本抄送人民检察院。人民检察院可以向人民法院提出书面意见。"

《监狱法》第29条规定:"被判处无期徒刑、有期徒刑的罪犯,在服刑期间确有悔改或者立功表现的,根据监狱考核的结果,可以减刑。有下列重大立功表现之一的,应当减刑:(一)阻止他人重大犯罪活动的;(二)检举监狱内外重大犯罪活动,经查证属实的;(三)有发明创造或者重大技术革新的;(四)在日常生产、生活中舍己救人的; (五)在抗御自然灾害或者排除重大事故中,有突出表现的;(六)对国家和社会有其他重大贡献的。"

《监狱法》第30条规定:"减刑建议由监狱向人民法院提出,人民法院应当自收到减刑建议书之日起一个月内予以审核裁定;案情复杂或者情况特殊的,可以延长一个月。减刑裁定的副本应当抄送人民检察院。"

《监狱法》第31条规定:"被判处死刑缓期二年执行的罪犯,在死刑缓期执行期间,符合法律规定的减为无期徒刑、有期徒刑条件的,二年期满时,所在监狱应当及时提出减刑建议,报经省、自治区、直辖市监狱管理机关审核后,提请高级人民法院裁定。"

由以上法律规定可以看出,制作提请减刑建议书的条件是:罪犯在刑罚执行期间确有悔改或者立功表现,以及被判处死刑缓期二年执行的罪犯,在死刑缓期执行期间没有故意犯罪。监狱认为罪犯的表现符合减刑条件的,方能制作提请减刑建议书。监狱应严格把握减刑条件。

3. 使用情况

提请减刑建议书制作完成后,送交人民法院审核裁定,并将建议书副本抄送人民检察院。被判处有期徒刑和被减为有期徒刑的罪犯的提请减刑建议书,送交罪犯服刑地的中级人民法院;被判处无期徒刑及被判处死刑缓期执行的罪犯的提请减刑建议书,送交罪犯服刑地的高级人民法院。

(二)内容要点和制作技巧

提请减刑建议书的结构和内容可以分为首部、正文、尾部三部分。

1. 首部

首部包括标题、文书号、罪犯基本情况。

标题即为"提请减刑建议书"。文书号由年号、机关代字、文书代字和文书顺序号组成,如"(2020)××字第×号"。罪犯基本情况包括姓名、性别、出生日期、民族、原户籍所在地、罪名、作出生效判决的人民法院、判决时间、判决书案号、刑种、刑期、收监时间、执行场所等。如果罪犯的刑种、刑期、服刑场所发生过变动，还应写明具体变动情况。

2. 正文

正文包括事实依据、法律依据、减刑建议等内容。

（1）事实依据

此部分首先写明事实结论，一般表述为"该犯在近期确有×××表现"，如"该犯近期确有悔改表现""该犯在近期确有立功表现"等，然后写"具体事实如下"，另行写明具体事实。

具体事实是用来证明前述事实结论的，因此应围绕事实结论，针对罪犯符合减刑条件的具体表现进行叙述。叙述悔改表现的事实时，主要从四个方面入手：认罪悔罪；遵守法律法规及监规，接受教育改造；积极参加思想、文化、职业技术教育；积极参加劳动，努力完成劳动任务。叙述立功表现的事实时，介绍立功事实的经过和结果，写清对国家或社会的贡献之处，主要是以下六种情形之一：阻止他人实施犯罪活动；检举、揭发监狱内外犯罪活动，或者提供重要的破案线索，经查证属实；协助司法机关抓捕其他犯罪嫌疑人；在生产、科研中进行技术革新，成绩突出；在抗御自然灾害或者排除重大事故中，表现积极；对国家和社会有其他较大贡献。

具体事实叙述之后，可用"综上所述"对减刑的事实依据进行总括性分析和评价。

（2）法律依据和减刑建议

法律依据是引用法律条款。对于判处有期徒刑和无期徒刑的罪犯，一般引用《刑法》第78条第1款和第79条、《刑事诉讼法》第273条第2款、《监狱法》第29条和第30条。对于判处死刑缓期二年执行的罪犯，一般引用《刑法》第50条、《刑事诉讼法》第261条第2款、《监狱法》第31条。

减刑建议应具体。对于有期徒刑罪犯，通常写为"建议减刑×年（或×个月）有期徒刑"；对于无期徒刑罪犯，通常写为"建议减刑为有期徒刑××年"；对于死刑缓期二年执行罪犯，通常写为"建议减刑为无期徒刑"或"建议减刑为二十五年有期徒刑"。

正文的最后，通常以"特提请裁定"结束。

3. 尾部

尾部包括致送机关、落款、成文日期、公章和附件。

致送机关为罪犯服刑地的中级人民法院或高级人民法院；落款和公章为制作提请减刑建议书的监狱；附件主要是写明罪犯服刑改造档案的卷数、页数等。

（三）文书样式

提请减刑建议书

（××××）××字第××号

示例 7-4

罪犯××，性别×，××××年××月××日出生，民族××，原户籍所在地××，因××罪经××人民法院于××××年××月××日以（××××）××字××号刑事判决书判处××，刑期自××××年××月××日至××××年××月××日止。于××××年××月××日送我监狱服刑改造。服刑期间执行刑期变动情况：……

该犯在近期确有悔改表现，具体事实如下：
…………

为此，根据《中华人民共和国监狱法》第××条、《中华人民共和国刑法》第××条、《中华人民共和国刑事诉讼法》第××条第×款的规定，建议对罪犯××予以减刑。特提请裁定。

此致
××人民法院

（公章）
××××年××月××日

附：罪犯××卷宗材料共×卷×册×页。

二、提请假释建议书

（一）知识要点

1. 概念和特点

提请假释建议书，是指监狱对符合假释条件的罪犯，依法向人民法院提出假释建议时所制作的法律文书。

提请假释建议书的适用对象是已执行一定刑期、确有悔改表现、没有再犯罪危险的罪犯。假释建议由监狱向人民法院提出。提请假释建议书是人民法院启动假释案件审理的依据，也是人民法院裁定是否假释的重要参考。

2. 法律依据和制作条件

《刑事诉讼法》第 273 条第 2 款规定："被判处管制、拘役、有期徒刑或者无期徒刑的罪犯，在执行期间确有悔改或者立功表现，应当依法予以减刑、假释的时候，由执行机关提出建议书，报请人民法院审核裁定，并将建议书副本抄送人民检察院。人民检察院可以向人民法院提出书面意见。"

《监狱法》第 32 条规定："被判处无期徒刑、有期徒刑的罪犯，符合法律规定的假释条件的，由监狱根据考核结果向人民法院提出假释建议，人民法院应当自收到假释建议书之日起一个月内予以审核裁定；案情复杂或者情况特殊的，可以延长一个月。假释裁定的副本应当抄送人民检察院。"

《刑法》第 81 条规定："被判处有期徒刑的犯罪分子，执行原判刑期二分之一以上，被判处无期徒刑的犯罪分子，实际执行十三年以上，如果认真遵守监规，接受教育改造，确有悔改表现，没有再犯罪的危险的，可以假释。如果有特殊情况，经最高人民法院核准，可以不受上述执行刑期的限制。对累犯以及因故意杀人、强奸、抢劫、绑架、放火、爆炸、投放危险物质或者有组织的暴力性犯罪被判处十年以上有期徒刑、无期徒刑的犯罪分子，不得假释。对犯罪分子决定假释时，应当考虑其假释后对所居住社区的影响。"

从以上法律规定可以看出，制作提请假释建议书的条件如下：

（1）罪犯在刑罚执行期间确有悔改表现。
（2）罪犯假释后，不致再危害社会，没有再犯罪危险。
（3）符合已实际执行刑期的要求。
（4）不属于不得假释情形的限制范围。

监狱认为罪犯的表现和已执行刑期、罪名等符合假释条件的，制作提请假释建议书。

3. 使用情况

提请假释建议书制作完成后，送交人民法院审核裁定，并应当将提请假释的建议书副本抄送人民检察院。被判处有期徒刑和被减为有期徒刑的罪犯的提请假释建议书，送交罪犯服刑地的中级人民法院；被判处无期徒刑及被判处死刑缓期执行的罪犯的提请假释建议书，送交罪犯服刑地的高级人民法院。

（二）内容要点和制作技巧

提请假释建议书的结构和内容可以分为首部、正文、尾部三部分。

1. 首部

首部包括标题、文书号、罪犯基本情况。

标题即为"提请假释建议书"。文书号由年号、机关代字、文书代字和文书顺序号组成，如"（2021）××字第×号"。罪犯基本情况包括姓名、性别、出生日期、民族、原户籍所在地、罪名、作出生效判决的人民法院、判决时间、判决书案号、刑种、刑期、收监时间、执行场所等。

2. 正文

正文包括事实依据、法律依据、假释建议等内容。

（1）事实依据

此部分首先写明事实结论，一般表述为"该犯确有悔改表现，没有再犯罪危险",或者"有国家政治、国防、外交等方面特殊需要等特殊情况",然后写"具体事实如下",另行写明具体事实。

"确有悔改表现"的写法与提请减刑建议书一致。"没有再犯罪危险"应当结合犯罪的具体情节、原判刑罚情况,在刑罚执行中的一贯表现,罪犯的年龄、身体状况、性格特征,假释后生活来源以及监管条件等方面综合表述。另外,还需表明罪犯符合狱内服刑的刑期时间条件。

(2) 法律依据和假释建议

法律依据一般引用《刑法》第 81 条、《刑事诉讼法》第 273 条第 2 款、《监狱法》第 32 条。

假释建议通常表述为"建议对罪犯××予以假释",并以"特提请假释"结束正文。

3. 尾部

尾部包括致送机关、落款、成文日期、公章和附件。

致送机关为罪犯服刑地的中级人民法院或高级人民法院;落款和公章为制作提请假释建议书的监狱;附件主要是写明罪犯服刑改造档案的卷数、页数等。

(三) 文书样式

示例 7-5

提请假释建议书

(××××)××字第××号

罪犯××,性别×,××××年××月××日出生,民族××,原户籍所在地××,因××罪经××人民法院于××××年××月××日以(××××)××字××号刑事判决书判处××,刑期自××××年××月××日至××××年××月××日止。于××××年××月××日送我监狱服刑改造。服刑期间执行刑期变动情况;……

该犯在近期确有悔改表现,具体事实如下:

…………

为此,根据《中华人民共和国监狱法》第××条、《中华人民共和国刑法》第××条、《中华人民共和国刑事诉讼法》第××条第×款的规定,建议对罪犯××予以假释。特提请裁定。

此致
××人民法院

(公章)
××××年××月××日

附:罪犯××卷宗材料共×卷×册×页。

第五节 监狱起诉意见书

一、知识要点

(一) 概念和特点

监狱起诉意见书,是指监狱对罪犯在服刑改造期间又犯新罪或者发现了原判决时没有发现的罪行,在侦查终结后,依法向人民检察院提出起诉意见时所制作的法律文书。

监狱起诉意见书仅适用于特定情形,通常是罪犯在服刑改造期间又犯新罪的,监狱向人民检察院提出起诉意见,其适用范围比公安机关的起诉意见书要窄很多。

(二) 法律依据和制作条件

《刑事诉讼法》第273条第1款规定:"罪犯在服刑期间又犯罪的,或者发现了判决的时候所没有发现的罪行,由执行机关移送人民检察院处理。"

《监狱法》第60条规定:"对罪犯在监狱内犯罪的案件,由监狱进行侦查。侦查终结后,写出起诉意见书,连同案卷材料、证据一并移送人民检察院。"

由此可见,制作监狱起诉意见书的条件如下:

(1) 罪犯在服刑期间又犯罪的,或者发现了判决的时候所没有发现的罪行。

(2) 监狱对服刑罪犯所犯的新罪或原判决时漏判之罪,在侦查终结后,认为事实清楚、证据确凿、应追究刑事责任。

(三) 使用情况

监狱起诉意见书制作完成后,应移送给人民检察院,提请人民检察院审查起诉。监狱起诉意见书是移送案件材料的主要文件,也标志着监狱对案件侦查活动的终结。

监狱起诉意见书主要用于罪犯服刑期间在监狱内犯罪的案件。虽然依据刑事诉讼法的规定,罪犯服刑期间发现了判决时没有发现的罪行,也由执行机关移送人民检察院处理,但实务中,对该漏罪的侦查与提出起诉意见的部门有不同理解。

二、内容要点和制作技巧

监狱起诉意见书分为首部、正文、尾部三部分。

(一) 首部

首部包括标题、文号、罪犯基本情况。

标题即为"××监狱起诉意见书";文号由年度、机关代字、文书代字和文书顺序号组成;罪犯基本情况写明姓名、性别、出生日期、民族、原户籍所在地、罪名、作出生效判决的人民法院、判决时间、判决书案号、刑种、刑期、收监时间、执行场所等。

(二)正文

正文包括侦查结论、犯罪事实、起诉理由、法律依据等内容。

1. 侦查结论

侦查结论中要指出罪犯所涉嫌的罪名,通常表述为"现经侦查,罪犯×××在服刑期间涉嫌××罪,主要事实如下"。此处不要求写明侦查过程。

2. 犯罪事实

叙述狱内侦查部门调查核实的犯罪事实,列举相应证据。把罪犯所犯新罪的时间、地点、人物、动机、目的、情节、手段、后果等叙述清楚,然后另起一段写证据,通常表述为"认定上述事实的证据如下"。

如有影响量刑的法定情节,如自首、立功、在服刑期间故意犯罪,可在证据之后,另起一段写明。

3. 起诉理由和法律依据

此部分通常以"综上所述"开头,结合该罪的刑法条文,对犯罪事实进行高度概括,得出罪犯涉嫌犯××罪的结论,与前述侦查结论相呼应。然后指出法律依据,表明起诉建议,通常表述为"为此,根据《中华人民共和国监狱法》第六十条、《中华人民共和国刑法》第××条、《中华人民共和国刑事诉讼法》第二百七十三条第一款,特提请你院审查起诉"。

(三)尾部

尾部包括致送机关、成文日期、加盖公章、附项等。

致送机关为××人民检察院;日期用阿拉伯数字;加盖××监狱公章;附项为随案移送的档案、案卷材料等。

三、文书样式

示例 7-6

××监狱
起诉意见书

(××××)××字第×号

罪犯××,性别×,××××年××月××日出生,民族××,原户籍所在地××,因××罪经××人民法院于××××年××月××日以(××××)××字××号刑事判决书判处××。于××××年××月××日交付执行,现押××监狱。

现经侦查查明,罪犯××在服刑期间涉嫌×××,主要事实如下:

....
认定上述事实的证据如下：
....

为此，根据《中华人民共和国监狱法》第××条、《中华人民共和国刑法》第××条、《中华人民共和国刑事诉讼法》第××条第×款的规定，特提请你院审查处理。

　　此致
××人民检察院

（公章）
××××年××月××日

附：1. 罪犯××卷宗材料共×卷×册。
　　2. 罪犯××涉嫌又犯罪的案卷材料共×卷×册。

第六节　对死缓罪犯提请执行死刑意见书

一、知识要点

（一）概念和特点

对死缓罪犯提请执行死刑意见书，是指监狱对在死刑缓期执行期间故意犯罪、情节恶劣的罪犯，依法向人民法院提出执行死刑意见时所制作的法律文书。

对死缓罪犯提请执行死刑意见书的适用对象仅限于在死刑缓期执行期间故意犯罪、情节恶劣的罪犯。对死缓罪犯提请执行死刑，可以产生威慑力，打击抗拒改造的死缓罪犯的嚣张气焰。

（二）法律依据和制作条件

《刑法》第50条第1款规定："判处死刑缓期执行的，在死刑缓期执行期间，如果没有故意犯罪，二年期满以后，减为无期徒刑；如果确有重大立功表现，二年期满以后，减为二十五年有期徒刑；如果故意犯罪，情节恶劣的，报请最高人民法院核准后执行死刑；对于故意犯罪未执行死刑的，死刑缓期执行的期间重新计算，并报最高人民法院备案。"

《刑事诉讼法》第261条第2款规定："被判处死刑缓期二年执行的罪犯，在死刑缓期执行期间，如果没有故意犯罪，死刑缓期执行期满，应当予以减刑的，由执行机关提出书面意见,报请高级人民法院裁定;如果故意犯罪,情节恶劣,查证属实,应当执行死刑的,由高级人民法院报请最高人民法院核准;对于故意犯罪未执行死刑的,死刑缓期执行的期间重新计算,并报最高人民法院备案。"

从以上法律规定可以看出,制作对死缓罪犯提请执行死刑意见书的条件是:罪犯在死刑缓期执行期间故意犯罪,且情节恶劣。如果是故意犯罪但不构成情节恶劣,或者是过失犯罪,都无须制作对死缓罪犯提请执行死刑意见书。

(三)使用情况

对死缓罪犯提请执行死刑意见书制作完成后,应送交罪犯服刑地的中级人民法院,由该中级人民法院依法审判。认定故意犯罪,情节恶劣,应当执行死刑的,在判决、裁定发生法律效力后,应当层报最高人民法院核准执行死刑。

二、内容要点和制作技巧

对死缓罪犯提请执行死刑意见书分为首部、正文、尾部三部分。

(一)首部

首部包括标题、文书号、罪犯基本情况等内容。

标题即为"××监狱对死缓罪犯提请执行死刑意见书";文书号由年度、机关代字、文书代字和文书顺序号组成;罪犯基本情况写明姓名、性别、出生日期、民族、原户籍所在地、罪名、作出生效判决的人民法院、判决时间、判决书案号、判处死刑缓期二年执行、剥夺政治权利终身、交付执行的时间与执行场所等。

(二)正文

正文包括具体事实、提请执行死刑的理由和法律依据等内容。

1. 具体事实

此部分通常以"罪犯××在死刑缓期二年执行期间,故意犯罪,情节恶劣,并经查证属实。具体事实如下"开头,然后另起一段写明具体事实。

具体事实是对死缓罪犯提请执行死刑意见书的重点,应将故意犯罪的时间、地点、目的、动机、情节、手段、后果等叙述清楚。至于达到情节恶劣的程度,可以从罪犯的主观恶性大、手段极其残忍、造成极其严重危害后果等犯罪情节入手,并结合罪犯在缓期执行期间的改造表现,如不服从管教,故意违反监规等,说明达到情节恶劣的程度。

2. 提请执行死刑的理由和法律依据

首先对上述犯罪事实进行总结和概括,简要阐明罪犯在死刑缓期执行期间故意犯罪且情节恶劣,表明应予执行死刑的理由。然后援引《刑法》第 50 条第 1 款和《刑事诉讼法》第 261 条第 2 款作为法律依据,表明提请意见,即"建议对罪犯×

×执行死刑,特提请依法裁定"。

(三) 尾部

尾部包括致送机关、成文日期、加盖公章、附项等。

致送机关为××人民法院;日期用阿拉伯数字;加盖××监狱公章;附项为随案移送的档案、案卷材料等。

三、文书样式

××监狱
对死缓罪犯提请执行死刑意见书

(××××)××字第×号

示例 7-7

罪犯××,男(女),现年××岁,×族,××××人,因××罪经××人民法院于××××年××月××日以(××××)××字××号刑事判决书判处死刑缓期二年执行,剥夺政治权利终身,于××××年××月××日送××执行劳动改造。

罪犯××在死刑缓期二年执行期间,故意犯罪,情节恶劣,并经查证属实。具体事实如下:

…………

为此,根据《中华人民共和国刑法》第××条、《中华人民共和国刑事诉讼法》第××条第×款的规定,建议对罪犯××执行死刑,特提请依法裁定。

此致
××人民法院

(公章)
××××年××月××日

附:罪犯××卷宗材料共×卷×册。

第三编 民事诉讼法律文书

第八章 律师民事法律文书

第一节 概 述

一、律师民事法律文书的概念和特点

作为法律服务工作者的律师，在从事涉及民事法律业务领域的活动中需要制作各种民事法律文书，范围很广，种类繁多。有涉及诉讼的民事诉讼法律文书，也有提供非诉讼法律服务时制作的非诉讼民事法律文书；有律师提供代理服务时自用的民事法律文书，还有为当事人代书的民事法律文书等。本章介绍的律师民事法律文书，是指律师事务所的律师在承办民事案件过程中，依据我国《民事诉讼法》和其他民事法律法规的要求所制作的各类具有民事法律意义的文书。

律师民事法律文书具有以下特点：

（一）制作主体的多样性

严格意义上讲，律师民事法律文书的制作主体只能是依法取得律师资格并从事民事诉讼业务的执业律师。但由于我国未实行民事诉讼的"律师强制代理制度"，不仅当事人可以直接进行民事诉讼，而且经当事人委托、符合《民事诉讼法》规定的公民也可以委托代理人的身份参加民事诉讼。因此，在我国的司法实践中，诸如

民事诉状和民事代理词等法律文书一般公民也可以制作，只是他们不能以律师的身份出具。

（二）制作依据的法定性

制作律师民事法律文书有严格的法定依据，即必须严格按照我国民事法律法规，尤其是民事诉讼法的规定制作。具体表现为律师民事法律文书的格式一般都有严格的法定性，其内容部分的理由阐述也必须严格遵循民事法律法规或法理予以阐述。

（三）适用范围的广泛性

律师民事法律文书适用于各类民事诉讼案件，它包括普通民事案件，也包括商事、海事、金融、知识产权等诉讼案件；它包括第一审民事案件、第二审民事案件、再审民事案件，还包括《民事诉讼法》特别程序中规定的各类非诉讼案件、执行案件等。

（四）不具有法律效力性

律师从事民事诉讼代理活动具有为当事人提供法律服务的性质，不同于人民法院代表国家行使审判权的审判活动。律师制作民事法律文书是为当事人提供法律服务的形式，目的是依法维护当事人的合法权益，此类法律文书虽然具有法律意义，但不具有法律效力。

二、律师民事法律文书的种类

根据不同划分标准，律师民事法律文书有以下类别：

（1）按照出具主体的不同，律师民事法律文书可以分为以律师事务所名义出具的民事法律文书、以律师名义出具的民事法律文书、以涉案当事人名义出具的法律文书等。

（2）按照诉讼程序的不同，律师民事法律文书可以分为起诉类民事法律文书、上诉类民事法律文书、申诉（再审）类民事法律文书。

（3）按照适用审级的不同，律师民事法律文书可以分为第一审民事法律文书、第二审民事法律文书、再审民事法律文书。

（4）按照表现形式的不同，律师民事法律文书可以分为状类民事法律文书，如起诉状、上诉状、答辩状等；书类民事法律文书，如再审申请书、财产保全申请书、执行异议书、复议申请书等；词类民事法律文书，如代理词等。

第二节 民事起诉状

一、知识要点

（一）概念和特点

民事起诉状是公民、法人或其他组织认为自己的或者依法由自己管理、支配的民事权益受到不法侵害时，以个人名义向有管辖权的人民法院提起民事诉讼，请求人民法院就当事人之间的民事纠纷作出公正裁判的民事诉讼法律文书。

任何民事诉讼程序的开始都必须具备起诉行为，只有当事人向人民法院提出起诉，民事诉讼程序才有发生的可能。所以，民事起诉状是启动民事诉讼程序的关键文书。它的递交是公民、法人或者其他组织运用法律武器，维护自己民事合法权益的行为。有管辖权的人民法院接到当事人呈送的民事起诉状后，决定是否受理，一旦受理即引起民事诉讼程序的发生。

民事起诉状有两类：一类是公民提起民事诉讼时使用的，另一类是法人或其他组织提起民事诉讼时使用的。这两类民事起诉状除了制作主体不同，格式要点略有差别外，具有以下共同特征：

1. 制作主体是提起民事诉讼的一方当事人

民事起诉状是当事人提起诉讼时使用的，在民事诉讼中，提起民事诉讼的一方当事人被称为"原告"，它是在民事诉讼中认为自己的或者依法由自己管理、支配的民事权益被他人侵犯或者与他人发生争议的人，包括公民、法人或其他组织。

2. 适用范围是第一审民事诉讼程序的民事案件

民事起诉状是民事诉讼第一审程序启动时所制作和使用的，它适用于第一审民事诉讼程序，是引发整个民事诉讼程序开始运转的第一个民事诉讼法律文书。另外，从适用的具体案件来讲，它适用于民事案件，亦即平等主体的公民、法人或其他组织之间发生的人身关系或财产关系的争议。

3. 内容涉及面较广

民事起诉状涉及的案件既包括一般的民事案件，也包括商事案件、知识产权案件和海事案件等。例如，婚姻家庭纠纷、财产所有权纠纷、财产继承权纠纷、债权纠纷、著作权纠纷等属于民事法律调整范围的案件，均可以适用民事起诉状。

4. 诉状的提出有法定的时效性

《民法典》第九章专门就民事案件的诉讼时效问题作了规定。该法第188条规定："向人民法院请求保护民事权利的诉讼时效期间为三年。法律另有规定的，依照其规定。诉讼时效期间自权利人知道或者应当知道权利受到损害以及义务人之日起计算。法律另有规定的，依照其规定。但是，自权利受到损害之日起超过二十年的，人民法院不予保护，有特殊情况的，人民法院可以根据权利人的申请决定延长。"同时，该法第196条规定："下列请求权不适用诉讼时效的规定：（一）请求停止侵害、排除妨碍、消除危险；（二）不动产物权和登记的动产物权的权利人请求返还财产；（三）请求支付抚养费、赡养费或者扶养费；（四）依法不适用诉讼时效的其他请求权。"根据这些法律规定，民事起诉状的提出一定要注意法定的诉讼时效。另外，诉讼时效期间从知道或者应当知道权利被侵害时起计算。但是，从权利被侵害之日起超过20年的，人民法院不予以保护，只有特殊情况，人民法院才可以延长诉讼时效期间。

（二）法律依据和制作条件

《民事诉讼法》第123条规定："起诉应当向人民法院递交起诉状，并按照被告人数提出副本。书写起诉状确有困难的，可以口头起诉，由人民法院记入笔录，并告知对方当事人。"这一规定是民事起诉状的制作依据。根据这一规定可以明确，向人民法院递交民事起诉状是提起民事诉讼的主要方式，但不是唯一方式，因为提起诉讼还可以口头进行。在司法实践中，如果当事人书写确有困难，可以口头起诉，由人民法院制作笔录，并告知对方当事人。除此，一般必须采用书面形式起诉，即向人民法院提交民事起诉状。

另外，《民事诉讼法》第122条规定："起诉必须符合下列条件：（一）原告是与本案有直接利害关系的公民、法人和其他组织；（二）有明确的被告；（三）有具体的诉讼请求和事实、理由；（四）属于人民法院受理民事诉讼的范围和受诉人民法院管辖。"上述起诉的条件，实际上也是民事起诉状制作的实质条件。这里所指的实质条件是原告、被告、人民法院、诉讼请求以及起诉所依据的客观事实，这些是起诉必须具备的核心部分。具体而言，只有同时具备以下四个条件，当事人才可以制作民事起诉状：

1. 要有合格的原告，即原告必须是和本案有利害关系的公民、法人或其他组织

民事起诉状所列的原告必须符合法律要求。即原告必须是和本案有利害关系的公民、法人或其他组织。这里所指的"利害关系"是原告自己的民事权益受到了侵害或者与他人发生了争议，也就是原告与争议的诉讼标的在法律上有利害关系。如果其合法权益没有受到侵犯，或者不存在民事权利和义务的争执，也就无所谓原告；如果与诉讼标的没有法律上的利害关系，也不能作为原告提起诉讼。

2. 有明确的被告

大多数民事诉讼（适用特别审理程序的民事案件除外）都存在民事权益之争，因此都有利害关系对立的双方当事人。提起诉讼的一方当事人为原告，被原告声称侵害其民事权益或与其发生争议而为人民法院通知应诉的一方当事人是被告。对于被告，民事起诉状中必须明确而且要说明清楚其身份情况。

3. 有具体的诉讼请求、事实和理由

民事起诉状必须以诉讼请求、事实和理由为核心内容。

诉讼请求是原告向人民法院提出的，希望通过人民法院的审理所保护的民事权益的内容，是原告在诉讼上对被告提出的实体权利请求。诉讼请求是由诉讼标的决定的，原告根据法律关系中的权利提出的诉讼请求是起诉的核心内容，因此它必须具体反映当事人本来的意思。

事实和理由则是为了支持原告的诉讼请求而提出的案件事实、理由和法律依据。在提出具体诉讼请求的同时，原告还必须提出诉讼请求所依据的事实和其民事权益应当受保护的理由。这里的事实是指立案事实，它包括两种：一是当事人之间民事法律关系发生、变更、消灭的事实，它是当事人要求人民法院确认权利义务状态的根据；另一种是民事权益受到侵犯或者民事权利义务关系发生争执的事实，它是当事人请求人民法院给予司法保护的根据。而理由则是指能够表明原告权利应该得到保护，以及诉讼请求真实、可靠、可行所必要的理由。原告只有向人民法院提供当事人争议的事实以及充分阐明之所以提出上述诉讼请求的理由和法律依据，才可能使人民法院对案件进行审理。

4. 属于人民法院的受理范围和受诉人民法院管辖

属于人民法院的受理范围是指民事起诉状涉及的案件必须是属于应当由人民法院通过行使审判权予以解决的民事案件，即属于人民法院主管的范围。受诉人民法院是指根据法律规定具体有管辖权的人民法院。

关于我国民事诉讼中的管辖问题，《民事诉讼法》第二章有专门的规定，制作民事起诉状必须符合这些法律规定。同时，该法第127条又对不符合起诉条件的七种情况进一步作出了明确，如果属于这七种情况的，就不得制作民事起诉状。它们是：（1）依照行政诉讼法的规定，属于行政诉讼受案范围的，告知原告提起行政诉讼；（2）依照法律规定，双方当事人达成书面仲裁协议申请仲裁、不得向人民法院起诉的，告知原告向仲裁机构申请仲裁；（3）依照法律规定，应当由其他机关处理的争议，告知原告向有关机关申请解决；（4）对不属于本院管辖的案件，告知原告向有管辖权的人民法院起诉；（5）对判决、裁定、调解书已经发生法律效力的案件，当事人又起诉的，告知原告申请再审，但人民法院准许撤诉的裁定除外；（6）依照法律规定，在一定期限内不得起诉的案件，在不得起诉的期限内起诉的，不予受理；（7）判决不准离婚和调解和好的离婚案件，判决、调解维持收养关系的案件，没有新情况、新理由，原告在六个月内又起诉的，不予受理。

必须注意的是：赡养费、抚养费、抚育费案件，裁判发生法律效力后，因新情况、新理由，一方当事人再行起诉要求增加或减少费用的，当事人应当另行制作民事起诉状。

（三）使用情况

民事起诉状制作完毕之后，原告应将其正本及副本递交到有管辖权的人民法院（注意副本的份数要与对方当事人的人数一致）。《民事诉讼法》第22条规定："对公民提起的民事诉讼，由被告住所地人民法院管辖；被告住所地与经常居住地不一致的，由经常居住地人民法院管辖。对法人或者其他组织提起的民事诉讼，由被告住所地人民法院管辖。同一诉讼的几个被告住所地、经常居住地在两个以上人民法院辖区的，各该人民法院都有管辖权。"这一规定内容，就是我们通常所说的"原告就被告"原则，即民事起诉状一般应当递交被告所在地人民法院受理。另外，根据《民事诉讼法》第23条的规定，下列民事诉讼实行"被告就原告"原则：

（1）对不在中华人民共和国领域内居住的人提起的有关身份关系的诉讼；
（2）对下落不明或者宣告失踪的人提起的有关身份关系的诉讼；
（3）对被采取强制性教育措施的人提起的诉讼；
（4）对被监禁的人提起的诉讼。

对于上述四种情况，民事起诉状应当递交原告本人住所地人民法院。其他特殊情形民事起诉状的提交，可以参看《民事诉讼法》第二章的进一步规定。

人民法院收到民事起诉状后应予登记，并根据案件的不同情况，作出两种处理意见：

（1）认为符合起诉条件的，应当在七日内立案，并通知当事人；决定立案的，人民法院应当在立案之日起五日内将民事起诉状的副本发送被告。
（2）认为不符合起诉条件的，应当在七日内裁定不予受理；原告若对该裁定不服，可以提起上诉。

被告收到人民法院送达的民事起诉状后，应当依法在收到之日起十五日内提出答辩状，如果被告不提出答辩状的，也不影响人民法院审理。

二、内容要点和制作技巧

《民事诉讼法》第124条规定："起诉状应当记明下列事项：（一）原告的姓名、性别、年龄、民族、职业、工作单位、住所、联系方式，法人或者其他组织的名称、住所和法定代表人或者主要负责人的姓名、职务、联系方式；（二）被告的姓名、性别、工作单位、住所等信息，法人或者其他组织的名称、住所等信息；（三）诉讼请求和所根据的事实与理由；（四）证据和证据来源，证人姓名和住所。"

上述法律规定明确了民事起诉状的主要内容，根据这一规定，我们可以将民事起诉状分为三个部分，即首部、正文和尾部。

(一)首部

1. 标题

居中写明"民事起诉状"。

2. 当事人身份事项

分别写明原告、被告或者第三人的基本情况,具体写法因当事人的不同而不同:

如果当事人是公民的,一般写明其姓名、性别、出生年月日、民族、职业或工作单位和职务、住址。这里所指住址是当事人的住所地,如果其住所地和经常居住地不一致的,以经常居住地为准。

如果当事人是法人或其他组织的,应当写明该法人或其他组织的名称、地址,以及法定代表人或代表人的姓名和职务。法人或者其他组织的住所地是指法人或者其他组织的主要办事机构所在地。法人或者其他组织的主要办事机构所在地不能确定的,法人或者其他组织的注册地或者登记地为住所地。

在列举当事人的时候,还要注意一些特殊情况:

(1) 当事人是个体工商户的,除写明业主姓名、性别、出生年月日、民族、住址外,对于起字号的,必须在其姓名后面用小括号注明"系某字号业主"。

(2) 当事人有数人时,应当依次写出,并按照其所享受权利的大小和承担义务的多少有先后顺序地由上往下排列。

(3) 当事人一方人数众多(一般是指10人以上)的共同诉讼,可以由当事人推选代表人进行诉讼。

3. 法定代理人或委托代理人的身份事项

依照有关法律规定,如果当事人是无诉讼行为能力人,由其监护人作为法定代理人代为诉讼。在民事起诉状中,法定代理人的身份事项列于相应的当事人身份事项下面,另起一行。法定代理人的身份事项包括姓名、性别、年龄、职业、工作单位和住址。在法定代理人的姓名后面必须用小括号注明其与该当事人的关系。如"法定代理人×××(×告之父)……"

另外,在民事诉讼中,当事人和法定代理人可以委托一至二人作为诉讼代理人。所以,如果当事人有委托代理人的,应该在相应的当事人或法定代理人身份事项下面另起一行写明其委托代理人身份事项。委托代理人身份事项的具体写法有两种:一是以律师为委托代理人的,写明:"×××(姓名),××律师事务所律师"。二是以非律师为委托代理人的,写法和上述法定代理人身份事项写法相同。如果有指定代理人的,其基本情况的写法同法定代理人。

在写这部分内容时必须注意不得错列、多列或漏列诉讼参加人。

(二)正文

正文部分由诉讼请求,事实与理由,证据、证据来源和证人姓名及住所等几项内容构成。

1. 诉讼请求

诉讼请求是指原告向被告主张的法律上的利益，体现原告向人民法院提起民事诉讼想达到的根本目的。针对每个当事人要求人民法院解决问题的目的不同，在诉讼请求这一项内容中，必须写明原告要求人民法院保护的具体权利，即希望人民法院判令被告履行何种义务，或者变更某种民事法律关系，或者确认某种民事法律关系是否存在等。不同性质的民事案件，诉讼请求的内容要点不完全相同，甚至相同性质的案件如果具体案情不同，其诉讼请求的内容也不相同。譬如，离婚案的民事起诉状，其诉讼请求一般包括三方面：一是关于离婚的请求；二是关于子女抚养的请求；三是关于分割夫妻共同财产的请求。

写诉讼请求时必须注意：

第一，诉讼请求的提出要合法、合理。所谓合法，就是诉讼请求的提出必须符合有关法律的规定，凡是违反法律规定的诉讼请求不得提出。比如《民法典》第1082条规定："女方在怀孕期间、分娩后一年内或者终止妊娠后六个月内，男方不得提出离婚；但是，女方提出离婚或者人民法院认为确有必要受理男方离婚请求的除外。"根据这一规定，如果在上述期间内男方向女方提出离婚的诉讼请求显然违反法律。现在，在司法实践中比较难以把控的是涉及一些因为侵权或其他原因造成需要赔偿经济损失的民事案件，这方面的法律由于还不完善，造成了对于其中损害赔偿数额的提出标准难以把握。所以在写诉讼请求时，可能出现无据可依，甚至非法的现象。原告往往容易把数额提得过高，使被告难以承受。针对这种情况，在制作这一类民事起诉状的诉讼请求时，必须掌握好一个度的问题，即赔偿数额的提出既要符合人情事理，又要与相关证据相互印证。总之，违反法律规定或违反人情、事理的诉讼请求不能写入民事起诉状之中。

第二，民事诉讼实行"不告不理"的诉讼原则，原告不在诉讼请求中提出的请求，法院不会主动审理和保护。所以，诉讼请求的内容一定要明确、具体。所谓明确、具体，也就是要写清楚希望通过人民法院解决什么问题，保护什么权利，达到什么目的。比如，要求被告"赔偿损失""停止侵害""公开赔礼道歉"等。对于要求赔偿损失或给付抚养费等涉及金钱方面问题的，还必须写清楚具体要求得到的金钱种类、数额、支付方式、期限等。如果涉及房产纠纷的，一定要写明该房屋的具体情况，包括其地理位置、房屋状况、产权来源、面积大小等。

2. 事实与理由

事实与理由是民事起诉状的主要内容，包括事实与理由两个部分。必须先叙述事实再阐明理由。

（1）事实

事实是民事起诉状的核心内容之一。民事起诉状事实部分必须围绕诉讼目的全面、客观地展开叙述。内容要点和其他民事诉讼法律文书一样包括三个层次，具体而言：

首先，必须明确当事人之间的人物关系，介绍双方纠纷发生前的状况。我们知道，当事人不可能从一出生就发生纠纷直到现在，在发生民事纠纷之前他们一定处于某种状况。有的认识，有的不认识，有的本来就处于某种民事法律关系中。比如，原告和被告是长期的生意合作伙伴。对这些情况必须先作介绍。

其次，叙述民事纠纷发生的时间、地点、起因、发展过程。这一部分内容必须详细反映当事人之间民事纠纷的由来和发生、发展过程，叙述中特别要抓住当事人争执的焦点以及双方当事人对民事权益争议的具体内容，突出与案件有直接关联的事实和实质性的分歧。

最后，写明纠纷所造成的后果，分清当事人双方应该承担的法律责任。在写这部分内容时，应力求实事求是，用客观的态度反映当事人行为与纠纷结果之间的因果关系，以便于明确民事责任的承担。

总之，在叙述事实时，既要全面展开对案情的介绍，又要抓住不同性质民事案件的法定要素，突出争议焦点。以离婚案为例，离婚案的民事起诉状事实部分第一层内容主要交代清楚原、被告感情破裂前的婚姻状况，包括何时通过什么方式认识、是自由恋爱还是父母包办的、婚前的感情基础怎样、何时结婚、婚后感情发展情况如何、何时生育了子女以及子女的现状，等等；另外，还必须写清楚原告与被告婚前、婚后的财产情况，以及是否对婚后财产有过约定等。第二层内容就是重点叙述原、被告夫妻感情破裂的经过，包括感情纠葛的起因、矛盾发展的过程、双方在矛盾发生后的具体表现等，特别要客观地展现原、被告之间矛盾的症结所在，可以一两件典型事例来说明原告与被告的感情确已破裂。第三层内容则要写明原、被告在起诉当时的关系状况，如已经分居的，要写明分居的时间等。

叙述事实必须注意的问题是：

第一，叙事要完整、真实，即要实事求是地将涉案纠纷的前因后果以及整个过程反映清楚。司法实践中，有些原告为了达到"告倒"被告的目的，不顾事实真相，把被告写得一无是处。针对这一情况，叙述民事起诉状事实的时候应当做到：既要反映对原告有利的事实情况，也要交代对原告不利的事实情况，不可避重就轻。更不能故意隐瞒真相，歪曲事实，人为造成对被告的不利。当然，如何在起诉状中叙述案件事实，在实务中还存在不同的观点和看法，尤其是在我国已经确立了民事诉讼自认规则的背景下，如何在起诉状中取舍不利于己方的案件事实，确实需要制作者多费些功夫审慎思量。

第二，在确保事实叙述完整、真实的前提下，还要掌握对客观材料的组织，注意关键情节的交代，突出当事人双方矛盾的焦点。只有抓住关键情节，突出矛盾的焦点，才能够分清纠纷中原、被告应该承担的相应责任。所以，切忌将事实部分写成毫无主次和重点的流水账，使人不得要领，责任难辨。

第三，语言要求准确、精炼、朴实。不得在民事起诉状中有漫骂和人身攻击之词。

第四，从写作方法上看，事实部分一般是以时间的先后为顺序来进行叙述，司法实践中，民事纠纷的过程往往比较复杂，有的矛盾甚至积压年数已久使得纠纷的时间、地点难以表达准确，因此，在叙述事实时，语言的斟酌尤为重要。否则，很容易造成条理不清、事实不明的局面。总之，民事起诉状事实部分的叙述应当详略得当，过详会造成文字冗长、语言啰唆，过略又会使事实情节不清，影响诉讼请求的实现。

（2）理由

这里所指的理由也就是原告提起诉讼的理由。起诉理由一般从以下两方面予以阐述：

首先，必须阐明事理。事理就是概括上述事实，分析案件的性质，明确是非曲直；指出危害后果，分清原、被告应该承担的民事责任；论证权利义务关系，说明诉讼请求的合理合法。在这里，必须采用立论与驳论相结合的方法，层层论理。

其次，必须阐明法理。即围绕诉讼请求援引民事法律、法规或政策，以及事理、道德、人情等，论证诉讼请求提出的合法性和合理性。在此要借助法律和人情事理依据，结合事实和证据充分阐述理由，逐一论证诉讼请求的合法、合理性，以达到起诉的目的，维护自己的合法权益。

要写好理由应当注意以下几点：

第一，阐述理由要有针对性。民事起诉状理由部分的论点就是前面提出的诉讼请求，所以必须针对每一项诉讼请求展开阐述，要逐条阐明诉讼请求的合法、合理性。如离婚案民事起诉状的理由部分，首先必须阐明原、被告夫妻感情确已破裂的理由，然后再就子女抚养和财产分割问题展开说理。最后，写明我国《民事诉讼法》关于提起民事诉讼的法律依据。

第二，论据要充分。在这里，很重要的一点就是必须吃透有关的法律、法规、政策和道德、人情、事理。我国正面临社会转型的问题，民事法律、法规也处在一个不断完善的过程中，有些问题的处理可能还缺乏足够的法律依据。在这种情况下，当事人就不得不通过有关政策、道德、人情和事理来阐述提起民事诉讼的理由。正因为如此，我们在制作民事起诉状理由的时候，要更加严格把关，切忌随心所欲篡改政策、道德、滥用人情、事理等。

3. 证据、证据来源和证人姓名及住所

证据是认定事实的客观基础，所以，这个部分必须依照主次顺序逐项列举所提交的书证、物证和其他能够证明事实真相的材料，并说明书证、物证和其他能够证明事实真相的材料的来源以及可靠程度。特别是对于原始证据、直接证据和经公证机关公证过的证据,必须写明其准确的来源。证人情况的说明一般放在其他证据后面,写清证人的姓名和住址。

《民事诉讼法》第67条第1款规定:"当事人对自己提出的主张,有责任提供证据。"这就是民事诉讼中必须遵循的"谁主张,谁举证"原则。因此,制作民事起诉状时绝对不可轻视证据的列举。同时,对证据的列举必须写清楚其合法来源,以证明其客观、真实性。另外,每一种被列举的证据都能与前面的事实相互印证。

根据《民事诉讼法》第66条的规定,民事诉讼的证据有八种:当事人的陈述、书证、物证、视听资料、电子数据、证人证言、鉴定意见、勘验笔录。这八种证据材料是认定事实的根据。因此,民事起诉状必须围绕这几个方面来提供证据,印证事实。在司法实践中,除依法由人民法院收集的证据外,其他证据,包括人民法院经调查没有能够收集到的证据,均由当事人负举证责任。

在列举证据时必须注意的是:

第一,做好证据清单的编制工作。《最高人民法院关于民事诉讼证据的若干规定》第19条第1款规定:"当事人应当对其提交的证据材料逐一分类编号,对证据材料的来源、证明对象和内容作简要说明,签名盖章,注明提交日期,并依照对方当事人人数提出副本。"证据清单不仅具有信息汇总归集、导向指引的作用,而且还具有帮助法庭呈现案件事实和法律观点的作用,它既有助于提高庭审中证据举证、质证的效率,也有助于将法官导向有利于己方证明的逻辑关系之中,达到事半功倍的庭审效果。证据清单可以表格式形态展现,内容应当包括但不限于证据名称、证据形式、证明内容,以及序号和页码等。

第二,对于下列事实不需要举证:众所周知的事实和自然规律及定理;根据法律规定或已经知道的事实能够推定出的另一事实;已为人民法院发生法律效力的裁判所确定的事实;已为有效公证书所证明的事实。

第三,随民事起诉状一起提交证据材料时,对书证应当提交原件,对物证应当提交原物;提交原件、原物确有困难的,可以提交其复制品、照片、副本、节录本。

第四,提交外文书证,必须附有中文译本。

第五,证人是指知道案件情况的人,不能够正确表达自己意思的人不可列为证人。

(三)尾部

(1)写明致送单位名称。文字上表述为"此致 ××人民法院"。注意要分两行写。

(2)起诉人署名,如果属于代书的,还要由代书人署名。代书人为律师的,应当写明其姓名、工作单位和职务。如"×××× 律师事务所 律师"。

(3)提出民事起诉状的年月日。

（4）附项。附项一般包括民事起诉状副本的份数和证据清单及证据材料的件数。副本的份数应当和对方当事人的人数一致。

三、文书样式

【样式1】

示例8-1

民事起诉状[①]

（自然人提起民事诉讼用）

原告：×××，男/女，××××年××月××日出生，×族，……（写明工作单位和职务或职业）住……联系方式：……

法定代理人/指定代理人：×××，……

委托诉讼代理人：×××，……

被告：×××，……

…………

（以上写明当事人和其他诉讼参加人的姓名或者名称等基本信息）

诉讼请求：

…………

事实和理由：

…………

证据、证据来源和证人姓名及住所：

…………

此致
××××人民法院

起诉人（签名）
××××年××月××日

附：本起诉状副本×份。

[①] 人民法院出版社编：《最新民事诉讼文书样式应用及法律依据（上册）》，人民法院出版社2022年版，第270—271页。

【样式2】

民事起诉状①

(法人或其织提起民事诉讼用)

原告：×××，住所……

法定代表人/主要负责人：×××，……（写明职务）联系方式：……

委托诉讼代理人：×××，……

被告：×××，……

…………

（以上写明当事人和其他诉讼参加人的姓名或者名称等基本信息）

诉讼请求：

…………

事实和理由：

…………

证据、证据来源和证人姓名及住所：

…………

此致
××××人民法院

起诉人（公章和签名）
××××年××月××日

附：本起诉状副本×份。

【样式3】

民事起诉状②

(提起第三人撤销之诉用)

原告：×××，男/女，××××年××月××日出生，×族，……（写明工作单位和职务或者职业）住……联系方式：……

法定代理人/指定代理人：×××，……

---

① 人民法院出版社编：《最新民事诉讼文书样式应用及法律依据（上册）》，人民法院出版社2022年版，第270—271页。

② 同上。

委托诉讼代理人：×××，……
被告（原审原告）：×××，……
…………
被告（原审被告）：×××，……
…………
第三人：×××，……
…………
（以上写明当事人和其他诉讼参加人的姓名或者名称等基本信息）

诉讼请求：

1.（全部请求撤销的，写明：）撤销××××人民法院（××××）……号民事判决/民事裁定/民事调解书；

（部分请求撤销的，写明：）撤销××××人民法院（××××）……号民事判决/民事裁定/民事调解书第×项；

（请求改变的，写明：）变更××××人民法院（××××）……号民事判决/民事裁定/民事调解书第×项为……（写明变更的具体内容）

2.……（写明其他诉讼请求）

事实和理由：

××××年××月××日，××××人民法院（××××）……号对……（写明当事人和案由）一案作出民事判决/民事裁定/民事调解书：……（写明判决结果）

……（写明提起第三人撤销之诉的事实和理由）

证据、证据来源和证人姓名及住所：

…………

此致
××××人民法院

起诉人（签名或者盖章）
××××年××月××日

附：本起诉状副本×份。

【样式4】

民事起诉状[①]

（案外人提起执行异议之诉用）

原告（案外人）：×××，男/女，××××年××月××日出生，×族，……（写明工作单位和职务或者职业）住……联系方式：……

法定代理人/指定代理人：×××，……

委托诉讼代理人：×××，……

被告（申请执行人）：×××，……

…………

被告/第三人（被执行人）：×××，……

…………

（以上写明当事人和其他诉讼参加人的姓名或者名称等基本信息）

诉讼请求：

1. 不得执行……（写明执行标的）
2. （请求确认权利的，写明:）……

事实和理由：

××××年××月××日，××××人民法院（××××）……号对……（写明当事人和案由）一案作出民事判决/民事裁定/民事调解书：……（写明判决结果）

××××年××月××日，×××对执行标的提出书面异议。××××人民法院于××××年××月××日作出（××××）……执异……号执行异议裁定：驳回×××的异议。

……（写明事实和理由）

证据、证据来源和证人姓名及住所：

…………

此致

××××人民法院

起诉人（签名或者盖章）

××××年××月××日

附：本起诉状副本×份。

[①] 人民法院出版社编：《最新民事诉讼文书样式应用及法律依据（上册）》，人民法院出版社2022年版，第270—271页。

【样式 5】

民事起诉状[①]

（申请执行人提起执行异议之诉用）

原告（申请执行人）：×××，男/女，××××年××月××日出生，×族，……（写明工作单位和职务或者职业）住……联系方式：……

法定代理人/指定代理人：×××，……

委托诉讼代理人：×××，……

被告（案外人）：×××，……

…………

被告/第三人（被执行人）：×××，……

…………

（以上写明当事人和其他诉讼参加人的姓名或者名称等基本信息）

诉讼请求：

准许执行……（写明执行标的）

事实和理由：

××××年××月××日，××××人民法院（××××）……号对……（写明当事人和案由）一案作出民事判决/民事裁定/民事调解书：……（写明判决结果）

××××年××月××日，被告（案外人）×××对执行标的提出书面异议。××××人民法院于××××年××月××日作出（××××）……执异……号执行异议裁定：中止……（××××）……号……（写明案号、文书名称和执行项）的执行。

……（写明事实和理由）

证据、证据来源和证人姓名及住所：

1. ××××人民法院（××××）……号民事判决/民事裁定/民事调解书；
2. ××××人民法院（××××）……执异……号执行裁定书；

…………

此致

××××人民法院

起诉人（签名或者盖章）

××××年××月××日

附：本起诉状副本×份。

[①] 人民法院出版社编：《最新民事诉讼文书样式应用及法律依据（上册）》，人民法院出版社2022年版，第270—271页。

第三节 民事反诉状

一、知识要点

（一）概念和特点

民事反诉状，是指在正在进行的诉讼中（诉讼系属中），本诉的被告以本诉的原告为被告提起旨在抵消、吞并或者排斥本诉诉讼请求的反请求时而制作的民事诉讼法律文书。

从上述概念我们知道，民事反诉状是民事诉讼中的当事人一方提起反诉的时候使用的一种诉讼法律文书。反诉是我国《民事诉讼法》赋予民事被告的一项诉讼权利。民事诉讼过程中，如果被告认为原告侵犯了其合法权益，有权针对原告的起诉提出反诉。反诉是被告反过来告原告，因此反诉提起后，本诉的被告在反诉中处于原告的地位，享受原告所享有的各种诉讼权利。

必须注意的是，在民事诉讼中，反诉请求的提出方式不是单一的。当事人的民事反诉状可以单独提出，也可以和答辩状同时提出。但是，司法实践中一般要求单独提出。

与起诉状相比，反诉状具有如下特点：

1. 当事人地位的特定性

反诉是本诉的被告或被上诉人在本诉的诉讼过程中，以本诉的原告或上诉人为其当事人，所以民事反诉状中的反诉人和被反诉人具有特定性。原来本诉中的被告或者被上诉人应当列为反诉人，而本诉中的原告或上诉人则列为被反诉人。

2. 反诉请求的针对性

反诉的目的旨在抵消、吞并或者排斥本诉的诉讼请求以及实现自己的合法权益。所以，民事反诉状的诉讼请求是针对本诉的诉讼请求提出的。具体有两种情况：一是抵消或吞并本诉的诉讼请求，即使得原告不能够实现或全部实现其主张的权利，或者原告虽然能够实现其主张的权利，也必须以向被告履行一定的民事义务为条件；二是排斥本诉的诉讼请求，即指反诉请求与本诉请求是相互矛盾的，如果人民法院支持反诉请求的话，本诉请求就不能够成立。

3. 递交时间的法定性

反诉必须是在本诉尚未终结之前向人民法院提出。因此，民事反诉状递交人民法院的时间必须是在人民法院受理案件之后，在法庭作出判决之前。

（二）法律依据和制作条件

反诉是法律赋予民事诉讼被告的一种诉讼权利。《民事诉讼法》第54条规定：

"原告可以放弃或者变更诉讼请求。被告可以承认或者反驳诉讼请求，有权提出反诉。"

《民事诉讼法》第143条规定："原告增加诉讼请求，被告提出反诉，第三人提出与本案有关的诉讼请求，可以合并审理。"

《民事诉讼法》第146条规定："原告经传票传唤，无正当理由拒不到庭的，或者未经法庭许可中途退庭的，可以按撤诉处理；被告反诉的，可以缺席判决。"

制作民事反诉状和民事起诉状一样，必须具备一定的条件。除了必须符合前面民事起诉状制作的四个条件外，还要特别注意以下几个问题：

（1）反诉的当事人应当限于本诉的当事人的范围。也就是说，反诉的当事人和本诉的当事人实际是一样的，只不过在诉讼中地位互换，而且必须是反诉人的合法权益受到了被反诉人的侵害，反诉人具备了诉权和行使诉权的条件。

（2）反诉与本诉的诉讼请求基于相同法律关系、诉讼请求之间具有因果关系，或者反诉与本诉的诉讼请求基于相同事实。

（3）反诉和本诉必须适用同一诉讼程序，并且它们之间要有内在联系，以达到合并审理、相互抵消的目的。

（4）受理本诉的人民法院必须对反诉案件具有管辖权。

（三）使用情况

民事反诉状制作完毕，由反诉人（本诉被告）将其正本和副本递交受理本诉的人民法院，人民法院再将其副本交给被反诉人（本诉原告），并合并审理此案。

应当注意的是：反诉是一个独立的诉讼请求，不会因为本诉的撤销而终止。另外，对二审中提出的反诉，应该先调解，调解不成再发回重审，不可以直接判决。

二、内容要点和制作技巧

反诉的实质就是起诉，所以民事反诉状和民事起诉状的内容要点相类似。但是，反诉具有一定程度的应诉性，即后起诉，因此，民事反诉状又有类似民事答辩状（后面将介绍）的特点。从民事反诉状的结构来看，它也由首部、正文和尾部三部分构成。其中，首部包括标题、诉讼参加人的身份情况、案由；正文部分包括反诉请求、事实与理由、证据和证据来源，证人姓名和住址；尾部则包括致送单位、反诉人署名、制作年月日和附项。

（一）首部

1. 标题

居中写明"民事反诉状"。

2. 当事人身份事项

写明当事人的基本情况。当事人称谓为：反诉人、被反诉人。列举当事人时，必须在"反诉人"和"被反诉人"后分别注明其在本诉中的诉讼地位,如"反诉原告(本诉被告)""反诉被告(本诉原告)"。如果反诉人和被反诉人为数人的,应当依次分别写明其基本情况。

身份事项的具体内容和民事起诉状写法一样,请参照民事起诉状当事人身份的写法。

3. 法定代理人和委托代理人身份事项

具体写法请参照民事起诉状,在此不作赘述。

4. 案由

民事反诉状的案由也就是反诉缘由,它是首部的最后一项内容。文字上可以表述为:"反诉被告×××(姓名)起诉反诉原告×××(姓名)××(案件性质)一案,因其(民事起诉状的主要错误,如事实有谬、证据不实等)现提出反诉如下"。

(二)正文

这一部分由反诉请求,事实与理由,证据、证据来源和证人姓名及住所构成。

1. 反诉请求

逐项提出反诉想达到的目的。具体写法和要求可以参照民事起诉状。但是,必须注意反诉请求是针对本诉提出的相反诉讼要求。所以,在表述的时候必须反映这一特点。如:"请求人民法院依法判决反诉被告×××返还货款人民币××××元,以抵消反诉原告欠其在本诉中所提的货物数额。"

2. 事实与理由

这一部分是民事反诉状的核心内容。与民事起诉状相同,应该分别叙述事实,阐明理由。不同的是,反诉内容必须是本诉中当事人有争执和纠纷的同一事实,而不能够脱离原有的争执和纠纷事实,就另外的法律关系或法律行为提出新的指控,如指控对方违约或者侵权等。若反诉指控的是另外的诉讼问题,就不可以与本诉合并审理。另外,在叙述事实时,要抓住案件的关键问题详细交代,突出重点;对于其他问题可以略写。凡无谓的枝节问题,对定性没有影响的问题等,甚至可以不写。理由部分主要围绕反诉请求展开阐述,分析案件的性质,明确当事人之间的是非曲直,从而进一步论证反诉与本诉的因果关系,以确定双方当事人的权利义务。同时,也必须援引有关法律、法规、政策,或道德、人情、事理等,为反诉理由提供法律依据。

3. 证据、证据来源和证人姓名及住所

制作证据清单,列举与反诉事实相互印证的证据,说明这些证据的来源。最后列出证人名单与其住址。所列证据必须客观、真实,且属于合法取得。证据较多的,必须分项按主次顺序排列。直接证据和原始证据排列在前。

（三）尾部

尾部写明致送的人民法院名称、反诉人署名、提出民事反诉状的年月日、附项。注意，如果是代书的，还必须由代书人署名。另外，附项的内容和民事起诉状相同。

三、文书样式

【样式1】

示例8-2

民事反诉状①

（公民提起民事反诉用）

反诉原告（本诉被告）：×××，男/女，××××年××月××日出生，×族，……（写明工作单位和职务或职业）住……联系方式：……

法定代理人/指定代理人：×××，……

委托诉讼代理人：×××，……

反诉被告（本诉原告）：×××，……

…………

（以上写明当事人和其他诉讼参加人的姓名或者名称等基本信息）

反诉请求：

…………

事实和理由：

…………

证据、证据来源和证人姓名及住所：

…………

此致

××××人民法院

反诉人（签名）

××××年××月××日

附：本反诉状副本×份。

---

① 人民法院出版社编：《最新民事诉讼文书样式应用及法律依据（上册）》，人民法院出版社2022年版，第270—271页。

【样式 2】

民事反诉状①

（法人或其他组织提起反诉用）

反诉原告（本诉被告）：×××，住所地……

法定代表人/主要负责人：×××，……（写明职务）联系方式：……

委托诉讼代理人：×××，……

反诉被告（本诉原告）：×××，……

…………

（以上写明当事人和其他诉讼参加人的姓名或者名称等基本信息）

反诉请求：

…………

事实和理由：

…………

证据、证据来源和证人姓名及住所：

…………

此致

××××人民法院

反诉人（公章和签名）

××××年××月××日

附：本反诉状副本×份。

第四节 民事上诉状

一、知识要点

（一）概念和特点

民事上诉状是民事案件的当事人或其法定代理人，不服人民法院的第一审判决或裁定，在法定上诉期内，向原审法院的上一级法院提出的要求撤销、变更原裁判

---

① 人民法院出版社编：《最新民事诉讼文书样式应用及法律依据（上册）》，人民法院出版社 2022 年版，第 270—271 页。

或指令原审人民法院对案件进行重新审理时所制作的民事诉讼法律文书。

民事上诉状是引起民事案件第二审程序的民事诉讼法律文书之一。它促使上一级人民法院对下一级人民法院的审判活动进行监督,保证办案质量,维护当事人的合法民事权益,切实做到司法公正。

民事上诉状具有如下特点:

1. 制作主体特定

民事上诉状的制作主体必须是同一民事案件第一审程序中的当事人或其法定代理人。这里的当事人主要指原审的原告、被告、有独立请求权的第三人和一审中被判令承担民事责任的无独立请求权的第三人。另外,司法实践中经委托人特别授权的委托代理人也可以作为民事上诉状的制作主体。

2. 提交时间法定

民事上诉状必须在法定上诉期限内提出。根据《民事诉讼法》的规定,对民事判决不服的上诉期是十五天;对民事裁定不服的上诉期是十天。超过上诉期限的民事上诉状,无法律意义。当然,如果当事人因不可抗拒的事由或者有其他正当理由而延误期限的,在障碍消除后的十天之内,可以申请顺延上诉期限;是否准许,由人民法院决定。在获得人民法院准许后,当事人就可以恢复上诉权,其民事上诉状也才具有法律意义。

3. 上诉目的明确

民事上诉状的上诉目的非常明确,就是要求第二审人民法院撤销、变更第一审民事判决或第一审民事裁定,或者指令原审人民法院重新审理该案。

4. 内容具有较强的针对性和辩驳性

民事上诉状的内容是针对人民法院原审裁判的错误展开论证,指出并分析原审裁判的错误,并加以反驳。

(二) 法律依据和制作条件

《民事诉讼法》第171条规定:"当事人不服地方人民法院第一审判决的,有权在判决书送达之日起十五日内向上一级人民法院提起上诉。当事人不服地方人民法院第一审裁定的,有权在裁定书送达之日起十日内向上一级人民法院提起上诉。"

民事上诉状是民事案件的当事人或他们的法定代理人依法提出的。它的制作条件是:

(1) 人民法院对该民事案件已经作出第一审判决或者裁定,而且第一审判决或裁定还没有生效。这里所说的第一审民事判决是指:地方各级人民法院适用普通程序和简易程序审理后作出的第一审民事判决,第二审人民法院发回重审后的民事判决,以及按照第一审程序对民事案件再审作出的判决。这里所说的第一审民事裁定是指:不予受理的民事裁定、对管辖权有异议的民事裁定以及驳回起诉的民事裁定。注意:当事人对于按照特别程序审理后作出的民事裁判、第二审人民法院的终审民事裁判以及最高人民法院的第一审民事裁判,均不得制作民事上诉状,提出上诉。

(2)当事人不服人民法院第一审民事判决或裁定,即认为第一审民事裁判有错误或者有不当。具体而言,包括第一审民事判决或裁定的事实认定有错误(包括证据不足)、适用法律不当以及严重违反民事诉讼程序等。

(三)使用情况

根据《民事诉讼法》第173条的规定,民事上诉状一旦制作完毕,应当通过原审人民法院提出,并按照对方当事人或者代表人的人数提出副本。如果当事人直接向第二审人民法院上诉的话,第二审人民法院应当在五日内将民事上诉状移交原审人民法院。

原审人民法院收到民事上诉状之后,应当在五日内将民事上诉状的副本送达对方当事人,对方当事人则在收到民事上诉状之日起十五日内提出答辩状。如果对方当事人不提出答辩状的,不影响人民法院审理。

另外,原审人民法院收到民事上诉状和民事答辩状后,应当在五日内连同全部案卷和证据,报送第二审人民法院。第二审人民法院应当对民事上诉状上诉请求的有关事实和适用法律进行审查,并根据不同情况分别依法作出处理。

二、内容要点和制作技巧

《民事诉讼法》第172条规定:"上诉应当递交上诉状。上诉状的内容,应当包括当事人的姓名,法人的名称及其法定代表人的姓名或者其他组织的名称及其主要负责人的姓名;原审人民法院名称、案件的编号和案由;上诉的请求和理由。"根据这一规定我们知道,民事上诉状有两种:一是公民提出上诉时使用的民事上诉状;二是法人和其他组织提出上诉时使用的民事上诉状。这两种民事上诉状的格式略有差别,但从结构上看均由首部、正文和尾部三部分组成。

(一)首部

1. 标题

居中写明"民事上诉状"。

2. 当事人等身份事项

民事上诉状的当事人被称为上诉人、被上诉人,上诉人是享有上诉权的人,被上诉人则是上诉人的对方当事人。所以,这一栏就是要依次写明上诉人、被上诉人等的基本情况,具体身份事项的内容和制作要求同民事起诉状(注意公民使用与法人或其他组织使用之写法的不同)。但是,民事上诉状必须在每一个当事人的称谓后用小括号注明其分别在原审中所处的地位。如可以表述为"上诉人(原审被告)、被上诉人(原审原告)"。当然,也可以表述为"上诉人(原审原告)、被上诉人

(原审被告)"。

在列举当事人的时候应当注意的是：(1) 这里所说的当事人是指在第一审民事诉讼程序中具有实体权利的当事人，包括第一审程序中的原告、被告、共同诉讼人、诉讼代表人、有独立请求权的第三人以及第一审人民法院判决认定其承担民事责任的无独立请求权的第三人。(2) 共同诉讼中部分当事人提出上诉的，如果不涉及同一方当事人权利义务分担意见分歧的，未上诉的同一方当事人仍然写其在原审中的称谓；如果涉及同一方当事人权利义务分歧的，未上诉的同一方当事人均称为"被上诉人"。(3) 有独立请求权的第三人可以以本诉讼的双方或者一方当事人为被上诉人提起上诉，在民事上诉状中为上诉人，当然也可以成为本诉讼双方当事人或者一方当事人的被上诉人；而无独立请求权的第三人则只有当第一审人民法院判令其承担实体义务时，才有权提起上诉，成为上诉人，或因对方当事人的上诉成为被上诉人。(4) 不可以将原审人民法院列为"被上诉人"。

3. 法定代理人、委托代理人等身份事项

如果当事人有法定代理人或委托代理人的，应当在各当事人的身份事项写完之后，另起一行写明其法定代理人或委托代理人的身份事项。具体写法和注意的问题可参照民事起诉状。

4. 案由和上诉的缘由

这是一个比较固定的段落，要求写明案件的性质、上诉人上诉的缘由等。可以表述为："上诉人因……一案（案由），不服××××人民法院××××年××月××日（年度）××民初字第×号民事判决（或裁定），现提出上诉。"

(二) 正文

正文部分包括上诉请求和上诉理由两部分，这是民事上诉状的核心内容。

1. 上诉请求

上诉请求是针对原审人民法院的错误判决或错误裁定提出的，是上诉想达到的目的。无论上诉人要求撤销原审裁判，还是要求变更原审裁判（包括全部改判和部分改判），文字表达都必须具体、明确。例如，文字上可以表述为："请求人民法院依法撤销原审判决（或裁定），予以改判。"当然，如果有多项上诉请求的，应当逐条按照主次顺序提出。

应当注意的是，若请求人民法院对原审裁判进行部分改判的，必须具体写明希望改判处理意见的哪一项或哪几项。

2. 上诉理由

上诉理由是上诉人能否达到上诉目的的关键，是民事上诉状的重要内容。上诉人在阐述上诉理由时，一定要有针对性，即针对原审判决或裁定的错误进行分析论证，而不是针对对方当事人。这也是民事上诉状不同于民事起诉状的地方。一般来说，可以从以下几方面阐述上诉理由：

（1）分析原审裁判认定事实的错误，提出纠正或否定该错误的事实、证据。这里首先要明确指出人民法院原审裁判在认定事实上（包括证据不足）的错误，并具体写明是部分错误还是全部错误；其次，针对这些错误的事实认定说明客观的事实真相是怎么样的；最后，列举相应的证据材料证实前面的观点。

（2）指出原审裁判适用法律的不当以及说理的不充分，提出正确的理由和应当适用的法律依据。适用法律不当主要是指对实体法的援引存在问题。一是可能所援引的实体法条文不适合该民事案件的具体案情；二是可能所援引的实体法条文不够全面；三是对所援引的实体法条文理解错误。对于上述情况，要有针对性地展开分析论证。

（3）就原审裁判在诉讼程序上的错误，提出纠正的法律依据。在诉讼程序上的错误一般是指原审人民法院在审理民事案件时违反了程序法的有关规定，使得案件的处理结果存在不当。因此，必须加以论理从而达到纠正错误的目的。

阐述上诉理由时应当注意以下问题：

第一，论理要有针对性，即针对原审裁判，从各个不同的角度进行分析、论证，以达到对原审裁判予以部分或全部否定的目的。

第二，上诉理由的阐述一般采用驳论的方法，针对原审裁判的错误予以反驳，所以必须做到有理有据地摆事实讲道理，措辞也要得体。

第三，阐述上诉理由应当注意详略得当，对在原审中已经解决的，当事人之间不再有争议的内容要略写，仅供第二审人民法院了解即可；而对原审人民法院还没有解决的，当事人之间有争议的内容，则应当重点分析论证，并且要有鲜明的论点以引起上诉法院的重视。这样，才不至于使民事上诉状的内容主次不清。

第四，上诉理由的阐述必须密切结合上诉请求展开，并与之相呼应，以强调上诉请求的合法性、合理性。

第五，语言运用注意文明、诚恳，切不可过于激烈，甚至言辞失去控制。

（三）尾部

民事上诉状的尾部包括致送的人民法院名称、上诉人署名（如果是代书的，还必须写明代书人的身份事项）、提出民事上诉状的年月日、附项等。注意附项内容一般是写明民事上诉状副本的份数以及送交人民法院的证据清单及证据情况说明，其中证据包括物证和书证的名称及件数、证人的姓名和住址。

三、文书样式

示例8-3

民事上诉状[①]

（当事人提起上诉用）

上诉人（原审诉讼地位）：×××，男/女，××××年××月××日出生，×族，……（写明工作单位和职务或者职业）住……联系方式：……

法定代理人/指定代理人：×××，……

委托诉讼代理人：×××，……

被上诉人（原审诉讼地位）：×××，……

（以上写明当事人和其他诉讼参加人的姓名或者名称等基本信息）

×××因与×××……（写明案由）一案，不服××××人民法院××××年××月××日作出的（××××）……号民事判决/裁定，现提起上诉。

上诉请求：

……

上诉理由：

……

此致

××××人民法院

上诉人（签名或者盖章）

××××年××月××日

（如果上诉人是法人或其他组织，则在上诉人身份事项中，按照法人或其他组织的身份事项要求进行书写。其他内容同上。）

附：本上诉状副本×份。

[①] 人民法院出版社编：《最新民事诉讼文书样式应用及法律依据（上册）》，人民法院出版社2022年版，第270—271页。

第五节　民事再审申请书

一、知识要点

（一）概念和特点

民事再审申请书是民事案件当事人或其法定代理人，不服人民法院已经生效的民事判决、裁定或调解书，在法定期限内，向人民法院提出再审要求时制作的民事诉讼法律文书。

申请再审是法律赋予民事诉讼当事人的一项诉讼权利，它是公民申诉权这一民主权利在民事诉讼中的具体体现。民事再审申请书的提出可能引起民事再审程序，但不是必然。

民事再审申请具有如下特点：

1. 适用程序的特定

民事再审申请书只适用于民事诉讼的审判监督程序，所以，民事再审申请书的递交并不影响原民事判决（或民事裁定、民事调解）的执行。只有当人民法院决定再审时，才裁定中止原民事判决（或民事裁定、民事调解）的执行。

2. 提出时间的限制

《民事诉讼法》第 212 条规定："当事人申请再审，应当在判决、裁定发生法律效力后六个月内提出；有本法第二百零七条第一项、第三项、第十二项、第十三项规定情形的，自知道或者应当知道之日起六个月内提出。"这一规定对民事再审申请书的提出时间作了限制，即不得超过六个月。

3. 适用范围的例外

不是对所有已经发生法律效力的民事判决都可以申请再审。《民事诉讼法》第 209 条规定："当事人对已经发生法律效力的解除婚姻关系的判决、调解书，不得申请再审。"这就是一个例外。另外，《最高人民法院关于适用〈中华人民共和国民事诉讼法〉的解释》（以下简称《民诉法司法解释》）第 378 条规定："适用特别程序、督促程序、公示催告程序、破产程序等非讼程序审理的案件，当事人不得申请再审。"

4. 不停止原判决、裁定的执行

民事再审申请书的提出，不影响已经生效的民事判决或裁定的执行。

（二）法律依据和制作条件

《民事诉讼法》第 206 条规定："当事人对已经发生法律效力的判决、裁定，认为有错误的，可以向上一级人民法院申请再审；当事人一方人数众多或者当事人双方为公民的案件，也可以向原审人民法院申请再审。当事人申请再审的，不停止判决、裁定的执行。"

《民事诉讼法》第 207 条规定："当事人的申请符合下列情形之一的，人民法院应当再审：（一）有新的证据，足以推翻原判决、裁定的；（二）原判决、裁定认定的基本事实缺乏证据证明的；（三）原判决、裁定认定事实的主要证据是伪造的；（四）原判决、裁定认定事实的主要证据未经质证的；（五）对审理案件需要的主要证据，当事人因客观原因不能自行收集，书面申请人民法院调查收集，人民法院未调查收集的；（六）原判决、裁定适用法律确有错误的；（七）审判组织的组成不合法或者依法应当回避的审判人员没有回避的；（八）无诉讼行为能力人未经法定代理人代为诉讼或者应当参加诉讼的当事人，因不能归责于本人或者其诉讼代理人的事由，未参加诉讼的；（九）违反法律规定，剥夺当事人辩论权利的；（十）未经传票传唤，缺席判决的；（十一）原判决、裁定遗漏或者超出诉讼请求的；（十二）据以作出原判决、裁定的法律文书被撤销或者变更的；（十三）审判人员审理该案件时有贪污受贿、徇私舞弊、枉法裁判行为的。"

《民事诉讼法》第 208 条规定："当事人对已经发生法律效力的调解书，提出证据证明调解违反自愿原则或者调解协议的内容违反法律的，可以申请再审。经人民法院审查属实的，应当再审。"

另外，对于不予受理、驳回起诉的裁定，当事人也可以申请再审，向人民法院递交民事再审申请书。

由此可见，制作民事再审申请应当具备如下条件：

（1）制作主体只能是当事人。当事人是指民事案件的原告、被告、上诉人、被上诉人、有独立请求权的第三人和判决其承担民事责任的无独立请求权的第三人。另外，当事人的法定代理人也有权代当事人申请再审。

（2）原审民事判决（或民事裁定、民事调解）已经生效，即已经发生法律效力。已经生效的民事判决或裁定，是指当事人在法定期限内没有提出上诉的民事判决或裁定，以及二审终审的民事判决、裁定。已经生效的民事调解，是指双方当事人已经签收了民事调解书的民事调解。

（3）当事人对已经发生法律效力的判决、裁定，认为有错误，或者对已经发生法律效力的调解书，提出证据证明调解违反自愿原则或者调解协议的内容违反法律。原审民事判决、裁定错误，主要包括：事实认定不清或证据不足；适用法律不当；违反了有关的诉讼程序。原民事调解违反了自愿与合法的原则，包括两个方面：一是当事人接受调解非出于自愿；二是调解结果不符合法律的规定。

（4）判决或裁定生效后时间没有超出六个月。具体时间应当依法从判决、裁定等发生法律效力的次日起开始计算。

（三）使用情况

根据《民事诉讼法》第 206 条，民事再审可以向上一级人民法院提出，当事人一方人数众多或者当事人双方为公民的案件，也可以向原审人民法院申请再审。民事再审申请书制作完毕后，由当事人递交到人民法院。经人民法院审查，认为符合再审条件的，决定再审，并另行组成合议庭进行审理；认为不符合再审条件的，则予以驳回。

二、内容要点和制作技巧

民事再审申请书也是由首部、正文和尾部三部分构成的。首部包括标题、申请人等的身份情况说明；正文包括请求事项、事实与理由；尾部包括致送的人民法院、申请人署名、制作年月日、附项等。如果系律师代书的，也可以在年月日后面写明代书人的身份情况。

（一）首部

1. 标题

居中写明"民事再审申请书"。

2. 申请人身份事项

申请人身份事项的写法有两种情况：

（1）如果申请人是一般公民，其身份情况应写明姓名、性别、出生年月日、民族、职业或工作单位和职务、住址等。对无诉讼行为能力的申请人，还必须写明其法定代理人的姓名、性别、职业、工作单位和职务、住址，及其与申请人的关系。

（2）如果申请人是法人或其他组织的，则应写明该法人或组织的名称、所在地址、法定代表人（或主要负责人）的姓名和职务。

另外，如果申请人委托律师代理申请再审，应写明律师姓名和律师所在的律师事务所名称。

3. 案由和申请再审的缘由

这是承上启下的一个固定段落，内容包括申请人姓名以及其不服的原审民事判决、民事裁定或民事调解作出的人民法院名称和相应的司法文书案号。

文字上可以表述为："申请人×××（姓名或名称）不服××××人民法院××××年××月××日（年度）××民终字第×号民事判决（或民事裁定、民事调解），提出再审申请。"

（二）正文

民事再审申请书的正文包括请求事项、事实与理由两项内容。

1. 请求事项

写明申请人要求人民法院撤销原判,进行再审改判的具体情况。请求部分改判的,必须写明要求撤销原判决(或裁定、调解)某一项或某几项,并写明原审人民法院的名称和司法文书的编号。如果请求事项较多,可以分项一一列出。

2. 事实与理由

民事再审申请书提交的目的就是要求撤销、变更(部分变更或全部变更)已经生效的民事判决或裁定。所以,事实与理由部分必须围绕请求事项来展开叙述和论证。在叙述事实和阐明理由时,要特别注意结合《民事诉讼法》第207条和第208条所规定的不同情形,有针对性地分析原审人民法院已经生效的民事判决(或民事裁定、民事调解)的错误之处,做到重点突出。既要有确凿的事实、充分的证据,也要用明确具体的法律规定,来反驳已经生效的判决或裁定,最终达到促使人民法院公正裁判,推翻原审判决、裁定的目的。

(三)尾部

尾部内容包括:

(1)致送人民法院的名称。

(2)申请人署名。如果是委托律师为申请人代书的,应当在申请书上写明律师的姓名及其所在律师事务所的名称等。

(3)制作文书的年月日。

(4)附项。说明所附物证、书证的名称和件数,以及证人姓名、住址。另外,注意附原审已生效的民事判决书(或民事裁定书、民事调解书)复印件或抄件一份。

三、文书样式

示例8-4

民事再审申请书[①]

申请人:×××,……

申请人×××(姓名或名称)对××××人民法院××××年××月××日(年度)××民终字第×号民事判决(或者民事裁定、民事调解)不服,申请再审。

请求事项:

…………

---

① 人民法院出版社编:《最新民事诉讼文书样式应用及法律依据(上册)》,人民法院出版社2022年版,第270—271页。

事实与理由：

....

　　此致
××××人民法院

申请人　×××
××××年××月××日

附：原审判决书（或裁定书）抄件1份。

第六节　民事答辩状

一、知识要点

（一）概念和特点

民事答辩状是民事案件被告或被上诉人一方，针对原告或上诉方的起诉内容，依法进行答复、辩驳时制作的民事诉讼法律文书。民事答辩状有民事一审答辩状和民事二审答辩状两种。前者是第一审民事诉讼案件的原告向第一审人民法院起诉后，该案件的被告在法定的期限内，就原告民事起诉状的内容提出答辩时所制作的；后者则是民事诉讼案件经第一审人民法院审理终结后，一方当事人不服人民法院的处理意见提出上诉，被上诉人在法定期限内，就对方民事上诉状的内容提出答辩时所制作的。另外，民事答辩状有两种样式，一种是公民用的民事答辩状，另一种是法人或其他组织用的民事答辩状。

民事答辩状是应诉类民事诉讼法律文书，它充分体现了民事诉讼当事人权利平等的原则，有利于维护被告人、被上诉人的合法权益，并促使人民法院全面了解诉讼双方的意见和要求，达到公正裁判的目的。

民事答辩状具有如下特点：

1. 制作的被动性

民事答辩状的制作是以民事起诉状或民事上诉状的提出，且人民法院对民事案件已经受理为前提的。所以，民事答辩状的制作具有被动性，当事人只能在收到人民法院发送的民事起诉状副本或民事上诉状副本之后，才可以制作相应的民事答辩状。

2. 提出的限时性

民事答辩状的提出是有法律规定的时间限制的，根据《民事诉讼法》第128条和第 174 条的规定，民事答辩状提出的时限为当事人收到民事起诉状或民事上诉状之日起十五日内。

3. 论证的针对性

民事答辩状的内容是针对民事起诉状或民事上诉状的内容展开的。所以，民事答辩状主要是采用反驳的论证方法，对民事起诉状或民事上诉状的观点予以驳斥。

另外，如果当事人有反诉请求，也可以在民事答辩状中一并提出。但在司法实践中，一般提倡单独制作民事反诉状，以便于人民法院对民事案件的受理。

（二）法律依据和制作条件

《民事诉讼法》第 128 规定："人民法院应当在立案之日起五日内将起诉状副本发送被告，被告应当在收到之日起十五日内提出答辩状。答辩状应当记明被告的姓名、性别、年龄、民族、职业、工作单位、住所、联系方式；法人或者其他组织的名称、住所和法定代表人或者主要负责人的姓名、职务、联系方式。人民法院应当在收到答辩状之日起五日内将答辩状副本发送原告。被告不提出答辩状的，不影响人民法院审理。"

《民事诉讼法》第 174 条规定："原审人民法院收到上诉状，应当在五日内将上诉状副本送达对方当事人，对方当事人在收到之日起十五日内提出答辩状。人民法院应当在收到答辩状之日起五日内将副本送达上诉人。对方当事人不提出答辩状的，不影响人民法院审理。原审人民法院收到上诉状、答辩状，应当在五日内连同全部案卷和证据，报送第二审人民法院。"

由此可见，制作民事答辩状应当具备如下条件：

（1）民事案件的原告提出起诉或上诉人提出上诉。

（2）原告、上诉人的起诉或上诉符合法定的条件，人民法院对其已经受理。

（3）被告或被上诉人收到了人民法院送达的民事起诉状或民事上诉状副本。

（三）使用情况

民事答辩状制作完毕之后，当事人应当于法定期限内将其递交人民法院。但是，如果当事人不提出答辩状，也不会影响人民法院对案件的审理。

二、内容要点和制作技巧

民事答辩状由首部、正文和尾部组成：

（一）首部

1. 标题

居中写明"民事答辩状"，司法实践中也有写"答辩状"的。

2. 答辩人身份事项

如果答辩人是自然人，应该写明姓名、性别、出生年月日、民族、职业和住址等；如果答辩人是法人，则必须写明名称、地址，法定代表人姓名、职务，企业性质、工商登记核准号，经营范围和方式，开户银行、账号等。

3. 案由

案由即案件的性质，这一栏文字上可以表述为："因……一案（写明当事人姓名和案由），提出答辩意见如下：……"

（二）正文

民事答辩状正文部分的内容要点不是固定的，它根据民事起诉状或民事上诉状的内容的不同而不同。因为它是答辩人针对以上两种文书所作出的答复和辩解，所以必须注意以下两点：

1. 答辩要点要有针对性

这里所指的针对性，是就原告方或上诉方的指控而言的。如果是对对方当事人指控的事实有异议，那么就针对事实部分进行答辩，并列举证据，说明事实真相，同时还应该写明证据来源和证人的姓名、住址；如果是对对方当事人阐述的理由和引用的法律有异议，那么就应该具体地引证与之密切相关的法律，充分阐述理由。

2. 答辩要点要有反驳性

民事答辩状以反驳为主，将驳论与立论两种方法相结合，对对方当事人的不实或错误之处逐点分析，据理反驳。反驳理由要充分，如果对方指控有道理，可以不作解释和答复，也可以原则性地表示接受。其他需要说明的情况亦应该如实说明。

反驳可以掌握三个步骤：一是指出对方当事人的错误，并以此为反驳的论点；二是列举客观的事实和证据，以此作为反驳的论据；三是运用逻辑推理，结合法律进行论证。

（三）尾部

尾部主要内容与民事起诉状相同，只需署名"答辩人"。

三、文书样式

【样式1】

民事答辩状[①]
（公民答辩用）

答辩人：×××，……

答辩人因……一案（或答辩人因×××对……一案所提上诉），提出答辩如下：

示例8-5

[①] 人民法院出版社编：《最新民事诉讼文书样式应用及法律依据（上册）》，人民法院出版社2022年版，第270—271页。

……

　　此致
××××人民法院

　　　　　　　　　　　　　　　　　　　　答辩人　×××
　　　　　　　　　　　　　　　　　　　××××年××月××日

附：1. 本答辩状副本×份。
　　2. 有关证据材料。

【样式2】

民事答辩状[①]

（法人或其他组织答辩用）

答辩人：×××，……
住址：……
法定代表人（或代表人）姓名：×××　　职务：×××　　电话：……
企业性质：……　　　　工商登记核准号：……
经营范围和方式：……
开户银行：……　　　账号：……
　　因……一案，提出答辩如下：
　　……
　　此致
×××× 人民法院

　　　　　　　　　　　　　　　　　　　　答辩人　×××
　　　　　　　　　　　　　　　　　　　××××年 ××月××日

附：1. 本答辩状副本 × 份。
　　2. 有关证据材料。

[①] 人民法院出版社编：《最新民事诉讼文书样式应用及法律依据（上册）》，人民法院出版社2022年版，第270—271页。

第七节 民事代理词

一、知识要点

(一) 概念和特点

民事诉讼代理词,是指民事诉讼中当事人的诉讼代理人,以被代理人的名义,在代理权限范围内,为维护被代理人的合法权益,在法庭辩论阶段依据事实和法律所作的综合性发言,属于辩论类民事诉讼法律文书。

由于民事诉讼代理词是民事诉讼代理人为维护被代理人的合法权益制作发表的,所以,根据诉讼代理人所代理的当事人在民事诉讼中的地位不同,可以将民事诉讼代理词具体分为:原告诉讼代理词、被告诉讼代理词、第三人诉讼代理词、上诉人诉讼代理词和被上诉人诉讼代理词等。另外,民事诉讼代理词有书面的,也有口头的。因为口头民事诉讼代理词必须根据庭审情况变化决定其内容要点,具有较大的灵活性,所以本书只介绍书面的民事诉讼代理词。在司法实践中,书面民事诉讼代理词一般是诉讼代理人出庭前准备的,但其内容也可以在开庭时根据庭审调查等情况予以修改,以更好地维护被代理人的合法权益。

民事诉讼代理词的作用主要体现在以下几个方面:

(1) 能够帮助当事人有效地行使诉讼权利,维护当事人的合法权益。诉讼代理是在诉讼上维护被代理人的合法权益,保证诉讼进行的一项诉讼制度。对于具有独立诉讼地位的诉讼参加人来说,诉讼代理人参加诉讼的目的就是维护被代理人的合法权益,他在代理的权限内为诉讼行为,可以保障当事人更有效地行使诉讼权利,以实现维护其实体权利的目的。

(2) 便于人民法院及时审理民事案件,解决当事人之间的民事纠纷。诉讼代理人虽然是为维护被代理人的合法权益而参加诉讼的,但是,他毕竟不是当事人本人,因此,他就有可能站在更公正、客观的立场上发表自己对案件的处理意见,这样,就有利于法院判明案件的是非,做好当事人的工作,及时处理案件。

(3) 诉讼代理人通过发表代理词,从事实上和法律上分析双方当事人争议的焦点,发表自己对案件处理的意见,这样,有利于宣传国家的法律、政策,有利于加强人民群众的法治观念。

民事代理词具有如下特点:

1. 制作主体非单一化

民事诉讼代理词的制作主体不是单一的,它包括法定代理人、指定代理人和委托代理人等三类主体。

2. 有明确的制作目的

民事诉讼代理词的制作目的非常明确,它的制作是为了维护被代理人的合法权益,支持被代理人合法的诉讼请求。也就是说,民事诉讼代理词不是用以维护诉讼代理人自身权益的,也不是用以维护被代理人非法权益的。

3. 以被代理人的名义发表

民事诉讼代理词是民事诉讼代理人根据法律的规定或接受民事诉讼当事人的委托,以被代理人的名义制作并发表的,而不是以诉讼代理人的名义制作和发表的。

4. 内容受到严格的限制

民事诉讼代理词是根据法律规定或受被代理人的委托制作的,体现了被代理人个人的意志,其内容不得超出法律规定或民事诉讼当事人授予的代理权限范围。另外,民事诉讼代理词在代理权限范围内的内容对被代理人发生诉讼代理的效力。

(二)法律依据和制作条件

《民事诉讼法》第 12 条规定:"人民法院审理民事案件时,当事人有权进行辩论。"

《民事诉讼法》第 144 条规定:"法庭辩论按照下列顺序进行:(一)原告及其诉讼代理人发言;(二)被告及其诉讼代理人答辩;(三)第三人及其诉讼代理人发言或者答辩;(四)互相辩论。法庭辩论终结,由审判长按照原告、被告、第三人的先后顺序征询各方最后意见。"

由此可见,制作民事诉讼代理词应当具备如下条件:

1. 必须有法律的规定或者当事人的委托

根据前面所列的法律规定,民事诉讼代理人制作民事诉讼代理词的前提条件必须是有法律规定或当事人的委托。同时,《民事诉讼法》第 62 条第 1 款规定:"委托他人代为诉讼,必须向人民法院提交由委托人签名或者盖章的授权委托书。"

2. 权限范围明确

民事诉讼代理人在制作民事诉讼代理词前还要明确其代理的权限范围,如果民事诉讼代理人超出代理权限范围代理,必须承担相应的法律责任。代理的权限范围依法通过授权委托书明确。《民事诉讼法》第 62 条第 2 款规定:"授权委托书必须记明委托事项和权限。诉讼代理人代为承认、放弃、变更诉讼请求,进行和解,提起反诉或者上诉,必须有委托人的特别授权。"授权委托书应当在开庭前送交人民法院。

值得注意的是,诉讼代理人在接受委托时,不得随便接受全权委托。如对于婚姻纠纷,《民事诉讼法》第 65 条规定:"离婚案件有诉讼代理人的,本人除不能表达意思的以外,仍应出庭;确因特殊情况无法出庭的,必须向人民法院提交书面意见。"

（三）使用情况

民事诉讼代理词制作完毕后，用于民事诉讼的法庭辩论阶段。如果第二审人民法院对民事案件进行书面审理的话，那么民事诉讼代理人应当于案件最后判决前将民事诉讼代理词递交人民法院。

二、内容要点和制作技巧

民事诉讼代理词是民事诉讼代理人在庭审中的发言材料，属于法庭演讲词，因而它一般没有固定的格式，尤其当辩论进行到第二轮以后，一般均为口头代理意见。但是，由于长期司法实践的约定俗成，民事诉讼代理词也分为首部、正文和尾部三部分。其中，首部包括标题、呼告语和开场白；尾部包括结束语、诉讼代理人和被代理人署名。正文是民事诉讼代理词的主体部分，也是民事诉讼代理词的核心，主要阐明代理意见。总体上说，可以从以下几方面组织正文的要点：第一，确认是否存在某种法律事实或法律行为，以及这种法律事实或法律行为有无法律效力。第二，分析当事人之间有无法律关系，以及他们相互之间是否享有某些权利和承担某些义务。第三，论证案件的性质和法律责任的承担问题。

在制作民事诉讼代理词时应当注意几个问题：一是阐述观点必须有理有据，充分体现"谁主张，谁举证"的原则。二是必须站在所代理的当事人的立场上，维护当事人的合法权益，但内容不得超出代理权限范围。三是要突出当事人争议的焦点，抓住关键问题展开说理。

另外，在制作民事诉讼代理词时，还必须掌握科学的方法。民事诉讼代理词阐述代理意见时主要是采用立论的方法从正面阐述自己的观点，但也常用到驳论的方法以反驳对方的错误观点。这两种方法可以同时用于同一诉讼代理词内容中。具体用什么论证方法要视民事诉讼代理词的种类而定。

当然，和其他民事诉讼法律文书相比，民事诉讼代理词的格式比较简单。但由于所代理案件的性质不同、审级不同以及所代理的当事人在诉讼中的地位不同，民事诉讼代理词的内容要点和制作技巧也不尽相同。下面将根据诉讼代理人代理对象的不同，分别介绍代理不同当事人所制作、发表的民事诉讼代理词的内容要点和制作技巧。

（一）原告诉讼代理词

原告诉讼代理词是民事案件原告的诉讼代理人，为了维护原告的合法权益，在法庭辩论阶段所发表的法庭演讲词。原告诉讼代理词适用于第一审程序，其特点是：必须站在原告的立场上，围绕原告的诉讼请求充分论证，并有针对性地反驳对方当事人的答辩意见，以达到维护原告合法权益的目的。

原告诉讼代理词的内容由三部分构成，即首部、正文和尾部。首部也叫引言或导言，其内容包括标题、呼告语和开场白；正文是代理词的核心内容，即代理人所作的主要代理意见；尾部则主要指结束语，另外还有落款。

1. 首部

（1）标题

居中写明"原告诉讼代理词"。

（2）呼告语

在标题下面另起一行空两格，写明对审判组织组成人员的称谓。如"审判长、审判员"（适用于审判组织为合议庭的情形），或"审判员"（适用于独任审判的情形）。

（3）前言

前言也叫"开场白"，是诉讼代理人正式发表代理意见前所作的发言，具体内容一般包括三个方面：

第一，概括原告诉讼代理人出庭的身份和法律依据。文字上可以表述为："受本案原告×××的委托（或其法定代理人的委托），由××律师事务所指派（如果民事诉讼代理人不是律师的，可以写：并经人民法院许可），担任今天本案原告×××的诉讼代理人，出席法庭。"

第二，叙述民事诉讼代理人在开庭前所做的各种准备工作。可以表述为："开庭前我查阅了案卷，同原告进行了详谈，对有关的问题作了必要的调查取证。刚才又认真参与了法庭调查，所以我对本案有了全面、清晰的了解。"

第三，根据案件的实际需求，原告诉讼代理人还可以在前言部分简要阐明自己对本案的基本看法。这样可以引起法庭对自己观点的注意。但是，在司法实践中，这一部分内容多放在结论部分写，因为这样做容易给人一种有理有据，水到渠成的印象，使代理词显得更有说服力。

2. 正文

原告是民事案件提出起诉请求的一方当事人，所以原告诉讼代理词必须维护原告的合法权益，以原告的名义，充分证明原告诉讼请求的合法性。具体可以从三个方面展开论证：

第一，站在原告的诉讼立场上，围绕原告在诉讼中所提出的诉讼请求，具体陈明事实、详细分析证据，以此证明原告在民事起诉状和法庭调查阶段所叙述事实的真实性。

第二，根据上述事实和证据，结合有关法律进行全面充分论证，以此强调原告所提出的诉讼请求是合理合法的。

第三，针对对方当事人或对方诉讼代理人的答辩主张进行有针对性的反驳。

制作原告诉讼代理词特别应该注意的是：根据我国民事诉讼中"谁主张，谁举证"原则，原告对自己提出的诉讼请求负有举证责任。因此，原告诉讼代理词必须主动、积极地列举、分析证据，以支持原告的诉讼请求。

3. 尾部

尾部内容相对比较简单。首先对正文部分的代理意见进行概括，得出一个总的结论；其次由民事诉讼代理人署名，并写明年月日。

必须注意的是：在司法实践中，为了避免代理人与被代理人日后的纷争，一般诉讼代理人会将代理意见的具体内容交由被代理人审阅。如果被代理人对代理意见没有异议，也可以在诉讼代理词尾部署名。因此，原告诉讼代理词的尾部可以由原告署名。另外，必要的时候尾部还要适当充实法治宣传的内容。

（二）被告诉讼代理词

被告诉讼代理词是民事案件被告所委托的诉讼代理人，为维护被告的合法权益，以被告的名义，针对原告的诉讼主张予以反驳或者提出反诉请求时制作的法庭演讲词。和原告诉讼代理词一样，被告诉讼代理词也适用于第一审程序，其内容亦由首部、正文和尾部三部分构成。

1. 首部

首部包括标题、呼告语和前言。标题居中写明"被告诉讼代理词"；呼告语的表述和原告诉讼代理词一样；前言主要介绍被告诉讼代理人出庭的法律依据、出庭前因本案所做的主要工作，以及对本案的整体看法。

2. 正文

被告诉讼代理词的正文是被告诉讼代理词的核心内容，其主要内容是根据案情从各个不同的角度，全面反驳原告的诉讼主张，针对性比较强。如果被告有反诉请求，则应该就反诉部分充分举证，并阐述反诉的具体主张。具体可以从以下几方面阐明代理意见：

第一，针对程序中存在的问题进行论证，指出原告起诉的程序错误。这里主要分析原告提起民事诉讼是否存在程序上的违反法律的现象，如果原告的起诉违反了诉讼程序，被告诉讼代理词应当首先指出。一般来说，程序问题包括时效超出、管辖权发生错误或当事人错列、漏列等。

第二，就原告提供的证据材料加以分析，并指出其不实和虚伪之处，从而否定、反驳原告的诉讼请求，证明原告的主张是没有事实根据的。

第三，分析原告提起诉讼和支持诉讼所援引的法律条文，进一步否定原告诉讼主张的合法性，以达到驳斥原告的目的。

第四，如果被告有反诉主张的，必须针对其反诉请求分析论证，证明反诉请求的合理、合法。注意：被告诉讼代理词必须遵循"谁主张，谁举证"原则，就其反诉主张充分列举证据。

3. 尾部

尾部内容包括结束语、诉讼代理人和被告署名，并写明年月日。

（三）第三人诉讼代理词

第三人诉讼代理词是民事诉讼第三人所委托的诉讼代理人，为维护第三人的合

法权益,以第三人的名义制作和发表的法庭演讲词,其内容也是由首部、正文和尾部三部分构成的,具体要点如下:

1. 首部

首部包括标题、呼告语和前言。标题居中写明"第三人诉讼代理词";呼告语的写法参照原告诉讼代理词的相关内容;前言要表明诉讼代理人出庭的身份和为第三人进行代理的法律依据,介绍开庭前所做的准备工作,说明对法庭调查的认识和对本案的整体看法。

2. 正文

在民事诉讼中,第三人作为民事诉讼的当事人之一,有两种不同情况:一种为有独立请求权的第三人,另一种为无独立请求权的第三人。所以,第三人诉讼代理词实际上有两种,即有独立请求权第三人诉讼代理词和无独立请求权第三人诉讼代理词。前者用以反驳原告、被告的诉讼主张,提出自己独立的诉讼请求;后者用以支持一方当事人的诉讼主张,反驳另一方当事人的诉讼主张,从而维护自己的合法权益。所以,在阐述正文部分的代理意见时,必须根据上述不同的情形来论证:或以原、被告作为共同的反驳对象;或联合原、被告一方,而共同以另一方当事人为反驳对象。当然,其最终的目的都是维护第三人本人的合法权益。

3. 尾部

尾部包括结束语、诉讼代理人和第三人署名,并注明年月日。

(四)上诉人诉讼代理词

上诉人诉讼代理词是第二审程序中民事案件上诉人的诉讼代理人为维护上诉人的合法权益,以上诉人的名义发表的法庭演讲词,其内容要点如下:

1. 首部

首部包括标题、呼告语和前言。标题居中写明"上诉人诉讼代理词";呼告语即在标题下的第一行顶格写明"审判长、审判员""审判长、人民陪审员"或"审判员"等,具体要视审判组织的组成而定;前言即开场白,写明制作者作为上诉人诉讼代理人的身份和法律依据、出庭前为上诉人所做的有关工作,以及对法庭调查的意见,还可以说明对本案的整体看法。

2. 正文

上诉人诉讼代理词是针对人民法院第一审民事裁判的错误而制作和发表的,所以其正文部分必须围绕上诉人的上诉请求阐述代理意见。具体而言,要认真分析原审人民法院第一审民事裁判事实(包括证据)认定、法律适用或者程序方面存在的问题,充分论证上诉人上诉请求的合理合法。在制作上诉人诉讼代理词时,注意不得对原审审判人员进行人身攻击,而必须就事论事。制作方法以立论和驳论相结合。

3. 尾部

尾部包括结束语、诉讼代理人和上诉人署名,并写明年月日。

（五）被上诉人诉讼代理词

被上诉人诉讼代理词适用于第二审程序，是被上诉人的诉讼代理人为维护民事被上诉人的合法权益，以被上诉人的名义制作并发表的法庭演讲词，其内容要点如下：

1. 首部

首部包括标题、呼告语和前言。标题居中写明"被上诉人诉讼代理词"；呼告语的写法同上诉人诉讼代理词的相关内容；前言写明制作者作为被上诉人诉讼代理人出庭的身份及法律依据，介绍出庭前为被上诉人所做的相关工作，对法庭调查发表见解，并就本案谈谈整体看法。

2. 正文

被上诉人诉讼代理词的主要内容是针对上诉人的上诉意见进行分析论证。一般有两种情形：一是上诉人上诉时没有提出新证据；二是上诉人上诉时提出了新证据。针对第一种情形，被上诉人诉讼代理词必须在正文部分重点阐述原审裁判认定事实、运用证据、援引法律和适用程序的正确；针对第二种情形，被上诉人诉讼代理词的正文部分则必须着重抓住上诉人提出的新证据进行分析论证，以证明新证据不能成立，从而反证原审民事裁判的正确。

3. 尾部

尾部内容包括：

（1）结束语。这一部分内容主要是总结正文部分的观点，提出对整个案件的处理意见，供法庭参考。根据具体情况，在这一部分还可以适当进行法治教育。

（2）诉讼代理人和被上诉人署名。

（3）制作的年月日。

三、文书样式

民事代理词

审判长、审判员（或人民陪审员）：

我受本案原告/被告/第三人/上诉人/被上诉人×××的委托，担任其诉讼代理人参加本案的各项诉讼活动，出庭前……现就本案的审理，发表如下代理词：

…………

示例 8-6

诉讼代理人　×××　××律师事务所律师
　　　　原告　×××（签名或盖章）
　　　　××××年××月××日

第八节　民事申请书

民事申请书，是指公民、法人或者其他组织向人民法院提出旨在通过相应的法律程序保障或者实现其实体权利或程序权利的请求时所制作的民事法律文书。

在民事诉讼中，民事申请书的应用范围非常广泛。它既可能是因为需要启动某种法律程序而向人民法院提出请求，如申请执行、申请发布支付令、申请公示催告等；也可以是向人民法院表达希望达到某种程序保障的愿望，如申请财产保全、申请证据保全、申请先予执行等；还可能是对人民法院采取的法律行为或法律措施表示异议，如申请管辖权异议、申请执行异议等。

限于本节的篇幅，我们仅以部分比较常用的民事申请书为例，具体介绍其制作要求和方法。

一、公示催告申请书

（一）知识要点

1. 概念和特点

公示催告申请书，是指票据持有人在出现票据被盗、遗失或者灭失的情况下，向人民法院提出以公告的方式催告利害关系人在一定期间内申报权利，如果逾期无人申报则依法作出除权判决的请求时而制作的民事法律文书。

公示催告申请书具有如下特点：

（1）制作主体的确定性。票据属于文义证券，票据权利依据票据上的文义记载确定。因此，作为公示催告申请书的制作主体必须是正当持票人，亦即在未经转让的票据上记载的收款人和经过背书转让票据的最后被背书人。其他票据权利人均不能制作公示催告申请书。

（2）适用范围的有限性。根据《民事诉讼法》规定，适用公示催告的案件，仅限于可以背书转让的票据发生因票据被盗、遗失或者灭失的情况，其他基于票据发生的争议，均不适用公示催告程序。

（3）适用程序的非对抗性。基于公示催告申请书所启动的公示催告程序属于民事非诉讼程序，程序中不存在相互对立的双方当事人。因此，在公示催告申请书中的当事人也只有申请人一方，而无特定的相对人存在。

（4）内容要点的简洁性。正因为公示催告程序不具有对抗性，不存在对案件事实和法律适用认知的对立双方当事人，因此，在公示催告申请书的内容要点上没有很高的要求，只需要简单明了地叙述请求事项及所依据的事实、理由即可。

（5）请求实现的阶段性。根据《民事诉讼法》规定，申请人要最终实现的是票据与票据权利相分离的目的，必须经过申请公示催告和申请除权判决两个阶段。

2. 法律依据和制作条件

《民事诉讼法》第 225 条规定："按照规定可以背书转让的票据持有人，因票据被盗、遗失或者灭失，可以向票据支付地的基层人民法院申请公示催告。依照法律规定可以申请公示催告的其他事项，适用本章规定。申请人应当向人民法院递交申请书，写明票面金额、发票人、持票人、背书人等票据主要内容和申请的理由、事实。"这是制作公示催告申请书最直接的法律依据。

由此可见，制作公示催告申请书必须具备如下条件：

(1) 申请主体必须是按照规定可以背书转让的票据持有人即票据被盗、遗失、灭失前的最后持有人。

(2) 公示催告程序必须由票据支付地的基层人民法院管辖。

(3) 申请的原因必须是可以背书转让的票据被盗、遗失或灭失，且利害关系人处于不明状态，对其他事项申请公示催告的必须有法律的明文规定。

3. 使用情况

制作完毕公示催告申请书后应当向票据付款地的基层人民法院递交。人民法院收到公示催告的申请后，应当立即审查，并决定是否受理：

(1) 经审查认为不符合受理条件的，七日内裁定驳回申请。

(2) 经审查认为符合受理条件的，在七日内通知予以受理。人民法院决定受理申请，应当同时通知支付人停止支付，并在三日内发出公告，催促利害关系人申报权利。公示催告的期间，由人民法院根据情况决定，但不得少于六十日。

在公告期内，如果有利害关系人申报权利且申报理由成立的，人民法院应当裁定终结公示催告程序；如果在申报权利的期间无人申报权利，或者申报被驳回的，申请人应当自公示催告期间届满之日起一个月内申请作出判决。逾期不申请判决的，终结公示催告程序。

(二) 内容要点和制作技巧

1. 首部

(1) 标题

居中写明"申请书"或"公示催告申请书"。

(2) 申请人身份事项

申请人身份事项的写法有两种情况：

第一，如果申请人是一般公民，其身份情况应写明姓名、性别、出生年月日、民族、职业或工作单位和职务、住址等。对无诉讼行为能力的申请人，还必须写明其法定代理人的姓名、性别、职业、工作单位和职务、住址，及其与申请人的关系。

第二,如果申请人是法人或其他组织的,则应写明该法人或组织的名称、所在地址、法定代表人(或主要负责人)的姓名和职务。

另外,如果申请人委托律师代理申请公示催告的,应写明律师姓名和律师所在的律师事务所名称。

2. 正文

公示催告申请书的正文包括请求事项、事实与理由两项内容。

(1) 请求事项

即写明申请人要求人民法院进行公示催告程序要达到的具体目的和要求。

由于票据是一种完全有价证券,其权利完全证券化、权利与证券融为一体不可分离。票据权利人行使票据权利须以提示票据为前提,实现票据权利的移转须以占有票据为前提。票据持票人一旦丧失了票据,就不仅无法证明证券上的权利存在,不能行使票据权利,而且还存在被他人冒领的风险,使其遭受财产损失。因此,持票人申请公示催告的目的不仅包括希望人民法院发布公告,催促利害关系人申报权利,阻断票据权利被不法冒领的风险,同时还需要人民法院通过判决的方式使票据权利与票据相分离,使其重新获取行使票据权利的凭据。根据《民事诉讼法》规定,当事人要实现通过人民法院的公示催告程序,使票据权利与申请人丧失的票据相分离,必须经过公示催告和作出除权判决两个阶段,这不仅要求当事人进行两次申请,从而增加当事人负担,而且在两次申请之间有严格的期限规定,很容易使当事人因疏忽延误申请时间,造成当事人的权益损害和司法资源的浪费。因此,最高人民法院在公示催告申请书的样式中,通过增加申请事项,实现了两个阶段请求在一个公示催告申请书中体现,即要求在公示催告申请书中包含以下三项请求事项:① 对……票据进行公示催告(写明票面金额、发票人、持票人、背书人等票据主要内容);② 受理后立即通知票据支付人停止支付;③ 在公告期满后,无人申报权利的,或者申报被驳回的,人民法院作出除权判决,宣告已丧失的票据不再具有法律效力。

(2) 事实与理由

写明申请人提出申请公示催告所依据的事实和理由。制作方法可以是:通过对票据作成(出票)和票据权利移转(背书)等过程的描述,以明确票据的属性、票据权利存在状况以及申请人为正当持票人的事实;在此基础上,再简要叙述票据丧失的经过,并结合相关法律规定,论证申请人提出公示催告申请的正当和合理性理由。

3. 尾部

尾部内容包括:

(1) 致送人民法院的名称。

(2) 申请人署名。如果是委托律师为申请人代书的,应当在申请书上写明律师的姓名及其所在律师事务所名称等。

(3) 制作文书的年月日。

(三) 文书样式

示例 8-7

申 请 书[①]

申请人:×××,……

法定代理人/指定代理人:×××,……

委托诉讼代理人:×××,……

(以上写明申请人和其他诉讼参加人的姓名或者名称等基本信息)

请求事项:

1. 对……票据进行公示催告(写明票面金额、发票人、持票人、背书人等票据主要内容);

2. 受理后立即通知票据支付人停止支付;

3. 在公告期满后,无人申报权利的,或者申报被驳回的,人民法院作出除权判决,宣告已丧失的票据不再具有法律效力。

事实和理由:

……(写明申请公示催告的事实和理由)

此致
××××人民法院

申请人(签名或者公章)
××××年××月××日

二、支付令申请书

(一) 知识要点

1. 概念和特点

支付令申请书,是指债权人以要求债务人给付金钱、有价证券为内容,请求有管辖权的基层人民法院向债务人发出催促债务人履行支付义务命令而制作的民事法律文书。

支付令申请书是债权人申请支付令的工具,也是基层人民法院发布支付令的依

---

① 人民法院出版社编:《最新民事诉讼文书样式应用及法律依据(上册)》,人民法院出版社 2022 年版,第 270—271 页。

据。它具有如下特征：

（1）制作主体身份的特殊性。制作支付令申请书的主体必须是债权人，而且还必须是没有对待给付义务的债权人。即债权人与债务人之间不存在其他债权债务纠纷。

（2）适用范围的有限性。支付令申请书强调债权人要求债务人给付的标的限于金钱和有价证券，因此，适用支付令申请书的案件仅限于请求给付的标的为金钱和有价证券的案件，而不适用要求给付其他标的物的债务纠纷。

（3）请求内容的明确性。申请支付令的目的很明确，就是请求有管辖权的人民法院向被申请人发出支付命令。

（4）适用程序的非对抗性。和公示催告程序一样，督促程序也是一种非讼程序，尽管在支付令申请书列明了申请人和被申请人两造当事人，但是，它并不解决当事人之间债权债务关系争议，它是依债权人申请而开始，请求人民法院直接发出支付命令，无须经过法庭审理，而要求债务人履行债务。如果债务人对债务提出异议，人民法院就不再适用督促程序，债权人应另行起诉，适用审判程序处理。

2. 法律依据和制作条件

《民事诉讼法》第 221 条："债权人请求债务人给付金钱、有价证券，符合下列条件的，可以向有管辖权的基层人民法院申请支付令：（一）债权人与债务人没有其他债务纠纷的；（二）支付令能够送达债务人的。申请书应当写明请求给付金钱或者有价证券的数量和所根据的事实、证据。"

由此可见，制作支付令申请书必须具备如下条件：

（1）债权人请求债务人给付的只能是金钱或者有价证券。其他物的给付请求或者行为给付请求，不得适用督促程序。

（2）请求给付的金钱和有价证券已到期并且数额确定。

（3）债权人与债务人之间的债权债务关系是明确、肯定的，没有其他债务纠纷。

（4）支付令能够直接送达债务人，即债务人在我国境内且未下落不明。

（5）必须向债务人住所地基层人民法院提出。

（6）债权人未向人民法院申请诉前保全。

3. 使用情况

制作支付令申请书后应当向债务人住所地的人民法院递交，人民法院应当在五日内通知债权人是否受理。

人民法院受理申请后，应当对债权人提供的事实、证据进行（形式）审查，并作出处理决定：

（1）认为申请不成立的，应当裁定予以驳回。

(2) 对债权债务关系明确、合法的,应当在受理之日起十五日内向债务人发出支付令。债务人应当自收到支付令之日起十五日内清偿债务,或者向人民法院提出书面异议。

债务人在规定的期间(收到支付命令十五日内)不提出异议又不履行支付令的,债权人可以向人民法院申请执行。

债务人在规定的期间(收到支付命令十五日内)提出书面异议的,人民法院经审查,认为异议成立的,应当裁定终结督促程序,支付令自行失效。支付令失效的,转入诉讼程序,但申请支付令的一方当事人不同意提起诉讼的除外。

(二) 内容要点和制作技巧

1. 首部

(1) 标题

居中写明"申请书"或"支付令申请书"。

(2) 当事人身份事项

当事人包括"申请人"和"被申请人",其身份事项的具体内容和写法可参照"公示催告申请书"中的相关内容。另外,如果申请人委托律师代理申请支付令的,应写明律师姓名和律师所在的律师事务所名称。

2. 正文

支付令申请书的正文包括请求事项、事实与理由两项内容。

(1) 请求事项

写明申请人请求被申请人给付的金钱或者有价证券的名称和数量。文字可表述为:"向被申请人×××发出支付令,督促被申请人×××给付申请人×××……"

(2) 事实与理由

简要写明债权债务关系发生的事实,并列明应向人民法院提交的证据和证据清单。

3. 尾部

尾部内容包括:

(1) 致送人民法院的名称。

(2) 申请人署名。如果是委托律师为申请人代书的,应当在申请书上写明律师的姓名及其所在律师事务所名称等。

(3) 制作文书的年月日。

（三）文书样式

示例 8-8

申　请　书①

申请人：×××，男/女，××××年××月××日出生，×族，……（写明工作单位和职务或者职业）住……联系方式：……

法定代理人/指定代理人：×××，……

委托诉讼代理人：×××，……

被申请人：×××，……

…………

（以上写明当事人和其他诉讼参加人的姓名或者名称等基本信息）

请求事项：

向被申请人×××发出支付令，督促被申请人×××给付申请人×××……（写明请求给付的金钱或者有价证券的名称和数量）

事实和理由：

……（写明债权债务关系发生的事实、证据）

此致
××××人民法院

申请人（签名或者公章）
××××年××月××日

三、申请执行书

（一）知识要点

1. 概念和特点

申请执行书又称"执行申请书"，是指在债务人未能履行生效法律文书确定的义务的情况下，债权人或者其承继人根据生效的法律文书，向有管辖权的人民法院提出强制执行时制作的民事法律文书。

当事人可以申请执行的生效法律文书包括：（1）人民法院民事、行政判决、裁定、调解书，民事制裁决定书，支付令以及刑事附带民事判决、裁定、调解书；（2）依法应由人民法院执行的行政处罚决定、行政处理决定；（3）我国仲裁机构作出的仲裁裁决和调解书，人民法院依据《仲裁法》有关规定作出的财产保全和证据

---

① 人民法院出版社编：《最新民事诉讼文书样式应用及法律依据（上册）》，人民法院出版社2022年版，第270—271页。

保全裁定；(4) 公证机关依法赋予强制执行效力的关于追偿债款、物品的债权文书；(5) 经人民法院裁定承认其效力的外国法院作出的判决、裁定书，以及国外仲裁机构作出的仲裁裁决；(6) 法律规定由人民法院执行的其他法律文书。

执行申请书具有如下特点：

(1) 申请主体的确定性。对于具有执行性的已经发生法律效力的法律文书，双方当事人应该自动履行法律文书中确定的义务，如果一方当事人不能主动履行法律文书中确定的义务，权利人就有权向人民法院申请执行。因此，申请执行书的制作主体就是生效法律文书中确定的权利人。

(2) 执行主体的法定性。根据法律规定，行使民事执行权的是人民法院的执行组织。人民法院和其他机关（包括仲裁机关、部分行政机关）解决的民事案件的执行权均由人民法院行使，其他任何组织和个人都无权行使强制执行权。因此，申请执行书的致送单位只能是人民法院。

(3) 执行依据的有效性。人民法院和其他机关制作的生效的、具有给付内容的法律文书，是当事人申请执行和人民法院据以采取执行的主要依据。因此，制作申请执行书的根据就是已经发生法律效力的具有给付内容的法律文书。

(4) 执行过程的程序性。民事执行程序是由一系列具有程序性的法律规范所组成的，参加执行程序的各个主体的行为受到法定程序的约束，只有严格依法进行，才能达到预期的目的。权利人通常只有在向人民法院提交执行申请书后才能启动执行程序。

(5) 申请期限的限制性。根据《民事诉讼法》规定，申请执行的期间为二年，因此，申请人必须在生效法律文书确定的履行义务期间届满后二年内提出执行申请书。

2. 法律依据和制作条件

《民事诉讼法》第 243 条规定："发生法律效力的民事判决、裁定，当事人必须履行。一方拒绝履行的，对方当事人可以向人民法院申请执行，也可以由审判员移送执行员执行。调解书和其他应当由人民法院执行的法律文书，当事人必须履行。一方拒绝履行的，对方当事人可以向人民法院申请执行。"

《民事诉讼法》第 244 条第 1 款规定："对依法设立的仲裁机构的裁决，一方当事人不履行的，对方当事人可以向有管辖权的人民法院申请执行。受申请的人民法院应当执行。"

《民事诉讼法》第 245 条第 1 款规定："对公证机关依法赋予强制执行效力的债权文书，一方当事人不履行的，对方当事人可以向有管辖权的人民法院申请执行，受申请的人民法院应当执行。"

《民事诉讼法》第 246 条第 1 款规定："申请执行的期间为二年。申请执行时效的中止、中断，适用法律有关诉讼时效中止、中断的规定。"

由此可见，制作申请执行书必须具备如下条件：

（1）申请执行人必须是法律文书规定的权利人或者权利承受人；

（2）申请执行的法律文书必须已经生效，且属于人民法院执行的生效法律文书范围；

（3）申请执行的法律文书具有可执行的内容；

（4）义务人没有按期履行义务；

（5）申请书在法律规定的期间提出；

（6）属于执行法院管辖。

3. 使用情况

申请执行，应当向人民法院提交下列文件和证件：

（1）申请执行书。申请执行书中应当写明申请执行的理由、事项、执行标的以及申请执行人所了解的被执行人的财产状况。

（2）生效法律文书副本。

（3）申请执行人的身份证明。公民个人申请的，应当出示居民身份证；法人申请的，应当提交法人营业执照副本和法定代表人身份证明；其他组织申请的，应当提交营业执照副本和主要负责人身份证明。

（4）继承人或权利承受人申请执行的，应当提交继承或承受权利的证明文件。

（5）其他应当提交的文件或证件。

执行员接到申请执行书或者移交执行书，应当向被执行人发出执行通知，并可以立即采取强制执行措施。

（二）内容要点和制作技巧

1. 首部

（1）标题

居中写明"申请书""申请执行书"或"执行申请书"。

（2）当事人身份事项

当事人包括"申请执行人"和"被执行人"，其身份事项的具体内容和写法可参照"公示催告申请书"中的相关内容。另外，如果当事人委托律师代理申请执行的，应写明律师姓名和律师所在的律师事务所名称。

（3）案由和申请执行的缘由

文字上可以表述为："申请执行人×××与被执行人×××……（写明案由）一案，××××人民法院（或其他生效法律文书的作出机关）（××××）……号民事判决（或其他生效法律文书）已发生法律效力。被执行人×××未履行/未全部履行生效法律文书确定的给付义务，特向你院申请强制执行。"

2. 正文

申请执行书的正文仅为请求事项一项内容，即写明申请执行的具体内容。

3. 尾部

尾部内容包括：

（1）致送人民法院的名称。

（2）申请人署名。如果是委托律师为申请人代书的，应当在申请书上写明律师的姓名及其所在律师事务所名称等。

（3）制作文书的年月日。

（4）附项。说明所附物证、书证的名称和件数，证人姓名、住址。另外，注意附原审已生效的民事判决书（或民事裁定书、民事调解书）抄件一份。

（三）文书样式

示例 8-9

申请执行书[①]

申请执行人：×××，男/女，××××年××月××日生，×族，……（写明工作单位和职务或者职业）住……联系方式：……

法定代理人/指定代理人：×××，……

委托诉讼代理人：×××，……

被执行人：×××，……

…………

（以上写明申请执行人、被执行人和其他诉讼参加人的姓名或者名称等基本信息）

申请执行人×××与被执行人×××……（写明案由）一案，××××人民法院（或其他生效法律文书的作出机关）（××××）……号民事判决（或其他生效法律文书）已发生法律效力。被执行人×××未履行/未全部履行生效法律文书确定的给付义务，特向你院申请强制执行。

请求事项：

……（写明请求执行的内容）

此致

××××人民法院

申请执行人（签名或盖章）

××××年××月××日

附：生效法律文书×份。

[①] 人民法院出版社编：《最新民事诉讼文书样式应用及法律依据（上册）》，人民法院出版社2022年版，第270—271页。

四、财产保全申请书

（一）知识要点

1. 概念和特点

财产保全申请书，是指为了保证将来发生法律效力的裁判能够得到全部执行，申请人向人民法院请求在作出判决之前，对当事人的财产或者争执标的物采取查封、扣押、冻结或者法律规定的其他方法进行保护时制作的民事法律文书。

与财产保全相对应，财产保全申请书也包括诉前财产保全申请书和诉讼财产保全申请书。诉前财产保全申请书是指利害关系人因情况紧急，不立即申请财产保全将会使其合法权益受到难以弥补的损害，而在起诉前向人民法院申请，由人民法院采取财产保全措施时制作的民事法律文书；诉讼财产保全申请书则是指当事人在民事诉讼进行过程中，为保证将来的判决能得以实现，向人民法院提出对当事人争议的有关财物采取临时性强制措施时所制作的民事法律文书。

财产保全申请书具有如下特点：

（1）适用案件具有给付性。采取财产保全的目的是保证将来发生法律效力的裁判能够得到全部执行，而具有给付性的裁判才具有执行性。因此，财产保全申请书所适用的案件必须有给付内容，即当事人提出的是给付之诉，而不是确认之诉或形成之诉。

（2）提出申请具有紧迫性。提起财产保全申请的原因是存在基于主观和客观的因素所形成的紧急情况，不立即申请财产保全将会使其合法权益受到难以弥补的损害，或使将来发生法律效力的裁判难以执行或者造成当事人其他损害。如果这种紧急情况并不存在，就没有必要制作财产保全申请书。

（3）适用措施具有临时性。财产保全是一种临时性的财产保障程序，因此，财产保全申请书也应当请求人民法院采取某种临时性的保护措施。

（4）请求内容具有限定性。申请财产保全就是为了保障将来发生法律效力的裁判文书中确定的权利得以实现，因此，财产保全仅限于请求（诉讼请求）的范围，或者与本案有关的财物。

2. 法律依据和制作条件

《民事诉讼法》第103条第1款规定："人民法院对于可能因当事人一方的行为或者其他原因，使判决难以执行或者造成当事人其他损害的案件，根据对方当事人的申请，可以裁定对其财产进行保全、责令其作出一定行为或者禁止其作出一定行为；当事人没有提出申请的，人民法院在必要时也可以裁定采取保全措施。"

《民事诉讼法》第104条第1款规定："利害关系人因情况紧急，不立即申请保全将会使其合法权益受到难以弥补的损害的，可以在提起诉讼或者申请仲裁前向被保全财产所在地、被申请人住所地或者对案件有管辖权的人民法院申请采取保全措施。申请人应当提供担保，不提供担保的，裁定驳回申请。"

《民事诉讼法》第 105 条规定："保全限于请求的范围，或者与本案有关的财物。"

由此可见，制作诉前财产保全申请书的条件包括：

（1）需要采取诉前财产保全的申请必须具有给付内容，即申请人将来提起案件的诉讼请求具有财产给付内容。

（2）情况紧急，不立即采取相应的保全措施，可能使申请人的合法权益受到难以弥补的损失。

（3）由利害关系人提出诉前财产保全申请。利害关系人，即与被申请人发生争议，或者认为权利受到被申请人侵犯的人。

（4）诉前财产保全申请人必须提供担保。申请人如不提供担保，人民法院可以驳回申请人在起诉前提出的财产保全申请。

制作诉讼财产保全申请书的条件包括：

（1）需要对争议的财产采取诉讼中财产保全的案件必须是给付之诉，即该案的诉讼请求具有财产给付内容。

（2）存在将来的生效裁判因为主观或者客观的因素导致不能执行或者难以执行的危险。

（3）诉讼财产保全发生在民事案件受理后、法院尚未作出生效判决前。

（4）人民法院可以责令当事人提供担保。

3. 使用情况

申请人制作财产保全申请书后，应当向受诉人民法院或者财产所在地人民法院递交申请书，需要提供担保的，申请人还应当依法办理担保手续。人民法院接受诉讼财产保全申请后，对情况紧急的，必须在 48 小时内作出裁定；裁定采取保全措施的，应当立即开始执行。人民法院接受诉前财产保全申请后，必须在 48 小时内作出裁定；裁定采取保全措施的，应当立即开始执行。同时，申请人在人民法院采取保全措施后 30 日内不依法提起诉讼或者申请仲裁的，人民法院应当解除保全。

（二）内容要点和制作技巧

1. 首部

（1）标题

居中写明"申请书"或"财产保全申请书""诉讼财产保全申请书""诉前财产保全申请书"。

(2) 当事人身份事项

当事人包括"申请人"和"被申请人",其身份事项的具体内容和写法可参照"公示催告申请书"中的相关内容。另外,如果当事人委托律师代理申请财产保全的,应写明律师姓名和律师所在的律师事务所名称。

2. 正文

财产保全申请书的正文包括请求事项、事实与理由两项内容。

(1) 请求事项

写明申请人要求人民法院进行财产保全的具体内容,包括但不限于以下几项:

第一,明确采取财产保全的具体措施,是冻结账户,还是查封财产,或是变卖、拍卖财产。

第二,明确采取财产保全措施的具体对象,包括财产(物)的名称、数量、存在状况等。

(2) 事实与理由

写明申请人提出财产保全申请所依据的事实和理由,包括但不限于以下内容:

第一,明确案件所处的阶段,是在诉讼过程中(人民法院立案后,作出裁判之前),还是处在准备起诉或者仲裁过程中(诉前)。

第二,案件处于诉讼过程中,应着重写明案件存在因当事人一方的行为或者其他原因,使判决难以执行或者造成当事人其他损害的事实和理由。

第三,案件处于准备起诉或仲裁的过程中,则应着重写清楚存在"紧急情况"的事实,以及不立即申请保全将会使其合法权益受到难以弥补的损害的理由。

第四,申请人提供担保的,应当写明提供担保的方式,以及担保财产的名称、性质、数量、数额、所在地等。

正文是申请书的主体部分,制作财产保全申请书正文部分时,必须注意:

第一,案情叙述要简单明了,使法院知道因何案提出申请,了解该案大致情况即可。

第二,请求事项必须明确,要求保全的内容要交代清楚,如具体要求采取何种保全措施、保全何种财产、财产的具体数量以及财产的具体状况等。

第三,申请理由要做到确实充分,有理有据,尤其要注意与法律规定先予执行的条件对应,明确存在因主观和客观的原因,导致将发生法律效力的裁判不能执行或者难以执行的可能,或者存在不立即申请保全将会使其合法权益受到难以弥补的损害的现实情况,这样才能为法院裁定先予执行提供有力依据。

第四,财产保全仅限于请求的范围,或者与本案有关的财物。

3. 尾部

尾部内容包括:

（1）致送人民法院的名称。

（2）申请人署名。如果是委托律师为申请人代书的，应当在申请书上写明律师的姓名及其所在律师事务所名称等。

（3）制作文书的年月日。

（三）文书样式

【样式1】

申 请 书①

（诉讼财产保全用）

示例 8-10

申请人：×××，男/女，××××年××月××日出生，×族，……（写明工作单位和职务或者职业）住……联系方式：……

法定代理人/指定代理人：×××，……

委托诉讼代理人：×××，……

被申请人：×××，……

……

（以上写明当事人和其他诉讼参加人的姓名或者名称等基本信息）

请求事项：

查封/扣押/冻结被申请人×××的……（写明保全财产的名称、性质、数量、数额、所在地等）期限为……年/月/日（写明保全的期限）。

事实和理由：

（××××）……号……（写明当事人和案由）一案，……（写明申请诉讼财产保全的事实和理由）

申请人提供……（写明担保财产的名称、性质、数量、数额、所在地等）作为担保。

此致
××××人民法院

申请人（签名或者盖章）
××××年××月××日

---

① 人民法院出版社编：《最新民事诉讼文书样式应用及法律依据（上册）》，人民法院出版社2022年版，第270—271页。

【样式2】

申 请 书[①]

（诉前证据保全用）

申请人：×××，男/女，××××年××月××日出生，×族，……（写明工作单位和职务或者职业）住……联系方式：……

法定代理人/指定代理人：×××，……

委托诉讼代理人：×××，……

被申请人：×××，……

…………

（以上写明当事人和其他诉讼参加人的姓名或者名称等基本信息）

请求事项：

请求裁定……（写明证据保全措施）

事实和理由：

……（写明诉前/仲裁前申请证据保全的事实和理由）

申请人提供……（写明担保财产的名称、性质、数量或数额、所在地等）作为担保。

此致
××××人民法院

申请人（签名或者公章）
××××年××月××日

五、先予执行申请书

（一）知识要点

1. 概念和特点

先予执行申请书，是指原告因生活或其他方面急需，在案件起诉后判决前向人民法院提出责令被告先行给付一定数额的金钱或其他财物，或者实施或停止某种行为并立即付诸执行的请求时制作的民事法律文书。

先予执行申请书具有如下特点：

（1）制作主体具有特殊性。申请书必须是由民事纠纷中的权利人提出，即民事

[①] 人民法院出版社编：《最新民事诉讼文书样式应用及法律依据（上册）》，人民法院出版社2022年版，第270—271页。

案件中的原告或债权人。

(2) 适用案件具有给付性。具有执行性是先予执行的基础，而具有给付性的裁判才具有执行性。同时，此类给付之诉案件必须是当事人间权利义务关系明确，即被申请人（一般是被告或债务人）应该履行的义务是十分明确的，并且被申请人有履行能力。

(3) 提出申请具有紧迫性。即存在不先予执行将严重影响申请人生活和生产经营的正常继续的危险。

2. 法律依据和制作条件

《民事诉讼法》第109条规定："人民法院对下列案件，根据当事人的申请，可以裁定先予执行：（一）追索赡养费、扶养费、抚养费、抚恤金、医疗费用的；（二）追索劳动报酬的；（三）因情况紧急需要先予执行的。"同时，《民诉法司法解释》第170条还对《民事诉讼法》第109条第3项规定的情况紧急进一步作出了明确的规定，包括：(1) 需要立即停止侵害、排除妨碍的；(2) 需要立即制止某项行为的；(3) 追索恢复生产、经营急需的保险理赔费的；(4) 需要立即返还社会保险金、社会救助资金的；(5) 不立即返还款项，将严重影响权利人生活和生产经营的。

《民事诉讼法》第110条规定："人民法院裁定先予执行的，应当符合下列条件：（一）当事人之间权利义务关系明确，不先予执行将严重影响申请人的生活或者生产经营的；（二）被申请人有履行能力。人民法院可以责令申请人提供担保，申请人不提供担保的，驳回申请。申请人败诉的，应当赔偿被申请人因先予执行遭受的财产损失。"

《民诉法司法解释》第169条规定："民事诉讼法规定的先予执行，人民法院应当在受理案件后终审判决作出前采取。先予执行应当限于当事人诉讼请求的范围，并以当事人的生活、生产经营的急需为限。"

由此可见，制作先予执行申请书必须具备如下条件：

(1) 必须是《民事诉讼法》第109条规定的案件范围。

(2) 当事人之间权利义务关系明确，即原告有权要求被告履行义务，被告必须接受这个要求。

(3) 存在不先予执行将严重影响申请人的生活或者生产经营的情况。

(4) 被告有履行该项义务的能力。

3. 使用情况

制作先予执行申请书后，申请人应当将其递交受诉人民法院。需要提供担保的，申请人应当提供担保。人民法院收到先予执行申请书后，应当对当事人的先予执行申请作出裁定。当事人对先予执行的裁定不服的，可以申请复议一次。复议期间不停止裁定的执行。

(二) 内容要点和制作技巧

1. 首部

(1) 标题

居中写明"申请书"或"先予执行申请书"。

(2) 当事人身份事项

当事人包括"申请人"和"被申请人",其身份事项的具体内容和写法可参照"公示催告申请书"中的相关内容。另外,如果申请人委托律师代理申请先予执行的,应写明律师姓名和律师所在的律师事务所名称。

2. 正文

先予执行申请书的正文包括请求事项、事实与理由两项内容。

(1) 请求事项

写明申请人要求对方当事人先予履行义务的具体内容,包括但不限于要求预先给付的财物数额或立即履行的行为义务。

(2) 事实与理由

主要写明申请先予执行所依据的事实和理由,内容包括但不限于:

第一,简要陈述案件的基本情况。

第二,阐明本案事实符合先予执行的条件,对应法律规定的先予执行的条件,陈述申请事实与理由。

第三,申请人提供担保的,应当写明提供担保的方式,以及担保财产的名称、性质、数量、数额、所在地等。

正文是申请书的主体部分,制作先予执行申请书正文部分时,必须注意:

第一,案情叙述要简单明了,使法院明白因何案提出申请,了解该案大致情况即可。

第二,请求事项必须明确,申请人要求给付的内容应当交代清楚,如要求被申请人给付何种费用、具体数额,或者要求被申请人停止实施何种行为。

第三,申请理由要做到确实充分,有理有据。撰写申请理由时一定要与法律规定先予执行的条件对应,具体写清楚本案中申请人与被申请人之间权利义务关系明确,申请人在生活或生产经营上确实有急需,或存在法律规定的其他紧急情况,不先予执行将使申请人的生活或生产受到严重影响。同时,还应阐明被申请人有能力履行先予执行要求的义务。

第四,请求先予执行的数额限于申请人实际急需范围,不得任意扩大先予给付的要求范围,更不得超出诉讼请求范围。

3. 尾部

尾部内容包括:

(1) 致送人民法院的名称。

（2）申请人署名。如果是委托律师为申请人代书的，应当在申请书上写明律师的姓名及其所在律师事务所名称等。

（3）制作文书的年月日。

（三）文书样式

申　请　书[①]

申请人：×××，男/女，××××年××月××日出生，×族，……（写明工作单位和职务或者职业）住……联系方式：……

法定代理人/指定代理人：×××，……

委托诉讼代理人：×××，……

被申请人：×××，……

……

（以上写明当事人和其他诉讼参加人的姓名或者名称等基本信息）

请求事项：

请求裁定……（写明先予执行措施）

事实和理由：

申请人×××与×××（写明案由）一案，你院（××××）……号已立案。……（写明申请先予执行的事实和理由）

申请人提供……（写明担保财产的名称、性质、数量或数额、所在地点等）作为担保。

此致
××××人民法院

申请人（签名或者公章）
××××年××月××日

示例 8-11

六、管辖权异议申请书

（一）知识要点

1. 概念和特点

管辖权异议申请书，是指当事人在认为受诉法院或受诉法院向其移送案件的法院对案件无管辖权时，而向受诉法院或受移送案件的法院提出的不服管辖的意见或

[①] 人民法院出版社编：《最新民事诉讼文书样式应用及法律依据（上册）》，人民法院出版社2022年版，第270—271页。

主张时所制作的民事法律文书。

管辖权异议申请书具有如下特点：

（1）制作主体的特定性。管辖权异议通常只有当事人有权提起，而且只能是受诉案件中的被告提起。因此，管辖权异议申请书的制作主体只能是被告。

（2）提出申请的时间性。管辖权异议申请书只能在第一审程序中答辩期间才能提起，即在被告收到起诉状副本后的十五日内提出。

（3）申请事由的法定性。提出管辖权异议的事由只能是受诉法院或者受移送法院对案件没有管辖权。

2. 法律依据和制作条件

《民事诉讼法》第130条第1款规定："人民法院受理案件后，当事人对管辖权有异议，应当在提交答辩状期间提出。人民法院对当事人提出的异议，应当审查。异议成立的，裁定将案件移送有管辖权的人民法院；异议不成立的，裁定驳回。"

由此可见，制作管辖权异议申请书必须具备如下条件：

（1）管辖权的异议应当由本案的当事人提出，而且这里的当事人仅指被告。

（2）管辖权的异议应当是在人民法院受理案件以后才能提出。

（3）管辖权的异议应当是针对第一审人民法院的管辖权而提出的。

（4）管辖权的异议应当在法定的答辩期间内提出。

3. 使用情况

申请人制作管辖权异议申请书后应当递交受诉人民法院或受移送人民法院。人民法院收到申请书后应当进行审查，并区别情况予以处理：

（1）管辖权异议不能成立的，裁定驳回申请。

（2）管辖权异议成立的，裁定将案件移送有管辖权的人民法院审理。

当事人对人民法院作出的管辖权异议裁定不服，可以在收到裁定书后十日内向上一级人民法院提起上诉。

（二）内容要点和制作技巧

1. 首部

（1）标题

居中写明"异议书"或"管辖权异议书""管辖权异议申请书"。

（2）异议人身份事项

异议人身份事项的具体内容和写法可参照"公示催告申请书"中的相关内容。另外，如果异议人委托律师代理申请管辖权异议的，应写明律师姓名和律师所在的律师事务所名称。

2. 正文

管辖权异议申请书的正文包括请求事项、事实与理由两项内容。

(1) 请求事项

写明管辖权异议申请书请求事项的具体内容，即将案件移送有管辖权的人民法院管辖。文字表述可以是："将××××人民法院（××××）……号……（写明案件当事人和案由）一案移送××××人民法院管辖。"

(2) 事实与理由

简要写明案件的基本情况和受诉过程，重点阐述受诉人民法院或受移送人民法院对案件没有管辖权的事理和法理。

3. 尾部

尾部内容包括：

(1) 致送人民法院的名称。

(2) 申请人署名。如果是委托律师为申请人代书的，应当在申请书上写明律师的姓名及其所在律师事务所名称等。

(3) 制作文书的年月日。

(三) 文书样式

异 议 书①

异议人（被告）：×××，男/女，××××年××月××日出生，×族，……（写明工作单位和职务或者职业），住……联系方式：……

法定代理人/指定代理人：×××，……

委托诉讼代理人：×××，……

（以上写明异议人和其他诉讼参加人的姓名或者名称等基本信息）

请求事项：

将××××人民法院（××××）……号……（写明案件当事人和案由）一案移送××××人民法院管辖。

事实和理由：

……（写明提出管辖权异议的事实和理由）

此致

××××人民法院

异议人（签名或者盖章）

××××年××月××日

示例 8-12

---

① 人民法院出版社编：《最新民事诉讼文书样式应用及法律依据（上册）》，人民法院出版社 2022 年版，第 270—271 页。

七、执行异议申请书

（一）知识要点

1. 概念和特点

执行程序开始后，如果当事人、案外人认为执行法院的执行行为、执行方案存在违法或不当，所执行的标的自己有全部或部分的请求权，或认为执行可能影响自己的合法权益，可以向法院提出执行异议。异议应当以书面或口头的方式提出，并说明理由，提供证据。执行异议有三类：第一类是当事人、利害关系人对执行违法行为的异议；第二类是案外人对执行标的的异议；第三类是债权人、被执行人对分配方案的异议。

所谓执行异议申请书就是指在执行过程中，当事人对分配方案有异议或认为执行行为违反法律规定，案外人对执行标的有异议或认为执行行为违反法律规定，可能影响或损害其合法权益时，向人民法院提出主张或意见而制作的民事法律文书。

执行异议申请书具有如下特点：

（1）制作主体的广泛性。制作执行异议申请书的主体可以是执行案件的当事人，也可以是与执行案件有利害关系的案外人。

（2）制作时间的限定性。制作执行异议申请书只能在执行过程中，即执行已经开始，但尚未结束，正在进行中。

（3）申请事由的法定性。申请人的执行异议必须是在有执行违法行为存在，或者执行标的、分配方案有错误的情况下提出。

2. 法律依据和制作条件

《民事诉讼法》第232条规定："当事人、利害关系人认为执行行为违反法律规定的，可以向负责执行的人民法院提出书面异议。当事人、利害关系人提出书面异议的，人民法院应当自收到书面异议之日起十五日内审查，理由成立的，裁定撤销或者改正；理由不成立的，裁定驳回。当事人、利害关系人对裁定不服的，可以自裁定送达之日起十日内向上一级人民法院申请复议。"

《民事诉讼法》第234条规定："执行过程中，案外人对执行标的提出书面异议的，人民法院应当自收到书面异议之日起十五日内审查，理由成立的，裁定中止对该标的的执行；理由不成立的，裁定驳回。案外人、当事人对裁定不服，认为原判决、裁定错误的，依照审判监督程序办理；与原判决、裁定无关的，可以自裁定送达之日起十五日内向人民法院提起诉讼。"

《民诉法司法解释》第509条规定："多个债权人对执行财产申请参与分配的，执行法院应当制作财产分配方案，并送达各债权人和被执行人。债权人或者被执行人对分配方案有异议的，应当自收到分配方案之日起十五日内向执行法院提出书面异议。"

由此可见，制作执行异议申请书必须具备如下条件：

(1) 对执行标的异议的制作主体是案外人，对分配方案异议的制作主体是债权人或被执行人，对执行行为异议的制作主体是当事人、利害关系人。

(2) 在执行过程中，存在执行行为有违反法律规定的情况，或者执行标的、分配方案有错误，执行可能影响其合法权益。

(3) 对执行分配方案的异议，应当自收到分配方案之日起十五日内向执行法院提出。

3. 使用情况

申请人制作执行异议申请书后应当递交执行法院。

对当事人、利害关系人的执行行为异议申请，人民法院应当自收到书面异议之日起十五日内审查，理由成立的，裁定撤销或者改正；理由不成立的，裁定驳回。当事人、利害关系人对裁定不服的，可以自裁定送达之日起十日内向上一级人民法院申请复议。

对案外人的执行标的异议申请，人民法院应当自收到书面异议之日起十五日内审查，理由成立的，裁定中止对该标的的执行；理由不成立的，裁定驳回。案外人、当事人对裁定不服，认为原判决、裁定错误的，依照审判监督程序办理；与原判决、裁定无关的，可以自裁定送达之日起十五日内向人民法院提起诉讼。

对债权人或者被执行人的分配方案异议申请，执行法院应当及时通知未提出异议的债权人、被执行人。未提出异议的债权人、被执行人自收到通知之日起十五日内未提出反对意见的，执行法院依异议人的意见对分配方案审查修正后进行分配；提出反对意见的，应当通知异议人。异议人可以自收到通知之日起十五日内，以提出反对意见的债权人、被执行人为被告，向执行法院提起诉讼；异议人逾期未提起诉讼的，执行法院按照原分配方案进行分配。

(二) 内容要点和制作技巧

1. 首部

(1) 标题

居中写明"异议书"或"执行异议书""执行异议申请书"。

(2) 异议人身份事项

异议人身份事项的具体内容和写法可参照"公示催告申请书"中的相关内容。另外，如果异议人委托律师代理申请执行异议的，应写明律师姓名和律师所在的律师事务所名称。

(3) 案由和申请执行异议的缘由

这是承上启下的一个固定段落，内容包括案由、作出生效法律文书的机构名称和相应的文书案号。

文字上可以表述为："申请执行人×××与被执行人×××……（写明案由）

一案，××××人民法院（或其他生效法律文书的作出机关）（××××）……号民事判决（或其他生效法律文书）已发生法律效力。××××人民法院在执行本案过程中，异议人对××××人民法院……（写明执行行为/诉讼标的/分配方案）不服，提出异议。"

2. 正文

执行异议申请书的正文包括请求事项、事实与理由两项内容。

（1）请求事项

在执行异议申请书中，因执行异议的对象不同，执行异议申请请求的内容也不同。在对执行行为的异议中，申请人主要是基于执行机关在执行中发生的实施执行措施、遵守执行程序以及作出的法律文书存在错误，或者有其他侵害当事人、利害关系人合法权益的执行行为而提出异议，因此，申请人应当在请求事项中写明要求执行机关纠正何种错误的具体内容，如"请求人民法院停止实施××××（写明具体的执行措施或执行行为）"。在对执行标的的异议中，案外人主要是对执行机关在处置执行标的上的错误而提出异议，因此，申请人应当在请求事项中将纠正此种错误的内容，明确、具体地写明，如"请求人民法院解除对××××（写明执行标的名称）的查封（冻结或变卖、拍卖）"。在对分配方案的异议中，申请人是对执行机关提出的财产分配方案有不同意见，认为该分配方案未能对其利益实行公平保护，因此，申请人应该在请求事项中明确表明希望执行法院撤销原分配方案，重新制定分配方案或是调整原分配方案。

（2）事实与理由

写明支持执行异议中具体请求所依据的事实和法律。与其他异议类申请书一样，在制作执行异议申请书中"事实与理由"部分的内容时，对事实部分可以简明扼要地进行叙述，重点在于对异议理由的阐明。

在事实部分，只需对执行过程进行简要叙述。主要写明执行法院于某年月日作出了什么编号的执行裁定书、裁定书的相关内容、执行法院实施了何种执行行为、采取了何种执行措施（或制定了何种分配方案），以及这些执行行为、措施或者方案对申请人产生了什么影响或造成了什么后果。该部分内容一定要简洁，不能拖泥带水。

在异议的理由部分，应当结合事实和法律阐明执行法院执行行为、执行措施的违法性，执行法院分配方案的不当性，以及对申请人合法权益造成的危害结果，及它们之间的因果关系，论证纠正这种违法执行行为和执行措施，调整执行法院不公分配方案的必要性和正当性。

3. 尾部

尾部内容包括：

（1）致送人民法院的名称。

（2）异议人署名。如果是委托律师为异议人代书的，应当在申请书上写明律师的姓名及其所在律师事务所名称等。

（3）根据不同的异议列明附项：对执行行为异议的，附项通常包括异议人或者复议申请人的身份证明、相关证据材料以及送达地址和联系方式等；对执行标的异议的，应附上生效的法律文书；对分配方案异议的，则应附上××××人民法院财产分配方案。

（4）制作文书的年月日。

（三）文书样式

【样式1】

示例8-13

执行异议书①
（当事人、利害关系人提出执行异议用）

异议人（申请执行人/被执行人/利害关系人）：×××，男/女，××××年××月××日出生，×族，……（写明工作单位和职务或者职业）住……联系方式：……

法定代理人/指定代理人：×××，……

委托诉讼代理人：×××，……

（以上写明异议人和其他诉讼参加人的姓名或者名称等基本信息）

申请执行人×××与被执行人×××……（写明案由）一案，××××人民法院（或其他生效法律文书的作出机关）（××××）……号民事判决（或其他生效法律文书）已发生法律效力。××××人民法院在执行本案过程中，异议人对××××人民法院……（写明执行行为）不服，提出异议。

请求事项：

…………

事实和理由：

…………

此致

××××人民法院

异议人（签名或盖章）
××××年××月××日

---

① 人民法院出版社编：《最新民事诉讼文书样式应用及法律依据（上册）》，人民法院出版社2022年版，第270—271页。

附：1. 异议人或者复议申请人的身份证明。
　　2. 相关证据材料。
　　3. 送达地址和联系方式。

【样式2】

执行异议书[①]

（案外人提出执行异议用）

　　异议人（案外人）：×××，男/女，××××年××月××日出生，×族，……（写明工作单位和职务或者职业）住……联系方式：……
　　法定代理人/指定代理人：×××，……
　　委托诉讼代理人：×××，……
　　（以上写明异议人和其他诉讼参加人的姓名或者名称等基本信息）
　　申请执行人×××与被执行人×××……（写明案由）一案，××××人民法院（或其他生效法律文书的作出机关）（××××）……号民事判决（或其他生效法律文书）已发生法律效力。异议人对××××人民法院执行……（写明执行标的）不服，提出异议。

请求事项：

　　……（写明异议请求）

事实和理由：

　　…………

　　此致
××××人民法院

异议人（签名或盖章）
××××年××月××日

附：生效法律文书×份。

[①] 人民法院出版社编：《最新民事诉讼文书样式应用及法律依据（上册）》，人民法院出版社2022年版，第270—271页。

【样式3】

执行异议书[①]

（对执行分配方案提出异议用）

异议人（债权人/被执行人）：×××，男/女，××××年××月××日出生，×族，……（写明工作单位和职务或者职业），住……联系方式：……

法定代理人/指定代理人：×××，……

委托诉讼代理人：×××，……

债权人/被执行人：×××，……

……

（以上写明异议人和其他诉讼参加人的姓名或者名称等基本信息）

请求事项：

因被执行人×××的财产不能清偿所有债务，××××人民法院于××××年××月××日作出财产分配方案，异议人不服，提出以下异议请求：

……

事实和理由：

……

此致
××××人民法院

异议人（签名或盖章）
××××年××月××日

附：××××人民法院财产分配方案。

[①] 人民法院出版社编：《最新民事诉讼文书样式应用及法律依据（上册）》，人民法院出版社2022年版，第270—271页。

第九章 人民法院民事法律文书

第一节 概 述

一、裁判类民事诉讼法律文书的概念和特点

人民法院民事法律文书，即裁判类民事诉讼法律文书，或称民事裁判文书，是人民法院代表国家行使审判权，依法审理民事案件时，为解决诉讼双方当事人之间民事权益争议的实体问题或程序问题，而作出的具有法律效力的民事诉讼法律文书。

裁判类民事诉讼法律文书的制作主体是人民法院，它是人民法院代表国家行使审判权的具体体现，也是民事法律得以实施的重要途径之一。同时，裁判类民事诉讼法律文书也是确认民事诉讼当事人之间的民事权利义务关系，制裁民事违法行为，解决民事权益争议的载体。它对维护民事诉讼当事人的合法权益，促进市场经济的发展具有重要作用。正因为裁判类民事诉讼法律文书是人民法院代表国家行使审判权的结果，所以其具有以下特点：

(一) 稳定性

裁判类民事诉讼法律文书的处理意见是人民法院在对民事案件进行审理之后所作出的结论。无论是民事判决书、民事裁定书还是民事调解书等，其一旦发生法律效力便具有相对的稳定性，任何其他机关、团体和个人不得随意变更或撤销。只有当发现其确有错误的时候，即事实认定错误或者法律适用错误等，才可以由人民法院按照《民事诉讼法》所规定的审判监督程序予以变更或者撤销。

(二) 排他性

这里所讲的排他性有两层意思：一是就人民法院系统内部而言，对于某一人民法院受理审查的民事案件，如果其裁判文书反映的结果没有经法定程序撤销，其他任何人民法院不得重新受理；二是就人民法院系统外而言，凡经人民法院判决、裁定或者调解解决的民事案件，其他任何国家机关不得对此作出新的裁判。

（三）强制性

裁判类民事诉讼法律文书都是由人民法院代表国家，以国家的名义发出的。所以，已经生效的民事判决书、民事裁定书或民事调解书等对当事人具有强制性的约束力，有关当事人必须自觉履行民事裁判文书所规定的民事义务。如果当事人不履行该义务，对方当事人可以申请人民法院依照《民事诉讼法法》所规定的执行程序强制执行，也可以由审判员移送执行员执行。

二、裁判类民事诉讼法律文书的种类

裁判类民事诉讼法律文书可以按照不同的划分标准进行分类：

（1）根据解决的具体问题的性质不同，可以将其划分为民事判决书和民事裁定书。民事判决书解决的是民事诉讼当事人之间的实体权利义务争议，即实体问题；民事裁定书解决的是民事诉讼当事人之间的诉讼权利义务争议，即程序问题。

（2）根据解决纠纷的方式不同，可以将其划分为民事判决书和民事调解书。民事判决书是人民法院依法通过判决方式解决民事案件之后所作出的书面处理意见；民事调解书是人民法院通过调解方式解决民事案件之后所作出的处理意见的书面反映。

（3）根据解决纠纷的程序不同，可以将其划分为：

① 一审民事裁判文书。包括第一审民事判决书、第一审民事裁定书和第一审民事调解书。

② 二审民事裁判文书。包括第二审民事判决书、第二审民事裁定书和第二审民事调解书。

③ 再审民事裁判文书。包括再审民事判决书、再审民事裁定书和再审民事调解书。

④ 特别程序的民事裁判文书。包括特别程序的民事判决书和特别程序的民事裁定书。

⑤ 督促程序的民事裁判文书。包括督促程序的民事判决书和督促程序的民事裁定书。

⑥ 公示催告程序的民事裁判文书。包括公示催告程序的民事判决书和公示催告程序的民事裁定书。

⑦ 企业法人破产还债程序民事裁定文书。

⑧ 执行程序的民事裁定文书。

目前，人民法院民事法律文书的参照样式是 2016 年由最高人民法院发布的《人民法院民事裁判文书制作规范》《民事诉讼文书样式》；另外，最高人民法院为深入推进民事诉讼程序繁简分流改革试点工作，于 2020 年 10 月发布了《民事诉讼程序繁简分流改革试点相关诉讼文书样式》（以下简称《试点文书样式》）。《试点文书样式》在 2016 年《民事诉讼文书样式》基础上，根据试点工作的新变化和新要求，增补修订民事判决书、调解书、裁定书、告知书等相关诉讼文书样式合计 15 份。其中，新制作的文书样式 12 份、对原样式作出修改的文书样式 3 份，主要包括：小额诉讼程序与简易程序、普通程序等程序转换类文书；小额诉讼程序简化审理、一审普通程序独任审理、二审案件独任审理等实体裁判类文书；以及小额诉讼程序告知书、一审普通程序独任审理通知书、二审案件独任审理通知书等。《试点文书样式》自 2020 年 11 月 1 日施行。

第二节　第一审民事判决书

一、知识要点

（一）概念和特点

第一审民事判决书，是指第一审人民法院依据我国《民事诉讼法》规定的第一审程序，对审理终结的第一审民事案件的实体问题作出处理决定时，所制作的具有法律效力的民事诉讼法律文书。

第一审民事判决书是民事裁判文书中最重要的法律文书之一。制作好第一审民事判决书既有利于及时解决民事纠纷和经济纠纷，化解当事人之间的权利义务之争，也对其他程序民事裁判文书的制作有借鉴作用。

除上述民事裁判文书的共同特点外，第一审民事判决书也有自己的特征。根据《民事诉讼法》的规定，第一审程序包括普通程序、简易程序和特别程序三种。简易程序和特别程序一般都由审判员一人独任审判，其中，特别程序实行一审终审。具体而言：

适用简易程序的第一审民事判决书，是基层人民法院依照《民事诉讼法》规定的简易程序，对事实清楚，权利义务关系明确，争议不大的第一审简单民事案件，就当事人之间的实体权利义务争议问题作出的书面处理决定时制作的。和普通程序第一审民事判决书相比较，简易程序的第一审民事判决书具有以下特点：第一，它只适用于基层人民法院（包括基层人民法院的派出机构）；第二，它只适用于事实清楚，权利义务关系明确，争议不大的简单民事案件；第三，它的处理决定必须依法在案件立案之日起三个月内作出；第四，它是由审判员一人独立审判时所作出的处理意见。必须注意的是：这里所谓"事实清楚"，是指当事人双方对争议的事实陈述基本一致，并能提供可靠的证据，人民法院无须另外调查收集证据即可判明事实，分清是非；"权利义务关系明确"是指享有权利的人和承担义务的人一目了然，关系明确；"争议不大"是指当事人对案件的是非责任、诉讼标的的争执无原则分歧。从格式要点上看，除内容较为简单之外，简易程序第一审民事判决书和普通程序第一审民事判决书区别不大。

特别程序实行一审终审,所以其第一审民事判决书也就是终审判决书,它是人民法院依照《民事诉讼法》规定的特别程序,审理特殊类型的民事案件,并针对某种法律事实是否存在或某种权利的实际状态如何,作出处理决定时所制作的民事诉讼法律文书。这里所说的"特殊类型",是不具有民事权益争议内容,起诉人或申请人不要求追究民事责任,包括选民资格案件、宣告失踪或宣告死亡案件、撤销失踪或死亡宣告案件、确认民事行为案件、撤销有关民事行为能力的宣告案件、指定监护人的案件,以及认定财产无主案件和撤销认定财产无主案件。

因此,特别程序的民事判决书与其他民事裁判文书相比,在格式、内容和写法上均有很大的不同。在特别程序的民事判决书中,当事人称谓一般是"申请人",但选民资格案件和指定监护人的判决书中称"起诉人",而且没有对方当事人的列项。特别程序的民事判决书不要求严格区分事实和理由,没有争议的事实,只有申请人或起诉人提供的事实和法院确认的事实,法院可直接依照法律判决,无须分析论证判决理由。特别程序的民事判决书一经送达当事人即发生法律效力。

限于篇幅的原因,本章将重点介绍普通程序第一审民事判决书的有关内容。

(二)法律依据和制作条件

《民事诉讼法》第151条规定:"人民法院对公开审理或者不公开审理的案件,一律公开宣告判决。当庭宣判的,应当在十日内发送判决书;定期宣判的,宣判后立即发给判决书。宣告判决时,必须告知当事人上诉权利、上诉期限和上诉的法院。宣告离婚判决,必须告知当事人在判决发生法律效力前不得另行结婚。"

《民事诉讼法》第155条规定:"判决书应当写明判决结果和作出该判决的理由。判决书内容包括:(一)案由、诉讼请求、争议的事实和理由;(二)判决认定的事实和理由、适用的法律和理由;(三)判决结果和诉讼费用的负担;(四)上诉期间和上诉的法院。判决书由审判人员、书记员署名,加盖人民法院印章。"

《民事诉讼法》第156条规定:"人民法院审理案件,其中一部分事实已经清楚,可以就该部分先行判决。"

第一审民事判决书的制作条件总体上讲必须是人民法院对第一审民事案件已经审理终结。具体而言,有几种不同的情形:

(1)法庭辩论终结,依法作出判决;

(2)法庭辩论终结后,进行调解,调解不成,依法作出判决;

(3)原告经传票传唤无正当理由拒不到庭或者未经法庭许可中途退庭,被告有反诉的,可以依法缺席判决;

(4)被告经传票传唤,无正当理由拒不到庭或者未经法庭许可中途退庭的,可以依法缺席判决;

(5)人民法院不准原告撤诉,原告经传票传唤,无正当理由拒不到庭的,可以缺席判决。

（三）使用情况

第一审民事判决书制作完毕，必须依法发送当事人。当庭宣判的，应当在十天内发送；定期宣判的，宣判后立即发送。

二、内容要点和制作技巧

第一审民事判决书由首部、正文和尾部三部分构成。

（一）首部

1. 标题

一般分两行写明制作主体（即人民法院）的名称和文种的名称，第一行写"×××× 人民法院"，第二行写"民事判决书"。如"上海市徐汇区人民法院""民事判决书"。若属涉外民事案件则应当在"××××人民法院"前面再冠以"中华人民共和国"字样。应该注意的是，人民法院的名称必须与其院印相一致。

2. 案号

案号是指用于区分各级法院办理案件的类型和次序的简要标识，由中文汉字、阿拉伯数字及括号组成。案号包含立案年度、制作法院、案件类型、案件的顺序号等要素信息，其基本要素为收案年度、法院代字、专门审判代字、类型代字、案件编号，表述为"（年度）××民初字第×号"。以上海市徐汇区人民法院的民事判决书为例，如果是徐汇区人民法院2018年立案的民事案件，其案件的顺序号为28的话，那么判决书案号可以表述为"（2018）沪0104民初字第28号"。其中，"（2018）"代表收案年度；"沪0104"表示徐汇区人民法院代字；"民"为专门审判代字，表明是民事案件；"初字"为类型代字，表示是初审即第一审案件；"第28号"就是案件的顺序号。法院代字可以查询最高人民法院2016年1月1日发布并施行的《各级法院代字表》。

另外，还必须注意案号应该写在文书名称下一行右端，其最末一字与下面的正文右端各行看齐。同时，案号上下各空一行。

3. 当事人身份事项

这里所指的当事人包括原告、被告和第三人。其中，原告是指提起民事诉讼的一方；被告是被人民法院通知应诉的一方；第三人则包括有独立请求权的第三人和无独立请求权的第三人两种。有独立请求权的第三人是指对双方当事人的诉讼标的认为有独立请求权，有权提起诉讼的当事人；无独立请求权的第三人是指对当事人双方的诉讼标的虽然没有独立请求权，但是案件的处理结果同他有法律上的利害关系的当事人。

由于每个当事人在民事诉讼中所处的法律地位不同，享有的诉讼权利和承担的诉讼义务不同，所以对他们的称谓也不完全相同。对于这些当事人的身份情况，也要视具体情形而定：

（1）如果当事人是自然人的话，那么应该写明其姓名、性别、出生年月日、民族、职业或者工作单位和职务、住址。其中，住址应当写明当事人的住所地；住所地和经常居住地不在同一个地方的，写其经常居住地。

（2）如果当事人是法人的话，那么先写明法人的名称和所在地址，另起一行再写明法定代表人的姓名和职务。

（3）如果当事人是其他组织或是起有字号的个人合伙单位的话，应该先写明其名称或字号以及所在地址，另起一行写其代表人的姓名和职务。

（4）如果当事人是个体工商户的话，则写明业主的姓名、性别、出生年月日、民族、住址；对于起字号的，必须在其名字后面注明，如"系……（字号）业主"。

必须注意的是，被告提出反诉的案件，如果反诉成立，那么人民法院就会将本诉与反诉合并审理。正因为在这类案件中，当事人的诉讼地位具有双重性，所以在制作民事判决书说明当事人身份事项时，必须在本诉当事人的称谓后面用括号注明其在反诉中的称谓。如"原告（即反诉被告）、被告（即反诉原告）"。

在写当事人的身份事项时，如遇到一些特殊情况，可以适当予以变通。例如，在一些边远山区或者少数民族居住的区域，有的当事人对自己确切的出生年月日说不清楚，采用其他方法也难以确定，这种情况下，可以直接写年龄。

4. 诉讼代理人身份事项

诉讼代理人是以被代理人的名义，在代理权限内，为了维护被代理人的民事利益而实施诉讼行为，进行诉讼活动的人。

《民事诉讼法》第60条规定："无诉讼行为能力人由他的监护人作为法定代理人代为诉讼。法定代理人之间互相推诿代理责任的，由人民法院指定其中一人代为诉讼。"

《民事诉讼法》第61条规定："当事人、法定代理人可以委托一至二人作为诉讼代理人。下列人员可以被委托为诉讼代理人：（一）律师、基层法律服务工作者；（二）当事人的近亲属或者工作人员；（三）当事人所在社区、单位以及有关社会团体推荐的公民。"

可见，诉讼代理人分为：法定代理人、委托代理人和指定代理人三种。

诉讼代理人的身份事项包括：姓名、性别、职业或者工作单位和职务、住址。另外，法定代理人姓名后面还应该用括号注明其与当事人的关系。如果是当事人的近亲属作为委托代理人的，也应该在其姓名后面用括号注明其与当事人的关系。如果诉讼代理人是律师，则只需写明三项，即姓名、所在律师事务所的名称及职务。

5. 案由、审判组织、审判方式和开庭审理过程

这部分的文字表述比较固定，主要要求把案件性质、人民法院受理案件的情况

以及当事人、诉讼代理人出庭的情况写清楚。一般可以表述为："原告×××（姓名）诉（或'与'）被告×××（姓名）……一案，本院于××××年××月××日立案后，依法适用普通程序进行审理。本案于××××年××月××日公开（或者不公开）开庭，原告×××、被告×××、第三人×××和他们的诉讼代理人×××、×××（如果当事人本人未出庭而由代理人出庭的，应写明'×告的××代理人×××'）、证人×××等到庭参加诉讼。本案现已审理终结。"

如果当事人经合法传唤未到庭的，应该写明"×告经本院合法传唤无正当理由拒不到庭"。如果当事人未经法庭许可中途退庭的，应该写明"×告未经法庭许可中途退庭"。

如果案件立案后被告提出了管辖权异议，则应该写明："被告×××在法定答辩期内提出管辖权异议，本院于××××年××月××日裁定驳回其管辖权异议。被告×××为此提出上诉，××××法院于××××年××月××日作出裁定，驳回上诉。"

（二）正文

正文部分由事实（包括证据）、理由和主文三部分构成。

1. 事实

事实是判决的基础，是判决理由和判决结果的根据。事实部分必须写明的要点包括两个方面：一是当事人争议情况；二是人民法院对事实的认定情况。

（1）当事人争议情况

民事案件是当事人之间的民事权益之争，在民事诉讼中，当事人各方的诉讼地位是平等的。为了充分体现并依法保障当事人平等地行使诉讼权利，人民法院在制作民事判决书的时候必须实事求是地将各方当事人的意见反映清楚。具体而言，该部分应当写明以下内容：

首先，写明原告的诉讼请求和被告的答辩意见，以及诉讼请求与答辩所依据的事实与理由。

第一，根据原告提交的民事起诉状，以及原告在诉讼中增加或者变更的诉讼请求内容，写明原告希望通过诉讼达到的目的（诉讼请求）和为达到这些目的而提供的事实、法律依据。引导词可表述为："原告向本院提出诉讼请求：1.……2.……事实与理由：……"

第二，根据被告提交的民事答辩状，以及被告在诉讼中增加或者变更的诉讼请求内容，写明被告的答辩意见。引导词为："被告辩称，……"

第三，第三人的主要意见。引导词为："第三人述称，……"

在表达上述当事人争议情况时，必须具体全面无遗漏，如果内容比较多，还可以分项写明。对于原告在诉讼过程中增加或变更诉讼请求的，以及被告提出反诉的，也必须在这一部分内容中加以反映。如果反诉成立，还应当写明反诉的内容。

其次,写明当事人举证、质证的情况。

《民事诉讼法》第71条规定:"证据应当在法庭上出示,并由当事人互相质证。对涉及国家秘密、商业秘密和个人隐私的证据应当保密,需要在法庭出示的,不得在公开开庭时出示。"《民诉法司法解释》第103条第1款进一步规定:"证据应当在法庭上出示,由当事人互相质证。未经当事人质证的证据,不得作为认定案件事实的根据。"由此可见,在描述当事人争议情况中,写明当事人的举证、质证情况是十分重要也是非常必要的。

对当事人举证、质证情况的表述,一般做法是先在原告、被告和第三人争议事实后面分别列举其提供的相应证据材料以及每一项(或组)证据拟证明的事项,然后另起一个自然段,分别反映当事人相互质证的情况。引导词可表述为:"原告为支持其诉讼请求,向本院提交了以下证据:……"另起一段,"被告对原告提交的证据发表质证意见如下:……""被告为支持其答辩意见(或为反驳原告的诉讼请求),向本院提交了以下证据:……"再另起一段,"原告对被告提交的证据发表质证意见如下:……"如果有人民法院查证的,对查证的证据材料也一并质证。

(2)人民法院对事实的认定情况(包括对证据的认定)

在陈述原、被告举证和质证的情况后,法院首先应当对双方提供并经过法庭质证的证据进行认证,引导词可表述为:"针对双方当事人提交的证据及其质证意见,本院认证如下:……"法院在对证据认证的基础上,还必须对依证据证明的案件事实进行认定。对法院认定事实的引导词可以是:"经审理查明,……"

在这些引导词后面详细叙述人民法院所认定的案件事实,以及认定这些事实所依赖的证据,在对证据材料加以认证的基础上同时必须说明这些证据的可靠来源。具体叙述事实的时候,首先应当写明当事人之间的法律关系、纠纷发生的时间和地点及法律关系的内容;其次应当写明产生纠纷的原因、经过、情节和后果。

叙述事实应当注意以下问题:第一,认定的事实必须是经人民法院查对属实的事实,也就是经当事人双方举证、质证后所认定的事实;第二,认定的事实要符合客观性,叙述时要突出双方争议的焦点,抓住关键情节和因果关系详细叙述,而对双方当事人质证后没有异议的事实则可以略写;第三,要保守国家秘密,对个人隐私和商业秘密不具体描述、泄露。

应当指出的是,第一审民事判决书人民法院查明事实部分特别要求注重对相应证据的认定意见。一方面,在事实部分充分展示认定这些事实的证据,体现了人民法院严格依法办事的好作风,确保了事实认定的客观性和真实性;另一方面,也可以增强人民法院审判人员的责任心,减少办案的随意性,从而提高第一审民事判决书的制作质量。

2. 理由

理由是判决的灵魂,是将事实和判决结果联系在一起的纽带。理由部分应该根据事实和法律，对当事人之间争议的是非曲直进行公正、合理的评定。从内容上看，理由分两部分，即判决的理由和判决适用的法律。

(1) 判决的理由

这一部分要根据认定的事实和有关法律、法规和政策，阐述人民法院对民事纠纷的性质、当事人的责任以及如何解决纠纷的看法。然后，要根据民事案件的不同情况，针对当事人的争议和诉讼请求等，摆事实、讲道理，分清是非责任。对当事人合理合法的诉讼请求和主张予以支持；对当事人不合理不合法的诉讼请求不予以支持；对违反法律的民事行为应当严肃指出，必要时给予适当批驳。

在审判实际中，第一审民事判决书阐述理由的方法一般有：① 从民事法律关系构成要件入手进行分析，如分析债权、人身权等法律关系的共同构成要件，并结合案件具体情况进行说理；② 根据过错责任的归责原则，通过分析当事人的过错责任充分阐述理由；③ 采用排除的方法，将不构成案件争议焦点的事实加以排除，分清主次，重点分析争议的焦点问题，以此论理。

(2) 判决适用的法律

民事判决书是实施民事法律的一个重要载体，第一审民事判决书作为民事判决书的主要组成部分，其判决结论的作出更应该以民事法律为依据，从而确保民事案件的正确处理。但是，目前我国民事法律还不够健全，对于有些问题的处理还没有明确的法律依据。因此，第一审民事判决书在适用法律的问题上有以下几种处理方法：第一，凡是有直接的法律依据的，必须准确引用有关的法律条文，如《民法典》第×条第×款。第二，凡是没有明文法律规定的，可以援引一些法律原则和弹性条款来进行阐述。第三，可以将有关政策的精神作为案件的判决依据。

有相应法律依据可以援引的，一般表述为："根据《×××××××法》第××条规定判决如下"；没有相应法律依据可以援引的，一般表述为："据此，判决如下"。引用法律条文必须准确、具体、全面。另外，如果特别法有明文规定的，应当援引特别法，无须引用普通法；只有当特别法没有明文规定时，才援引普通法。

3. 主文

民事判决书的主文也就是民事判决的结果。第一审民事判决书的主文是第一审人民法院依据事实、证据和法律对民事争议所作出的判决结果，即一审的最后处理意见。主文的表述必须做到明确、完整，便于履行和执行。

(1) 明确。明确就是所作出的处理意见必须清楚、明了，不含糊其辞、不模棱两可。判决结果是当事人享受民事权利，履行民事义务的依据，如果判决结果不明确，民事判决就很难得到执行。而判决结果无法执行的话，民事判决本身也就失去了实际的意义。如对于婚姻纠纷的判决，应当清楚地说明是否准许当事人离婚。若不准许离婚的，必须写明驳回原告的离婚诉讼请求；若判决离婚的，除明确说明准许原、被告离婚外，还必须就子女抚养、财产分割情况表述清楚。

(2) 完整。判决主文只有一项的话，不必使用序号；判决主文若有两项及以上的话，则必须使用序号分项表述。判决主文必须根据确认之诉、变更之诉和给付之诉的不同情况完整表述，不可遗漏。如对于给付之诉的判决结果，应该具体写明所给付的标的物名称、给付数额、给付时间、给付方法以及给付对象等。

（三）尾部

(1) 写明案件受理费的负担情况。如"本案受理费××元，由被告（或原告）×××负担。自本判决生效后×日内交纳"。

(2) 交代上诉事项。包括上诉期限、上诉状的递交以及上诉审法院等情况。文字上可以表述为："如不服本判决，可在判决书送达之日起十五日内向本院递交上诉状，并按对方当事人的人数提出副本，上诉于××××人民法院。"

(3) 审判人员署名。独任审判的，由审判员一人署名；合议庭审理的，由合议庭组成人员署名。

(4) 判决日期。写明作出判决的年月日。

三、文书样式

【样式1】①

××××人民法院

民事判决书②

（第一审普通程序用）

示例 9-1

（××××)……民初……号

原告：×××，男/女，××××年××月××日出生，×族，……（工作单位和职务或者职业），住……

法定代理人/指定代理人：×××，……

委托诉讼代理人：×××，……

被告：×××，住所地……

法定代表人/主要负责人：×××，……

委托诉讼代理人：×××，……

第三人：×××，……

法定代理人/指定代理人/法定代表人/主要负责人：×××，……

委托诉讼代理人：×××，……

（以上写明当事人和其他诉讼参加人的姓名或者名称等基本信息）

---

① 该文书样式及之后的文书样式中引用的法律条文均已依现行法律作出了适当的调整。

② 人民法院出版社编：《最新民事诉讼文书样式应用及法律依据（上册）》，人民法院出版社2022年版，第270—271页。

原告×××与被告×××、第三人×××……（写明案由）一案，本院于××××年××月××日立案后，依法适用普通程序，公开/因涉及……（写明不公开开庭的理由）不公开开庭进行了审理。原告×××、被告×××、第三人×××（写明当事人和其他诉讼参加人的诉讼地位和姓名或者名称）到庭参加诉讼。本案现已审理终结。

×××向本院提出诉讼请求：1.……2.……（明确原告的诉讼请求）事实和理由：……（概述原告主张的事实和理由）

×××辩称，……（概述被告答辩意见）

×××诉/述称，……（概述第三人陈述意见）

当事人围绕诉讼请求依法提交了证据，本院组织当事人进行了证据交换和质证。对当事人无异议的证据，本院予以确认并在卷佐证。对有争议的证据和事实，本院认定如下：1.……2.……（写明法院是否采信证据、事实认定的意见和理由）

本院认为，……（写明争议焦点，根据认定的事实和相关法律，对当事人的诉讼请求作出分析评判，说明理由）

综上所述，……（对当事人的诉讼请求是否支持进行总结评述）。依照《中华人民共和国……法》第×条、……（写明法律文件名称及其条款项序号）规定，判决如下：

一、……

二、……

（以上分项写明判决结果）

如果未按本判决指定的期间履行给付金钱义务，应当依照《中华人民共和国民事诉讼法》第二百六十条规定，加倍支付迟延履行期间的债务利息（没有给付金钱义务的，不写）。

案件受理费……元，由……负担（写明当事人姓名或者名称、负担金额）。

如不服本判决，可以在判决书送达之日起十五日内，向本院递交上诉状，并按照对方当事人或者代表人的人数提出副本，上诉于××××人民法院。

审判长　×××
审判员　×××
审判员　×××
××××年××月××日
（院印）

本件与原本核对无异

书记员　×××

（注意：如果案件是在试点法院采用独任审判的，则判决书首部中的"案件由来和审理经过"部分需添加"根据《全国人民代表大会常务委员会关于授权最高人民法院在部分地区开展民事诉讼程序繁简分流改革试点工作的决定》，依法适用普通程序……进行了独任审理"。）

【样式2】

×××× 人民法院
民事判决书①
（第三人撤销之诉用）

（××××）……民撤……号

原告：×××，……

法定代理人/指定代理人/法定代表人/主要负责人：×××，……

委托诉讼代理人：×××，……

被告（原审原告）：×××，……

法定代理人/指定代理人/法定代表人/主要负责人：×××，……

委托诉讼代理人：×××，……

被告（原审被告）：×××，……

法定代理人/指定代理人/法定代表人/主要负责人：×××，……

委托诉讼代理人：×××，……

第三人：×××，……

法定代理人/指定代理人/法定代表人/主要负责人：×××，……

委托诉讼代理人：×××，……

（以上写明当事人和其他诉讼参加人的姓名或者名称等基本信息）

原告×××因×××与×××……（写明原审案由）一案，不服本院（××××）……民×……号生效判决/裁定/调解书，向本院提起第三人撤销之诉，本院于××××年××月××日立案后，依法适用普通程序，公开/因涉及……（写明不公开开庭的理由）不公开开庭进行了审理。原告×××、被告×××、第三人×××（写明当事人和其他诉讼参加人的诉讼地位和姓名或名称）到庭参加诉讼。本案现已审理终结。

×××向本院提出诉讼请求：1.……2.……（明确原告的诉讼请求）事实和理由：……（概述原告主张的事实和理由）

---

① 人民法院出版社编：《最新民事诉讼文书样式应用及法律依据（上册）》，人民法院出版社2022年版，第476—477页。

×××辩称，……（概述被告答辩意见）

×××述称，……（概述第三人陈述意见）

……（概述原案认定的基本事实，写明裁判结果）

本案当事人围绕诉讼请求依法提交了证据，本院组织当事人进行了证据交换和质证。对当事人无异议的证据，本院予以确认并在卷佐证。对有争议的证据和事实，本院认定如下：1.……2.……（写明法院是否采信证据、事实认定的意见和理由）

本院认为，……（围绕争议焦点，根据本院认定的事实和相关法律，对当事人的诉讼请求作出分析评判，说明理由）

综上所述，……（对当事人的诉讼请求是否支持进行总结评述）。依照《中华人民共和国……法》第×条、……（写明法律文件名称及其条款项序号）规定，判决如下：

一、……

二、……

（以上分项写明判决结果）

如果未按本判决指定的期间履行给付金钱义务，应当依照《中华人民共和国民事诉讼法》第二百六十条规定，加倍支付迟延履行期间的债务利息（没有给付金钱义务的，不写）。

案件受理费……元，由……负担（写明当事人姓名或者名称、负担金额）。

如不服本判决，可以在判决书送达之日起十五日内，向本院递交上诉状，并按对方当事人或者代表人的人数提出副本，上诉于××××人民法院。

审判长　×××

审判员　×××

审判员　×××

××××年××月××日

（院印）

本件与原本核对无异

书记员　×××

【样式3】

××××人民法院

民事判决书①

（案外人执行异议之诉用）

（××××）……民初……号

原告（执行案外人）：×××，……

法定代理人/指定代理人/法定代表人/主要负责人：×××，……

委托诉讼代理人：×××，……

被告（申请执行人）：×××，……

法定代理人/指定代理人/法定代表人/主要负责人：×××，……

委托诉讼代理人：×××，……

被告/第三人（被执行人）：×××，……

法定代理人/指定代理人/法定代表人/主要负责人：×××，……

委托诉讼代理人：×××，……

（以上写明当事人和其他诉讼参加人的姓名或者名称等基本信息）

原告×××与被告×××、被告/第三人×××案外人执行异议之诉一案，本院于××××年××月××日立案后，依法适用普通程序，公开/因涉及……（写明不公开开庭的理由）不公开开庭进行了审理。原告×××、被告×××、被告/第三人×××（写明当事人和其他诉讼参加人的诉讼地位和姓名或者名称）到庭参加诉讼。本案现已审理终结。

×××向本院提出诉讼请求：1.……2.……（明确原告的诉讼请求）事实和理由：……（概述原告主张的事实和理由）

×××辩称，……（概述被告答辩意见）

×××诉/述称，……（概述第三人陈述意见）

当事人围绕诉讼请求依法提交了证据，本院组织当事人进行了证据交换和质证。对当事人无异议的证据，本院予以确认并在卷佐证。对有争议的证据和事实，本院认定如下：1.……2.……（写明法院是否采信证据，事实认定的意见和理由）

本院认为，……（围绕争议焦点，根据本院认定的事实和相关法律，对当事人的排除对执行标的执行的请求或确权请求进行分析评判，说明理由）

综上所述，……（对当事人的诉讼请求是否支持进行总结评述）。依照《中华人民共和国……法》第×条……（写明法律文件名称及其条款项序号）《中华人民

---

① 人民法院出版社编：《最新民事诉讼文书样式应用及法律依据（上册）》，人民法院出版社2022年版，第490—491页。

共和国民事诉讼法》第二百三十四条、《最高人民法院关于适用〈中华人民共和国民事诉讼法〉的解释》第四百六十四条的规定,判决如下:

一、……

二、……

(以上分项写明判决结果)

案件受理费……元,由……负担(写明当事人姓名或者名称、负担金额)。

如不服本判决,可以在本判决书送达之日起十五日内,向本院递交上诉状,并按对方当事人或者代表人的人数提出副本,上诉于××××人民法院。

(判决不得对执行标的执行的,写明:)本院(××××)……执异……号执行异议裁定于本判决生效时自动失效。

审判长　×××
审判员　×××
审判员　×××
××××年××月××日
(院印)

本件与原本核对无异

书记员　×××

【样式 4】

××××人民法院
民事判决书[①]
(申请执行人执行异议之诉用)

(××××)……民初……号

原告(申请执行人):×××,……
…………

被告(案外人):×××,……
…………

被告/第三人(被执行人):×××,……
…………

[①] 人民法院出版社编:《最新民事诉讼文书样式应用及法律依据(上册)》,人民法院出版社2022年版,第494—495页。

（以上写明当事人和其他诉讼参加人的姓名或者名称等基本信息）

原告×××与被告×××、被告/第三人×××申请执行人执行异议之诉一案，本院于××××年××月××日立案后，依法适用普通程序，公开/因涉及……（写明不公开开庭的理由）不公开开庭进行了审理。原告×××、被告×××、被告/第三人×××（写明当事人和其他诉讼参加人的诉讼地位和姓名或者名称）到庭参加诉讼。本案现已审理终结。

×××向本院提出诉讼请求：准许执行……（××××）……号……（写明制作单位、案号、文书名称和具体执行标的）事实和理由：……（概述原告主张的事实和理由）

×××辩称，……（概述被告答辩意见）

×××诉/述称，……（概述第三人陈述意见）

当事人围绕诉讼请求依法提交了证据，本院组织当事人进行了证据交换和质证。对当事人无异议的证据，本院予以确认并在卷佐证。对有争议的……证据和事实，本院认定如下：……（写明法院是否采信证据、事实认定的意见和理由）

本院认为，……（围绕争议焦点，根据认定的事实和相关法律，对是否准许对执行标的执行进行分析评判，说明理由）

综上所述，……（对申请执行人执行异议之诉是否应予支持总结评述）依照……（写明法律文件名称及其条款项序号）《中华人民共和国民事诉讼法》第二百三十四条、《最高人民法院关于适用〈中华人民共和国民事诉讼法〉的解释》第四百六十五条的规定，判决如下：

（案外人就执行标的不享有足以排除强制执行的民事权益的，写明：）准许执行……（××××）……号……（写明制作单位、案号、文书名称和执行标的）

（案外人就执行标的享有足以排除强制执行的民事权益的，写明：）驳回×××的诉讼请求。

案件受理费……元，由……负担（写明当事人姓名或者名称、负担金额）。

如不服本判决，可以在判决书送达之日起十五日内，向本院递交上诉状，并按对方当事人或者代表人的人数提出副本，上诉于××××人民法院。

（准许执行的，写明：）本院（××××）……执异……号执行异议裁定于本判决生效时自动失效。

审判长　×××
审判员　×××
审判员　×××
××××年××月××日
（院印）

本件与原本核对无异

书记员 ×××

第三节 第二审民事判决书

一、知识要点

(一) 概念和特点

第二审民事判决书，是指第二审人民法院根据我国《民事诉讼法》规定的第二审程序，对当事人不服第一审民事判决提出上诉的民事案件进行审理后，就实体问题作出处理意见时制作的民事诉讼法律文书。

第二审人民法院根据当事人的上诉请求，对没有生效的第一审民事案件判决、裁定进行审理，及时纠正下级人民法院错误的裁判，从而维护当事人的合法民事权益，提高审判工作的质量。

第二审民事判决书具有如下特点：

1. 主体的特殊性

第二审民事判决书的制作主体虽然也是人民法院，但和第一审民事判决书制作主体不同的是，第二审民事判决书是由第二审人民法院制作的。具体而言，必须由中级以上人民法院制作。

2. 内容的针对性

《民事诉讼法》第175条规定："第二审人民法院应当对上诉请求的有关事实和适用法律进行审查。"根据这一规定我们不难看出，第二审民事判决书的内容是针对当事人的上诉请求事项而言的，不是对整个民事案件审理情况的反映。另外，第二审民事判决书的内容还是针对没有生效的第一审民事判决展开的。

3. 结论的终结性

我国民事诉讼采取的是两审终审制度，第二审人民法院的裁判是终审裁判。因此，第二审民事判决书的结论是人民法院对民事案件的最终处理决定，一旦裁判作出，即发生法律效力。

(二) 法律依据和制作条件

《民事诉讼法》第177条规定："第二审人民法院对上诉案件，经过审理，按照下列情形，分别处理：(一) 原判决、裁定认定事实清楚，适用法律正确的，以判决、裁定方式驳回上诉，维持原判决、裁定；(二) 原判决、裁定认定事实错误或者适用法律错误的，以判决、裁定方式依法改判、撤销或者变更；(三) 原判决认定基本事实不清的，裁定撤销原判决，发回原审人民法院重审，或者查清事实后改判；（四）原判决遗漏当事人或者违法缺席判决等严重违反法定程序的，裁定撤销原判决，发回原审人民法院重审。原审人民法院对发回重审的案件作出判决后，当事人提起上诉的，第二审人民法院不得再次发回重审。"

第二审民事判决书制作的条件首先必须以存在第一审民事判决为前提，其次是上诉人对第一审民事判决不服。这里所说的"不服"，是当事人认为原审民事判决有错误，包括事实认定错误、证据不足、适用法律不当或程序方面发生违法现象。

（三）使用情况

第二审民事判决书，除发回重审的以外，一经作出即具有法律效力。所以，一旦制作完毕，人民法院便将其送达有关当事人。当事人接到第二审民事判决书之后，必须依照判决主文的内容履行应尽的义务或享有应得的权利。如果当事人不履行其义务的，人民法院可强制执行。

二、内容要点和制作技巧

（一）首部

1. 标题

第二审民事判决书的标题与第一审民事判决书的标题写法相同，也是分两行写明制作主体和文种名称。

2. 案号

案号的编写方法与第一审民事判决书相似，但其反映审级的代号不同。一审为"初"，二审为"终"。

3. 当事人身份事项

当事人身份事项的具体写法和第一审民事判决书一致。不同的是，对当事人的称谓有区别。第二审民事判决书对当事人的称谓是"上诉人""被上诉人"。上诉人是指提起上诉的原告、被告或第三人；被上诉人是指与之相对应的对方当事人。具体表述时，还必须在"上诉人""被上诉人"后用括号分别注明其在原审中所处的地位，如"上诉人（原审被告）""被上诉人（原审原告）"等。

在列举当事人时，必须注意以下问题：

第一，如果原审的原告、被告、第三人都提起上诉的话，则均列为"上诉人"。

第二，如果当事人是无民事行为能力人或限制民事行为能力人，依法由其法定代理人或指定代理人提起上诉的，仍然应列该当事人为"上诉人"。

第三，在必要共同诉讼中，如果当事人一人或部分人提起上诉的，应当视具体情况列举当事人：（1）该上诉是对对方当事人之间权利义务的分担有意见但不涉及其他共同诉讼人的利益的，则对方当事人应列为被上诉人，未上诉的同一方当事人仍然按在原审中所处的诉讼地位列举；（2）该上诉如果仅仅是对共同诉讼人之间权利义务的分担有意见而不涉及对方当事人的利益的，则未上诉的同一方当事人为被上诉人，对方当事人仍然按其在原审中所处的诉讼地位列举；（3）该上诉如果是对双方当事人之间以及共同诉讼人之间权利义务的承担均有意见的，则未提起上诉的其他当事人均为被上诉人。

4. 诉讼代理人身份事项

如果当事人有委托诉讼代理人的话，则在每一当事人身份事项写完之后，分别写上其诉讼代理人的身份事项，具体各项的写法与第一审民事判决书相同。

5. 案由、审判组织和审判方式

《民事诉讼法》第176条第1款规定："第二审人民法院对上诉案件应当开庭审理。经过阅卷、调查和询问当事人，对没有提出新的事实、证据或者理由，人民法院认为不需要开庭审理的，可以不开庭审理。"所以，第二审民事判决书的案由、审判组织和审判方式部分有两种不同的表述：

（1）开庭审理的，可表述为："上诉人×××（姓名）因××（写明案由）一案，不服××××人民法院（××××）×民初字第××号民事判决，向本院提起上诉。本院于××××年××月××日立案后，依法组成合议庭，公开（或不公开）开庭审理了本案。上诉人×××、被上诉人×××和他们的诉讼代理人×××、证人×××等到庭参加了诉讼。本案现已审理终结。"

（2）未开庭审理的，可表述为："上诉人×××（姓名）因××（写明案由）一案，不服××××人民法院（××××）×民初字第××号民事判决，向本院提起上诉。本院于××××年××月××日立案后，依法组成合议庭审理了本案。现已审理终结。"

需要说明的是，《最高人民法院关于民事诉讼程序繁简分流改革试点实施办法》第18条规定："第二审人民法院审理上诉案件应当组成合议庭审理。但事实清楚、法律适用明确的下列案件，可以由法官一人独任审理：（一）第一审适用简易程序审理结案的；（二）不服民事裁定的。"因此，在民事诉讼新文书样式中，就对第二审民事判决书的案由、审判组织和审判方式部分增加了一种新的表述："上诉人×××与被上诉人×××（写明案由）纠纷一案，不服××××人民法院（××××）……号民事裁定/判决，向本院提起上诉。本院于××××年××月××日立案后，根据《全国人民代表大会常务委员会关于授权最高人民法院在部分地区开展民事诉讼程序繁简分流改革试点工作的决定》，依法由审判员独任审理。"

（二）正文

正文部分由事实（包括证据）、理由和判决主文组成。

1. 事实

第二审民事判决书的事实（包括证据）是指第二审人民法院认定的事实和证据。主要应该写明：（1）原审针对当事人之间的争议而认定的主要事实和判决结果；（2）上诉人的上诉请求和上诉理由、被上诉人答辩的主要内容、第三人的意见；（3）二审法院认定的事实和证据。

第二审民事判决书中所认定的事实，是二审维持原判或者改判的依据，它是根据当事人的上诉是否合理，针对第一审民事判决所认定的事实、证据和适用的法律是否正确而写的。所以，其内容不得超出上诉人上诉请求范围，而且针对性很强。正因为如此，在制作时更应该注意叙事的详略必须恰当。

第一，如果第一审判决认定事实清楚，上诉人对此也无异议的，第二审民事判决书的事实部分可以简述。

第二，如果第一审判决所认定的主要事实有错误或者部分事实有错误，那么第二审民事判决书的事实部分应该详细叙述，并且要运用证据指出一审判决认定事实的不当。

第三，如果第一审判决认定事实有遗漏，第二审民事判决书的事实部分必须对此加以补充叙述。

第四，如果第一审判决认定的事实没有错误，但是上诉人提出异议的，则第二审民事判决书的事实部分应该把有异议的部分叙述清楚，同时要有针对性地列举相关的证据进行分析，论证异议不能成立。

2. 理由

第二审民事判决书的理由部分是根据二审查证属实的事实，针对当事人的上诉请求和上诉理由，就第一审判决所认定的事实和证据以及适用的法律是否正确而展开论证的。在阐述理由时，应当紧紧围绕第一审判决是否正确、上诉理由是否合理这两点来进行。具体可以从以下几方面说理：

（1）分析第一审判决，对其是否正确作出结论

如果第一审判决正确的，阐明其正确的理由；第一审判决部分正确的，要分别论证其正确的部分为什么正确，错误的部分为什么错误；第一审判决全部错误的，则应当全面阐述其错误之处，并指出其错误的原因。

（2）分析上诉人的上诉理由，对其是否正确进行论证

针对上诉人的上诉理由，分析其正确与否。如果认为上诉理由正确，则必须阐明其正确的理由；如果认为上诉理由错误，则必须阐明其错误的理由。对于上诉理由部分正确部分错误的，要分别说理。

（3）就二审判决结论阐明理由

第二审民事判决有两种结果，或维持一审判决或改判，所以，第二审民事判决书的理由部分应当就维持或改判充分论证，阐明理由。这一内容实际上必须结合上述两点综合分析，层层深入。

（4）援引相关的法律依据

如果说前面三个要点阐明的是二审判决的事理的话，那么援引法律依据则是阐明二审判决的法理。这里所指的相关法律既包括实体法，也包括程序法。如果同时引用实体法和程序法的话，要先引程序法后引实体法。应当注意的是，对于判决驳回上诉，维持原判的，则只需要引用《民事诉讼法》第177条第1款第1项，而不必引用实体法的有关条款。

3. 判决主文

根据《民事诉讼法》的规定，第二审民事判决书的处理意见有四种：

（1）维持原判

写明："驳回上诉，维持原判。"

（2）全部改判

写明："一、撤销××××人民法院（××××）×民初字第××号民事判决；二、……（写明全部改判的内容）。"

（3）部分改判

写明："一、维持××××人民法院（××××）×民初字第××号民事判决第××项；二、撤销××××人民法院（××××）×民初字第××号民事判决第××项；三、……（写明部分改判的内容）。"

（4）维持原判，又有加判内容

写明："一、维持××××人民法院（××××）×民初字第××号民事判决；二、……（写明加判的内容）。"

（三）尾部

我国民事诉讼实行两审终审制，所以第二审民事判决书的处理意见是终审的结论。正因为如此，在其尾部写明案件受理费的负担情况之后，必须另起一行写明"本判决为终审判决"。

尾部其他内容写法和第一审民事判决书尾部写法相同。

三、文书样式

【样式 1】

示例 9-2

××××人民法院
民事判决书[①]
（驳回上诉，维持原判用）

（××××）……民终……号

上诉人（原审诉讼地位）：×××，……

法定代理人/指定代理人/法定代表人/主要负责人：×××，……

委托诉讼代理人：×××，……

被上诉人（原审诉讼地位）：×××，……

法定代理人/指定代理人/法定代表人/主要负责人：×××，……

[①] 人民法院出版社编：《最新民事诉讼文书样式应用及法律依据（上册）》，人民法院出版社 2022 年版，第 500—501 页。

委托诉讼代理人：×××，……

原审原告/被告/第三人：×××，……

法定代理人/指定代理人/法定代表人/主要负责人：×××，……

委托诉讼代理人：×××，……

（以上写明当事人和其他诉讼参加人的姓名或者名称等基本信息）

上诉人×××因与被上诉人×××/上诉人×××及原审原告/被告/第三人×××……（写明案由）一案，不服××××人民法院（××××）……民初……号民事判决，向本院提起上诉。本院于××××年××月××日立案后，依法组成合议庭，开庭/因涉及……（写明不开庭的理由）不开庭进行了审理。上诉人×××、被上诉人×××、原审原告/被告/第三人×××（写明当事人和其他诉讼参加人的诉讼地位和姓名或者名称）到庭参加诉讼。本案现已审理终结。

×××上诉请求：……（写明上诉请求）事实和理由：……（概述上诉人主张的事实和理由）

×××辩称，……（概述被上诉人答辩意见）

×××述称，……（概述原审原告/被告/第三人陈述意见）

×××向一审法院起诉请求：……（写明原告/反诉原告/有独立请求权的第三人的诉讼请求）

一审法院认定事实：……（概述一审认定的事实）一审法院认为，……（概述一审裁判理由）判决：……（写明一审判决主文）

本院二审期间，当事人围绕上诉请求依法提交了证据。本院组织当事人进行了证据交换和质证（当事人没有提交新证据的，写明：二审中，当事人没有提交新证据）。对当事人二审争议的事实，本院认定如下：……（写明二审法院采信证据、认定事实的意见和理由，对一审查明相关事实的评判）

本院认为，……（根据二审认定的案件事实和相关法律规定，对当事人的上诉请求进行分析评判，说明理由）

综上所述，×××的上诉请求不能成立，应予驳回；一审判决认定事实清楚，适用法律正确，应予维持。依照《中华人民共和国民事诉讼法》第一百七十七条第一款第一项规定，判决如下：

驳回上诉，维持原判。

二审案件受理费……元，由……负担（写明当事人姓名或者名称、负担金额）。

本判决为终审判决。

审判长　×××

审判员　×××

审判员　×××

××××年××月××日

（院印）

本件与原本核对无异

　　　　　　　　　　　　　　　　　书记员　×××

（注意：如果案件是在试点法院采用独任审判的，则判决书首部中的"案件由来和审理经过"部分需添加"根据《全国人民代表大会常务委员会关于授权最高人民法院在部分地区开展民事诉讼程序繁简分流改革试点工作的决定》规定，依法适用第二审程序，由审判员独任审理……"）

【样式2】

××××人民法院
民事判决书①
（二审改判用）

　　　　　　　　　　　　　　　　（××××）……民终……号

上诉人（原审诉讼地位）：×××，……

被上诉人（原审诉讼地位）：×××，……

原审原告/被告/第三人：×××，……

（以上写明当事人和其他诉讼参加人的姓名或者名称等基本信息）

上诉人×××因与被上诉人×××/上诉人×××及原审原告/被告/第三人××……（写明案由）一案，不服××××人民法院（××××）……民初……号民事判决，向本院提起上诉。本院于××××年××月××日立案后，依法组成合议庭，开庭/因涉及……（写明不开庭的理由）不开庭进行了审理。上诉人×××、被上诉人×××、原审原告/被告/第三人×××（写明当事人和其他诉讼参加人的诉讼地位和姓名或者名称）到庭参加诉讼。本案现已审理终结。

×××上诉请求：……（写明上诉请求）事实和理由：……（概述上诉人主张的事实和理由）

×××辩称，……（概述被上诉人答辩意见）

×××述称，……（概述原审原告/被告/第三人陈述意见）

×××向一审法院起诉请求：……（写明原告/反诉原告/有独立请求权的第三人的诉讼请求）

---

① 人民法院出版社编：《最新民事诉讼文书样式应用及法律依据（上册）》，人民法院出版社2022年版，第504—505页。

一审法院认定事实：……（概述一审认定的事实）一审法院认为，……（概述一审裁判理由）判决：……（写明一审判决主文）

本院二审期间，当事人围绕上诉请求依法提交了证据。本院组织当事人进行了证据交换和质证（当事人没有提交新证据的，写明：二审中，当事人没有提交新证据）。对当事人二审争议的事实，本院认定如下：……（写明二审法院是否采信证据、认定事实的意见和理由，对一审查明相关事实的评判）

本院认为，……（根据二审认定的案件事实和相关法律规定，对当事人的上诉请求进行分析评判，说明理由）

综上所述，×××的上诉请求成立，予以支持。依照《中华人民共和国×××法》第×条（适用法律错误的，应当引用实体法）、《中华人民共和国民事诉讼法》第一百七十七条第一款第×项规定，判决如下：

一、撤销××××人民法院（××××）……民初……号民事判决；

二、……（写明改判内容）

二审案件受理费……元，由……负担（写明当事人姓名或者名称、负担金额）。

本判决为终审判决。

审判长　×××
审判员　×××
审判员　×××
××××年××月××日
（院印）

本件与原本核对无异

书记员　×××

【样式3】

××××人民法院
民事判决书[①]
（二审部分改判用）

（××××）……民终……号

上诉人（原审诉讼地位）：×××，……

[①] 人民法院出版社编：《最新民事诉讼文书样式应用及法律依据（上册）》，人民法院出版社2022年版，第507—508页。

……………

被上诉人（原审诉讼地位）：×××，……

……………

原审原告/被告/第三人：×××，……

……………

（以上写明当事人和其他诉讼参加人的姓名或者名称等基本信息）

上诉人×××因与被上诉人×××/上诉人×××及原审原告/被告/第三人×××……（写明案由）一案，不服××××人民法院（××××）……民初……号民事判决，向本院提起上诉。本院于××××年××月××日立案后，依法组成合议庭，开庭/因涉及……（写明不开庭的理由）不开庭进行了审理。上诉人×××、被上诉人×××、原审原告/被告/第三人×××（写明当事人和其他诉讼参加人的诉讼地位和姓名或者名称）到庭参加诉讼。本案现已审理终结。

×××上诉请求：……（写明上诉请求）事实和理由：……（概述上诉人主张的事实和理由）

×××辩称，……（概述被上诉人答辩意见）

×××述称，……（概述原审原告/被告/第三人陈述意见）

×××向一审法院起诉请求：……（写明原告/反诉原告/有独立请求权的第三人的诉讼请求）

一审法院认定事实：……（概述一审认定的事实）一审法院认为，……（概述一审裁判理由）判决：……（写明一审判决主文）

本院二审期间，当事人围绕上诉请求依法提交了证据。本院组织当事人进行了证据交换和质证（当事人没有提交新证据的，写明：二审中，当事人没有提交新证据）。对当事人二审争议的事实，本院认定如下：……（写明二审法院是否采信证据、认定事实的意见和理由，对一审查明相关事实的评判）

本院认为，……（根据二审认定的案件事实和相关法律规定，对当事人的上诉请求进行分析评判，说明理由）

综上所述，×××的上诉请求部分成立。本院依照《中华人民共和国×××法》第×条（适用法律错误的，应当引用实体法）、《中华人民共和国民事诉讼法》第一百七十七条第一款第×项规定，判决如下：

一、维持××××人民法院（××××）……民初……号民事判决第×项（对一审维持判项，逐一写明）；

二、撤销××××人民法院（××××）……民初……号民事判决第×项（将一审判决错误判项逐一撤销）；

三、变更××××人民法院（××××）……民初……号民事判决第×项为……

四、……（写明新增判项）

一审案件受理费……元，由……负担（写明当事人姓名或者名称、负担金额）。

二审案件受理费……元，由……负担（写明当事人姓名或者名称、负担金额）。

本判决为终审判决。

审判长　×××
审判员　×××
审判员　×××
××××年××月××日
（院印）

本件与原本核对无异

书记员　×××

第四节　再审民事判决书

一、知识要点

（一）概念和特点

再审民事判决书，是指人民法院依照《民事诉讼法》规定的审判监督程序，对已经发生法律效力的确有错误的民事判决、裁定或调解协议，进行重新审理后，就诉讼当事人之间的权利义务关系等纠纷作出处理决定时制作的民事诉讼法律文书。

再审民事判决书是就实体问题进行重新审理后所制作的，其主要作用在于依法纠正错误的民事裁判文书，以保证人民法院民事裁判的正确、合法，保障民事案件当事人的合法权益，以维护国家法制的严肃性和统一性。

再审民事判决书具有如下特点：

1. 制作主体的法定性

根据《民事诉讼法》的规定，人民法院按照审判监督程序进行再审的案件，如果原裁判是由第一审人民法院作出的，则按照第一审程序审理，对所作的判决、裁定当事人可以上诉；如果原裁判是由第二审人民法院作出的，则按照第二审程序审理，所作的判决、裁定是发生法律效力的终审裁判；如果上级人民法院按照审判监督程序提审的，也按照第二审程序审理，所作的判决、裁定也是发生法律效力的终审裁判。可见，再审民事判决书可能是第一审人民法院制作，也可能是第二审人民法院制作，具体必须依照法律规定。

2. 适用范围的特定性

再审民事判决书是就案件实体问题作出处理决定时制作的，所以，但凡是程序性问题，均不得通过再审民事判决书的形式处理。

3. 发出目的的明确性

再审民事判决书发出的目的就是纠正已经生效的民事判决、裁定或调解的错误，是为确保人民法院审判工作的正确而采取的补救措施。

（二）法律依据和制作条件

《民事诉讼法》第 205 条至第 220 条，以及《民诉法司法解释》第 375 条至 424 条都对民事再审问题作了专门的规定。

根据上述法律的规定，再审民事判决书的适用范围是：(1) 对于已经发生法律效力的判决，人民法院发现确有错误决定再审或者上级人民法院提审或指令再审的案件；(2) 对于已经发生法律效力的判决或调解协议（已经发生法律效力的解除婚姻关系的民事判决除外），当事人申请再审后，人民法院经审查，认为申请符合法定条件，决定再审的案件；(3) 人民检察院对于已经发生法律效力的判决，发现确有错误而按照审判监督程序提出抗诉，人民法院进行再审的案件。

民事再审程序不是民事审判程序的必经阶段，再审民事判决书是以原来已经发生法律效力的判决或调解协议有错误为前提条件。这里所指的错误包括：事实认定错误、证据不足、适用法律不当和违反诉讼程序等。至于具体哪些案件符合再审民事判决书的制作条件，《民事诉讼法》第 207 条和第 208 条有详细规定，同时也可以参看本书第八章第五节"民事再审申请书"的有关内容。

（三）使用情况

因为审理再审民事案件的人民法院审级不同，所以再审民事判决书制作完毕后，由人民法院送达当事人后的法律后果也有所不同。如果人民法院是按第一审程序审理的，则当事人可以对不服的再审民事判决书提出上诉；如果人民法院是按第二审程序审理的，则该判决为终审判决，当事人必须执行判决结果的各项内容，不得提出上诉。

二、内容要点和制作技巧

和第一、二审民事判决书相同，再审民事判决书也由首部、正文和尾部构成，其中正文是其核心内容。

（一）首部

1. 标题

再审民事判决书中制作文书的机关名称、文书名称的主要内容和制作方法与第一、二审民事判决书相同。

2. 案号

和第一、二审民事判决书不同的是审级代字不同，为了反映再审这一特殊程序，应用"民再"字。如"（2018）×民再初字第×号"（适用于第一审程序）、"（2018）×民再终字第×号"（适用于第二审程序）。

3. 当事人身份情况

审判监督程序发动的主体不同，因此当事人称谓在再审判决书中也应当有所区分。同时，因为我国实行的是两审终审制，审判监督程序不是一个独立的审级，而是为了纠正人民法院民事裁判的错误设立的一种补救措施的特别程序。《民事诉讼法》规定，审理再审案件应当分别按照第一审程序或第二审程序审理，因此，当事人在再审中仍处于原审的诉讼地位，享有在原审中的诉讼地位和承担在原审中的诉讼义务。鉴于此，再审民事判决书对当事人的称谓除了有区分不同发动主体的特定称谓外，还应在括号内标注各当事人在原审中的诉讼地位。

（1）如果审判监督程序是人民法院依职权启动的，那么，原审是一审结案的，当事人称谓是"原审原告、原审被告、原审第三人"；原审是二审结案或上级法院提审的，当事人称谓是"二审上诉人（一审原告）/原审原告、二审被上诉人（一审被告）/原审被告、原审第三人"。

（2）如果审判监督程序是依当事人申请发动的，那么，当事人称谓是"再审申请人（一、二审诉讼地位）、被申请人（一、二审诉讼地位）"。

（3）如果审判监督程序是依人民检察院行使民事检察监督权而启动的，当事人的称谓则应表述为"申诉人（一、二审诉讼地位）、被申诉人（一、二审诉讼地位）"。同时，还应当在当事人前，先写明行使民事检察监督机关的名称。因人民检察院抗诉启动审判监督程序的，可表述为"抗诉机关：××人民检察院"；依人民检察院的检察建议发动审判监督程序的，可表述为"监督机关：××人民检察院"。

对于当事人身份情况各项内容的写法可参看第一审民事判决书。

4. 诉讼代理人的身份事项

再审案件有诉讼代理人的，应分别在该当事人项下另起一行写明，其写法与第一审民事判决书相同。

5. 案件来源、审判组织和审理经过

再审民事判决书中案件由来的写法有其特殊性，与第一、二审民事判决书不同，具体应当根据再审来源的不同作不同的表述：

（1）法院依职权启动审判监督程序的，要区分三种不同的情况：第一种情况，本院决定再审的，引导词可表述为："原审原告/二审上诉人×××与原审被告/二审被上诉人×××……（写明案由）一案，本院（××××）……民初/民终……

号民事判决/民事调解书已经发生法律效力。经本院审判委员会讨论决定，于××××年××月××日作出（××××）……民监……号民事裁定，再审本案。"

第二种情况，上级人民法院指令再审的，引导词可表述为："二审上诉人（一审原告）/原审原告×××与二审被上诉人（一审被告）/原审被告×××、原审第三人×××……（写明案由）一案，××××人民法院于××××年××月××日作出（××××）……民终……号民事判决/民事调解书，已经发生法律效力。××××人民法院经审查于××××年××月××日作出（××××）……民监……号民事裁定，指令/定本院再审本案。"

第三种情况，上级人民法院提审的，引导词可表述为："二审上诉人（一审原告）/原审原告×××与二审被上诉人（一审被告）/原审被告×××、原审第三人×××……（写明案由）一案，××××人民法院于××××年××月××日作出（××××）……民终……号民事判决/民事裁定/民事调解书，已经发生法律效力。本院经审查于××××年××月××日作出（××××）……民监……号民事裁定，再审本案。"

（2）当事人申请再审，本院决定再审或上级法院提审本案/指令/指定再审的，引导词可表述为："再审申请人×××因与被申请人×××/再审申请人×××……（写明案由）一案，不服本院/××××人民法院（××××）……民×……号民事判决/民事调解书，向本院申请再审。本院于××××年××月××日作出（××××）……民×……号民事裁定再审本案/提审本案/指令/指定本院再审本案。"

（3）由人民检察院行使民事检察监督权引起再审的情况有两种：第一种情况，因人民检察院抗诉启动审判监督程序的，通常可表述为："申诉人×××因与被申诉人×××及×××（写明原审其他当事人诉讼地位、姓名或名称）……（写明案由）一案，不服本院（××××）……号民事判决/民事裁定，向××××人民检察院申诉。××××人民检察院作出……号民事抗诉书，向××××人民法院提出抗诉。××××人民法院作出（××××）……号民事裁定，指令本院再审本案/提审本案。"

第二种情况，因人民检察院检察建议而引起再审的，引导词可表述为："申诉人×××因与被申诉人×××……（写明案由）一案，不服××××人民法院于××××年××月××日作出（××××）……号民事判决/民事裁定/民事调解书，向××××人民检察院申诉。××××人民检察院以……号民事再审检察建议书向本院提出再审检察建议。经本院审判委员会讨论决定，于××××年××月××日作出（××××）……号民事裁定，再审本案。"

上述案件来源表述完毕之后，接着必须写明："本院依法组成合议庭（本院决定再审、指令再审、当事人申请再审的写为'本院另行组成合议庭'),公开(或不公开)开庭审理了本案。……(抗诉案件的写××××人民检察院检察长(员)×××出庭支持抗诉)……(写明参加再审的当事人及其诉讼代理人等)到庭参加诉讼。本案现已审理终结(未开庭的,写'本院依法组成合议庭审理了本案,现已审理终结')。"

(二)正文

正文包括事实、证据、理由和判决主文。

1. 事实和证据

(1)简述当事人提起再审的主要意见、理由和具体请求。

(2)概括已经生效的原审裁判等所认定的主要事实、理由和判决结果。

应当注意的是,上述两项内容表述的详略应当视具体情况而定:

第一,如果当事人提出再审申请,且对原审裁判认定的事实有异议的,则必须简要叙述原审裁判认定的事实和裁判结论,并进一步着重写明当事人申请再审的主要理由和具体请求。

第二,如果当事人对原审裁判认定的事实没有异议的,则可以简要叙述原审裁判认定的事实之后,表明当事人对此没有异议的态度,然后再写明原审裁判的结论,最后阐述当事人就适用法律等方面所提出的理由和具体请求。

第三,如果是上级人民法院提审或指令再审,或本院决定再审的,若认为原审裁判认定事实没有错误,可以在简要叙述原审裁判认定的事实和裁判结论之后,明确肯定原审裁判认定事实的正确性;若原审裁判认定事实不清,或认定事实错误的,则在简要叙述原审裁判认定的事实和裁判结论之后,必须指出原审裁判认定事实的错误所在。

第四,如果是人民检察院抗诉/检察建议的案件,那么应当写明检察机关提出抗诉/检察建议的理由,具体写法可参照当事人申请再审案件。

(3)叙述再审人民法院再审认定的事实和证据。再审人民法院认定事实可以从以下几个方面展开叙述:首先介绍当事人之间法律关系产生的时间、地点和内容;其次叙述当事人之间纠纷产生的原因、经过、情节和结果;最后列举分析认定事实的证据,可以分段表述也可以一并分析。

必须注意的是:第一,这部分叙述的事实必须是人民法院认定的事实,其引导词为"经再审查明,……";第二,叙述事实不能平铺直叙,而要突出重点,尤其突出当事人争议的焦点;第三,列举证据时,必须注意保守国家机密、当事人隐私等。

2. 理由

阐述理由必须具有针对性。总体上说，再审民事判决书的理由主要针对两个目标：抗诉或当事人申请的主张和原审裁判。具体可以从三个方面展开阐述：

(1) 根据再审查明的事实、证据，阐明作出处理决定的理由。在这一要点中，必须着重论证原审生效裁判的定性是否正确，如果不正确，则要分析哪些不正确；如果认为其全部错误，也要阐明理由。

(2) 分析当事人提出再审的理由和再审的请求，指出该理由是否成立，该请求是否合法，并表明人民法院的态度。

(3) 有针对性地进行分析论证，阐明对原审裁判应当予以改判和如何改判或者应当维持原判的具体理由，并写明判决所依据的法律依据，包括实体法也包括程序法。

在阐述理由时，必须注意以下几点：

(1) 原判认定事实错误或者部分错误，阐述理由时，主要指出由于认定事实上的错误，导致适用法律的错误和判决结果的错误。

(2) 原判认定事实正确，但由于适用法律不当，造成判决结果错误的，要引用有关法律的具体规定，加以阐述，有理有据地指出原判哪些部分适用法律不当。

(3) 对于抗诉或者当事人申请再审所提出的理由，阐明是全部有理还是部分有理、部分无理，在理由中必须加以论证。对于有理的部分加以采纳，对于无理的部分则予以逐一批驳。

3. 判决主文

再审民事判决书的判决主文，不论是维持原判、全部改判还是部分改判，或者既维持原判又加判的，其内容要点和制作方法均可参照第二审民事判决书判决主文的写法进行。

必须注意的是，在制作判决主文时，对原来经过二审改判的案件，在再审中又改判的，只撤销原生效裁判即可。

(三) 尾部

再审民事判决书的尾部，应根据人民法院进行再审所适用的程序不同而定，具体写法可分别参照第一审或第二审民事判决书尾部相关内容的写法。

(1) 如果是按照第一审程序再审的，必须在尾部交代上诉事项等，其写法与第一审民事判决书尾部相同。

(2) 如果是按照第二审程序再审的，则尾部应写明"本判决为终审判决"。

尾部其他各项内容的写法也分别和第一审民事判决书、第二审民事判决书写法相同。

三、文书样式

【样式1】

×××× 人民法院
民事判决书①
（依申请对本院案件按一审程序再审用）

（××××）……民再……号

示例 9-3

再审申请人（原审诉讼地位）：×××，……

法定代理人/指定代理人/法定代表人/主要负责人：×××，……

委托诉讼代理人：×××，……

被申请人（原审诉讼地位）：×××，……

法定代理人/指定代理人/法定代表人/主要负责人：×××，……

委托诉讼代理人：×××，……

原审原告/被告/第三人：×××，……

法定代理人/指定代理人/法定代表人/主要负责人：×××，……

委托诉讼代理人：×××，……

（以上写明当事人和其他诉讼参加人的姓名或者名称等基本信息）

再审申请人×××因与被申请人×××/再审申请人×××……（写明案由）一案，不服本院（××××）……民×……号民事判决/民事调解书，向本院申请再审。本院于××××年××月××日作出（××××）……民×……号民事裁定再审本案。本院依法另行组成合议庭，开庭审理了本案。再审申请人×××、被申请人×××（写明当事人和其他诉讼参加人的诉讼地位和姓名或者名称）到庭参加诉讼。本案现已审理终结。

×××申请再审称，……（写明再审请求、事实和理由）

×××辩称，……（概述被申请人的答辩意见）

×××述称，……（概述原审其他当事人的意见）

×××向本院起诉请求：……（写明原审原告的诉讼请求）。本院原审认定事实：……本院原审认为，……（概述原审判决理由）本院原审判决：……（写明原审判决主文）

围绕当事人的再审请求，本院对有争议的证据和事实认定如下：

……（写明再审采信证据、认定事实的意见和理由，对原审认定相关的事实进

---

① 人民法院出版社编：《最新民事诉讼文书样式应用及法律依据（下册）》，人民法院出版社2022年版，第692—693页。

行评判)

　　本院再审认为，……（写明争议焦点，根据再审认定的案件事实和相关法律，对再审请求进行分析评判，说明理由）

　　依照《中华人民共和国民事诉讼法》第二百一十四条第一款、……（写明法律文件名称及其条款项序号）规定，判决如下：

　　一、……

　　二、……

　　（以上分项写明裁判结果）

　　……（写明诉讼费用的负担）

　　如不服本判决，可在判决书送达之日起十五日内，向本院递交上诉状，并按对方当事人的人数提出副本，上诉于××××人民法院。

审判长　×××
审判员　×××
审判员　×××
××××年××月××日
（院印）

本件与原本核对无异

书记员　×××

【样式2】

××××人民法院
民事判决书①
（依申请对本院案件按二审程序再审用）

（××××）……民再……号

　　再审申请人（一、二审诉讼地位）：×××，……
　　被申请人（一、二审诉讼地位）：×××，……
　　二审上诉人/二审被上诉人/第三人（一审诉讼地位）：×××，……
　　（以上写明当事人和其他诉讼参加人的姓名或者名称等基本信息）
　　再审申请人×××因与被申请人×××/再审申请人×××……（写明案由

---

① 人民法院出版社编：《最新民事诉讼文书样式应用及法律依据（下册）》，人民法院出版社2022年版，第695—696页。

一案，不服本院（××××）……民×……号民事判决/民事调解书，向本院申请再审。本院于××××年××月××日作出（××××）……民×……号民事裁定再审本案。本院依法另行组成合议庭，开庭审理了本案。再审申请人×××、被申请人×××（写明当事人和其他诉讼参加人的诉讼地位和姓名或者名称）到庭参加诉讼。本案现已审理终结。

×××申请再审称，……（写明再审请求、事实和理由）

×××辩称，……（概述被申请人的答辩意见）

×××述称，……（概述原审其他当事人的意见）

×××向一审法院起诉请求：……（写明一审原告的诉讼请求）一审法院认定事实：……一审法院判决：……（写明一审判决主文）

×××不服一审判决，上诉请求：……（写明上诉请求）二审法院认定事实：……（概述二审认定事实）二审法院认为，……（概述二审判决理由）二审法院判决：……（写明二审判决主文）

围绕当事人的再审请求，本院对有争议的证据和事实认定如下：

……（写明再审法院采信证据、认定事实的意见和理由，对一审、二审法院认定相关的事实进行评判）

本院再审认为，……（写明争议焦点，根据再审认定的案件事实和相关法律，对再审请求进行分析评判，说明理由）

综上所述，……（对当事人的再审请求是否成立进行总结评述）。依照《中华人民共和国民事诉讼法》第二百一十四条第一款、第一百七十七条第一款第×项、……（写明法律文件名称及其条款项序号）规定，判决如下：

一、……

二、……

（以上分项写明判决结果）

一审案件受理费……元，由……负担；二审案件受理费……元，由……负担；再审案件受理费……元，由……负担（写明当事人姓名或名称、负担金额）。

本判决为终审判决。

审判长　×××
审判员　×××
审判员　×××
××××年××月××日
（院印）

本件与原本核对无异

书记员　×××

【样式3】

××××人民法院
民事判决书①
（依申请受指令/指定法院按一审程序再审用）

（××××）……民再……号

再审申请人（原审诉讼地位）：×××，……

被申请人（原审诉讼地位）：×××，……

原审原告/被告/第三人：×××，……

（以上写明当事人和其他诉讼参加人的姓名或者名称等基本信息）

再审申请人×××因与被申请人×××/再审申请人×××……（写明案由）一案，不服本院/××××人民法院（××××）……民×……号民事判决/民事调解书，向××××人民法院申请再审。××××人民法院于××××年××月××日作出（××××）……民×……号民事裁定，指令/指定本院再审本案。本院依法另行/依法组成合议庭（指定再审的不写另行），开庭审理了本案。再审申请人×××、被申请人×××（写明当事人和其他诉讼参加人的诉讼地位和姓名或者名称）到庭参加诉讼。本案现已审理终结。

×××申请再审称，……（写明再审请求、事实和理由）

×××辩称，……（概述被申请人的答辩意见）

×××述称，……（概述原审其他当事人的意见）

×××向原审法院起诉请求：……（写明原审原告的诉讼请求）原审法院认定事实：……原审法院认为，……（概述原审判决理由）原审法院判决：……（写明原审判决主文）

围绕当事人的再审请求，本院对有争议的证据和事实认定如下：

……（写明再审法院采信证据、认定事实的意见和理由，对原审法院认定相关的事实进行评判）

本院再审认为，……（写明争议焦点，根据再审认定的案件事实和相关法律，对再审请求进行分析评判，说明理由）

依照《中华人民共和国民事诉讼法》第二百一十四条第一款、……（写明法律文件名称及其条款项序号）规定，判决如下：

---

① 人民法院出版社编：《最新民事诉讼文书样式应用及法律依据（下册）》，人民法院出版社2022年版，第686—687页。

一、……

二、……

（以上分项写明裁判结果）

……（写明诉讼费用的负担）

如不服本判决，可在判决书送达之日起十五日内，向本院递交上诉状，并按对方当事人的人数提出副本，上诉于××××人民法院。

审判长　×××

审判员　×××

审判员　×××

××××年××月××日

（院印）

本件与原本核对无异

书记员　×××

【样式4】

××××人民法院

民事判决书①

（依申请受指令/指定法院按二审程序再审用）

（××××）……民再……号

再审申请人（一、二审诉讼地位）：×××：……

被申请人（一、二审诉讼地位）×××：……

二审上诉人/二审被上诉人/第三人（一审诉讼地位）：×××，……

（以上写明当事人和其他诉讼参加人的姓名或者名称等基本信息）

再审申请人×××因与被申请人×××/再审申请人及×××……（写明案由）一案，不服本院/××××人民法院（××××）……号民事判决/民事调解书，向××××人民法院申请再审。××××人民法院于××××年××月××日作出（××××）……号民事裁定，指令/指定本院再审本案。本院依法另行/依法组成合议庭（指定再审的不写另行），开庭审理了本案。再审申请人×××、被申请人×××（写明当事人和其他诉讼参加人的诉讼地位和姓名或者名称）到庭参加诉

---

① 人民法院出版社编：《最新民事诉讼文书样式应用及法律依据（下册）》，人民法院出版社2022年版，第689—690页。

讼。(未开庭的,写明:本院依法组成合议庭审理了本案)。本案现已审理终结。

　　×××申请再审称,……(写明再审请求、事实和理由)

　　×××辩称,……(概述被申请人的答辩意见)

　　×××述称,……(概述原审其他当事人的意见)

　　×××向一审法院起诉请求:……(写明一审原告的诉讼请求)一审法院认定事实:……一审法院判决:……(写明一审判决主文)

　　×××不服一审判决,上诉请求:……(写明上诉请求)二审法院认定事实:……(概述二审认定事实)二审法院认为,……(概述二审判决理由)二审法院判决:……(写明二审判决主文)

　　围绕当事人的再审请求,本院对有争议的证据和事实认定如下:

　　……(写明再审法院采信证据、认定事实的意见和理由,对一审、二审法院认定相关的事实进行评判)

　　本院再审认为,……(写明争议焦点,根据再审认定的案件事实和相关法律,对再审请求进行分析评判,说明理由)

　　综上所述,……(对当事人的再审请求是否成立进行总结评述)。依照《中华人民共和国民事诉讼法》第二百一十四条第一款、第一百七十七条第一款第×项、……(写明法律文件名称及其条款项序号)规定,判决如下:

　　一、……

　　二、……

　　(以上分项写明判决结果)

　　……(写明诉讼费用的负担)

　　本判决为终审判决。

审判长　×××
审判员　×××
审判员　×××
××××年××月××日
(院印)

本件与原本核对无异

书记员　×××

【样式5】

××××人民法院
民事判决书①
(依申请提审判决用)

（××××）……民再……号

再审申请人（一、二审诉讼地位）：×××，……

被申请人（一、二审诉讼地位）：×××，……

二审上诉人/二审被上诉人/第三人（一审诉讼地位）：×××，……

（以上写明当事人和其他诉讼参加人的姓名或者名称等基本信息）

再审申请人×××因与被申请人×××/再审申请人及×××……（写明案由）一案，不服××××人民法院（××××）……号民事判决/民事调解书，向本院申请再审。本院于××××年××月××日作出（××××）……号民事裁定，提审本案。本院依法组成合议庭，开庭审理了本案。再审申请人×××、被申请人×××（写明当事人和其他诉讼参加人的诉讼地位和姓名或者名称）到庭参加诉讼（未开庭的，写明：本院依法组成合议庭审理了本案）。本案现已审理终结。

×××申请再审称，……（写明再审请求、事实和理由）

×××辩称，……（概述被申请人的答辩意见）

×××述称，……（概述原审其他当事人的意见）

×××向一审法院起诉请求：……（写明一审原告的诉讼请求）一审法院认定事实：……一审法院判决：……（写明一审判决主文）

×××不服一审判决，上诉请求：……（写明上诉请求）二审法院认定事实：……（概述二审认定事实）二审法院认为，……（概述二审判决理由）二审法院判决：……（写明二审判决主文）

围绕当事人的再审请求，本院对有争议的证据和事实认定如下：

……（写明再审法院采信证据、认定事实的意见和理由，对一审、二审法院认定相关的事实进行评判）

本院再审认为，……（写明争议焦点，根据再审认定的案件事实和相关法律，对再审请求进行分析评判，说明理由）

综上所述，……（对当事人的再审请求是否成立进行总结评述）依照《中华人民共和国民事诉讼法》第二百一十四条第一款、第一百七十七条第一款第×项、……（写明援引的法律依据）规定，判决如下：

---

① 人民法院出版社编：《最新民事诉讼文书样式应用及法律依据（下册）》，人民法院出版社2022年版，第682—683页。

一、……

二、……

（以上分项写明判决结果）

……（写明诉讼费用的负担）

审判长　×××

审判员　×××

审判员　×××

××××年××月××日

（院印）

本件与原本核对无异

书记员　×××

【样式6】

××××人民法院

民事判决书[①]

（依职权对本院案件按一审程序再审用）

（××××）……民再……号

原审原告：×××，……

原审被告：×××，……

原审第三人：×××，……

（以上写明当事人和其他诉讼参加人的姓名或者名称等基本信息）

原审原告×××与原审被告×××……（写明案由）一案，本院（××××）……民初……号民事判决/民事裁定/民事调解书已经发生法律效力。经本院审判委员会讨论决定，于××××年××月××日作出（××××）……民监……号民事裁定，再审本案。本院依法另行组成合议庭，开庭审理了本案。原审原告×××、原审被告×××（写明当事人和其他诉讼参加人的诉讼地位和姓名或者名称）到庭参加诉讼（未开庭的，写明：本院依法组成合议庭审理了本案）。本案现已审理终结。

×××称，……（写明原审原告在再审中的再审请求、事实和理由）

---

① 人民法院出版社编：《最新民事诉讼文书样式应用及法律依据（下册）》，人民法院出版社2022年版，第773—774页。

×××辩称，……（写明原审被告在再审中的答辩意见）

×××向本院起诉请求：……（写明原审原告的诉讼请求）本院原审认定案件事实：……本院原审认为，……（概述原审判决理由）本院原审判决/民事裁定/调解书：……（写明原审判决主文/裁定主文/调解书内容）

本院再审认定案件事实如下：……（写明再审法院采信证据、认定事实的意见和理由，对原审法院认定相关的事实进行评判）

本院再审认为，……（写明争议焦点，依据认定的事实和相关法律，进行分析评判，说明理由）

本案经本院审判委员会讨论决定（未经审委会讨论的不写），依照《中华人民共和国民事诉讼法》第二百一十四条第一款、……（写明法律文件名称及其条款项序号）规定，判决如下：

一、……

二、……

（以上分项写明判决结果）

……（写明诉讼费用的负担）

如果未按本判决指定的期间履行给付金钱义务，应当依照《中华人民共和国民事诉讼法》第二百六十条规定，加倍支付迟延履行期间的债务利息（没有给付金钱义务的，不写）。

如不服本判决，可以在判决书送达之日起十五日内，向本院递交上诉状，并按对方当事人的人数提出副本，上诉于××××人民法院。

审判长　×××
审判员　×××
审判员　×××
××××年××月××日
（院印）

本件与原本核对无异

书记员　×××

【样式7】

××××人民法院
民事判决书①
（依职权对本院案件按二审程序再审用）

（××××）……民再……号

二审上诉人（一审原告）/原审原告：×××，……

二审被上诉人（一审被告）/原审被告：×××，……

原审第三人：×××，……

（以上写明当事人和其他诉讼参加人的姓名或者名称等基本信息）

二审上诉人×××与二审被上诉人×××、原审第三人×××……（写明案由）一案，本院于××××年××月××日作出（××××）……民终……号民事判决/民事裁定/民事调解书，已经发生法律效力。本院经审判委员会讨论决定，于××××年××月××日作出（××××）……民监……号民事裁定，再审本案。本院依法另行组成合议庭，开庭审理了本案。二审上诉人×××与二审被上诉人×××、原审第三人×××（写明当事人和其他诉讼参加人的诉讼地位和姓名或者名称）到庭参加诉讼（未开庭的，写明：本院依法组成合议庭审理了本案）。本案现已审理终结。

×××称，……（写明二审上诉人在再审中的再审请求、事实和理由）

×××辩称，……（写明二审被上诉人在再审中的答辩意见）

×××向一审法院起诉请求：……（写明一审原告的诉讼请求）一审法院认定事实：……一审法院判决：……（写明一审判决主文）

×××不服一审判决，上诉请求：……（写明上诉请求）本院原审认定事实：……（概述二审认定事实）本院原审认为，……（概述二审判决理由）本院原审判决/调解书：……（写明二审判决主文/调解书内容）

本院对有争议的证据和事实认定如下：

……（写明再审法院采信证据、认定事实的意见和理由，对一审、二审法院认定相关的事实进行评判）

本院再审认为，……（写明争议焦点，根据再审认定的案件事实和相关法律，对再审请求进行分析评判，说明理由）

本案经本院审判委员会讨论决定，依照《中华人民共和国民事诉讼法》第二百一十四条第一款、第一百七十七条第一款第×项、……（写明法律文件名称及其条

---

① 人民法院出版社编：《最新民事诉讼文书样式应用及法律依据（下册）》，人民法院出版社2022年版，第776—777页。

款项序号）规定，判决如下：

一、……

二、……

（以上分项写明判决结果）

……（写明诉讼费用的负担）

如果未按本判决指定的期间履行给付金钱义务，应当依照《中华人民共和国民事诉讼法》第二百六十条规定，加倍支付迟延履行期间的债务利息（没有给付金钱义务的，不写）。

本判决为终审判决。

审判长　×××
审判员　×××
审判员　×××
××××年××月××日
（院印）

本件与原本核对无异

书记员　×××

【样式8】

××××人民法院
民事判决书①
（依职权提审用）

（××××）……民再……号

二审上诉人（一审原告）/原审原告：×××，……

二审被上诉人（一审被告）/原审被告：×××，……

原审第三人：×××，……

（以上写明当事人和其他诉讼参加人的姓名或者名称等基本信息）

二审上诉人×××与二审被上诉人×××、原审第三人×××……（写明案由）一案，××××人民法院于××××年××月××日作出（××××）……民终……号民事判决/民事裁定/民事调解书，已经发生法律效力。本院经审查于××××年××月××日作出（××××）……民监……号民事裁定，再审本案。本院

---

① 人民法院出版社编：《最新民事诉讼文书样式应用及法律依据（下册）》，人民法院出版社2022年版，第771—772页。

依法组成合议庭,开庭审理了本案。二审上诉人×××与二审被上诉人×××、原审第三人×××(写明当事人和其他诉讼参加人的诉讼地位和姓名或者名称)到庭参加诉讼(未开庭的,写明:本院依法组成合议庭审理了本案)。本案现已审理终结。

×××称,……(写明二审上诉人在再审中的再审请求、事实和理由)

×××辩称,……(写明二审被上诉人在再审中的答辩意见)

×××向一审法院起诉请求:……(写明一审原告的诉讼请求)一审法院认定事实:……一审法院判决:……(写明一审判决主文)

×××不服一审判决,上诉请求:……(写明上诉请求)二审法院认定事实:……(概述二审认定事实)二审法院认为,……(概述二审判决理由)二审判决/调解书:……(写明二审判决主文/调解书内容)

本院对有争议的证据和事实认定如下:

……(写明再审法院采信证据、认定事实的意见和理由,对一审、二审法院认定相关的事实进行评判)

本院再审认为,……(写明争议焦点,根据再审认定的案件事实和相关法律,对再审请求进行分析评判,说明理由)

依照《中华人民共和国民事诉讼法》第二百一十四条第一款、第一百七十七条第一款第×项、……(写明法律文件名称及其条款项序号)规定,判决如下:

一、……

二、……

(以上分项写明判决结果)

……(写明诉讼费用的负担)

如果未按本判决指定的期间履行给付金钱义务,应当依照《中华人民共和国民事诉讼法》第二百六十条规定,加倍支付迟延履行期间的债务利息(没有给付金钱义务的,不写)。

本判决为终审判决。

审判长　×××
审判员　×××
审判员　×××
××××年××月××日
(院印)

本件与原本核对无异

书记员　×××

【样式9】

××××人民法院
民事判决书①
（抗诉案件受指令法院按一审程序再审用）

（××××）……民再……号

抗诉机关：××××人民检察院。
申诉人（原审诉讼地位）：×××，……
被申诉人（原审诉讼地位）：×××，……
原审原告/被告/第三人：×××，……
（以上写明当事人和其他诉讼参加人的姓名或者名称等基本信息）

申诉人×××因与被申诉人×××及×××（写明原审其他当事人诉讼地位、姓名或名称）……（写明案由）一案，不服本院（××××）……号民事判决/民事裁定，向××××人民检察院申诉。××××人民检察院作出……号民事抗诉书，向××××人民法院提出抗诉。××××人民法院作出（××××）……号民事裁定，指令本院再审本案。本院依法另行组成合议庭，开庭审理了本案。××××人民检察院指派检察员×××出庭。申诉人×××、被申诉人×××（写明当事人和其他诉讼参加人的诉讼地位和姓名或者名称）到庭参加诉讼。本案现已审理终结。

××××人民检察院提出抗诉意见，……（概括写明人民检察院的抗诉理由）

×××称，……（写明再审过程中申诉人的再审请求、事实和理由）

×××辩称，……（概述被申诉人的答辩意见）

×××述称，……（概述原审其他当事人的意见）

×××向本院起诉请求：……（写明原审原告的诉讼请求）本院原审认定事实：……本院原审认为，……（概述原审判决理由）本院原审判决：……（写明原审判决主文）

围绕当事人的再审请求，本院对有争议的证据和事实认定如下：

……（写明再审法院采信证据、认定事实的意见和理由，对原审法院认定相关的事实进行评判）

本院再审认为，……（写明争议焦点，根据再审认定的案件事实和相关法律，对再审请求进行分析评判，说明理由）

依照《中华人民共和国民事诉讼法》第二百一十四条第一款、……（写明法律

---

① 人民法院出版社编：《最新民事诉讼文书样式应用及法律依据（下册）》，人民法院出版社2022年版，第795—796页。

文件名称及其条款项序号）规定，判决如下：

一、……

二、……

（以上分项写明裁判结果）

……（写明诉讼费用的负担）

如不服本判决，可在判决书送达之日起十五日内，向本院递交上诉状，并按对方当事人的人数提出副本，上诉于××××人民法院，并预交上诉案件受理费。

审判长　×××
审判员　×××
审判员　×××
××××年××月××日
（院印）

本件与原本核对无异

书记员　×××

【样式10】

××××人民法院
民事判决书[①]

（抗诉案件受指令法院按二审程序再审用）

（××××）……民再……号

抗诉机关：××××人民检察院。

申诉人（一审、二审诉讼地位）：×××，……

被申诉人（一审、二审诉讼地位）：×××，……

二审上诉人/二审被上诉人/第三人（一审诉讼地位）：×××，……

（以上写明当事人和其他诉讼参加人的姓名或者名称等基本信息）

申诉人×××因与被申诉人×××及×××（写明原审其他当事人诉讼地位、姓名或名称）……（写明案由）一案，不服本院（××××）……号民事判决/民事裁定，向××××人民检察院申诉。××××人民检察院作出……号民事抗诉

[①] 人民法院出版社编：《最新民事诉讼文书样式应用及法律依据（下册）》，人民法院出版社2022年版，第798—799页。

书，向××××人民法院提出抗诉。××××人民法院作出（××××）……号民事裁定，指令本院再审本案。本院依法另行组成合议庭，开庭审理了本案。×××××人民检察院指派检察员×××出庭。申诉人×××、被申诉人×××（写明当事人和其他诉讼参加人的诉讼地位和姓名或者名称）到庭参加诉讼（未开庭的，写明：本院依法组成合议庭审理了本案）。本案现已审理终结。

××××人民检察院抗诉认为，……（概括写明人民检察院的抗诉理由）

×××称，……（写明再审过程中申诉人的再审请求、事实和理由）

×××辩称，……（概述被申诉人的答辩意见）

×××述称，……（概述原审其他当事人的意见）

×××向一审法院起诉请求：……（写明一审原告的诉讼请求）一审法院认定事实：……一审法院判决：……（写明一审判决主文）

×××不服一审判决，上诉请求：……（写明上诉请求）二审法院认定事实：……（概述二审认定事实）二审法院认为，……（概述二审判决理由）二审法院判决：……（写明二审判决主文）

围绕当事人的再审请求，本院对有争议的证据和事实认定如下：

……（写明再审法院采信证据、认定事实的意见和理由，对一审、二审法院认定相关的事实进行评判）

本院再审认为，……（写明争议焦点，根据再审认定的案件事实和相关法律，对再审请求进行分析评判，说明理由）

综上所述，……（对当事人的再审请求是否成立进行总结评述）。依照《中华人民共和国民事诉讼法》第二百一十四条第一款、第一百七十七条第一款第×项、……（写明法律文件名称及其条款项序号）规定，判决如下：

一、……

二、……

（以上分项写明判决结果）

……（写明诉讼费用的负担）

本判决为终审判决。

审判长　×××
审判员　×××
审判员　×××
××××年××月××日
（院印）

本件与原本核对无异

书记员　×××

【样式 11】

×××× 人民法院
民事判决书①
（抗诉案件提审后用）

（××××）……民再……号

抗诉机关：××××人民检察院。

申诉人（一审、二审诉讼地位）：×××，……

被申诉人（一审、二审诉讼地位）：×××，……

二审上诉人/二审被上诉人/第三人（一审诉讼地位）：×××，……

（以上写明当事人和其他诉讼参加人的姓名或者名称等基本信息）

申诉人×××因与被申诉人×××及×××（写明原审其他当事人诉讼地位、姓名或名称）……（写明案由）一案，不服本院（××××）……号民事判决/民事裁定，向××××人民检察院申诉。××××人民检察院作出……号民事抗诉书，向本院提出抗诉。本院作出（××××）……号民事裁定，提审本案。本院依法组成合议庭，开庭/不开庭审理了本案。××××人民检察院指派检察员×××出庭。申诉人×××、被申诉人×××（写明当事人和其他诉讼参加人的诉讼地位和姓名或者名称）到庭参加诉讼（未开庭的，写明：本院依法组成合议庭审理了本案）。本案现已审理终结。

××××人民检察院抗诉认为，……（概括写明人民检察院的抗诉理由）

×××称，……（写明再审过程中申诉人的再审请求、事实和理由）

×××辩称，……（概述被申诉人的答辩意见）

×××述称，……（概述原审其他当事人的意见）

×××向一审法院起诉请求：……（写明一审原告的诉讼请求）一审法院认定事实：……一审法院判决：……（写明一审判决主文）

×××不服一审判决，上诉请求：……（写明上诉请求）二审法院认定事实：……（概述二审认定事实）二审法院认为，……（概述二审判决理由）该院判决：……（写明二审判决主文）

围绕当事人的再审请求，本院对有争议的证据和事实认定如下：

……（写明再审法院采信证据、认定事实的意见和理由，对一审、二审法院认定相关的事实进行评判）

本院再审认为，……（写明争议焦点，根据再审认定的案件事实和相关法律，

---

① 人民法院出版社编：《最新民事诉讼文书样式应用及法律依据（下册）》，人民法院出版社2022年版，第801—802页。

对再审请求进行分析评判，说明理由）

综上所述，……（对当事人的再审请求是否成立进行总结评述）。依照《中华人民共和国民事诉讼法》第二百一十四条第一款、第一百七十七条第一款第×项、……（写明法律文件名称及其条款项序号）规定，判决如下：

一、……

二、……

（以上分项写明判决结果）

……（写明诉讼费用的负担）

本判决为终审判决。

审判长　×××
审判员　×××
审判员　×××
××××年××月××日
（院印）

本件与原本核对无异

书记员　×××

【样式12】

××××人民法院
民事判决书①
（依再审检察建议对本院案件按一审程序再审用）

（××××）……民再……号

监督机关：××××人民检察院。

申诉人（一审诉讼地位）：×××，……

被申诉人（一审诉讼地位）：×××，……

原审原告/被告/第三人：×××，……

（以上写明当事人和其他诉讼参加人的姓名或者名称等基本信息）

申诉人×××因与被申诉人×××……（写明案由）一案，不服××××人民

---

① 人民法院出版社编：《最新民事诉讼文书样式应用及法律依据（下册）》，人民法院出版社2022年版，第819—820页。

法院于××××年××月××日作出(××××)……号民事判决/民事裁定/民事调解书,向××××人民检察院申诉。×××人民检察院以……号民事再审检察建议书向本院提出再审检察建议。经本院审判委员会讨论决定,于××××年××月××日作出(××××)……号民事裁定,再审本案。本院依法另行组成合议庭开庭审理了本案。××××人民检察院指派检察员×××出庭。申诉人×××、被申诉人×××(写明当事人和其他诉讼参加人的诉讼地位和姓名或者名称)到庭参加诉讼。本案现已审理终结。

××××人民检察院提出再审检察建议,……(概括写明人民检察院建议理由)

×××称,……(写明再审过程中申诉人的再审请求、事实和理由)

×××辩称,……(概述被申诉人的答辩意见)

×××述称,……(概述原审其他当事人的意见)

×××向原审法院起诉请求:……(写明原审原告的诉讼请求)本院原审认定事实:……本院原审认为,……(概述原审判决理由)本院原审判决:……(写明原审判决主文)

围绕当事人的再审请求,本院对有争议的证据和事实认定如下:

……(写明再审法院采信证据、认定事实的意见和理由,对原审法院认定相关的事实进行评判)

本院再审认为,……(写明争议焦点,根据再审认定的案件事实和相关法律,对再审请求进行分析评判,说明理由)

依照《中华人民共和国民事诉讼法》第二百一十四条第一款、……(写明法律文件名称及其条款项序号)规定,判决如下:

一、……

二、……

(以上分项写明裁判结果)

……(写明诉讼费用的负担)

如不服本判决,可在判决书送达之日起十五日内,向本院递交上诉状,并按对方当事人的人数提出副本,上诉于××××人民法院,并预交上诉案件受理费。

审判长　×××
审判员　×××
审判员　×××
××××年××月××日
(院印)

本件与原本核对无异

书记员　×××

【样式 13】

××××人民法院
民事判决书①
（依再审检察建议对本院案件按二审程序再审用）

（××××）……民再……号

监督机关：××××人民检察院。
申诉人（一审、二审诉讼地位）：×××，……
被申诉人（一审、二审诉讼地位）：×××，……
二审上诉人/二审被上诉人/第三人（一审诉讼地位）：×××，……
（以上写明当事人和其他诉讼参加人的姓名或者名称等基本信息）

申诉人×××与被申诉人×××……（写明案由）一案，不服××××人民法院于××××年××月××日作出（××××）……号民事判决/民事裁定/民事调解书，向××××人民检察院申诉。××××人民检察院以……号民事再审检察建议书向本院提出再审检察建议。经本院审判委员会讨论决定，于××××年××月××日作出（××××）……号民事裁定，再审本案。本院依法另行组成合议庭，不开庭审理了本案。××××人民检察院指派检察员×××出庭。申诉人×××、被申诉人×××（写明当事人和其他诉讼参加人的诉讼地位和姓名或者名称）到庭参加诉讼（未开庭的，写明：本院依法组成合议庭审理了本案）。本案现已审理终结。

××××人民检察院提出再审检察建议，……（概括写明人民检察院的建议理由）

×××称，……（写明再审过程中申诉人的再审请求、事实和理由）
×××辩称，……（概述被申诉人的答辩意见）
×××述称，……（概述原审其他当事人的意见）
×××向一审法院起诉请求：……（写明一审原告的诉讼请求）一审法院认定事实：……一审法院判决：……（写明一审判决主文）
×××不服一审判决，上诉请求：……（写明上诉请求）二审法院认定事实：……（概述二审认定事实）二审法院认为，……（概述二审判决理由）二审法

---

① 人民法院出版社编：《最新民事诉讼文书样式应用及法律依据（下册）》，人民法院出版社 2022 年版，第 822—823 页。

院判决：……（写明二审判决主文）

围绕当事人的再审请求，本院对有争议的证据和事实认定如下：

……（写明再审法院采信证据、认定事实的意见和理由，对一审、二审法院认定相关的事实进行评判）

本院再审认为，……（写明争议焦点，根据再审认定的案件事实和相关法律，对再审请求进行分析评判，说明理由）

综上所述，……（对当事人的再审请求是否成立进行总结评述）。依照《中华人民共和国民事诉讼法》第二百一十四条第一款、第一百七十七条第一款第×项、……（写明法律文件名称及其条款项序号）规定，判决如下：

一、……

二、……

（以上分项写明判决结果）

……（写明诉讼费用的负担）

本判决为终审判决。

审判长　×××
审判员　×××
审判员　×××
××××年××月××日
（院印）

本件与原本核对无异

书记员　×××

第五节　民事裁定书

一、民事裁定的概念和特点

民事裁定书，是指人民法院根据法律的规定，在民事案件的审理和执行过程中，为了解决诉讼或执行程序问题而作出书面处理意见时制作的民事诉讼法律文书。

民事裁定书和民事判决书一样，都是人民法院在审理民事案件的时候所制作的具有法律效力的民事诉讼法律文书，是人民法院民事裁判文书的重要组成部分。但二者也存在区别，主要有：

(一) 内容不同

民事判决所要解决的是民事案件的实体问题，民事裁定要解决的则是民事案件的程序问题。所以，民事判决书的内容主要是涉及当事人之间的权利义务争议，而民事裁定书的内容主要是涉及民事诉讼过程中有关程序方面的处理意见。

(二) 依据不同

在民事案件的审理过程中，民事判决依据的是实体法，民事裁定依据的是程序法。相应地，民事判决书中援引的法律条文均为我国民事法律、法规等，而民事裁定书中援引的是我国《民事诉讼法》的有关规定。

(三) 形式不同

民事判决的作出都必须采用书面的形式，民事裁定的作出既可以是书面形式也可以是口头形式。因此，人民法院对民事案件作出处理意见时必须要用民事判决书，对民事案件作出裁定时则不一定要用民事裁定书。

(四) 数量不同

由于民事判决解决的是实体问题，民事裁定解决的是程序问题，所以，人民法院在审理民事纠纷案件时，对一个案件通常只能作出一个判决，但是却可以结合不同的诉讼程序，在同一个案件中作出不同的裁定。由此可见，一个民事案件只能有相同判决的一份民事判决书，但可以有不同裁定的若干份民事裁定书。

另外，民事裁定书的格式内容比民事判决书简单。

二、民事裁定的适用范围和种类

民事裁定书解决的是民事诉讼程序问题，每一个民事诉讼程序又都由不同的诉讼阶段组成，所以民事裁定书的适用范围非常广泛、种类繁多。

《民事诉讼法》第157条规定："裁定适用于下列范围：(一) 不予受理；(二) 对管辖权有异议的；(三) 驳回起诉；(四) 保全和先予执行；(五) 准许或者不准许撤诉；(六) 中止或者终结诉讼；(七) 补正判决书中的笔误；(八) 中止或者终结执行；(九) 撤销或者不予执行仲裁裁决；(十) 不予执行公证机关赋予强制执行效力的债权文书；(十一) 其他需要裁定解决的事项。对前款第一项至第三项裁定，可以上诉。裁定书应当写明裁定结果和作出该裁定的理由。裁定书由审判人员、书记员署名，加盖人民法院印章。口头裁定的，记入笔录。"

民事裁定书根据不同的标准可以划分为不同种类。譬如，按程序的不同可以分为：第一审民事裁定书、第二审民事裁定书、再审民事裁定书、督促程序的民事裁定书、公示催告程序的民事裁定书、企业法人破产还债程序的民事裁定书、执行程序的裁定书和涉外民事诉讼程序民事裁定书等；按解决的问题不同可以分为：不予受理起诉民事裁定书、驳回起诉民事裁定书、对管辖权异议的民事裁定书、财产保全的民事裁定书、先予执行的民事裁定书、准予上诉民事裁定书、准许复议民事裁定书等。

三、第一审民事裁定书

第一审民事裁定书是人民法院在审理第一审民事案件的过程中，为解决程序问题而作出书面处理决定时制作的民事诉讼法律文书。和其他民事诉讼法律文书一样，它也是由首部、正文和尾部三部分构成的。但是，由于第一审民事裁定书种类繁多，各种不同的民事裁定书因为其解决的问题不同，所以内容要点也各不相同，尤其正文部分各有特色。下面我们介绍几种常见的第一审民事裁定书：

（一）不予受理起诉民事裁定书

1. 概念和特点

不予受理起诉民事裁定书是人民法院依法在收到当事人的民事起诉状或者当事人口头起诉后，经审查认为当事人的起诉不符合起诉条件，决定不予受理时而制作的书面民事诉讼法律文书。

不予受理起诉民事裁定书是民事诉讼第一审程序中最初涉及的民事裁定书，它的发出是基于人民法院对当事人提出的诉讼请求进行审查后所作出的不予受理决定。不予受理起诉民事裁定书一旦生效，就意味着当事人的起诉不能成立，人民法院不予以立案，该案不可能进入后面的民事诉讼程序。前面我们在介绍民事起诉状的时候已经明确了当事人提起民事诉讼必须符合的条件，即《民事诉讼法》第122条规定的内容。起诉是否符合法律规定的条件，是人民法院对民事案件受理与否的决定因素。如果符合起诉条件就必须受理；不符合条件则不予受理。另外，不予受理起诉民事裁定书必须在人民法院收到当事人起诉后七天内发出。当事人（即原告）对不予受理起诉的裁定结果不服可以提起上诉。

2. 法律依据和制作条件

《民事诉讼法》第126条规定："人民法院应当保障当事人依照法律规定享有的起诉权利。对符合本法第一百二十二条的起诉，必须受理。符合起诉条件的，应当在七日内立案，并通知当事人；不符合起诉条件的，应当在七日内作出裁定书，不予受理；原告对裁定不服的，可以提起上诉。"同时，《民事诉讼法》第127条第6项规定："依照法律规定，在一定期限内不得起诉的案件，在不得起诉的期限内起诉的，不予受理"；第127条第7项规定："判决不准离婚和调解和好的离婚案件，判决、调解维持收养关系的案件，没有新情况、新理由，原告在六个月内又起诉的，不予受理。"

由此可见，制作不予受理起诉的民事裁定书的情形主要包括：

（1）当事人的起诉不符合法律规定的起诉条件。我国《民事诉讼法》第122条规定了起诉的四个法定条件，如果违反了其中任何一条，人民法院均不能受理当事人的起诉。所以，当事人的起诉不符合法律规定的起诉条件，是制作不予受理起诉民事裁定书的法定条件。

（2）依法在一定期限内不得起诉的情形。根据法律规定，在某些特殊情形下的一定期限内，当事人不得提起民事诉讼，否则法院不予受理。譬如，《民法典》第1082 规定："女方在怀孕期间、分娩后一年内或中止妊娠后六个月内，男方不得提出离婚；但是，女方提出离婚或者人民法院认为确有必要受理男方离婚请求的除外。"

（3）判决不准离婚和调解和好的离婚案件，判决、调解维持收养关系的案件，没有新情况、新理由，原告在六个月内又起诉的。

3. 内容要点和制作技巧

不予受理起诉民事裁定书的内容比较简单，它由首部、正文和尾部构成。

(1) 首部

① 标题

分两行写明制作机关名称和文种名称。即"××××人民法院""民事裁定书"。

② 案号

案号的编写与民事判决书相同，写明"（年度）×民初字第×号"。

③ 当事人身份事项

不予受理起诉民事裁定书对当事人的称谓是"起诉人"。当事人身份事项的具体项目写法和民事判决书写法相同。

(2) 正文

正文是整个裁定书的核心内容，包括案由和事实、理由、主文。

① 案由和事实

不予受理起诉民事裁定书的案由和事实一般放在同一自然段中加以叙述，内容简明扼要，主要写明人民法院收到起诉状的时间、起诉要求解决什么纠纷以及诉讼请求的具体内容。文字表述为："××××年××月××日，本院收到×××的起诉状。起诉人×××向本院提出诉讼请求：……（写明原告的诉讼请求）事实和理由：……（概述原告主张的事实和理由）"

② 理由

阐明人民法院不予受理的具体理由，即当事人的起诉不符合有关法律规定起诉条件的具体内容。可表述为："本院经审查认为，……（写明对起诉不予受理的理由）"援引裁定所依据的法律条文应另起一行，可表述为："依照《中华人民共和国民事诉讼法》第××条、第××条规定，裁定如下：……"

③ 主文

不予受理起诉的民事裁定只有一个结果，就是"不予受理"，所以，裁定主文应表述为："对×××的起诉，本院不予受理。"

(3) 尾部

① 交代上诉事项

内容包括上诉的期限、上诉状递交的情况及接受上诉的人民法院。可表述为："如不服本裁定，可以在裁定书送达之日起十日内，向本院递交上诉状，上诉于××××人民法院。"根据法律规定，一般民事裁定的上诉期为十日；对在中华人民共和国领域内没有住所的当事人，民事裁定的上诉期为三十日。

② 落款

由审判员署名，并在写明民事裁定的年月日之后，由书记员署名。另外，必须在相应的部位盖上人民法院的院印，以及"本件与原本核对无异"印戳。

4. 文书样式

示例 9-4

××××人民法院

民事裁定书[①]

（××××）……民初……号

起诉人：×××，……
…………

（以上写明起诉人及其代理人的姓名或者名称等基本信息）

××××年××月××日，本院收到×××的起诉状。起诉人×××向本院提出诉讼请求：1. ……2. ……（明确原告的诉讼请求）事实和理由：……（概述原告主张的事实和理由）

本院经审查认为，……（写明对起诉不予受理的理由）

依照《中华人民共和国民事诉讼法》第一百二十二条、第一百二十六条规定，裁定如下：

对×××的起诉，本院不予受理。

如不服本裁定，可以在裁定书送达之日起十日内，向本院递交上诉状，上诉于××××人民法院。

审判长　×××

审判员　×××

审判员　×××

××××年××月××日

（院印）

本件与原本核对无异

书记员　×××

[①] 人民法院出版社编：《最新民事诉讼文书样式应用及法律依据（上册）》，人民法院出版社2022年版，第277—278页。

(二) 对管辖权异议的民事裁定书

1. 概念和特点

对管辖权异议的民事裁定书是人民法院针对当事人提出的管辖权异议，经审理依法作出驳回异议或者确认异议成立时制作的民事诉讼法律文书。

根据《民事诉讼法》规定，原告提起的民事诉讼应当属于人民法院的主管范围和受诉人民法院管辖。如果当事人对人民法院依法受理的起诉提出管辖权异议，人民法院应当进行审查，对管辖权异议成立与否作出相应的裁定。异议成立的，裁定将案件移送有管辖权的人民法院；异议不成立的，裁定驳回异议。所以，对管辖权提出异议的民事裁定书的结果有两种，或引起管辖权的转移，或被裁定驳回。当事人对管辖权异议的民事裁定结果不服的，可以提出上诉。

2. 法律依据和制作条件

《民事诉讼法》第130条第1款规定："人民法院受理案件后，当事人对管辖权有异议的，应当在提交答辩状期间提出。人民法院对当事人提出的异议，应当审查。异议成立的，裁定将案件移送有管辖权的人民法院；异议不成立的，裁定驳回。"同时，该法第157条又对当事人不服对管辖权异议的民事裁定是否可以上诉作了明确规定。由此可见：(1) 当事人对管辖权提出异议是人民法院制作对管辖权异议的民事裁定书的先决条件；(2) 对管辖权异议的民事裁定书中的当事人只能是人民法院受理案件中的被告；(3) 无论当事人提出的管辖权异议是否成立，人民法院均必须制作对管辖权异议的民事裁定书。

3. 内容要点和制作技巧

对管辖权异议的民事裁定书由首部、正文和尾部构成。

(1) 首部

① 标题

分两行写明"××××人民法院""民事裁定书"。

② 案号

案号由年度、法院代号等组成，表述为"（年度）×民初字第××号"。

③ 当事人身份事项等

对当事人的称谓是"原告""被告"，其具体身份事项内容的写法和民事判决书的写法相同。如果有其他诉讼参加人，那么其他诉讼参加人的列项写法亦可参照第一审民事判决书的有关内容。

(2) 正文

作为裁定书的核心内容，正文部分包括案由、事实、理由、主文。具体要点包括：

① 案由

写明案件的性质和来源，可表述为："原告×××与被告×××、第三人×××……（写明案由）一案，本院于××××年××月××日立案。"

② 事实

主要写明案件的性质和来源，叙述被告在提交答辩状期间对管辖权提出异议的具体内容及理由。可表述为："×××在提交答辩状期间，对管辖权提出异议认为，……（概述异议内容和理由）"

③ 理由

主要写明当事人异议是否成立的根据和理由，同时必须援引《民事诉讼法》第38条的规定作为裁定依据。文字表述与不予受理起诉民事裁定书相类似。

④ 主文

对管辖权提出异议的民事裁定有两种结果：一种是异议成立的裁定结果，写明"被告×××对管辖权提出的异议成立，本案移送××××人民法院处理"；另一种是异议不成立的裁定结果，写明"驳回被告×××对本案管辖权提出的异议"。

(3) 尾部

① 交代上诉期限、上诉状的递交情况和受理上诉的人民法院。文字上可表述为："如不服本裁定，可在裁定书送达之日起十日内，向本院递交上诉状，并按照对方当事人的人数提出副本，上诉于××××人民法院。"

② 落款。由审判员署名，并在写明民事裁定的年月日之后，由书记员署名。另外，必须在相应的部位盖上人民法院的院印，以及"本件与原本核对无异"印戳。

4. 文书样式

示例 9-5

××××人民法院

民事裁定书①

（××××）……民初字第……号

原告：×××，……

法定代理人/指定代理人/法定代表人/主要负责人：×××，……

委托诉讼代理人：×××，……

被告：×××，……

法定代理人/指定代理人/法定代表人/主要负责人：×××，……

---

① 人民法院出版社编：《最新民事诉讼文书样式应用及法律依据（上册）》，人民法院出版社2022年版，第36—37页。

委托诉讼代理人：×××，……

第三人：×××，……

法定代理人/指定代理人/法定代表人/主要负责人：×××，……

委托诉讼代理人：×××，……

（以上写明当事人和其他诉讼参加人的姓名或者名称等基本信息）

原告×××与被告×××、第三人×××……（写明案由）一案，本院于××××年××月××日立案。

×××诉称，……（概述原告的诉讼请求、事实和理由）

×××在提交答辩状期间，对管辖权提出异议认为，……（概述异议内容和理由）

本院经审查认为，……（写明异议成立或不成立的事实和理由）

依照《中华人民共和国民事诉讼法》第三十八条、第一百五十七条第一款规定，裁定如下：

……（异议成立的，写明：

×××对管辖权提出的异议成立，本案移送××××人民法院处理。

异议不成立的，写明：

驳回×××对本案管辖权提出的异议。）

案件受理费……元，由被告……负担（写明当事人姓名或者名称、负担金额）。

如不服本裁定，可以在裁定书送达之日起十日内，向本院递交上诉状，并按对方当事人或者代表人的人数提出副本，上诉于××××人民法院。

审判长　×××

审判员　×××

审判员　×××

××××年××月××日

（院印）

本件与原本核对无异

书记员　×××

（三）驳回起诉民事裁定书

1. 概念和特点

驳回起诉民事裁定书，是人民法院在受理民事案件后，经审查发现原告的起诉不符合案件受理的法定条件，从而驳回其起诉请求时制作的民事诉讼法律文书。

驳回起诉民事裁定书和不予受理起诉民事裁定书一样，发出的原因都是当事人的起诉不符合法律规定的条件。区别在于：(1) 裁定书发出的时间不同。不予受理起诉民事裁定书是在立案前发出的，而驳回起诉民事裁定书是在立案后，民事案件审理过程中发出的。(2) 裁定书所列当事人不完全相同。不予受理起诉民事裁定书中当事人为"起诉人"，而驳回起诉民事裁定书中的当事人则为"原告"和"被告"。

2. 法律依据和制作条件

《民诉法司法解释》第 208 条第 3 款规定："立案后发现不符合起诉条件或者属于民事诉讼法第一百二十七条规定情形的，裁定驳回起诉。"这一司法解释是制作驳回起诉民事裁定书的法律依据。另外，《民事诉讼法》第 157 条也对当事人不服驳回起诉的民事裁定时是否可以上诉的问题作了明确规定。从上述法律规定可以看出：(1) 驳回起诉民事裁定书是人民法院对民事案件立案后制作的；(2) 驳回起诉民事裁定书的制作和发出是基于当事人的起诉不符合受理条件。另外，当事人如果对驳回起诉的民事裁定结果不服，可以上诉。

3. 内容要点和制作技巧

驳回起诉民事裁定书的内容由三部分构成，即首部、正文和尾部。

(1) 首部

① 标题

分两行写明"××××人民法院""民事裁定书"。

② 案号

案号由年度、法院代号等组成，表述为"（年度）×民初字第××号"。

③ 当事人身份事项等

对当事人的称谓是"原告""被告"，其具体身份事项内容的写法和第一审民事判决书的写法相同。如果有其他诉讼参加人，那么其他诉讼参加人的列项写法亦可参照第一审民事判决书的有关内容。

除上述内容外，驳回起诉民事裁定书的首部还必须写明案由及案件审理情况。文字表述为："原告×××与被告×××……（写明案由）一案，本院于××××年××月××日立案后，依法进行审理。"

(2) 正文

正文内容包括事实、理由、主文和诉讼费的负担。

① 事实

简述原告提起民事诉讼的理由，写明原告诉讼请求的具体内容。文字表述要求明确、概括。可表述为："×××向本院提出诉讼请求：1.……2.……（明确原告的诉讼请求）事实和理由：……（概述原告主张的事实和理由）"

② 理由

写明驳回原告起诉的理由,并写明裁定所依据的法律条款。可表述为:"本院认为,……(写明驳回起诉的理由)依照……(写明裁定所依据的法律条文)的规定,裁定如下"。

③ 主文

主文通常可表述为:"驳回×××的起诉。"

(3)尾部

① 交代上诉事项

内容和文字表述可以参照对管辖权异议的民事裁定书。

② 落款

写法可以参照对管辖权异议的民事裁定书。

4. 文书样式

示例 9-6

××××人民法院

民事裁定书①

(××××)……民初字第……号

原告:×××,……
…………
被告:×××,……
…………

(以上写明当事人和其他诉讼参加人的姓名或者名称等基本信息,写法与一审民事判决书样式相同)

原告×××与被告×××……(写明案由)一案,本院于××××年××月××日立案后,依法进行审理。

×××向本院提出诉讼请求:1.……2.……(明确原告的诉讼请求)事实和理由:……(概述原告主张的事实和理由)

本院经审查认为,……(写明驳回起诉的理由)

依照《中华人民共和国民事诉讼法》第一百二十二条、第一百二十四条第×项、第一百五十七条第一款第三项、《最高人民法院关于适用〈中华人民共和国民事诉讼法〉的解释》第二百零八条第三款规定,裁定如下:

驳回×××的起诉。

如不服本裁定,可以在裁定书送达之日起十日内,向本院递交上诉状,并按照

---

① 人民法院出版社编:《最新民事诉讼文书样式应用及法律依据(上册)》,人民法院出版社2022年版,第282—283页。

对方当事人或者代表人的人数提出副本,上诉于××××人民法院。

审判长　×××
审判员　×××
审判员　×××
××××年××月××日
(院印)

本件与原本核对无异

书记员　×××

(四) 财产保全的民事裁定书

1. 概念和特点

财产保全是民事诉讼中的一项程序保障制度,是指人民法院对于可能因当事人一方行为或者其他原因,使将来发生法律效力的判决不能执行或难以执行的案件,在对该案判决前,依法对诉讼标的物或与本案有关的财物或行为采取的临时性强制性措施,包括诉前财产保全和诉讼财产保全两种。诉前财产保全是指在民事诉讼发生之前,人民法院为保证将来的判决能得以实现,根据利害关系人的申请,对当事人争议的有关财物采取临时性强制措施的制度。诉讼财产保全是指在民事诉讼过程中,人民法院为保证将来的判决能得以实现,根据当事人的申请,或者人民法院依职权决定,对当事人争议的有关财物或行为采取临时性强制措施的制度。

相应地,财产保全的民事裁定书也包括诉讼财产保全的民事裁定书和诉前财产保全的民事裁定书。诉讼财产保全的民事裁定书是指人民法院在审理民事案件的过程中,针对当事人一方所提出的财产保全申请或者依职权书面决定采取财产保全措施时所制作的民事诉讼法律文书;诉前财产保全的民事裁定书是指人民法院在审理当事人的诉前财产保全申请时所制作的书面处理意见。

诉讼财产保全的民事裁定书和诉前财产保全的民事裁定书都是财产保全的书面凭证,两者一旦送达必须立即执行;若当事人对裁定结果不服,可以申请复议一次,复议期间也不能够停止裁定的执行。但这两种裁定书有明显区别:(1)制作的原因不同。诉前财产保全的民事裁定书的制作是基于利害关系人的申请,而不是人民法院主动实施;诉讼财产保全的民事裁定书的制作虽然主要基于当事人的申请,但必要时也可基于人民法院的主动实施。(2)涉及财产所处的状态不同。诉前财产保全的民事裁定书所涉及的财产是处于非诉讼状态的;诉讼财产保全的民事裁定书所涉及的财产则是处于诉讼状态的。因此,对前者的制作条件要求比后者更高。

(3) 发出时间不同。诉前财产保全的民事裁定书是进行诉前财产保全的书面凭证，因此其发出于当事人起诉前，而且适用于法律规定的紧急情况；诉讼财产保全的民事裁定书则是诉讼财产保全的书面凭证，其发出于民事案件诉讼进行过程中。

2. 法律依据和制作条件

《民事诉讼法》第103条规定："人民法院对于可能因当事人一方的行为或者其他原因，使判决难以执行或者造成当事人其他损害的案件，根据对方当事人的申请，可以裁定对其财产进行保全、责令其作出一定行为或者禁止其作出一定行为；当事人没有提出申请的，人民法院在必要时也可以裁定采取保全措施。人民法院采取保全措施，可以责令申请人提供担保，申请人不提供担保的，裁定驳回申请。人民法院接受申请后，对情况紧急的，必须在四十八小时内作出裁定；裁定采取保全措施的，应当立即开始执行。"这是制作诉讼财产保全民事裁定书的法律依据。

《民事诉讼法》第104条规定："利害关系人因情况紧急，不立即申请保全将会使其合法权益受到难以弥补的损害的，可以在提起诉讼或者申请仲裁前向被保全财产所在地、被申请人住所地或者对案件有管辖权的人民法院申请采取保全措施。申请人应当提供担保，不提供担保的，裁定驳回申请。人民法院接受申请后，必须在四十八小时内作出裁定；裁定采取保全措施的，应当立即开始执行。申请人在人民法院采取保全措施后三十日内不依法提起诉讼或者申请仲裁的，人民法院应当解除保全。"这是诉前财产保全的民事裁定书制作的法律依据。

根据上述法律规，制作诉讼财产保全必须符合以下条件：(1) 当事人的申请或人民法院的决定是诉讼财产保全的民事裁定书制作的先决条件，而且在司法实践中，财产保全以当事人申请为主；(2) 可能使民事判决不能执行或者难以执行的主客观原因的存在是诉讼财产保全的民事裁定书制作的实质条件；(3) 对于"情况紧急的"，诉讼财产保全的民事裁定书必须在四十八小时内作出并交付执行。制作诉前财产保全的民事裁定书的条件应该是：(1) 需要采取诉前财产保全的申请必须具有给付内容，即申请人将来提起案件的诉讼请求具有财产给付内容；(2) 情况紧急，不立即采取相应的保全措施，可能使申请人的合法权益受到难以弥补的损失；(3) 由利害关系人提出诉前财产保全申请；(4) 诉前财产保全申请人必须提供担保，申请人如不提供担保，人民法院应裁定驳回申请人的财产保全申请；(5) 申请人应当在人民法院采取保全措施后三十日内依法提起民事诉讼或者申请仲裁。

3. 内容要点和制作技巧

财产保全的民事裁定书由首部、正文和尾部构成。

(1) 首部

首部包括标题、案号、当事人及其他诉讼参加人的身份事项，其内容要点和写法与第一审民事判决书相同。需要注意的是，在财产保全的民事裁定书中当事人的称谓是"申请人""被申请人"。

(2) 正文

正文部分包括案由和事实、理由、主文。

① 案由和事实

在案由和事实部分，根据财产保全的提出不同，内容要点也不完全相同。

第一，如果当事人提出财产保全申请，这一部分主要写明当事人提出申请的情况，包括申请时间、申请的具体内容。如果提供担保的，则必须写明已经提供担保。可表述为："……（写明当事人及案由）一案，申请人×××于××××年××月××日向本院申请财产保全/诉前财产保全，请求对被申请人×××……（写明申请采取财产保全措施的具体内容）申请人×××/担保人×××以……（写明担保财产的名称、数量或者数额、所在地点等）提供担保。"

第二，如果是人民法院依职权采取诉讼财产保全措施的，则只需要写明人民法院采取财产保全的事实根据。

② 理由

根据两种不同的情况，写明采取财产保全的理由及所依据的法律条款。当事人提出申请的，理由写法相对简单，只需写明"本院经审查认为，……（写明采取财产保全措施的理由）依照《中华人民共和国民事诉讼法》第×××条、第×××条规定，裁定如下"；人民法院决定依职权采取财产保全措施的，则可表述为"本院为了……（写明需要采取财产保全的理由）依照……（写明裁定所依据的法律条款）的规定，裁定如下"。

③ 主文

主文部分必须写清楚采取财产保全的具体内容，即写明对诉讼所涉及的财产采取查封、扣押、冻结或者法律规定的其他保全措施的内容。

(3) 尾部

① 写明："本裁定立即开始执行。"

② 交代复议事项。可表述为："如不服本裁定，可以向本院申请复议一次。复议期间不停止裁定的执行。"

③ 如果是诉前财产保全，还必须写明："申请人在人民法院采取保全措施后三十日内不依法提起诉讼或者申请仲裁的，本院将依法解除保全。"

④ 落款。落款部分的写法与第一审民事判决书相同。

4. 文书样式

【样式 1】

示例 9-7

××××人民法院

民事裁定书①

（诉讼财产保全用）

（××××）……民×字第……号

申请人：×××，……
…………
被申请人：×××，……
…………

（以上写明申请人、被申请人及其代理人的姓名或者名称等基本信息）

……（写明当事人及案由）一案，申请人×××于××××年××月××日向本院申请财产保全，请求对被申请人×××……（写明申请采取财产保全措施的具体内容）申请人×××/担保人×××以……（写明担保财产的名称、数量或者数额、所在地点等）提供担保。

本院经审查认为，……（写明采取财产保全措施的理由）依照《中华人民共和国民事诉讼法》第一百零三条、第一百零五条、第一百零六条第一款规定，裁定如下：

查封/扣押/冻结被申请人×××的……（写明保全财产名称、数量或者数额、所在地点等），期限为……年/月/日（写明保全的期限）。

案件申请费……元，由……负担（写明当事人姓名或者名称、负担金额）。

本裁定立即开始执行。

如不服本裁定，可以自收到裁定书之日起五日内向本院申请复议一次。复议期间不停止裁定的执行。

　　　　　　　　　　　　　　　　　　审判长　×××
　　　　　　　　　　　　　　　　　　审判员　×××
　　　　　　　　　　　　　　　　　　审判员　×××
　　　　　　　　　　　　　　　　××××年××月××日
　　　　　　　　　　　　　　　　　　（院印）

本件与原本核对无异

　　　　　　　　　　　　　　　　　　书记员　×××

---

① 人民法院出版社编：《最新民事诉讼文书样式应用及法律依据（上册）》，人民法院出版社 2022 年版，第 194—195 页。

【样式2】

××××人民法院
民事裁定书①
（诉前财产保全用）

（××××）……财保……号

申请人：×××，……
……………
被申请人：×××，……
……………

（以上写明申请人、被申请人及其代理人的姓名或者名称等基本信息）

申请人×××于××××年××月××日向本院申请诉前财产保全，请求对被申请人×××……（写明申请采取财产保全措施的具体内容）。申请人×××/担保人×××以……（写明担保财产的名称、数量或者数额、所在地点等）提供担保。

本院经审查认为，……（写明采取财产保全措施的理由）。依照《中华人民共和国民事诉讼法》第一百零四条、第一百零五条、第一百零六条第一款规定，裁定如下：

查封/扣押/冻结被申请人×××的……（写明保全财产名称、数量或者数额、所在地点等），期限为……年/月/日（写明保全的期限）。

案件申请费……元，由……负担（写明当事人姓名或者名称、负担金额）。

本裁定立即开始执行。

如不服本裁定，可以自收到裁定书之日起五日内向本院申请复议一次。复议期间不停止裁定的执行。

申请人在人民法院采取保全措施后三十日内不依法提起诉讼或者申请仲裁的，本院将依法解除保全。

审判长　×××
审判员　×××
审判员　×××
××××年××月××日
（院印）

本件与原本核对无异

书记员　×××

---

① 人民法院出版社编：《最新民事诉讼文书样式应用及法律依据（上册）》，人民法院出版社2022年版，第186—187页。

（五）先予执行的民事裁定书

1. 概念和特点

先予执行的民事裁定书，是指人民法院在民事判决作出前，根据民事案件当事人的申请，依法书面责令被申请人履行一定义务时所制作的民事诉讼法律文书。它具有以下特点：(1) 先予执行的民事裁定书发出的目的是满足民事案件权利人一方的迫切需要；(2) 先予执行的民事裁定书制作和发出的时间，是人民法院对民事案件立案以后判决作出之前；(3) 先予执行的民事裁定书的内容必须是责令被申请人履行一定的义务；(4) 先予执行的民事裁定书的适用范围是法定的；(5) 先予执行的民事裁定书一经送达立即生效，若当事人对先予执行的民事裁定书的处理结果不服，可以申请复议，但复议期间不影响裁定的执行。

2. 法律依据和制作条件

《民事诉讼法》第109条规定："人民法院对下列案件，根据当事人的申请，可以裁定先予执行：（一）追索赡养费、扶养费、抚养费、抚恤金、医疗费用的；（二）追索劳动报酬的；（三）因情况紧急需要先予执行的。"对其中的"紧急情况"，《民诉法司法解释》第170条作了具体解释："（一）需要立即停止侵害、排除妨碍的；（二）需要立即制止某项行为的；（三）追索恢复生产、经营急需的保险理赔费的；（四）需要立即返还社会保险金、社会救助资金的；（五）不立即返还款项，将严重影响权利人生活和生产经营的。"上述法律规定了先予执行民事裁定书的适用范围。

《民事诉讼法》第110条第1款规定："人民法院裁定先予执行的，应当符合下列条件：（一）当事人之间权利义务关系明确，不先予执行将严重影响申请人的生活或者生产经营的；（二）被申请人有履行能力。"由此可见，先予执行民事裁定书的制作条件应当是：(1) 当事人之间的权利义务关系清楚，有明确的权利人提出申请，这是先予执行的民事裁定书制作的先决条件；(2) 权利人提出申请是基于迫切的需要，即如果不先予执行将严重影响申请人的生活或者生产经营；(3) 被申请人必须有履约能力，使先予执行能够得到真正的执行。

3. 内容要点和制作技巧

先予执行的民事裁定书由首部、正文和尾部三部分组成。

（1）首部

首部由标题、案号、当事人及其他诉讼参加人的身份事项组成，写法与第一审民事判决书的相关项写法相同。

（2）正文

正文部分包括案由和事实、理由、正文。

① 案由和事实

写明案件的来源，以及当事人提出先予执行申请的时间、请求事项和有无担保等情况。可表述为："……（写明当事人及案由）一案，申请人×××于××××

年××月××日向本院申请先予执行,请求……(写明先予执行内容)申请人×××/担保人×××向本院提供……(写明担保财产的名称、数量或者数额、所在地点等)作为担保(不提供担保的,不写)。"

② 理由

主要是阐明先予执行的理由,并援引相关法律条文说明裁定的依据。可表述为:"本院经审查认为,申请人×××的申请符合法律规定。依照《中华人民共和国民事诉讼法》第一百零九条、第一百一十条规定,裁定如下"。

③ 主文

主文写明先予执行的具体内容、时间和先予执行的方式,并明确诉讼费用的承担。

(3)尾部

① 说明"本裁定书送达后立即执行"。

② 交代复议事项,文字表述与财产保全的民事裁定书相同。

③ 落款。写明审判人员署名的情况、裁定书正本发出的年月日、书记员署名的事项等,以及加盖院印和"本件与原本核对无异"印戳。具体文字表述和第一审民事判决书相同。

4. 文书样式

示例 9-8

××××人民法院

民事裁定书[①]

(××××)……民×……号

申请人:×××,……
…………

被申请人:×××,……
…………

(以上写明申请人、被申请人及其代理人的姓名或者名称等基本信息)

……(写明当事人及案由)一案,申请人×××于××××年××月××日向本院申请先予执行,请求……(写明先予执行内容)申请人×××/担保人×××向本院提供……(写明担保财产的名称、数量或者数额、所在地点等)作为担保(不提供担保的,不写)。

本院经审查认为,申请人×××的申请符合法律规定。依照《中华人民共和国民事诉讼法》第一百零九条、第一百一十条规定,裁定如下:

---

① 人民法院出版社编:《最新民事诉讼文书样式应用及法律依据(上册)》,人民法院出版社2022年版,第204—205页。

……（写明先予执行的内容）

案件申请费……元，由……负担（写明当事人姓名或者名称、负担金额）。

如不服本裁定，可以自收到裁定书之日起五日内向本院申请复议一次。复议期间不停止裁定的执行。

审判长　×××
审判员　×××
审判员　×××
××××年××月××日
（院印）

本件与原本核对无异

书记员　×××

四、第二审民事裁定书

第二审民事裁定书，是指人民法院在审理第二审民事案件的过程中，为解决当事人上诉案件中的争议和二审案件审理中发生的程序问题而作出书面处理决定时制作的民事诉讼法律文书。它主要包括两大类：第一类是人民法院为解决在第二审审理过程中发生的程序问题而制作的书面处理意见。此类裁定书与第一审民事裁定书的制作要求和写作方法并无太大区别，故不在此赘述。第二类是人民法院针对当事人的上诉案件审理后而制作的书面处理意见，它既包括人民法院审理当事人因不服第一审不予受理、管辖权异议或驳回起诉的民事裁定提起上诉的案件时所制作的书面处理意见，即针对一审裁定的二审民事裁定书；又包括人民法院审理当事人不服第一审人民法院作出民事判决而提起上诉的案件，并决定驳回起诉或发回重审时制作的民事裁定书，即针对一审判决的二审民事裁定书。本节仅介绍第二类第二审民事裁定书，即人民法院审理当事人上诉案件时所制作的民事裁定书。

（一）针对一审判决的二审民事裁定书

1. 知识要点

（1）概念和特点

当事人不服一审判决提出上诉，第二审人民法院审理后通常会以判决的形式作出终审处理决定，但有两种情况例外，一种是第二审人民法院审理上诉案件时，认为该案不应由人民法院受理，可直接裁定撤销原判决，驳回起诉；另一种是第二审人民法院审理上诉案件时，认为原判决认定基本事实不清，或原判决遗漏当事人或者违法缺席判决等严重违反法定程序，可裁定撤销原判决，发回原审人民法院重审。由于驳回起诉和发回原审人民法院重审，均不涉及第二审人民法院对上诉案件实体问题的处理，所以，对这两类提起上诉的民事判决均应采用裁定的形式处理。

驳回起诉的民事裁定书，是指第二审人民法院在收到当事人不服第一审民事判决的上诉之后，经审理认为案件不应由人民法院受理，依法应撤销第一审判决，驳回起诉时所制作的民事法律文书；发回重审的民事裁定书，是指第二审人民法院在收到当事人不服第一审民事判决的上诉之后，经审理认为第一审民事判决认定事实不清、证据不足或者违反法定程序等可能影响案件正确判决，依法应撤销第一审判决，发回原审人民法院重审时所制作的民事法律文书。

(2) 法律依据和制作条件

驳回起诉裁定书的法律依据主要是《民诉法司法解释》第328条，该条规定："人民法院依照第二审程序审理案件，认为依法不应由人民法院受理的，可以由第二审人民法院直接裁定撤销原裁判，驳回起诉。"制作发回重审民事裁定的法律依据除《民事诉讼法》第177条第1款第3、4项外，还包括：《民诉法司法解释》第323条规定："下列情形，可以认定为民事诉讼法第一百七十七条第一款第四项规定的严重违反法定程序：（一）审判组织的组成不合法的；（二）应当回避的审判人员未回避的；（三）无诉讼行为能力人未经法定代理人代为诉讼的；（四）违法剥夺当事人辩论权利的。"第324条规定："对当事人在一审程序中已经提出的诉讼请求，原审人民法院未作审理、判决的，第二审人民法院可以根据当事人自愿的原则进行调解；调解不成的，发回重审。"第325条规定："必须参加诉讼的当事人或者有独立请求权的第三人，在一审程序中未参加诉讼，第二审人民法院可以根据当事人自愿的原则予以调解；调解不成的，发回重审。"第327条规定："一审判决不准离婚的案件，上诉后，第二审人民法院认为应当判决离婚的，可以根据当事人自愿的原则，与子女抚养、财产问题一并调解；调解不成的，发回重审。"

针对一审判决的二审裁定书，其制作的条件首先必须以存在第一审民事判决为前提，其次是上诉人对第一审民事判决不服。这里所说的"不服"，是指当事人认为原判决认定基本事实不清，或者原判决存在遗漏当事人或者违法缺席判决等严重违反法定程序的情况，或有人民法院无权受理案件的情况。

(3) 使用情况

第二审民事裁定书，除发回重审的以外，一经作出即具有法律效力。所以，裁定书一旦制作完毕，人民法院便应将其送达有关当事人。

2. 内容要点和制作技巧

该类民事裁定书由首部、正文和尾部组成。

(1) 首部

首部包括标题、案号、当事人身份事项、诉讼代理人身份事项，以及案由、审判组织和审判方式等内容，其内容要点与第二审民事判决书基本相同，只是文种名称用"民事裁定书"；案由可简单表述为："上诉人×××因与被上诉人×××/上诉人×××及原审原告/被告/第三人×××……（写明案由）一案，不服××××人民法院（××××）……民初……号民事判决，向本院提起上诉。本院依法组成合议庭对本案进行了审理（在驳回起诉裁定书中，还应写明'本案现已审理终结'）。"

（2）正文

正文包括事实、理由和主文等内容。

发回重审的裁定不涉及实体问题的处理决定，因此，本裁定书不写当事人起诉情况以及二审认定事实情况，应全面阐述发回重审的理由，不再另附函。[①]

驳回起诉的裁定书可概括性地写明当事人上诉的情况、一审法院认定事实的情况，以及二审法院认定驳回起诉的事实情况，并阐明驳回起诉的理由。

裁定书的主文一般分两项表述，第一项写明撤销原审民事判决的处理决定，文字表述为："撤销××××人民法院（年度）×民初字第××号民事判决"；第二项写明驳回起诉或发回重审的处理决定，文字表述为："驳回×××的起诉/发回×××人民法院重审。"

（3）尾部

尾部写明案件受理费的处理，可表述为："一审案件受理费……元，退还（一审原告）×××；上诉人×××预交的二审案件受理费……元予以退还/上诉人×××预交的二审案件受理费……元予以退回。"

落款写明审判人员署名的情况、裁定书正本发出的年月日、书记员署名的事项等，以及加盖院印和"本件与原本核对无异"印戳。

3. 文书样式

【样式1】

××××人民法院
民事裁定书[②]
（二审发回重审用）

（××××）……民终……号

示例9-9

上诉人（原审诉讼地位）：×××，……

…………

[①] 人民法院出版社编：《最新民事诉讼文书样式应用及法律依据（上册）》，人民法院出版社2022年版，第511页。

[②] 同上书，第510—511页。

被上诉人（原审诉讼地位）：×××，……
…………

原审原告/被告/第三人：×××，……
…………

（以上写明当事人和其他诉讼参加人的姓名或者名称等基本信息）

上诉人×××因与被上诉人×××/上诉人×××及原审原告/被告/第三人×××……（写明案由）一案，不服××××人民法院（××××）……民初……号民事判决，向本院提起上诉。本院依法组成合议庭对本案进行了审理。

本院认为，……（写明原判决认定基本事实不清或者严重违反法定程序的问题）依照《中华人民共和国民事诉讼法》第一百七十七条第一款第×项规定，裁定如下：

一、撤销××××人民法院（××××）……民初……号民事判决；

二、本案发回××××人民法院重审。

上诉人×××预交的二审案件受理费……元予以退回。

审判长　×××
审判员　×××
审判员　×××
××××年××月××日
（院印）

本件与原本核对无异

书记员　×××

【样式2】

××××人民法院
民事裁定书①
（二审驳回起诉用）

（××××）……民终……号

上诉人（原审诉讼地位）：×××，……

---

① 人民法院出版社编：《最新民事诉讼文书样式应用及法律依据（上册）》，人民法院出版社2022年版，第532—533页。

……

被上诉人（原审诉讼地位）：×××，……

……

原审原告/被告/第三人：×××，……

……

（以上写明当事人和其他诉讼参加人的姓名或者名称等基本信息）

上诉人×××因与被上诉人×××/上诉人×××及原审原告/被告/第三人×××……（写明案由）一案，不服××××人民法院（××××）……民初……号民事判决，向本院提起上诉。本院依法组成合议庭对本案进行了审理。本案现已审理终结。

×××上诉请求：……（写明上诉请求）事实和理由：……（概述上诉人主张的事实和理由）

×××辩称，……（概述被上诉人的答辩意见）

×××述称，……（概述原审原告/被告/第三人陈述意见）

×××向一审法院起诉请求：……（写明原告/反诉原告/有独立请求权的第三人的诉讼请求）

一审法院认定事实：……（概述一审认定的事实）一审法院认为，……（概述一审裁判理由）判决：……（写明一审判决主文）

本院审理查明，……（写明与驳回起诉有关的事实）

本院认为：……（写明驳回起诉的理由）依照《最高人民法院关于适用〈中华人民共和国民事诉讼法〉的解释》第三百二十八条规定，裁定如下：

一、撤销××××人民法院（××××）……民初……号民事判决；

二、驳回×××（写明一审原告的姓名或名称）的起诉。

一审案件受理费……元，退还（一审原告）×××；上诉人×××预交的二审案件受理费……元予以退还。

本裁定为终审裁定。

审判长　×××
审判员　×××
审判员　×××
××××年××月××日
（院印）

本件与原本核对无异

书记员　×××

(二) 针对一审裁定的二审民事裁定书

1. 知识要点

(1) 概念和特点

针对一审裁定的二审民事裁定书，是指第二审人民法院在审理当事人不服第一审人民法院作出的不予受理、驳回起诉裁定或者不服管辖裁定等上诉案件时所制作的民事法律文书。

裁定是解决诉讼中程序问题的处理决定，通常不涉及对当事人实体权利的处置，因此，对于人民法院作出的裁定，当事人一般是没有上诉的权利的。但是，涉及是否受理案件、能否起诉，以及法院对案件是否有管辖权等问题，它们虽然也属于程序性问题，但对当事人实体权益的保障具有重大影响。因此，《民事诉讼法》第157条明确赋予当事人对不予受理、驳回起诉和管辖权异议的裁定享有提起上诉的权利。

(2) 法律依据和制作条件

制作不予受理、驳回起诉和管辖权异议的二审民事裁定书的法律依据，除《民事诉讼法》第157条、第177条规定外，还包括：《民事诉讼法》第178条规定："第二审人民法院对不服第一审人民法院裁定的上诉案件的处理，一律使用裁定。"《民诉法司法解释》第330条规定："第二审人民法院查明第一审人民法院作出的不予受理裁定有错误的，应当在撤销原裁定的同时，指令第一审人民法院立案受理；查明第一审人民法院作出的驳回起诉裁定有错误的，应当在撤销原裁定的同时，指令第一审人民法院审理。"

针对一审裁定的二审民事裁定书，其制作的条件首先必须以存在第一审民事裁定为前提，其次是上诉人对第一审民事裁定不服。这里所说的"不服"，是当事人认为原审民事裁定存在事实认定错误、适用法律不当等情况。

(3) 使用情况

第二审民事裁定书，一经作出即具有法律效力。因此，裁定书一旦制作完毕，人民法院便应将其送达有关当事人。

2. 内容要点和制作技巧

该类民事裁定书由首部、正文和尾部组成。

(1) 首部

首部包括标题、案号、当事人身份事项、诉讼代理人身份事项，以及案由、审判组织和审判方式等内容，其内容要点与第二审民事判决书基本相同，只是文种名称用"民事裁定书"；案由及审判方式可表述为："上诉人×××因与被上诉人×××/上诉人×××及原审原告/被告/第三人×××……（写明案由）一案，不服×××人民法院（××××）……民初……号民事裁定，向本院提起上诉。本院于××××年××月××日立案后，依法组成合议庭审理了本案（非合议庭审理的不写）。上诉人×××、被上诉人×××、原审原告/被告/第三人×××（写明当事人和其他诉讼参加人的诉讼地位和姓名或者名称）到庭参加诉讼。本案现已审理终结（非开庭审理的不写）。"

（2）正文

正文包括事实、理由和主文等内容。

同其他裁定书一样，不服管辖和不予受理的二审裁定书均需概括性地写明当事人上诉的情况、一审法院认定事实的情况即可，并明确二审法院认定支持或者不支持上诉人上诉请求的理由。但是，对于驳回起诉的二审裁定书则除概括性地写明当事人上诉的情况、一审法院认定事实的情况外，还必须对二审法院认定的事实尤其是应当支持或不支持上诉人诉讼请求所依据的事实进行阐述，然后明确提出支持或不支持上诉人上诉请求的理由。

主文部分要看第二审人民法院的处理决定是否对一审裁定予以维持。如果第二审人民法院审理后认为一审裁定是正确的话，主文只要作出肯定的表述即可。具体可表述为："驳回上诉，维持原裁定。"反之，如果第二审人民法院审理后认为一审裁定是错误的，主文一般分两项表述，第一项写明撤销原审民事裁定的处理决定，文字表述为"撤销××××人民法院（年度）×民初字第××号民事裁定"；第二项明确写明二审法院决定的管辖法院/受理立案法院/审理法院，可表述为"本案由××××人民法院管辖（辖区内的）/本案移送××××人民法院处理（辖区外的）"或"本案指令××××人民法院立案受理"或"本案指令××××人民法院审理"。

（3）尾部

尾部应说明"本裁定为终审裁定"。

落款写明审判人员署名的情况、裁定书正本发出的年月日、书记员署名的事项等，以及加盖院印和"本件与原本核对无异"印戳。

3. 文书样式

【样式1】

××××人民法院

民事裁定书[①]

（不服管辖裁定上诉案件用）

（××××）……民辖终……号

上诉人（原审××）：×××，……

…………

被上诉人（原审××）：×××，……

示例 9-10

[①] 人民法院出版社编：《最新民事诉讼文书样式应用及法律依据（上册）》，人民法院出版社 2022 年版，第 54—55 页。

......

(以上写明当事人和其他诉讼参加人的姓名或者名称等基本信息)

上诉人×××因……(写明当事人及案由)一案,不服××××人民法院(××××)……民初……号民事裁定,向本院提起上诉。

×××上诉称,……(概述上诉请求、事实和理由)

×××答辩称,……(概述被上诉人答辩意见)

本院经审查认为,……(写明上诉请求是否成立的理由)

依照《中华人民共和国民事诉讼法》第一百七十七条第一款第一/二项、第一百七十八条规定,裁定如下:

……[维持原裁定的,写明:

驳回上诉,维持原裁定。

撤销原裁定的,写明:

一、撤销××××人民法院(××××)……民初……号民事裁定;

二、本案由××××人民法院管辖(辖区内的)/本案移送××××人民法院处理(辖区外的)。]

本裁定为终审裁定。

审判长　×××

审判员　×××

审判员　×××

××××年××月××日

(院印)

本件与原本核对无异

书记员　×××

【样式2】

××××人民法院
民事裁定书[①]

(二审维持不予受理裁定用)

(××××)……民终……号

上诉人(一审起诉人):×××,……

---

① 人民法院出版社编:《最新民事诉讼文书样式应用及法律依据(上册)》,人民法院出版社2022年版,第152—153页。

……

（以上写明上诉人及其诉讼代理人的姓名或者名称等基本信息）

上诉人×××因……（写明案由）一案，不服××××人民法院（××××）……民初……号民事裁定，向本院提起上诉。本院依法组成合议庭对本案进行了审理。

×××上诉请求：……（写明上诉请求）事实和理由：……（概述上诉人主张的事实和理由）

本院认为：……（对上诉人的上诉请求及相关事由和理由进行分析评判，阐明一审裁定不予受理正确，上诉请求应予驳回的理由）

综上，×××的上诉请求不能成立，一审裁定认定事实清楚、适用法律正确，本院依照《中华人民共和国民事诉讼法》第一百七十七条第一款第一项、第一百七十八条规定，裁定如下：

驳回上诉，维持原裁定。

本裁定为终审裁定。

审判长　×××
审判员　×××
审判员　×××
××××年××月××日
（院印）

本件与原本核对无异

书记员　×××

【样式3】[①]

××××人民法院
民事裁定书
（二审指令立案受理用）

（××××）……民终……号

上诉人（一审起诉人）：×××，……

[①] 人民法院出版社编：《最新民事诉讼文书样式应用及法律依据（上册）》，人民法院出版社2022年版，第524—525页。

……

（以上写明上诉人及其代理人的姓名或者名称等基本信息）

上诉人×××因……（写明案由）一案，不服××××人民法院（××××）……民初……号民事裁定，向本院提起上诉。本院依法组成合议庭对本案进行了审理。

×××上诉请求：……（写明上诉请求）事实和理由：……（概述上诉人主张的事实和理由）

本院审理查明，……（二审查明的事实与一审查明的事实一致，没有新的证据和事实的，该部分可以不作表述）

本院认为：……（简要写明指令立案受理的理由）依照《中华人民共和国民事诉讼法》第一百七十八条、《最高人民法院关于适用〈中华人民共和国民事诉讼法〉的解释》第三百三十条规定，裁定如下：

一、撤销××××人民法院（××××）……民初……号民事裁定；

二、本案指令××××人民法院立案受理。

本裁定为终审裁定。

审判长　×××

审判员　×××

审判员　×××

××××年××月××日

（院印）

本件与原本核对无异

书记员　×××

【样式 4】

××××人民法院

民事裁定书[①]

（二审维持驳回起诉裁定用）

（××××）……民终……号

上诉人（原审诉讼地位）：×××，……

[①] 人民法院出版社编：《最新民事诉讼文书样式应用及法律依据（上册）》，人民法院出版社2022年版，第526—527页。

被上诉人（原审诉讼地位）：×××，……

原审原告/被告/第三人：×××，……

（以上写明当事人和其他诉讼参加人的姓名或者名称等基本信息）

上诉人×××因与被上诉人×××/上诉人×××及原审原告/被告/第三人××××……（写明案由）一案，不服××××人民法院（××××）……民初……号民事裁定，向本院提起上诉。本院于××××年××月××日立案后，依法组成合议庭审理了本案。上诉人×××、被上诉人×××、原审原告/被告/第三人×××（写明当事人和其他诉讼参加人的诉讼地位和姓名或者名称）到庭参加诉讼。本案现已审理终结。

×××上诉请求：……（写明上诉请求）事实和理由：……（概述上诉人主张的事实和理由）

×××辩称，……（概述被上诉人的答辩意见）

×××述称，……（概述原审原告/被告/第三人的陈述意见）

×××向一审法院起诉请求：……（写明原告/反诉原告/有独立请求权的第三人的诉讼请求）

一审法院认定事实：……（概述一审认定的事实）一审法院认为，……（概述一审裁判理由）。裁定：……（写明一审裁定主文）

本院审理查明，……（二审查明的事实与一审查明的事实一致，没有新的证据和事实的，该部分可以不作表述）

本院认为：……（针对上诉人的上诉请求及相关事由和理由进行分析评判，阐明应予驳回的理由）

综上，×××的上诉请求不能成立，一审裁定认定事实清楚、适用法律正确，依照《中华人民共和国民事诉讼法》第一百七十七条第一款第一项、第一百七十八条规定，裁定如下：

驳回上诉，维持原裁定。

本裁定为终审裁定。

审判长　×××
审判员　×××
审判员　×××
××××年××月××日
（院印）

本件与原本核对无异

书记员　×××

【样式 5】

××××人民法院
民事裁定书[①]

（二审指令审理用）

（××××）……民终……号

上诉人（原审诉讼地位）：×××，……

被上诉人（原审诉讼地位）：×××，……

原审原告/被告/第三人：×××，……

（以上写明当事人和其他诉讼参加人的姓名或者名称等基本信息）

上诉人×××因与被上诉人×××/上诉人×××及原审原告/被告/第三人×××……（写明案由）一案，不服××××人民法院（××××）……民初……号民事裁定，向本院提起上诉。本院依法组成合议庭对本案进行了审理。

×××上诉请求：……（写明上诉请求）事实和理由：……（概述上诉人主张的事实和理由）

×××辩称，……（概述被上诉人的答辩意见）

×××述称，……（概述原审原告/被告/第三人的陈述意见）

×××向一审法院起诉请求：……（写明原告/反诉原告/有独立请求权的第三人的诉讼请求）

一审法院认定事实：……（概述一审认定的事实）一审法院认为，……（概述一审裁判理由）裁定：……（写明一审裁定主文）

本院审理查明，……（二审查明的事实与一审查明的事实一致，没有新的证据和事实的，该部分可以不作表述）

本院认为，……（写明指令审理的理由）依照《中华人民共和国民事诉讼法》第一百七十七条、《最高人民法院关于适用〈中华人民共和国民事诉讼法〉的解释》第三百三十条规定，裁定如下：

一、撤销××××人民法院（××××）……民初……号民事裁定；

二、本案指令××××人民法院审理。

[①] 人民法院出版社编：《最新民事诉讼文书样式应用及法律依据（上册）》，人民法院出版社 2022 年版，第 529—530 页。

本裁定为终审裁定。

审判长　×××
审判员　×××
审判员　×××
××××年××月××日
（院印）

本件与原本核对无异

书记员　×××

五、再审民事裁定书

（一）知识要点

1. 概念和特点

在再审程序中涉及民事裁定的种类很多，概括起来主要是三大类：第一类，是再审过程中解决程序问题的民事裁定书。此类文书与一审、二审的类似裁定书在内容要点和制作方法或技巧等方面均无太多差异，故在此不作赘述。第二类，是人民法院启动再审程序对案件进行审理后认为案件应当发回重审时所制作的法律文书，此类文书可以参照第二审发回重审裁定书。第三类，是提起再审程序的民事裁定书，即本书中所谓的"再审民事裁定书"，它是指人民法院对已经发生法律效力的民事判决、裁定或调解书，发现确有错误决定再审并作出书面处理决定时制作的民事诉讼法律文书。

2. 适用范围

再审民事裁定书的适用范围是：各级人民法院的审判委员会对本院已经发生法律效力的裁定，发现确有错误，认为需要再审而决定再审的案件；最高人民法院对地方各级人民法院，上级人民法院对下级人民法院已经发生法律效力的裁定，发现确有错误提审或指令下级人民法院再审的案件；当事人对已经发生法律的裁定，认为确有错误而向原审人民法院或者上一级人民法院申请再审，其申请符合法定条件，人民法院决定再审的案件；最高人民检察院对下级人民法院已经发生法律效力的裁定，发现按法律规定应当提出抗诉情形的，按照审判监督程序提出抗诉后，人民法院进行再审的案件。

3. 法律依据和制作条件

《民事诉讼法》第205条规定："各级人民法院院长对本院已经发生法律效力的

判决、裁定、调解书，发现确有错误，认为需要再审的，应当提交审判委员会讨论决定。最高人民法院对地方各级人民法院已经发生法律效力的判决、裁定、调解书，上级人民法院对下级人民法院已经发生法律效力的判决、裁定、调解书，发现确有错误的，有权提审或者指令下级人民法院再审。"

《民事诉讼法》第206条规定："当事人对已经发生法律效力的判决、裁定，认为有错误的，可以向上一级人民法院申请再审；当事人一方人数众多或者当事人双方为公民的案件，也可以向原审人民法院申请再审。当事人申请再审的，不停止判决、裁定的执行。"

《民事诉讼法》第207条规定："当事人的申请符合下列情形之一的，人民法院应当再审：（一）有新的证据，足以推翻原判决、裁定的；（二）原判决、裁定认定的基本事实缺乏证据证明的；（三）原判决、裁定认定事实的主要证据是伪造的；（四）原判决、裁定认定事实的主要证据未经质证的；（五）对审理案件需要的主要证据，当事人因客观原因不能自行收集，书面申请人民法院调查收集，人民法院未调查收集的；（六）原判决、裁定适用法律确有错误的；（七）审判组织的组成不合法或者依法应当回避的审判人员没有回避的；（八）无诉讼行为能力人未经法定代理人代为诉讼或者应当参加诉讼的当事人，因不能归责于本人或者其诉讼代理人的事由，未参加诉讼的；（九）违反法律规定，剥夺当事人辩论权利的；（十）未经传票传唤，缺席判决的；（十一）原判决、裁定遗漏或者超出诉讼请求的；（十二）据以作出原判决、裁定的法律文书被撤销或者变更的；（十三）审判人员审理该案件时有贪污受贿，徇私舞弊，枉法裁判行为的。"

《民事诉讼法》第208条规定："当事人对已经发生法律效力的调解书，提出证据证明调解违反自愿原则或者调解协议的内容违反法律的，可以申请再审。经人民法院审查属实的，应当再审。"

《民事诉讼法》第215条规定："最高人民检察院对各级人民法院已经发生法律效力的判决、裁定，上级人民检察院对下级人民法院已经发生法律效力的判决、裁定，发现有本法第二百零七条规定情形之一的，或者发现调解书损害国家利益、社会公共利益的，应当提出抗诉。地方各级人民检察院对同级人民法院已经发生法律效力的判决、裁定，发现有本法第二百零七条规定情形之一的，或者发现调解书损害国家利益、社会公共利益的，可以向同级人民法院提出检察建议，并报上级人民检察院备案；也可以提请上级人民检察院向同级人民法院提出抗诉。各级人民检察院对审判监督程序以外的其他审判程序中审判人员的违法行为，有权向同级人民法院提出检察建议。"

《民事诉讼法》第216条规定："有下列情形之一的，当事人可以向人民检察院申请检察建议或者抗诉：（一）人民法院驳回再审申请的；（二）人民法院逾期未对再审申请作出裁定的；（三）再审判决、裁定有明显错误的。人民检察院对当事人的申请应当在三个月内进行审查，作出提出或者不予提出检察建议或者抗诉的决定。当事人不得再次向人民检察院申请检察建议或者抗诉。"

《民诉法司法解释》第393条规定："当事人主张的再审事由成立，且符合民事诉讼法和本解释规定的申请再审条件的，人民法院应当裁定再审。当事人主张的再审事由不成立，或者当事人申请再审超过法定申请再审期限、超出法定再审事由范围等不符合民事诉讼法和本解释规定的申请再审条件的，人民法院应当裁定驳回再审申请。"第379条规定："当事人认为发生法律效力的不予受理、驳回起诉的裁定错误的，可以申请再审。"

与再审民事判决书一样，再审民事裁定书也是以原来已经发生法律效力的判决或调解协议有错误为前提条件。这里所指的错误包括：事实认定错误、证据不足、适用法律不当和严重违反诉讼程序等。同时，还应当有当事人申请再审、检察机关行使民事检察监督权或人民法院行使内部监督权的行为发生。至于具体哪些案件符合再审民事裁定书的制作条件，我国《民事诉讼法》第207条和第208条有详细规定，同时也可以参看本书第八章第五节"民事再审申请书"的有关内容。

4. 使用情况

此类再审民事裁定书一经作出就将发生启动民事审判监督程序的效力，当事人不得上诉，也不能申请复议。因此，再审民事裁定书制作完成后，就应及时送达当事人、检察机关和相关的审理法院。

（二）内容要点和制作技巧

再审民事裁定书由首部、正文和尾部组成。

1. 首部

（1）标题

与再审民事判决书基本相同，只是将"判决书"替换为"裁定书"。

（2）案号

为区分提起再审和进行再审这两个不同的阶段，对再审民事判决书的审级代号"再"字，分别以"监""申"和"抗"字替换，分别表示是人民法院依职权启动、当事人申请再审发动和人民检察院抗诉启动的再审程序。

（3）当事人身份情况和诉讼代理人的身份事项与再审民事判决书相同。

（4）案由和案件来源

引起再审程序的主体不同，对案由和案件来源的表述也有所区别：

本院依职权对本院案件裁定再审的，可表述为："二审上诉人/原审原告×××与二审被上诉人/原审被告×××、原审第三人×××……（写明案由）一案，本院于××××年××月××日作出（××××）……民×……号民事判决/民事裁定/民事调解书，已经发生法律效力。经本院院长提交审判委员会讨论认为，该判决/裁定/调解书确有错误，应予再审，依照《中华人民共和国民事诉讼法》第二百零五条第一款、第二百一十三条规定，裁定如下"。

人民法院依职权提审的，可表述为："二审上诉人/原审原告×××与二审被上诉人/原审被告×××、原审第三人×××……（写明案由）一案，××××人民法院于××××年××月××日作出（××××）……民×……号民事判决/民事裁定/民事调解书，已经发生法律效力。本院审查认为，该判决/裁定/调解书确有错误，应予再审，依照《中华人民共和国民事诉讼法》第二百零五条第二款、第二百一十三条规定，裁定如下"。

当事人申请再审的，可表述为："再审申请人×××因与被申请人×××/再审申请人×××及×××（写明原审其他当事人诉讼地位、姓名或名称）……（写明案由）一案，不服本院（××××）……号民事判决/民事裁定/民事调解书，向本院申请再审。本院依法组成合议庭进行了审查，现已审查终结。"

人民检察院抗诉的，可表述为："申诉人×××因与被申请人×××……（写明案由）一案，不服××××人民法院（××××）……号民事判决/民事裁定/民事调解书，向××××人民检察院申诉。××××人民检察院认为本案符合《中华人民共和国民事诉讼法》第二百零七条第×项规定的情形，以……号民事抗诉书向本院提出抗诉。"

采纳再审检察建议并裁定再审的，可表述为："申诉人×××因与被申请人×××……（写明案由）一案，不服××××人民法院于××××年××月××日作出（××××）……号民事判决/民事裁定/民事调解书，向××××人民检察院申诉。××××人民检察院以……号民事再审检察建议书向本院提出再审检察建议。经本院院长提交审判委员会讨论认为，该判决/裁定/调解书确有错误，应予再审，依照《中华人民共和国民事诉讼法》第二百零五条第一款、第二百一十三条规定，裁定如下"。

2. 正文

再审民事裁定书是就程序问题作出的书面决定，其内容与写法都比较简单。除当事人申请再审引起的再审裁定需要简要地描述申请的事实和理由外，其他的民事裁定书均是直接引用法律条款导出主文的。

再审裁定书的主文均分两项表述，第一项写明确定再审的形式是"本院再审""指令再审"还是"提审"；第二项内容必须明确交代："再审期间，中止原判决/裁定/调解书的执行。"

3. 尾部

与再审民事判决书写法相同，在此不再赘述。

（三）文书样式

【样式1】

×××× 人民法院
民事裁定书①
（依职权对本院案件裁定再审用）

示例 9-11

（××××）……民监……号

二审上诉人（一审原告）/原审原告：×××，……

二审被上诉人（一审被告）/原审被告：×××，……

原审第三人：×××，……

（以上写明当事人和其他诉讼参加人的姓名或者名称等基本信息）

二审上诉人/原审原告×××与二审被上诉人/原审被告×××、原审第三人×××……（写明案由）一案，本院于××××年××月××日作出（××××）……民×……号民事判决/民事裁定/民事调解书，已经发生法律效力。经本院院长提交审判委员会讨论认为，该判决/裁定/调解书确有错误，应予再审，依照《中华人民共和国民事诉讼法》第二百零五条第一款、第二百一十三条规定，裁定如下：

一、本案由本院再审；

二、再审期间，中止原判决/裁定/调解书的执行。

审判长　×××
审判员　×××
审判员　×××
××××年××月××日
（院印）

本件与原本核对无异

书记员　×××

---

① 人民法院出版社编：《最新民事诉讼文书样式应用及法律依据（下册）》，人民法院出版社2022年版，第769—770页。

【样式2】

××××人民法院
民事裁定书①
（依职权提审用）

（××××）……民监……号

二审上诉人（一审原告）/原审原告：×××，……

二审被上诉人（一审被告）/原审被告：×××，……

原审第三人：×××，……

（以上写明当事人和其他诉讼参加人的姓名或者名称等基本信息）

二审上诉人/原审原告×××与二审被上诉人/原审被告×××、原审第三人×××……（写明案由）一案，××××人民法院于××××年××月××日作出（××××）……民×……号民事判决/民事裁定/民事调解书，已经发生法律效力。本院审查认为，该判决/裁定/调解书确有错误，应予再审，依照《中华人民共和国民事诉讼法》第二百零五条第二款、第二百一十三条规定，裁定如下：

一、本案由本院提审；

二、再审期间，中止原判决/裁定/调解书的执行。

审判长　×××
审判员　×××
审判员　×××
××××年××月××日
（院印）

本件与原本核对无异

书记员　×××

---

① 人民法院出版社编：《最新民事诉讼文书样式应用及法律依据（下册）》，人民法院出版社2022年版，第771—772页。

【样式3】

××××人民法院
民事裁定书①
（原审人民法院依再审申请裁定再审用）

（××××）……民申……号

再审申请人（一、二审诉讼地位）：×××，……

被申请人（一、二审诉讼地位）：×××，……

二审上诉人／二审被上诉人／第三人（一审诉讼地位）：×××，……

（以上写明当事人和其他诉讼参加人的姓名或者名称等基本信息）

再审申请人×××因与被申请人×××／再审申请人×××及×××（写明原审其他当事人诉讼地位、姓名或名称）……（写明案由）一案，不服本院（××××）……号民事判决／民事裁定／民事调解书，向本院申请再审。本院依法组成合议庭进行了审查，现已审查终结。

本院认为，×××的再审申请符合《中华人民共和国民事诉讼法》第二百条第×项／第二百零一条（针对调解书申请再审）规定的情形。

依照《中华人民共和国民事诉讼法》第二百一十一条、第二百一十三条、《最高人民法院关于适用〈中华人民共和国民事诉讼法〉的解释》第三百九十三条的规定，裁定如下：

一、本案由本院另行组成合议庭再审；

二、再审期间，中止原判决／原裁定／原调解书的执行。

审判长　×××
审判员　×××
审判员　×××
××××年××月××日
（院印）

本件与原本核对无异

书记员　×××

---

① 人民法院出版社编：《最新民事诉讼文书样式应用及法律依据（下册）》，人民法院出版社2022年版，第666—667页。

【样式 4】

××××人民法院
民事裁定书①
(上级人民法院依再审申请指令再审用)

(××××)……民申……号

再审申请人(一、二审诉讼地位):×××,……

被申请人(一、二审诉讼地位):×××,……

二审上诉人/二审被上诉人/第三人(一审诉讼地位):×××,……

(以上写明当事人和其他诉讼参加人的姓名或者名称等基本信息)

再审申请人×××因与被申请人×××/再审申请人×××及×××(写明原审其他当事人诉讼地位、姓名或名称)……(写明案由)一案,不服××××人民法院(××××)……号民事判决/民事裁定/民事调解书,向本院申请再审。本院依法组成合议庭进行了审查,现已审查终结。

×××申请再审称,……(写明再审申请人所依据的法定事由及事实与理由)

×××提交意见称,……(写明被申请人的意见;未提交意见的,不写)

本院经审查认为:……(依据认定的事实和相关法律,对再审申请进行分析评判,说明指令再审的理由)

依照《中华人民共和国民事诉讼法》第二百一十一条、第二百一十三条,《最高人民法院关于适用〈中华人民共和国民事诉讼法〉的解释》第三百九十三条的规定,裁定如下:

一、指令××××人民法院再审本案;

二、再审期间,中止原判决/原裁定/原调解书的执行。

审判长　×××
审判员　×××
审判员　×××
××××年××月××日
(院印)

本件与原本核对无异

书记员　×××

---

① 人民法院出版社编:《最新民事诉讼文书样式应用及法律依据(下册)》,人民法院出版社2022年版,第663—664页。

【样式 5】

××××人民法院
民事裁定书①
（上级人民法院依再审申请提审用）

（××××）……民申……号

再审申请人（一、二审诉讼地位）：×××，……

法定代理人/指定代理人/法定代表人/主要负责人：×××，……

委托诉讼代理人：×××，……

被申请人（一、二审诉讼地位）：×××，……

法定代理人/指定代理人/法定代表人/主要负责人：×××，……

委托诉讼代理人：×××，……

二审上诉人/二审被上诉人/第三人（一审诉讼地位）：×××，……

法定代理人/指定代理人/法定代表人/主要负责人：×××，……

委托诉讼代理人：×××，……

（以上写明当事人和其他诉讼参加人的姓名或者名称等基本信息）

再审申请人×××因与被申请人×××/再审申请人×××及×××（写明原审其他当事人诉讼地位、姓名或名称）……（写明案由）一案，不服××××人民法院（××××）……号民事判决/民事裁定/民事调解书，向本院申请再审。本院依法组成合议庭进行了审查，现已审查终结。

本院认为，×××的再审申请符合《中华人民共和国民事诉讼法》第二百零七条第×项/第二百零八条（针对调解书申请再审）规定的情形。

依照《中华人民共和国民事诉讼法》第二百一十一条、第二百一十三条、《最高人民法院关于适用〈中华人民共和国民事诉讼法〉的解释》第三百九十五条第一款规定，裁定如下：

一、本案由本院提审；

二、再审期间，中止原判决/原裁定/原调解书的执行。

审判长　×××
审判员　×××
审判员　×××
××××年××月××日
（院印）

---

① 人民法院出版社编：《最新民事诉讼文书样式应用及法律依据（下册）》，人民法院出版社 2022 年版，第 658—659 页。

本件与原本核对无异

书记员　×××

【样式6】

××××人民法院
民事裁定书[①]
（抗诉案件提审或指令下级法院再审用）

（××××）……民抗……号

抗诉机关：××××人民检察院。

申诉人（一、二审的诉讼地位）：×××，……

被申诉人（一、二审的诉讼地位）：×××，……

二审上诉人/二审被上诉人/第三人（一审诉讼地位）：×××，……

（以上写明当事人和其他诉讼参加人的姓名或者名称等基本信息）

申诉人×××因与被申诉人×××……（写明案由）一案，不服××××人民法院（××××）……号民事判决/民事裁定/民事调解书，向××××人民检察院申诉。××××人民检察院认为本案符合《中华人民共和国民事诉讼法》第二百零七条第×项规定的情形，以……号民事抗诉书向本院提出抗诉。

依照《中华人民共和国民事诉讼法》第二百一十一条、第二百一十三条规定，裁定如下：

一、本案由本院提审/本案指令××××人民法院再审；

二、再审期间，中止原判决/裁定/调解书的执行。

审判长　×××
审判员　×××
审判员　×××
××××年××月××日
（院印）

本件与原本核对无异

书记员　×××

[①] 人民法院出版社编：《最新民事诉讼文书样式应用及法律依据（下册）》，人民法院出版社2022年版，第789—790页。

【样式 7】

××××人民法院
民事裁定书①
（采纳再审检察建议并裁定再审用）

（××××）……民×……号

监督机关：××××人民检察院。

申诉人（一、二审的诉讼地位）：×××，……

被申诉人（一、二审的诉讼地位）：×××，……

二审上诉人/二审被上诉人/第三人（一审诉讼地位）：×××，……

（以上写明当事人和其他诉讼参加人的姓名或者名称等基本信息）

申诉人×××因与被申诉人×××……（写明案由）一案，不服××××人民法院于××××年××月××日作出（××××）……号民事判决/民事裁定/民事调解书，向××××人民检察院申诉。××××人民检察院以……号民事再审检察建议书向本院提出再审检察建议。经本院院长提交审判委员会讨论认为，该判决/裁定/调解书确有错误，应予再审，依照《中华人民共和国民事诉讼法》第二百零五条第一款、第二百一十三条规定，裁定如下：

一、本案由本院再审；

二、再审期间，中止原判决/裁定/调解书的执行。

审　判　长　×××
审　判　员　×××
审　判　员　×××
××××年××月××日
（院印）

本件与原本核对无异

书　记　员　×××

---

① 人民法院出版社编：《最新民事诉讼文书样式应用及法律依据（下册）》，人民法院出版社 2022 年版，第 813—814 页。

六、撤销仲裁裁决裁定书

（一）知识要点

1. 概念和特点

撤销仲裁裁决裁定书，是指人民法院审查当事人撤销仲裁裁决申请并作出处理决定时制作的民事法律文书。

仲裁作为一种诉讼外的纠纷解决方式，实行协议管辖、专家断案、一裁终局、不公开审理等原则，具有自愿性、专业性、灵活性、保密性、快捷性、独立性等显著特点，因而受到社会的重视和当事人的青睐。然而，仲裁作为一种民间的纠纷解决方式，与司法存在支持与监督关系。撤销仲裁裁决民事裁定书正是这种关系的具体体现。

与普通的民事裁定书相比，撤销仲裁裁决裁定书有其显著的特点：

（1）制作主体必须是作出仲裁裁决的仲裁委员会所在地的中级人民法院。根据《仲裁法》规定，当事人不服仲裁委员会作出的仲裁裁决，不能上诉或申请复议，但可以向仲裁委员会所在地的中级人民法院申请撤销裁决。

（2）撤销仲裁裁决裁定书中的双方当事人必须是仲裁案件中的当事人，而不是仲裁机构。

（3）撤销仲裁裁决裁定书必须是针对仲裁委员会已经作出的仲裁裁决。

（4）制作撤销仲裁裁决裁定书的依据必须是仲裁裁决具有《仲裁法》第58条规定的情形之一，且当事人有证据可以证明。

2. 法律依据和制作条件

《仲裁法》第58条规定："当事人提出证据证明裁决有下列情形之一的，可以向仲裁委员会所在地的中级人民法院申请撤销裁决：（一）没有仲裁协议的；（二）裁决的事项不属于仲裁协议的范围或者仲裁委员会无权仲裁的；（三）仲裁庭的组成或者仲裁的程序违反法定程序的；（四）裁决所根据的证据是伪造的；（五）对方当事人隐瞒了足以影响公正裁决的证据的；（六）仲裁员在仲裁该案时有索贿受贿，徇私舞弊，枉法裁决行为的。人民法院经组成合议庭审查核实裁决有前款规定情形之一的，应当裁定撤销。人民法院认定该裁决违背社会公共利益的，应当裁定撤销。"

《仲裁法》第59条规定："当事人申请撤销裁决的，应当自收到裁决书之日起六个月内提出。"

《仲裁法》第60条规定："人民法院应当在受理撤销裁决申请之日起两个月内作出撤销裁决或者驳回申请的裁定。"

《最高人民法院关于适用〈中华人民共和国仲裁法〉若干问题的解释》第19条规定："当事人以仲裁裁决事项超出仲裁协议范围为由申请撤销仲裁裁决，经审查属实的，人民法院应当撤销仲裁裁决中的超裁部分。但超裁部分与其他裁决事项不可分的，人民法院应当撤销仲裁裁决。"

由此可见，制作撤销仲裁裁决裁定书必须具备以下几个条件：

（1）当事人不服仲裁委员会的仲裁并在法定期限内提出了撤销仲裁裁决申请书；

（2）人民法院经过审查，认为当事人有证据证明仲裁裁决具有《仲裁法》规定的可以撤销仲裁裁决的法定情形；

（3）制作主体必须是作出仲裁裁决的仲裁委员会所在地的中级人民法院。

3. 使用情况

人民法院作出的撤销仲裁裁决裁定具有终局性，因此，人民法院在制作撤销仲裁裁决裁定书后，应及时送达当事人。当事人对该裁定书不能上诉，不能申请再审，人民检察院也不能抗诉。当事人可以重新达成调解协议并通过仲裁解决彼此的纠纷，也可以向人民法院提起诉讼，通过司法途径解决双方存在的法律争议。

（二）内容要点和制作技巧

撤销仲裁裁决裁定书由首部、正文和尾部组成。

1. 首部

（1）标题

与第一审民事判决书基本相同，只是将"民事判决书"替换为"民事裁定书"。

（2）案号

案号的编写与第一审民事判决书基本相同，只是将标识案件类型的"初"字替换成"特"字，写明"（年度）×民特字第×号"。

（3）当事人身份情况和诉讼代理人身份事项

撤销仲裁裁决裁定书的当事人包括申请人和被申请人。当事人身份情况和诉讼代理人身份事项的内容与第一审民事判决书相同，请参见相关内容。

（4）案由和案件来源

写明案由和案件审理情况，可表述为："申请人×××与被申请人×××申请撤销仲裁裁决一案，本院于××××年××月××日立案后进行了审查。现已审查终结。"

2. 正文

正文包括事实、理由和主文等内容。

（1）事实

事实部分主要包括当事人主张的事实和人民法院查明的事实两个部分。

当事人主张的事实可以直接引用申请人提交的"撤销仲裁裁决申请书"的内容，以及被申请人答辩意见中提出的事实。陈述申请人的主张时，可以表述为"×××称：……"然后写明申请人提出的申请请求内容，以及依据的事实和理由；陈述被申请人的主张时,可以表述为"×××称:……"然后写明被申请人提出的答辩意见及所依据的事实和理由。

人民法院查明的事实包括仲裁的过程和仲裁的结果,尤其突出有争议的事实的叙述,引导词可表述为:"经审查查明:……"

(2) 理由

这里所指的"理由"主要是指仲裁裁决应否予以撤销的理由。因此,必须根据上述已经查明的仲裁事实,结合《仲裁法》关于撤销仲裁裁决法定情形的规定,进行充分的说理论证,阐明仲裁裁决是否应当予以撤销的理由。

(3) 主文

撤销仲裁裁决裁定书的主文分全部撤销和部分撤销两种不同情况。裁定全部撤销的可表述为:"撤销××××仲裁委员(××××)……号裁决。"裁定部分撤销的可表述为:"撤销××××仲裁委员会(××××)……号裁决第×项,即:……"

3. 尾部

尾部写明案件受理费的处理,裁定全部撤销的可表述为:"申请费……由被申请人×××负担。"裁定部分撤销的可表述为:"申请费……由申请人×××负担……被申请人×××负担……"

落款写明审判人员署名的情况、裁定书正本发出的年月日、书记员署名的事项等,以及加盖院印和"本件与原本核对无异"印戳。

(三) 文书样式

示例 9-12

××××人民法院
民事裁定书[①]

(××××)×民特字第×号

申请人:×××,……
被申请人:×××,……
(以上写明申请人、被申请人及其代理人的姓名或者名称等基本信息)

申请人×××与被申请人×××申请撤销仲裁裁决一案,本院于××××年××月××日立案后进行了审查。现已审查终结。

×××称,……(概述申请人的请求、事实和理由)

×××称,……(概述被申请人的意见)

---

① 人民法院出版社编:《最新民事诉讼文书样式应用及法律依据(上册)》,人民法院出版社 2022 年版,第 620—621 页。

经审查查明：××××年××月××日，××××仲裁委员会作出（××××）……号裁决：……（写明裁决结果）

……（写明撤销裁决的事实根据）

本院认为，……（写明撤销裁决的理由）

依照《中华人民共和国仲裁法》第五十八条、第五十九条、第六十条规定，裁定如下：

……[（1）撤销全部裁决的，写明：

撤销××××仲裁委员（××××）……号裁决。

申请费……由被申请人×××负担。

（2）撤销部分裁决的，写明：

撤销××××仲裁委员会（××××）……号裁决第×项，即：……

申请费……由申请人×××负担……被申请人×××负担……]

审判长　×××

审判员　×××

审判员　×××

××××年××月××日

（院印）

本件与原本核对无异

书记员　×××

第六节　民事调解书

一、知识要点

（一）概念和特点

民事调解书，是指人民法院根据自愿与合法的原则，通过调解的方式处理民事案件时，就双方当事人达成的协议而制作的具有法律效力的民事诉讼法律文书。

在民事诉讼中，民事调解和民事判决都是人民法院代表国家行使审判权的具体体现。所以，民事调解书和民事判决书有许多共同的特点：第一，制作主体相同，都是人民法院制作；第二，涉案性质相同，都是人民法院处理民事案件时制作；第三，制作时间相同，都是民事案件审理终结的时候制作；第四，效力相同，都是人民法院具有法律效力的文书,可以通过强制力保证实施。

但是,调解与判决毕竟是两种对民事案件不同的处理方式,因此,民事调解书也具有不同于民事判决书的显著特点,体现在:

1. 处理意见体现的意志不同

民事判决书的处理意见是人民法院在民事案件审理终结后作出的决定,它最终体现的是国家的意志;而民事调解书的调解协议完全是当事人双方自愿达成的,反映的是双方当事人的共同意志。

2. 制作的阶段不同

民事判决书的制作必须是在对整个民事案件审理终结,并经法庭对案件的评议和宣判后才能制作;而民事调解贯穿于诉讼的整个过程,民事调解书的制作可发生在诉讼的任何阶段,只要当事人之间达成调解协议即可。

3. 制作与否的要求不同

人民法院对每个民事案件作出判决后都必须制作民事判决书,但人民法院对其主持调解达成协议的民事案件却不一定要制作民事调解书,而是视情形而定,对此,《民事诉讼法》第101条有明确的规定。

4. 格式内容的要求不完全相同

调解协议是双方当事人共同意志的反映,自愿合法的调解协议都是有法律效力的,因此,民事调解书的格式内容比民事判决书要简单很多,它只需简要叙述案件的事实情况,而且也不必像民事判决书那样充分阐明论证理由。

5. 生效条件和生效时间不同

民事调解书一经送达即具有法律效力,因此,其生效条件是当事人签收,生效时间是双方当事人签收后即开始,当事人对已经送达的民事调解书不得上诉;而民事判决书的生效条件和时间则根据审级的不同而有所不同。

(二)法律依据和制作条件

《民事诉讼法》第100条规定:"调解达成协议,人民法院应当制作调解书。调解书应当写明诉讼请求、案件的事实和调解结果。调解书由审判人员、书记员署名,加盖人民法院印章,送达双方当事人。调解书经双方当事人签收后,即具有法律效力。"这是制作民事调解书最直接的法律依据。

同时,《民事诉讼法》第101条还对不需要制作调解书的调解协议作出了明确的限制,该条规定:"下列案件调解达成协议,人民法院可以不制作调解书:(一)调解和好的离婚案件;(二)调解维持收养关系的案件;(三)能够即时履行的案件;(四)其他不需要制作调解书的案件。对不需要制作调解书的协议,应当记入笔录,由双方当事人、审判人员、书记员签名或者盖章后,即具有法律效力。"

此外,《民事诉讼法》还对调解的原则以及调解与判决的关系作出了具体的规定。该法第9条规定:"人民法院审理民事案件,应当根据自愿和合法的原则进行调解；调解不成的，应当及时判决。"第96条规定："人民法院审理民事案件，根据当事人自愿的原则，在事实清楚的基础上，分清是非，进行调解。"

如前所述，民事调解贯穿于民事诉讼的整个过程，双方当事人可以在自愿合法的基础上达成协议，并制作民事调解书。因此，双方当事人在法官主持下达成调解协议，就是人民法院制作民事调解书的基本条件。

（三）使用情况

民事调解具有终结诉讼程序的效力，民事调解书一经送达双方当事人即发生法律效力，因此，民事调解书制作完成后，人民法院应当及时送达双方当事人。《民诉法司法解释》第133条规定："调解书应当直接送达当事人本人，不适用留置送达。当事人本人因故不能签收的，可由其指定的代收人签收。"由此可见，人民法院对民事调解书必须采取直接送达的方式送达。

二、内容要点和制作技巧

民事调解书的格式和第一审民事判决书相似，也由首部、正文和尾部构成。但是，相较于民事判决书，民事调解书在内容上要求更加简洁。另外，民事调解可以发生在民事诉讼的任何阶段，因此，民事调解书有一审、二审和再审民事调解书的区别，具体问题将在涉及的内容要点上详细介绍。

（一）首部

1. 标题

分两行写明制作机关名称和文种名称，如"××××人民法院""民事调解书"。

2. 案号

案号写法与民事判决书基本相同，可按不同的诉讼程序，分别表述为"（××××）……民初……号""（××××）……民终……号"。

3. 当事人及其诉讼代理人的身份事项

内容要点和写法与民事判决书相同，参见第一审民事判决书、第二审民事判决书和再审民事判决书的相关内容。

4. 案由、案件来源和审判方式

第一审民事调解书可表述为："原告×××与被告×××、第三人×××……（写明案由）一案，本院于××××年××月××日立案后，依法适用普通程序/简易程序，公开/因涉及……（写明不公开开庭的理由）不公开开庭进行了审理（开庭前调解的，不写开庭情况）。"

第二审民事调解书可表述为："上诉人×××因与被上诉人×××/上诉人×××、第三人×××……（写明案由）一案，不服××××人民法院（×××

×)……民初……号民事判决,向本院提起上诉。本院于××××年××月××日立案后,依法组成合议庭审理了本案(开庭前调解的,不写开庭情况)。"

再审民事调解书可表述为:"再审申请人×××因与被申请人×××/再审申请人×××及原审×××……(写明案由)一案,不服××××人民法院(×××ׂ)……号民事判决/民事裁定/民事调解书,申请再审。××××年××月××日,本院/××××人民法院作出(××××)……民×……号民事裁定,本案由本院再审。本院依法组成合议庭审理了本案。"

(二)正文

民事调解书的正文部分和民事判决书差异较大,它包括事实、调解协议内容和诉讼费的负担,而无须陈述理由。

1. 事实

民事调解书的事实部分比民事判决书的要求简洁很多,主要写明当事人的诉讼请求和案件的事实经过即可,而无须写明人民法院认定的事实。当事人的诉讼请求包括原告/上诉人/再审申请人、被告/被上诉人/再审被申请人及第三人的主要意见。案件的事实经过内容则要根据调解协议达成的阶段不同而定。如前所述,民事调解贯穿于民事诉讼的整个过程中,只要符合自愿与合法的原则,在诉讼的任何阶段,当事人都可以在人民法院的主持下达成调解协议,从而引发民事调解书的制作。因此,民事调解书的事实经过主要写清楚案件事实的经过以及双方达成调解协议的过程即可。

2. 调解协议内容

调解协议是民事调解书最重要也是最核心的内容。调解协议是双方当事人在法官的主持下经过协商,确认当事人之间权利义务关系的协议。它是当事人处分自己实体权利和诉讼权利的一种方式。调解协议内容正是这种调解结果的具体体现,民事调解书必须最完整和准确地反映民事调解协议的形成过程和具体内容。具体地说,调解协议应当包括以下内容:(1)具体、明确地写明双方当事人协商约定的权利义务内容,最完整和准确地反映民事调解协议的基本精神。调解协议的内容可以综合写,也可以分项写,这需要根据案件的具体情况来定。要特别指出的是,二审或再审民事调解书中无须对原审裁判进行肯定或者否定的评价或决定。(2)为体现双方当事人达成协议的过程和内容都是自愿、合法的,应在表述调解协议之前的一个单独自然段,写明:"本案在审理过程中,经本院主持调解,双方当事人自愿达成如下协议/当事人自行和解达成如下协议,请求人民法院确认:……"同时,在写明调解协议的内容之后,另起一个自然段写上:"上述协议,符合有关法律规定,本院予以确认。"如果双方当事人达成的协议内容没有相应的法律明文规定,那么,上述内容可表述为:"上述协议,不违背法律规定,本院予以确认。"

3. 诉讼费的负担

《人民法院诉讼费用交纳办法》第 21 条第 1 款规定:"经人民法院调解达成协议的案件,诉讼费用的负担,由双方协商解决;协商不成的,由人民法院决定。"根据这一规定,民事调解书在写诉讼费的负担时有两种表达的方式:(1)由双方当事人协商解决的,可以作为调解协议的一项内容,写在最后项;(2)由人民法院决定的,可以作为正文的单独内容,另起一行写在调解协议之后。

(三)尾部

1. 写明生效的条件和效力

文字表述为:"本调解书经双方当事人签收后,即具有法律效力。"

2. 落款

内容要点和写法与民事判决书相同,可以参见第一审民事判决书、第二审民事判决书和再审民事判决书的相关内容。

三、文书样式

【样式1】①

××××人民法院
民事调解书
(第一审程序用)

示例 9-13

(××××)……民初……号

原告:×××,……

法定代理人/指定代理人/法定代表人/主要负责人:×××,……

委托诉讼代理人:×××,……

被告:×××,……

法定代理人/指定代理人/法定代表人/主要负责人:×××,……

委托诉讼代理人:×××,……

第三人:×××,……

法定代理人/指定代理人/法定代表人/主要负责人:×××,……

委托诉讼代理人:×××,……

(以上写明当事人和其他诉讼参加人的姓名或者名称等基本信息)

原告×××与被告×××、第三人×××……(写明案由)一案,本院于××

---

① 人民法院出版社编:《最新民事诉讼文书样式应用及法律依据(上册)》,人民法院出版社 2022 年版,第 166—167 页。

××年××月××日立案后,依法适用普通程序,公开/因涉及……(写明不公开开庭的理由)不公开开庭进行了审理(开庭前调解的,不写开庭情况)。

……(写明当事人的诉讼请求、事实和理由)

本案审理过程中,经本院主持调解,当事人自愿达成如下协议/当事人自行和解达成如下协议,请求人民法院确认/经本院委托……(写明受委托单位)主持调解,当事人自愿达成如下协议:

一、……

二、……

(分项写明调解协议内容)

上述协议,不违反法律规定,本院予以确认。

案件受理费……元,由……负担(写明当事人姓名或者名称、负担金额。调解协议包含诉讼费用负担的,则不写)。

本调解书经各方当事人签收后,即具有法律效力/本调解协议经各方当事人在笔录上签名或者盖章,本院予以确认后即具有法律效力(各方当事人同意在调解协议上签名或者盖章后发生法律效力的)。

审判长　×××
审判员　×××
审判员　×××
××××年××月××日
(院印)

本件与原本核对无异

书记员　×××

【样式2】[①]

××××人民法院
民事调解书
(第二审程序用)

(××××)……民终……号

上诉人(原审原告/被告/第三人):×××,……

[①] 人民法院出版社编:《最新民事诉讼文书样式应用及法律依据(上册)》,人民法院出版社2022年版,第177—178页。

被上诉人（原审原告/被告/第三人）：×××，……

原审原告/被告/第三人：×××，……

（以上写明当事人和其他诉讼参加人的姓名或者名称等基本信息）

上诉人×××因与被上诉人×××/上诉人×××、第三人×××……（写明案由）一案，不服××××人民法院（××××）……民初……号民事判决，向本院提起上诉。本院于××××年××月××日立案后，依法组成合议庭审理了本案（开庭前调解的，不写开庭情况）。

×××上诉称，……（概述上诉人的上诉请求、事实和理由）

本案审理过程中，经本院主持调解，当事人自愿达成如下协议/当事人自行和解达成如下协议，请求人民法院确认：

一、……

二、……

（分项写明调解协议内容）

上述协议，不违反法律规定，本院予以确认。

一审案件受理费……元，由……负担；二审案件受理费……元，由……负担（写明当事人姓名或者名称、负担金额。调解协议包含诉讼费用负担的，则不写）。

本调解书经各方当事人签收后，即具有法律效力。

审判长　×××

审判员　×××

审判员　×××

××××年××月××日

（院印）

本件与原本核对无异

书记员　×××

【样式3】[①]

××××人民法院

民事调解书

（再审案件用）

（××××）……民再……号

再审申请人（原审……）：×××，……

---

① 人民法院出版社编：《最新民事诉讼文书样式应用及法律依据（上册）》，人民法院出版社2022年版，第181—182页。

被申请人（原审……）：×××，……

（以上写明当事人和其他诉讼参加人的姓名或者名称等基本信息）

再审申请人×××因与被申请人×××/再审申请人×××及原审×××……（写明案由）一案，不服××××人民法院（××××）……号民事判决/民事裁定/民事调解书，申请再审。××××年××月××日，本院/××××人民法院作出（××××）……民×……号民事裁定，本案由本院再审。本院依法组成合议庭审理了本案。

×××再审请求，……（写明当事人的再审请求、事实和理由）

×××辩称，……（概述被申请人的答辩意见）

……（概述案件事实，写明原审裁判结果）

本案再审审理过程中，经本院主持调解，当事人自愿达成如下协议/当事人自行和解达成如下协议，请求人民法院确认：

一、……

二、……

（分项写明调解协议内容）

上述协议，不违反法律规定，本院予以确认。

一审案件受理费……元，由……负担；二审案件受理费……元，由……负担（写明当事人姓名或者名称、负担金额。调解协议包含诉讼费用负担的，则不写）。

本调解书经各方当事人签收后，即具有法律效力。

审判长　×××
审判员　×××
审判员　×××
××××年××月××日
（院印）

本件与原本核对无异

书记员　×××

第十章　人民检察院民事法律文书

人民检察院民事法律文书，是指各级人民检察院为实现对民事诉讼活动的监督职能，依法制作的具有法律效力或者法律意义的民事法律文书。

随着我国民事司法改革的不断深入，人民检察院对民事诉讼活动的监督职能不断得到加强，机制不断完善。作为体现检察人员职业素养的民事法律文书的制作能力也越来越受到社会的关注。涉及人民检察院民事检察监督的法律文书种类很多，但由于本教材的篇幅所限，本章将不涉及人民检察院内部使用的民事法律文书，仅对民事抗诉书和检察建议书的制作进行介绍。

第一节　民事抗诉书

一、知识要点

（一）概念和特点

民事抗诉书，是指上级人民检察院依照我国《民事诉讼法》的规定，对下级人民法院确有错误的生效民事判决、裁定，以及损害国家利益、社会公共利益的调解书，按照审判监督程序提出抗诉，要求再审予以纠正时所制作的法律文书。

民事抗诉书既是要求人民法院对确有错误的生效民事判决、裁定进行再审的有效依据，也是人民检察院对民事审判活动进行法律监督的法定手段。它具有如下特点：

1. 制作主体的特殊性

民事抗诉书的主体是对民事诉讼活动享有法律监督权的人民检察院，而且通常是作出生效裁判的人民法院的上级人民检察院。

2. 适用程序的特定性

基于民事抗诉书而启动的不是普通审判程序，而是民事审判监督程序。人民检察院只能按照审判监督程序提起民事抗诉。

3. 适用范围的有限性

民事抗诉书适用的范围限于下级人民法院作出具有《民事诉讼法》第207条规定情形之一的生效判决和裁定，或者有损害国家利益、社会公共利益情形的生效调解书。

4. 法律规定的特别性

有别于当事人申请再审，《民事诉讼法》对人民检察院提出抗诉书有特别的规定，《民事诉讼法》第218条规定："人民检察院提出抗诉的案件，接受抗诉的人民法院应当自收到抗诉书之日起三十日内作出再审的裁定；有本法第二百零七条第一项至第五项规定情形之一的，可以交下一级人民法院再审，但经该下一级人民法院再审的除外。"即人民检察院提起抗诉就必然引起民事审判监督程序。同时，《民事诉讼法》第220条规定："人民检察院提出抗诉的案件，人民法院再审时，应当通知人民检察院派员出席法庭。"

（二）法律依据和制作条件

《民事诉讼法》第219条规定："人民检察院决定对人民法院的判决、裁定、调解书提出抗诉的，应当制作抗诉书。"这是制作民事抗诉书最直接的法律依据。《人民检察院民事行政抗诉案件办案规则》第40条进一步规定："人民检察院决定抗诉的案件，应当制作《抗诉书》。《抗诉书》应当载明：案件来源、基本案情、人民法院审理情况及抗诉理由。《抗诉书》由检察长签发，加盖人民检察院印章。"

同时，《民事诉讼法》第215条第1、2款规定："最高人民检察院对各级人民法院已经发生法律效力的判决、裁定，上级人民检察院对下级人民法院已经发生法律效力的判决、裁定，发现有本法第二百零七条规定情形之一的，或者发现调解书损害国家利益、社会公共利益的，应当提出抗诉。地方各级人民检察院对同级人民法院已经发生法律效力的判决、裁定，发现有本法第二百零七条规定情形之一的，或者发现调解书损害国家利益、社会公共利益的，可以向同级人民法院提出检察建议，并报上级人民检察院备案；也可以提请上级人民检察院向同级人民法院提出抗诉。"

另外，《民事诉讼法》第216条规定："有下列情形之一的，当事人可以向人民检察院申请检察建议或者抗诉：（一）人民法院驳回再审申请的；（二）人民法院逾期未对再审申请作出裁定的；（三）再审判决、裁定有明显错误的。人民检察院对当事人的申请应当在三个月内进行审查，作出提出或者不予提出检察建议或者抗诉的决定。当事人不得再次向人民检察院申请检察建议或者抗诉。"

由此可见，制作民事抗诉书应当具备的条件包括：

（1）制作主体必须是人民检察院，通常是作出生效裁判的人民法院的上级人民检察院。

（2）民事抗诉书针对的是下级人民法院作出的生效民事判决、裁定或调解书。

（3）民事抗诉书中的抗诉理由必须是下级人民法院已经发生法律效力的判决、裁定，具有《民事诉讼法》第207条规定情形，或者发现调解书有损害国家利益、社会公共利益的情况。

（4）民事抗诉书必须向作出生效裁判的人民法院的上级人民法院提出。

（三）使用情况

人民检察院制作民事抗诉书后应当向有受理权的人民法院即提起抗诉的同级人民法院递交，接受抗诉的人民法院应当自收到抗诉书之日起三十日内作出再审的裁定；有《民事诉讼法》第207条第1项至第5项规定情形之一的，可以交下一级人民法院再审，但经该下一级人民法院再审的除外。

二、内容要点和制作技巧

民事抗诉书由首部、正文和尾部构成。

（一）首部

1. 标题

一般分两行写明制作主体（即人民检察院）的名称和文种的名称，第一行写"××××人民检察院"，第二行写"民事抗诉书"，如"上海市人民检察院第一分院""民事抗诉书"。应注意的是，人民检察院的名称必须与其院印相一致。

2. 文号

由制作抗诉书的人民检察院的简称、案件性质（即"民监"）、抗诉年度、案件顺序号组成，有的在人民检察院简称和案件性质之间加上办案部门简称，即"×检民监〔20××〕×号"。

3. 案件来源

主要写明案由及案件获取的来源。这部分内容相对固定，但案件的来源不同，文字表述也有区别。

（1）当事人申请监督的，可表述为："×××（申请人）因与×××（其他当事人）××（案由）纠纷一案，不服××人民法院×号民事判决（裁定或调解书），向本院申请监督。本案现已审查终结。"

如果当事人申请监督，下级人民检察院提请抗诉的，可表述为："×××（申请人）因与×××（其他当事人）××（案由）纠纷一案，不服××人民法院×号民事判决（裁定或调解书），向××人民检察院申请监督，该院提请本院抗诉。本案现已审查终结。"

（2）检察机关依职权启动监督程序的，可表述为："×××（一审原告）与×××（一审被告）××（案由）纠纷一案，××人民法院（此处指作出生效裁判、调解书的法院）作出了×号民事判决（裁定或调解书）。本院依法进行了审查。本案现已审查终结。"

如果是下级人民检察院依职权启动监督程序并提请上级人民检察院抗诉的，文字可表述为："×××（一审原告）与×××（一审被告）××（案由）纠纷一案，××人民法院（此处指作出生效裁判、调解书的法院）作出了×号民事判决（裁定或调解书），××人民检察院提请本院抗诉。本案现已审查终结。"

（二）正文

正文包括诉讼过程和法院历次审理情况、检察机关审查认定的事实、抗诉理由和依据以及结论性意见、法律根据、决定和要求事项。

1. 诉讼过程和法院历次审理情况

如果是一审生效判决或裁定，不仅要写明一审判决或裁定的主要内容，还要写明一审判决或裁定的生效时间。如果是二审终审的判决或裁定，应当分别写明一审和二审判决或裁定的主要内容。如果当事人申请再审的，还应当写明再审申请的处理情况。具体写法应根据案件的实际情况而定。

2. 检察机关审查认定的事实

写明检察机关在对案件审查后认定的事实，如与作出生效裁判、调解书的法院认定事实一致的，写明"本院审查认定的事实与××人民法院认定的事实一致"；如与作出生效裁判、调解书的法院认定事实不一致的，则应写明分歧在哪、依据为何，并详细交代所作的调查核实工作，如对……问题进行了调查、委托鉴定、咨询等。

3. 抗诉理由和依据

此段应结合检察机关审查认定的事实，依照法律、法规及司法解释的相关规定，详细论述抗诉的理由和依据。说理要有针对性，引用法律、法规和司法解释时应当准确、全面、具体。在具体写作时，可以从认定事实错误、适用法律不当、审判程序严重违法等方面展开。根据不同案件的情况，针对上述三个角度中的一个或数个，叙写具体的抗诉理由，论证抗诉意见的正确性。可表述为："本院认为，××人民法院×号民事判决（裁定或调解书）……（概括列明生效民事裁判、调解书存在哪些法定监督的情形，应根据《中华人民共和国民事诉讼法》第二百零七条或第二百一十五条第一款规定的情形进行概括）理由如下：……"

4. 结论性意见、法律根据、决定和要求事项

此段以"综上所述"为引导词，再用简洁、明确的语言，概括前述的抗诉理由；援引法律依据，即"《中华人民共和国民事诉讼法》第二百一十六条、第二百一十五第一款、第二百零七条第×项的规定"；最后明确决定和请求事项，可表述为"特提出抗诉，请依法再审"。

（三）尾部

尾部包括致送法院名称、署名、日期、盖章、附注。

署名为提出抗诉的人民检察院名称，加盖院印。日期为制作民事抗诉书的年月日。

三、文书样式

××××人民检察院
民事抗诉书①

×检民监〔20××〕×号

示例 10-1

（当事人申请监督的）：×××（申请人）因与×××（其他当事人）××（案由）纠纷一案，不服××人民法院×号民事判决（裁定或调解书），向本院申请监督。[下级人民检察院提请抗诉的表述为：×××（申请人）因与×××（其他当事人）××（案由）纠纷一案，不服××人民法院×号民事判决（裁定或调解书），向××人民检察院申请监督，该院提请本院抗诉。]本案现已审查终结。

（检察机关依职权启动监督程序的）：×××（一审原告）与×××（一审被告）××（案由）纠纷一案，××人民法院（此处指作出生效裁判、调解书的法院）作出了×号民事判决（裁定或调解书）。本院依法进行了审查。[下级人民检察院提请抗诉的表述为：×××（一审原告）与×××（一审被告）××（案由）纠纷一案，××人民法院（此处指作出生效裁判、调解书的法院）作出了×号民事判决（裁定或调解书），××人民检察院提请本院抗诉。]本案现已审查终结。

××人民法院于××××年××月××日受理×××（以下简称××）起诉，……（简要写明一审原告的诉讼请求，被告提出反诉的，简要写明反诉请求）

××人民法院于××××年××月××日作出×号民事判决（裁定）。该院一审查明，……该院一审认为，……判决（裁定）：……

××不服一审判决（裁定），向××人民法院提起上诉，……（简要写明上诉请求）

××人民法院于××××年××月××日作出×号民事判决（裁定或调解书）。该院二审查明，……（如二审法院查明的事实与一审法院一致，可简写。如"确认了一审法院认定的事实"或"与一审法院查明的事实一致"）该院二审认为，……判决（裁定）：……

××不服二审判决（裁定或调解书），向××人民法院申请再审，……（简要写明再审请求）

人民法院驳回再审申请或逾期未对再审申请作出裁定的表述为：××人民法院

---

① 资料来源：《人民检察院民事诉讼监督法律文书格式样本》之"民事抗诉书"。

于××××年××月××日作出×号裁定驳回再审申请或××人民法院逾期未对再审申请作出裁定。××向检察机关申请监督。

人民法院作出再审判决、裁定或调解书的表述为：××人民法院于××××年××月××日作出×号民事判决（裁定或调解书）。该院再审查明，……（如查明的事实与前一审一致，可简写）该院再审认为，……判决（裁定）：……

××不服再审判决（裁定或调解书），向检察机关申请监督。

本院审查认定……

本院认为，××人民法院×号民事判决（裁定或调解书）……（概括列明生效民事裁判、调解书存在哪些法定监督的情形，应根据《中华人民共和国民事诉讼法》第二百零七条或第二百一十五条第一款规定的情形进行概括）理由如下：

…………

综上所述，××人民法院×号民事判决（裁定或调解书）……（概括列明生效民事裁判、调解书存在哪些法定监督的情形）（经检察委员会讨论的，写明：）经本院检察委员会讨论决定，根据《中华人民共和国民事诉讼法》第二百一十六条、第二百一十五第一款、第二百零七条第×项的规定（检察机关依职权启动监督程序的表述为：根据《中华人民共和国民事诉讼法》第二百零七条第×项、第二百一十五条第一款的规定），特提出抗诉，请依法再审。

此致
××人民法院

20××年××月××日
（院印）

第二节　民事检察建议书

一、知识要点

（一）概念和特点

民事检察建议书是人民检察院在履行法律监督职能过程中，或接受民事诉讼当事人的申诉后，发现同级人民法院已经发生法律效力的判决、裁定有错误，或者审判、执行程序中审判人员、执行人员有违法行为，依法向同级人民法院提出通过再审纠正错误裁判或依法纠正违法行为时所制作的民事法律文书。

民事检察建议是人民检察院对人民法院实行法律监督的一种重要方式。与民事抗诉书比较，民事检察建议书具有如下特点：

1. 应用的便捷性

通过提出民事抗诉书进行法律监督，条件比较苛刻，而且还有严格的条件、程序以及次数上的限制，检察机关往往难以启动抗诉程序；但通过检察建议书的方式，对人民法院生效裁判或程序中发生的一些错误提出意见，则可避开民事抗诉程序中的一些限制，使错误能够得到及时纠正，更好地调动人民检察院对民事诉讼活动进行监督的积极性。

2. 主体的对等性

检察建议作为人民检察院对同级人民法院的检察监督手段，使民事检察建议书的提供者和接受者处于对等的地位，这样，不仅可以弥补以往仅能申请上级检察院对下级法院的错误裁判进行抗诉监督所带来的不便，易于检察院对同级人民法院诉讼活动的检察监督，还有助于错误被及时发现和及时纠正，更好地维护当事人合法权益，保障司法公正。

3. 适用的广泛性

检察建议不仅适用于对人民法院作出的生效裁判，还将人民法院更多诉讼（包括执行）行为纳入检察监督范围，使民事检察建议书的适用范围进一步扩大了。监督范围的扩大和监督内容的增加为民事诉讼活动的公正性提供了更有力的司法保障。

（二）法律依据和制作条件

《民事诉讼法》第215条第2、3款规定："地方各级人民检察院对同级人民法院已经发生法律效力的判决、裁定，发现有本法第二百零七条规定情形之一的，或者发现调解书损害国家利益、社会公共利益的，可以向同级人民法院提出检察建议，并报上级人民检察院备案；也可以提请上级人民检察院向同级人民法院提出抗诉。各级人民检察院对审判监督程序以外的其他审判程序中审判人员的违法行为，有权向同级人民法院提出检察建议。"

《民事诉讼法》第216条规定："有下列情形之一的，当事人可以向人民检察院申请检察建议或者抗诉：（一）人民法院驳回再审申请的；（二）人民法院逾期未对再审申请作出裁定的；（三）再审判决、裁定有明显错误的。人民检察院对当事人的申请应当在三个月内进行审查，作出提出或者不予提出检察建议或者抗诉的决定。当事人不得再次向人民检察院申请检察建议或者抗诉。"

《民事诉讼法》第242条规定："人民检察院有权对民事执行活动实行法律监督。"

由此可见，制作民事检察建议书应当具备如下条件：

(1) 人民法院作出的判决、裁定或调解书已经发生法律效力。

(2) 人民法院的生效裁判确有错误，或者调解书损害了国家利益、社会公共利益，或者人民法院的审判人员、执行人员在审判活动或者执行过程中存在违法行为。

(3) 由作出生效裁判的人民法院的同级人民检察院制作。

(三) 使用情况

人民检察院制作民事检察建议书后应当递交有受理权的人民法院（通常是同级人民法院），人民法院收到再审检察建议后，应当组成合议庭，在三个月内进行审查，发现原判决、裁定、调解书确有错误，需要再审的，依照《民事诉讼法》第205条的规定裁定再审，并通知当事人；经审查，决定不予再审的，应当书面回复人民检察院。

二、内容要点和制作技巧

(一) 首部

1. 标题

一般分两行写明制作主体（即人民检察院）的名称和文种的名称，第一行写"××××人民检察院"，第二行写"检察建议书"或"再审检察建议书"。如"上海市人民检察院第一分院""检察建议书"。应注意的是，人民检察院的名称必须与其院印一致。

2. 文号

由制作检察建议书的人民检察院的简称、案件性质（即"民监"）、起诉年度、案件顺序号组成，有的在人民检察院简称和案件性质之间加上办案部门简称，即"×检民监〔20××〕×号"。

3. 案件来源

主要写明案由及案件获取的来源。由于案件的来源不同，文字表述也有区别。

(1) 如果是当事人申请监督的，可表述为："×××（申请人）因与×××（其他当事人）××（案由）纠纷一案，不服××人民法院×号民事判决（裁定或调解书），向本院申请监督。本案现已审查终结。"

(2) 如果是检察机关依职权启动监督程序的，可表述为："×××（一审原告）与×××（一审被告）××（案由）纠纷一案，××人民法院（此处指作出生效裁判、调解书的法院）作出了×号民事判决（裁定或调解书）。本院依法进行了审查。本案现已审查终结。"

(二) 正文

再审检察建议书的正文的主要内容也包括诉讼过程和法院历次审理情况、检察机关审查认定的事实、抗诉理由和依据以及结论性意见、法律根据、决定和要求事项等几个方面。写作方法与民事抗诉书中的正文基本相同，只是援引的法条和最后的要求事项有所区别。再审检察建议书中所引用的法条主要包括《民事诉讼法》第216条、第215条第2款、第207条。要求事项表述为："特提出再审检察建议，请在收到后三个月内将审查结果书面回复本院。"

对审判人员的违法行为及执行活动检察建议书的正文部分，内容则相对简单。

主要包括：

1. 事实

详细写明检察机关查明的人民法院审判活动或执行活动的相关过程和情况。引导词可表述为："现查明：……"

2. 理由

结合检察机关查明的情况，论述审判活动或执行活动存在违法情形的理由和依据。引导词可表述为："本院认为：……"

3. 结论

概括列明人民法院执行活动存在哪些法定监督的情形，并援引相关法律条文，提出具体的检察建议。引导词可表述为："综上所述，……"

（三）尾部

尾部包括致送法院名称、署名、日期、盖章、附注。

署名为提出检察建议的人民检察院名称，加盖院印。日期为制作民事检察建议书的年月日。

三、文书样式

【样式1】

××××人民检察院

再审检察建议书①

示例 10-2

×检民监〔20××〕×号

（当事人申请监督的）：×××（申请人）因与×××（其他当事人）××（案由）纠纷一案，不服××人民法院×号民事判决（裁定或调解书），向本院申请监督。本案现已审查终结。

（检察机关依职权启动监督程序的）：×××（一审原告）与×××（一审被告）××（案由）纠纷一案，××人民法院（此处指作出生效裁判、调解书的法院）作出了×号民事判决（裁定或调解书）。本院依法进行了审查。本案现已审查终结。

××人民法院于××××年××月××日受理×××（以下简称××）起诉，……（简要写明一审原告的诉讼请求，被告提出反诉的，简要写明反诉请求）

××人民法院于××××年××月××日作出×号民事判决（裁定）。该院一审查明，……该院一审认为，……判决（裁定）：……

××不服一审判决（裁定），向××人民法院提起上诉，……（简要写明上诉

---

① 资料来源：《人民检察院民事诉讼监督法律文书格式样本》之"再审检察建议书"。

请求）

　　××人民法院于××××年××月××日作出×号民事判决（裁定或调解书）。该院二审查明，……（如二审查明的事实与一审一致，可简写。如"确认了一审法院认定的事实"或"与一审法院查明的事实一致"）该院二审认为，……判决（裁定）：……

　　××不服二审判决（裁定或调解书），向××人民法院申请再审，……（简要写明再审请求）

　　人民法院驳回再审申请或逾期未对再审申请作出裁定的表述为：××人民法院于××××年××月××日作出×号裁定驳回再审申请或××人民法院逾期未对再审申请作出裁定。××向检察机关申请监督。

　　人民法院作出再审判决、裁定或调解书的表述为：××人民法院于××××年××月××日作出×号民事判决（裁定或调解书）。该院再审查明，……（如查明的事实与前一审一致，可简写）该院再审认为，……判决（裁定）：……

　　××不服再审判决（裁定或调解书），向检察机关申请监督。

　　本院经审查认定，

　　…………

　　本院认为，××人民法院×号民事判决（裁定或调解书）……（概括列明生效民事裁判、调解书存在哪些法定监督的情形，应根据《中华人民共和国民事诉讼法》第二百零七条或第二百一十五条第二款规定的情形进行概括）理由如下：

　　…………

　　综上所述，××人民法院×号民事判决（裁定或调解书）……（概括列明生效民事裁判、调解书存在哪些法定监督的情形）经本院检察委员会讨论决定，根据《中华人民共和国民事诉讼法》第二百一十六条、第二百一十五条第二款、第二百零七条第×项的规定（检察机关依职权启动监督程序的表述为：根据《中华人民共和国民事诉讼法》第二百零七条第×项、第二百一十五条第二款的规定），特提出再审检察建议，请在收到后三个月内将审查结果书面回复本院。

　　此致
××人民法院

20××年××月××日
（院印）

附：检察卷宗×册。

【样式2】

××××人民检察院

检察建议书①

（监督审判人员违法行为用）

×检民违监〔20××〕×号

（当事人申请监督的）：×××（申请人）认为××人民法院审理×××（当事人的姓名或名称、案由、案号）一案存在违法情形，向本院申请监督。本案现已审查终结。

（检察机关依职权启动监督程序的）：本院对××人民法院审理×××（当事人的姓名或名称、案由、案号）一案的审判活动进行了审查。本案现已审查终结。

现查明：……（详细写明检察机关查明的人民法院审判活动的相关过程和情况）

本院认为，……（结合检察机关查明的情况，论述审判活动存在违法情形的理由和依据）

综上所述，……（概括列明人民法院审判活动存在哪些法定监督的情形）根据《中华人民共和国民事诉讼法》第二百一十五条第三款的规定，特提出检察建议，……（写明建议的具体内容）

请在收到检察建议后一个月内将处理结果书面回复本院。

此致
××人民法院

20××年××月××日

（院印）

附：检察卷宗×册。

---

① 资料来源：《人民检察院民事诉讼监督法律文书格式样本》之"检察建议书"。

【样式3】

××××人民检察院
检察建议书[①]
（监督执行活动用）

×检民执监〔20××〕×号

（当事人申请监督的）：×××（申请人）认为××人民法院执行（审查）×××（当事人的姓名或名称、案由、执行案号）一案存在违法情形，向本院申请监督。本案现已审查终结。

（检察机关依职权启动监督程序的）：本院对××人民法院执行（审查）×××（当事人的姓名或名称、案由、执行案号）一案的执行活动进行了审查。本案现已审查终结。

现查明：……（详细写明检察机关查明的人民法院执行活动的相关过程和情况）

本院认为，……（结合检察机关查明的情况，论述执行活动存在违法情形的理由和依据）

综上所述，……（概括列明人民法院执行活动存在哪些法定监督的情形）（经检察委员会讨论的，写明：经本院检察委员会讨论决定），根据《中华人民共和国民事诉讼法》第二百四十二条的规定，特提出检察建议，……（写明建议的具体内容）

请在收到检察建议后三个月内将处理结果书面回复本院。

此致
××人民法院

20××年××月××日
（院印）

附：检察卷宗×册。

[①] 资料来源：《人民检察院民事诉讼监督法律文书格式样本》之"检察建议书"。

第四编 行政诉讼法律文书

第十一章 律师行政法律文书

第一节 概 述

一、律师行政法律文书的概念和特点

律师行政法律文书，是指律师接受公民、法人或者其他组织的委托担任行政案件代理人，为维护委托人的合法权益而依法制作的具有法律效力或者法律意义的书面材料。

律师行政法律文书具有如下特点：

（一）文书的受托性

律师参与行政诉讼，其身份并非当事人，因此，律师在制作行政法律文书时，必须以委托人的名义进行，文书中的法律关系主体是委托人而非律师本人。律师只是根据委托人提供的事实和证据材料，依据有关法律规定和文书格式，代替委托人拟定法律文书。

（二）内容的广泛性

凡是行政诉讼中涉及双方当事人制作的法律文书，无论是行政起诉状、答辩状、上诉状以及再审申请书，都可以由律师代书，内容比较广泛。

(三) 具有法律意义

具有法律意义是律师行政法律文书和公安机关、人民检察院、人民法院等机关制作的法律文书共有的特征。律师代书的行政诉状类文书，能够引起行政诉讼程序的发生、变化和终结，是司法机关处理案件的事实依据，具有重要的参考价值。

二、律师行政法律文书的作用

针对不同的诉讼主体，律师行政法律文书体现的作用不同。对于被代理的当事人而言，律师行政法律文书的作用都是维护被代理一方当事人的合法权益，为其参加行政诉讼提供专业帮助；对于人民法院而言，律师通过行政法律文书参与行政诉讼，能够方便法院查明事实，以提高法院审判的效率。

三、律师行政法律文书的类型

律师行政法律文书适用范围很广，种类很多。常见的行政法律文书包括行政起诉状、行政上诉状、行政诉讼再审申请书、行政诉讼代理词、行政诉讼答辩状、行政撤诉申请书等。这些文书按照不同的标准，可分为不同的类型。按照参与诉讼审理级别的不同，分为一审律师行政法律文书、二审律师行政法律文书和再审律师行政法律文书；按照律师诉讼文书性质的不同，可以分为律师自书类行政诉讼文书和律师代书类行政诉讼文书，前者如行政诉讼代理词，后者如行政起诉状。

第二节 行政起诉状

一、知识要点

(一) 概念和特点

《行政诉讼法》第 2 条第 1 款规定："公民、法人或者其他组织认为行政机关和行政机关工作人员的行政行为侵犯其合法权益，有权依照本法向人民法院提起诉讼。"根据上述条文可见，行政起诉状是指公民、法人或者其他组织认为行政机关和行政机关工作人员的行政行为侵犯其合法权益，请求人民法院保护其合法权益时制作并向人民法院递交的行政诉讼文书。

行政起诉状具有下列特点：

(1) 当事人诉讼地位具有恒定性。即原告只能是行政行为的相对人以及其他与行政行为有利害关系的公民、法人或者其他组织，而被告只能是行政主体一方，行政起诉状中的双方当事人的诉讼地位不能互换。

(2) 举证责任具有特殊性。《行政诉讼法》第 34 条第 1 款规定："被告对作出的行政行为负有举证责任,应当提供作出该行政行为的证据和所依据的规范性文件。"第38条规定:"在起诉被告不履行法定职责的案件中,原告应当提供其向被告提出申请的证据。但有下列情形之一的除外:(一)被告应当依职权主动履行法定职责的;(二)原告因正当理由不能提供证据的。在行政赔偿、补偿的案件中,原告应当对行政行为造成的损害提供证据。因被告的原因导致原告无法举证的,由被告承担举证责任。"因此,在行政起诉状中,原告只需对行政主体不履行某种法定职责以及该行政行为对其造成损害的事实进行举证证明,而对于作出该行政行为的合法性则由行政主体一方进行举证证明。

(3) 行政起诉程序具有规范性。《行政诉讼法》第44条规定:"对属于人民法院受案范围的行政案件,公民、法人或者其他组织可以先向行政机关申请复议,对复议决定不服的,再向人民法院提起诉讼;也可以直接向人民法院提起诉讼。法律、法规规定应当先向行政机关申请复议,对复议决定不服再向人民法院提起诉讼的,依照法律、法规的规定。"因此,行政诉讼的起诉程序有两种,一是先申请行政复议,对复议决定不服的再向人民法院起诉;二是直接向人民法院起诉。

(4) 行政起诉的时效性。即提起行政诉讼应当在法定期限内提出。《行政诉讼法》第45条规定:"公民、法人或者其他组织不服复议决定的,可以在收到复议决定书之日起十五日内向人民法院提起诉讼。复议机关逾期不作决定的,申请人可以在复议期满之日起十五日内向人民法院提起诉讼。法律另有规定的除外。"第46条规定:"公民、法人或者其他组织直接向人民法院提起诉讼的,应当自知道或者应当知道作出行政行为之日起六个月内提出。法律另有规定的除外。因不动产提起诉讼的案件自行政行为作出之日起超过二十年,其他案件自行政行为作出之日起超过五年提起诉讼的,人民法院不予受理。"第47条规定:"公民、法人或者其他组织申请行政机关履行保护其人身权、财产权等合法权益的法定职责,行政机关在接到申请之日起两个月内不履行的,公民、法人或者其他组织可以向人民法院提起诉讼。法律、法规对行政机关履行职责的期限另有规定的,从其规定。公民、法人或者其他组织在紧急情况下请求行政机关履行保护其人身权、财产权等合法权益的法定职责,行政机关不履行的,提起诉讼不受前款规定期限的限制。"第48条规定:"公民、法人或者其他组织因不可抗力或者其他不属于其自身的原因耽误起诉期限的,被耽误的时间不计算在起诉期限内。公民、法人或者其他组织因前款规定以外的其他特殊情况耽误起诉期限的,在障碍消除后十日内,可以申请延长期限,是否准许由人民法院决定。"

(5) 行政起诉状地位具有特殊性。即行政起诉状是引发行政审判的根据,同时也是形成人民法院行政判决的重要基础。

(二) 法律依据和制作条件

《行政诉讼法》第50条规定:"起诉应当向人民法院递交起诉状,并按照被告人数提出副本。书写起诉状确有困难的,可以口头起诉,由人民法院记入笔录,出具注明日期的书面凭证,并告知对方当事人。"这一规定是制作行政起诉状的法律依据。根据这一规定可以明确,向人民法院递交行政起诉状是提起行政诉讼的主要方式,但不是唯一方式,因为提起诉讼还可以口头进行。在司法实践中,如果当事人书写确有困难,可以口头起诉,由人民法院制作笔录,并告知对方当事人。除此,一般必须采用书面形式起诉,即向人民法院提交行政起诉状。

另外,《行政诉讼法》第49条规定:"提起诉讼应当符合下列条件:(一)原告是符合本法第二十五条规定的公民、法人或者其他组织;(二)有明确的被告;(三)有具体的诉讼请求和事实根据;(四)属于人民法院受案范围和受诉人民法院管辖。"上述起诉的条件,实际上也是行政起诉状制作的实质条件。这里所指的实质条件是原告、被告、人民法院、诉讼请求以及起诉所依据的客观事实,这些是起诉必须具备的核心部分。具体而言,只有同时具备以下四个条件,当事人才可以制作行政起诉状:

1. 原告是符合《行政诉讼法》第25条规定的公民、法人或者其他组织

根据《行政诉讼法》第25条规定,行政行为的相对人以及其他与行政行为有利害关系的公民、法人或者其他组织,有权提起诉讼。有权提起诉讼的公民死亡,其近亲属可以提起诉讼。有权提起诉讼的法人或者其他组织终止,承受其权利的法人或者其他组织可以提起诉讼。人民检察院在履行职责中发现生态环境和资源保护、食品药品安全、国有财产保护、国有土地使用权出让等领域负有监督管理职责的行政机关违法行使职权或者不作为,致使国家利益或者社会公共利益受到侵害的,应当向行政机关提出检察建议,督促其依法履行职责。行政机关不依法履行职责的,人民检察院依法向人民法院提起诉讼。

由此可见,享有行政诉权的当事人有两类:第一类是行政行为相对人,如行政许可纠纷中的行政行为申请人、行政处罚纠纷中的被处罚人等;第二类是与行政行为有利害关系的公民、法人或者其他组织,而对于"与行政行为有利害关系"的认定需要综合考虑案件情况以及当事人的诉讼请求来予以确定,如被诉的行政行为涉及其相邻权或者公平竞争权的、在行政复议等行政程序中被追加为第三人的、要求行政机关依法追究加害人法律责任的、撤销或者变更行政行为涉及其合法权益的、以及为维护自身合法权益向行政机关投诉,具有处理投诉职责的行政机关作出或者未作出处理的等。

2. 有明确的被告

《行政诉讼法》第26条规定:"公民、法人或者其他组织直接向人民法院提起诉讼的,作出行政行为的行政机关是被告。经复议的案件,复议机关决定维持原行政行为的,作出原行政行为的行政机关和复议机关是共同被告;复议机关改变原行政行为的,复议机关是被告。复议机关在法定期限内未作出复议决定,公民、法人

或者其他组织起诉原行政行为的，作出原行政行为的行政机关是被告；起诉复议机关不作为的，复议机关是被告。两个以上行政机关作出同一行政行为的，共同作出行政行为的行政机关是共同被告。行政机关委托的组织所作的行政行为，委托的行政机关是被告。行政机关被撤销或者职权变更的，继续行使其职权的行政机关是被告。"

《最高人民法院关于适用〈中华人民共和国行政诉讼法〉的解释》（以下简称《行诉法司法解释》）第133条规定："行政诉讼法第二十六条第二款规定的'复议机关决定维持原行政行为'，包括复议机关驳回复议申请或者复议请求的情形，但以复议申请不符合受理条件为由驳回的除外。"第22条规定："行政诉讼法第二十六条第二款规定的'复议机关改变原行政行为'，是指复议机关改变原行政行为的处理结果。复议机关改变原行政行为所认定的主要事实和证据、改变原行政行为所适用的规范依据，但未改变原行政行为处理结果的，视为复议机关维持原行政行为。复议机关确认原行政行为无效，属于改变原行政行为。复议机关确认原行政行为违法，属于改变原行政行为，但复议机关以违反法定程序为由确认原行政行为违法的除外。"第134条第1、2款规定："复议机关决定维持原行政行为的，作出原行政行为的行政机关和复议机关是共同被告。原告只起诉作出原行政行为的行政机关或者复议机关的，人民法院应当告知原告追加被告。原告不同意追加的，人民法院应当将另一机关列为共同被告。行政复议决定既有维持原行政行为内容，又有改变原行政行为内容或者不予受理申请内容的，作出原行政行为的行政机关和复议机关为共同被告。"

3. 有具体的诉讼请求和事实根据

行政起诉状必须以诉讼请求、事实和理由为核心内容。针对《行政诉讼法》第49条第3项规定的"有具体的诉讼请求"，《行诉法司法解释》第68条有明确的规定："行政诉讼法第四十九条第三项规定的'有具体的诉讼请求'是指：（一）请求判决撤销或者变更行政行为；（二）请求判决行政机关履行特定法定职责或者给付义务；（三）请求判决确认行政行为违法；（四）请求判决确认行政行为无效；（五）请求判决行政机关予以赔偿或者补偿；（六）请求解决行政协议争议；（七）请求一并审查规章以下规范性文件；（八）请求一并解决相关民事争议；（九）其他诉讼请求。当事人单独或者一并提起行政赔偿、补偿诉讼的，应当有具体的赔偿、补偿事项以及数额；请求一并审查规章以下规范性文件的，应当提供明确的文件名称或者审查对象；请求一并解决相关民事争议的，应当有具体的民事诉讼请求。当事人未能正确表达诉讼请求的，人民法院应当要求其明确诉讼请求。"

另外，对于起诉人在起诉时所提交的证据或所作的说明能够表明被诉行为客观存在，且该行为与起诉人自身合法权益存在着可能性的影响，应当认定起诉人完成了对"有具体的事实根据"的举证或说明义务。

4. 属于人民法院受案范围和受诉人民法院管辖

《行政诉讼法》第12条对法院受案范围作出了明确规定："人民法院受理公民、法人或者其他组织提起的下列诉讼：（一）对行政拘留、暂扣或者吊销许可证和执照、责令停产停业、没收违法所得、没收非法财物、罚款、警告等行政处罚不服的；（二）对限制人身自由或者对财产的查封、扣押、冻结等行政强制措施和行政强制执行不服的；（三）申请行政许可，行政机关拒绝或者在法定期限内不予答复，或者对行政机关作出的有关行政许可的其他决定不服的；（四）对行政机关作出的关于确认土地、矿藏、水流、森林、山岭、草原、荒地、滩涂、海域等自然资源的所有权或者使用权的决定不服的；（五）对征收、征用决定及其补偿决定不服的；（六）申请行政机关履行保护人身权、财产权等合法权益的法定职责，行政机关拒绝履行或者不予答复的；（七）认为行政机关侵犯其经营自主权或者农村土地承包经营权、农村土地经营权的；（八）认为行政机关滥用行政权力排除或者限制竞争的；（九）认为行政机关违法集资、摊派费用或者违法要求履行其他义务的；（十）认为行政机关没有依法支付抚恤金、最低生活保障待遇或者社会保险待遇的；（十一）认为行政机关不依法履行、未按照约定履行或者违法变更、解除政府特许经营协议、土地房屋征收补偿协议等协议的；（十二）认为行政机关侵犯其他人身权、财产权等合法权益的。除前款规定外，人民法院受理法律、法规规定可以提起诉讼的其他行政案件。"第13条规定："人民法院不受理公民、法人或者其他组织对下列事项提起的诉讼：（一）国防、外交等国家行为；（二）行政法规、规章或者行政机关制定、发布的具有普遍约束力的决定、命令；（三）行政机关对行政机关工作人员的奖惩、任免等决定；（四）法律规定由行政机关最终裁决的行政行为。"

同时，《行政诉讼法》第44条规定："对属于人民法院受案范围的行政案件，公民、法人或者其他组织可以先向行政机关申请复议，对复议决定不服的，再向人民法院提起诉讼；也可以直接向人民法院提起诉讼。法律、法规规定应当先向行政机关申请复议，对复议决定不服再向人民法院提起诉讼的，依照法律、法规的规定。"第45条规定："公民、法人或者其他组织不服复议决定的，可以在收到复议决定书之日起十五日内向人民法院提起诉讼。复议机关逾期不作决定的，申请人可以在复议期满之日起十五日内向人民法院提起诉讼。法律另有规定的除外。"据此，《行诉法司法解释》第56、57、58条规定，法律、法规规定应当先申请复议，公民、法人或者其他组织未申请复议直接提起诉讼的，人民法院裁定不予立案；依照《行政诉讼法》第45条的规定，复议机关不受理复议申请或者在法定期限内不作出复议决定，公民、法人或者其他组织不服，依法向人民法院提起诉讼的，人民法院应当依法立案；法律、法规未规定行政复议为提起行政诉讼必经程序，公民、法人或者其他组织既提起诉讼又申请行政复议的，由先立案的机关管辖；同时立案的，由公民、法人或者其他组织选择。公民、法人或者其他组织已经申请行政复议，在法定复议期间内又向人民法院提起诉讼的,人民法院裁定不予立案;法律、法规未规定行政复议为提起行政诉讼必经程序,公民、法人或者其他组织向复议机关申请行政复议后,又经复议机关同意撤回复议申请,在法定起诉期限内对原行政行为提起诉讼的,人民法院应当依法立案。

《行政诉讼法》第 51 条规定:"人民法院在接到起诉状时对符合本法规定的起诉条件的,应当登记立案。对当场不能判定是否符合本法规定的起诉条件的,应当接收起诉状,出具注明收到日期的书面凭证,并在七日内决定是否立案。不符合起诉条件的,作出不予立案的裁定。裁定书应当载明不予立案的理由。原告对裁定不服的,可以提起上诉。起诉状内容欠缺或者有其他错误的,应当给予指导和释明,并一次性告知当事人需要补正的内容。不得未经指导和释明即以起诉不符合条件为由不接收起诉状。对于不接收起诉状、接收起诉状后不出具书面凭证,以及不一次性告知当事人需要补正的起诉状内容的,当事人可以向上级人民法院投诉,上级人民法院应当责令改正,并对直接负责的主管人员和其他直接责任人员依法给予处分。"第 52 条规定:"人民法院既不立案,又不作出不予立案裁定的,当事人可以向上一级人民法院起诉。上一级人民法院认为符合起诉条件的,应当立案、审理,也可以指定其他下级人民法院立案、审理。"第 53 条规定:"公民、法人或者其他组织认为行政行为所依据的国务院部门和地方人民政府及其部门制定的规范性文件不合法,在对行政行为提起诉讼时,可以一并请求对该规范性文件进行审查。前款规定的规范性文件不含规章。"

关于行政案件的法院管辖,《行政诉讼法》第三章有明确的规定,在此不作赘述。

(三)使用情况

行政起诉状制作完毕之后,原告将其正本及副本递交到有管辖权的人民法院(注意副本的份数要与对方当事人的人数一致)。《行政诉讼法》第三章就人民法院的管辖问题作了专章规定。

人民法院收到行政起诉状,经审查可以作出两种处理意见:

(1)认为符合起诉条件的,人民法院应当在接到起诉状时登记立案。对当场不能判定是否符合《行政诉讼法》及相关司法解释规定的起诉条件的,应当接收起诉状,出具注明收到日期的书面凭证,并在七日内决定是否立案,并通知当事人;决定立案的,人民法院应当在立案之日起五日内将行政起诉状的副本发送被告。

(2)认为不符合起诉条件的,应当在七日内裁定不予受理;裁定书应当载明不予立案的理由。原告对裁定不服的,可以提起上诉。

行政起诉状内容欠缺或者有其他错误的,人民法院应当给予指导和释明,并一次性告知当事人需要补正的内容。不得未经指导和释明即以起诉不符合条件为由不接收起诉状。对于不接收起诉状、接收起诉状后不出具书面凭证,以及不一次性告知当事人需要补正的起诉状内容的,当事人可以向上级人民法院投诉,上级人民法院应当责令改正,并对直接负责的主管人员和其他直接责任人员依法给予处分。

被告收到人民法院送达的行政起诉状副本后,应当依法在收到之日起十五日内向人民法院提交作出行政行为的证据和所依据的规范性文件,并提出答辩状。人民法院应当在收到答辩状之日起五日内,将答辩状副本发送原告。被告不提出答辩状的,不影响人民法院审理。

二、内容要点和制作技巧

行政起诉状由首部、正文和尾部构成。

(一)首部

1. 标题

居中写"行政起诉状"。

2. 当事人基本情况

当事人基本情况这一部分主要是原告和被告的基本情况。原告是公民的,应当写明姓名、性别、年龄、出生年月日、民族、籍贯、职业、工作单位、住址和联系电话等;原告是法人、其他组织的,应写明其名称、住所、法定代表人或负责人的姓名、职务和联系电话。被告栏要写明被告机关或组织的全称、地址,以及其法定代表人或负责人的姓名、职务。第三人的写法同被告的基本信息。

(二)正文

1. 诉讼请求

诉讼请求要表达明确、具体。原告可以针对被告行政行为的性质以及自己的权益受损害的程度,依法提出恰如其分的请求。

2. 事实与理由

这部分要写清楚提出诉讼请求的事实根据和法律依据。必须写明被告侵犯原告合法权益的事实经过、原因及造成的结果,指出行政争议的焦点。如果是经过行政复议后不服提出起诉的,还要写清楚复议行政机关作出复议决定的过程和结果。理由是在叙述事实的基础上,依据法律法规进行分析,论证诉讼请求合理合法。

(三)尾部

行政起诉状的尾部包括致送人民法院的名称(全称);起诉人签名,起诉人为法人或者其他组织的,应加盖单位公章;起诉状书写日期和页码;附项主要列明材料的内容和份数,并标号分项。

三、文书样式

示例 11-1

行政起诉状

原告：……

被告：……

诉讼请求：……

事实与理由：……

    此致
××××人民法院

原告（签字或者盖章）
××××年××月××日

附：本起诉状副本×份。

第三节 行政上诉状

一、知识要点

（一）概念和特点

行政上诉状，是指行政诉讼当事人不服第一审人民法院作出的行政判决，要求上一级人民法院进行审理，撤销、变更原判决内容所制作的诉讼法律文书。行政案件一审当事人认为一审判决或者裁定不公，可以在法定期限内向上一级人民法院提起上诉。

行政上诉状具有下列特点：

（1）有权依法提起上诉的主体仅限于原告、被告以及因人民法院判决承担义务或权益受到减损的第三人。行政诉讼实行两审终审制，无论一审原告还是被告，若不服一审判决或者裁定的都可以通过法定程序提起上诉。另外，根据《行政诉讼法》第29条第2款的规定，人民法院判决第三人承担义务或者减损第三人权益的，第三人有权依法提起上诉。

（2）上诉对象为地方各级人民法院第一审尚未发生法律效力的判决或者裁定，

第二审人民法院作出的行政判决或裁定以及最高人民法院作出的第一审行政判决或者裁定是终审裁判，不得上诉。另外，当事人行使上诉权，应当向上一级人民法院提起上诉。

(3) 行政上诉状的上诉请求必须是针对一审判决或者裁定中不当的部分提出，可以对原审认定事实错误、适用法律错误等进行论述。要写明一审判决或者裁定中不正确的事实根据和法律依据。

(二) 法律依据和制作条件

《行政诉讼法》第 85 条规定："当事人不服人民法院第一审判决的，有权在判决书送达之日起十五日内向上一级人民法院提起上诉。当事人不服人民法院第一审裁定的，有权在裁定书送达之日起十日内向上一级人民法院提起上诉。逾期不提起上诉的，人民法院的第一审判决或者裁定发生法律效力。"同时，《行诉法司法解释》第 108 条规定："当事人提出上诉，应当按照其他当事人或者诉讼代表人的人数提出上诉状副本。原审人民法院收到上诉状，应当在五日内将上诉状副本发送其他当事人，对方当事人应当在收到上诉状副本之日起十五日内提出答辩状。原审人民法院应当在收到答辩状之日起五日内将副本发送上诉人。对方当事人不提出答辩状的，不影响人民法院审理。"这些法律规定是制作行政上诉状的法律依据。根据规定，行政上诉状必须在法定的期限内提出，即判决书送达之日起十五日内或者裁定书送达之日起十日内向上一级人民法院提起上诉。超过该上诉期限，原判决或者裁定依法生效，当事人必须履行裁判的内容。

另外，《行诉法司法解释》第 107 条规定："第一审人民法院作出判决和裁定后，当事人均提起上诉的，上诉各方均为上诉人。诉讼当事人中的一部分人提出上诉，没有提出上诉的对方当事人为被上诉人，其他当事人依原审诉讼地位列明。"由此可见，制作行政上诉状前应当理清各方当事人诉讼地位问题，除了上诉人和被上诉人的其他当事人应当按照原审诉讼地位列明。

(三) 使用情况

行政上诉状制作完毕之后，上诉人应将其正本及副本递交到有管辖权的人民法院（副本应当按照其他当事人或者诉讼代表人的人数提出）。人民法院收到上诉状，应当在五日内将上诉状副本发送其他当事人，对方当事人应当在收到上诉状副本之日起十五日内提出答辩状。人民法院应当在收到答辩状之日起五日内将副本发送上诉人。对方当事人不提出答辩状的，不影响人民法院审理。

原审人民法院收到上诉状、答辩状，应当在五日内连同全部案卷和证据，报送第二审人民法院；已经预收的诉讼费用，一并报送。

人民法院收到行政上诉状后，应当组成合议庭，开庭审理。经过阅卷、调查和询问当事人，对没有提出新的事实、证据或者理由，合议庭认为不需要开庭审理的,也可以不开庭审理。人民法院审理上诉案件,应当在收到上诉状之日起三个月内作出终审判决。有特殊情况需要延长的,由高级人民法院批准,高级人民法院审理上诉案件需要延长的,由最高人民法院批准。

人民法院审理行政上诉案件,应当对原审人民法院的判决、裁定和被诉行政行为进行全面审查。经审理可以作出四种处理意见:

(1) 原判决、裁定认定事实清楚,适用法律、法规正确的,判决或者裁定驳回上诉,维持原判决、裁定。

(2) 原判决、裁定认定事实错误或者适用法律、法规错误的,依法改判、撤销或者变更。

(3) 原判决认定基本事实不清、证据不足的,发回原审人民法院重审,或者查清事实后改判。

(4) 原判决遗漏当事人或者违法缺席判决等严重违反法定程序的,裁定撤销原判决,发回原审人民法院重审。

综上,针对发回重审的案件,原审法院重新审理作出判决后,当事人可以再次提起上诉。

二、内容要点和制作技巧

行政上诉状由首部、正文和尾部构成。

(一) 首部

1. 标题

居中写"行政上诉状"。

2. 当事人基本情况

上诉人或被上诉人是公民的,应当写明姓名、性别、年龄、出生年月日、民族、籍贯、职业、工作单位、住址和联系电话等;如果是法人、其他组织的,应写明其名称、住所、法定代表人或负责人的姓名、职务和联系电话。对于行政机关,则应写明机关或组织的全称、地址,以及其法定代表人或负责人的姓名、职务。第三人的写法同上。

3. 上诉案由

写明上诉人提出上诉案件的案由、案号、裁判文书的类型、作出裁判的一审法院的名称及时间,并表明上诉的态度。一般可表述为:"上诉人××因××××××一案,不服××××人民法院××××年××月××日作出的(××××)×字第××号判决(或裁定),现提出上诉。"

（二）正文

1. 上诉请求

上诉请求即上诉人请求上诉法院解决的事项，如撤销或变更原审裁判、请求重新裁判等，请求应当明确、具体并且合法。

2. 上诉理由

主要针对原审裁判认定事实错误或者证据不足、适用法律错误、违反法定程序影响案件正确裁判等事实进行陈述，并提供有力的证据和充分而确凿的事实加以支持。在此基础上，运用相关法律法规针对原审裁判的错误或不当进行反驳，阐明对原审裁判不服的事实原因和法律依据，以支持提出的上诉请求。引用的相关法律规定必须准确，所阐述的上诉理由应做到于法有据。

（三）尾部

尾部包括致送人民法院的名称；上诉人签名，上诉人为法人或者其他组织的，应加盖单位公章；上诉日期；附项附上相关证据及材料、份数。

三、文书样式

示例 11-2

行政上诉状

上诉人：……

被上诉人：……

上诉人××因××××××一案，不服××××人民法院××××年××月××日作出的（××××）×字第××号判决（或裁定），现提出上诉。

上诉请求：……

上诉理由：……

此致

××××人民法院

上诉人（签名或者盖章）
××××年××月××日

附：上诉状副本×份、相关证据材料×份。

第四节　行政诉讼再审申请书

一、知识要点

(一) 概念和特点

行政诉讼再审申请书，是指行政诉讼当事人对已经发生法律效力的判决或者裁定，认为确有错误而向人民法院要求再审所制作的诉讼法律文书。

行政诉讼再审申请书具有下列特点：

(1) 再审申请人是生效裁判文书列明的当事人，或者其他因不能归责于本人的事由未被裁判文书列为当事人，但与行政行为有利害关系的公民、法人或者其他组织。

(2) 受理再审申请的法院是作出生效裁判的上一级人民法院。

(3) 再审申请原则上应当在判决、裁定或者调解书发生法律效力后六个月内提出，若存在《行诉法司法解释》第110条规定的情形，自知道或者应当知道该情形之日起六个月内提出，即有新的证据，足以推翻原判决、裁定的；原判决、裁定认定事实的主要证据是伪造的；据以作出原判决、裁定的法律文书被撤销或者变更的；审判人员审理该案件时有贪污受贿、徇私舞弊、枉法裁判行为的。

(4) 当事人的再审请求不得超出原审诉讼请求，否则人民法院可以告知当事人另行起诉。

(二) 法律依据和制作条件

《行政诉讼法》第90条规定："当事人对已经发生法律效力的判决、裁定，认为确有错误的，可以向上一级人民法院申请再审，但判决、裁定不停止执行。"第91条规定："当事人的申请符合下列情形之一的，人民法院应当再审：(一) 不予立案或者驳回起诉确有错误的；(二) 有新的证据，足以推翻原判决、裁定的；(三) 原判决、裁定认定事实的主要证据不足、未经质证或者系伪造的；(四) 原判决、裁定适用法律、法规确有错误的；(五) 违反法律规定的诉讼程序，可能影响公正审判的；(六) 原判决、裁定遗漏诉讼请求的；(七) 据以作出原判决、裁定的法律文书被撤销或者变更的；(八) 审判人员在审理该案件时有贪污受贿、徇私舞弊、枉法裁判行为的。"上述规定是制作行政诉讼再审申请书的法律依据，根据该等规定可以明确行政诉讼再审申请书的提出是基于已经发生法律效力的判决或者裁定存在确有错误的情况，再审申请人针对原裁判在认定事实或者适用法律上的错误，摆事实讲道理，加以论述和反驳，在摆事实时力求客观、全面；而对于原裁判适用法律不当的,应当在行政诉讼再审申请书中提出正确适用的法律和应当援引的具体条款。另外,再审申请人提起再审申请时,申请再审的事由应当属于《行政诉讼法》第 91 条规定的情形。

(三)使用情况

行政诉讼再审申请书制作完毕之后,再审申请人将其正本及副本递交到有管辖权的人民法院(副本按照被申请人及原审其他当事人的人数提交)。再审申请人提出的再审申请不符合法律规定的,人民法院应当当场告知再审申请人。再审申请人提交的再审申请书等材料不符合要求的,人民法院应当将材料退回再审申请人,并一次性全面告知其在指定的合理期限内予以补正。再审申请人无正当理由逾期不予补正且仍坚持申请再审的,人民法院应当裁定驳回其再审申请。

再审申请人提出的再审申请符合条件的,人民法院应当及时立案,并应自收到符合条件的再审申请书等材料之日起五日内向再审申请人发送受理通知书,同时向被申请人及原审其他当事人发送应诉通知书、再审申请书副本及送达地址确认书。因通信地址不详等原因,受理通知书、应诉通知书、再审申请书副本等材料未送达当事人的,不影响案件的审查。被申请人可以在收到再审申请书副本之日起十五日内向人民法院提出书面答辩意见,被申请人未提出书面答辩意见的,不影响人民法院审查。

人民法院审理再审案件,认为原生效判决、裁定确有错误,在撤销原生效判决或者裁定的同时,可以对生效判决、裁定的内容作出相应裁判,也可以裁定撤销生效判决或者裁定,发回作出生效判决、裁定的人民法院重新审理。

再审申请人向人民法院提出再审申请后,若发生人民法院驳回再审申请、逾期未对再审申请作出裁定或再审判决、裁定有明显错误的,再审申请人可以向人民检察院申请抗诉或者检察建议,但是人民法院基于抗诉或者检察建议作出再审判决、裁定后,再审申请人申请再审的,人民法院不予立案。人民检察院提出抗诉的案件,接受抗诉的人民法院应当自收到抗诉书之日起三十日内作出再审的裁定。人民法院收到人民检察院的再审检察建议后,应当组成合议庭,在三个月内进行审查,发现原判决、裁定、调解书确有错误,需要再审的,依照相关法律规定裁定再审,并通知当事人;经审查,决定不予再审的,应当书面回复人民检察院。

二、内容要点和制作技巧

行政诉讼再审申请书由首部、正文和尾部构成。

(一) 首部

1. 标题

居中写"行政诉讼再审申请书"。

2. 当事人基本情况

再审申请人是公民的,应当写明姓名、性别、年龄、出生年月日、民族、籍贯、职业、工作单位、住址、联系电话;如果是法人、其他组织的,应写明其名称、住所、法定代表人或负责人的姓名、职务和联系电话。被申请人和第三人的写法同上。

3. 案由

写明再审申请人提出再审案件的案由、案号、裁判文书的类型、作出已生效裁判文书的法院名称及日期,并表明再审申请的态度。一般表述为:"再审申请人×××因××××××一案,不服××××人民法院××××年××月××日作出的(××××)×字第××号判决(或裁定),现提出申请再审。"

(二) 正文

1. 请求事项

请求人民法院对案件按照审判监督程序进行再审并依法变更或撤销原裁判。

2. 事实与理由

写明客观事实,并以相关确凿的证据加以证实。可从以下方面阐述生效裁判的错误:通过提供新的证据,以推翻原审裁判的事实基础,揭示原审裁判所存在的证据矛盾或证据不足;原审裁判适用法律错误;违反法定程序裁判。

(三) 尾部

尾部包括致送人民法院的名称;再审申请人签名,再审申请人是法人或者其他组织的,应加盖单位公章;申请日期;附项附上相关证据及材料。

三、文书样式

行政诉讼再审申请书

再审申请人:……

被申请人:……

再审申请人×××因××××××一案,不服××××人民法院××××年××月××日作出的(××××)×字第××号判决(或裁定),现提出再审申请。

请求事项:……

示例 11-3

事实与理由：……

此致
××××人民法院

再审申请人（签名或者盖章）
××××年××月××日

附：1. 行政诉讼再审申请书×份。
2. 原审判决书（或裁定书）×份。
3. 相关证据材料×份。

第五节　行政诉讼答辩状

一、知识要点

（一）概念和特点

行政诉讼答辩状，是指行政诉讼的被告或被上诉人根据行政诉讼起诉状或行政诉讼上诉状的内容，针对原告提出的上诉请求或上诉人提出的上诉请求、事实与理由向人民法院进行答复和辩驳时制作的法律文书。

行政诉讼答辩状具有下列特点：

(1) 必须由行政诉讼案件的被告、被上诉人、被申请人提出。
(2) 必须是针对原告提交的起诉状或上诉人提交的上诉状的内容提出。
(3) 必须在法定期限内提出。

（二）法律依据和制作条件

《行政诉讼法》第34条规定："被告对作出的行政行为负有举证责任，应当提供作出该行政行为的证据和所依据的规范性文件。被告不提供或者无正当理由逾期提供证据，视为没有相应证据。"第67条规定："人民法院应当在立案之日起五日内，将起诉状副本发送被告。被告应当在收到起诉状副本之日起十五日内向人民法院提交作出行政行为的证据和所依据的规范性文件，并提出答辩状。人民法院应当在收到答辩状之日起五日内，将答辩状副本发送原告。被告不提出答辩状的，不影响人民法院审理。"由此，被告应当自收到行政诉讼起诉状副本之日起十五日内向人民法院提出答辩状。在司法实践中，当事人上诉的，应当按照其他当事人或者诉讼代表人的人数提出上诉状副本。原审人民法院收到上诉状后，应当在五日内将上诉状副本送达其他当事人，对方当事人应当在收到上诉状副本之日起十日内提出答辩状。另外，被诉行政机关叙写答辩状时，不仅要对原告的诉讼请求、提出的事实和理由进行反驳，还必须提供自己作出该具体行政行为的证据和所依据的规范性文件，否则就会导致败诉的后果。而作为第二审被上诉人的公民、法人或其他组织叙写答辩状时，应当对上诉人上诉的请求及事实与理由进行答复、辩解和反驳。由于提出答辩状是诉讼当事人的一项诉讼权利，而不是诉讼义务，因此，在答辩期限内不提出答辩状的，不影响人民法院的审理。

（三）使用情况

提出行政诉讼答辩状是法律赋予被告、被上诉人的诉讼权利。通过诉讼双方的起（上）诉和答辩，人民法院可以兼听双方当事人的意见及主张，既有利于正确处理行政案件，又有利于维护当事人的合法权益。

二、内容要点和制作技巧

行政诉讼答辩状由首部、正文和尾部构成。

（一）首部

首部包括标题、当事人的基本情况和案由。

1. 标题

居中写"行政诉讼答辩状"。

2. 当事人的基本情况

答辩人是自然人的，应当写明答辩人的姓名、性别、出生日期、民族、职业、工作单位、住所、联系方式等。答辩人是法人或者其他组织的，应当写明法人或者其他组织的名称、住所，法定代表人或者负责人的姓名、职务、联系方式等。另外，需要注意以下两个问题：

（1）针对原告起诉的行政诉讼答辩状，由于被告是实施了具体行政行为的行政机关，因此，应当写明机关或组织的全称、地址，以及其法定代表人或负责人的姓名、职务、联系方式等。

（2）针对上诉人上诉的行政诉讼答辩状，应当用括号注明答辩人在原审中的诉讼地位。

3. 案由

应当写明"因××××一案，现答辩如下：……"

（二）正文

正文是行政诉讼答辩状的核心内容，主要写明答辩理由。叙写答辩理由时需要注意以下两点：

（1）答辩人叙写答辩状所针对的对象是原告的起诉和上诉人的上诉，答辩的内容应当针对起诉状、上诉状中阐述的内容。如果起诉状、上诉状中叙述的案件事实不符合实际情况，就应当针对事实部分的内容进行反驳、论证。为了使答辩意见更有说服力，在具体阐述案件事实时，应当列举相关的证据，证明客观存在的事实，指出起诉状、上诉状中叙述的事实全部不真实或者部分不真实。如果起诉状、上诉状中适用法律存在错误，就应当列举相关法律规定，针对起诉、上诉适用法律存在的问题进行反驳、论证。如果原告起诉、上诉人上诉存在程序问题，就应当依据程序法的规定进行反驳、论证。

（2）叙写答辩意见时，应当加强说理。针对起诉状、上诉状中存在的问题，依据事实和法律规定进行反驳。反驳应当据理进行，不能不顾事实和法律，盲目反驳。

在具体阐述答辩意见后，应当提出答辩主张，即表明自己对原告在起诉状中提出的诉讼请求、上诉人在上诉状中提出的上诉请求是否接受，是完全不接受，还是部分不接受。同时，依法提出对本案的处理主张，请求法院裁判时予以考虑。

（三）尾部

尾部内容包括：

（1）致送法院名称。应当写明"此致""××××人民法院"。

（2）答辩人签名。答辩人如果是法人或者其他组织的，应当加盖公章。

（3）提出答辩状的年月日。应当写明答辩的时间。

（4）附项。应当写明答辩状副本的份数、附送证据的名称和件数等。

三、文书样式

示例 11-4

行政诉讼答辩状

答辩人：×××，……（写明名称、地址、法定代表人等基本信息）

法定代表人（或负责人）：×××，……（写明姓名、职务等基本信息）

委托代理人：×××，……（写明姓名、工作单位等基本信息）

因×××诉我单位……（写明案由或起因）一案，现答辩如下：

答辩请求：……

事实和理由：……（写明答辩的观点、事实与理由）

此致

××××人民法院

答辩人　×××（盖章）

××××年××月××日

（写明递交答辩状之日）

附：1. 答辩状副本×份。

　　2. 其他文件×份。

　　3. 证物或书证×件。

第六节 行政诉讼代理词

一、知识要点

（一）概念和特点

行政诉讼代理词，是指行政诉讼中的诉讼代理人接受行政诉讼当事人或其法定代理人、诉讼代表人的委托，在法律规定和被代理人授权范围内为维护被代理人的合法权益，而在法庭辩论阶段或人民法院依法进行书面审理中，以被代理人的名义所作的系统辩论性发言或制作的综合性书面代理意见。

根据法律规定和委托人的授权依法参加诉讼、发表代理意见是行政诉讼代理人的重要工作内容。行政诉讼代理词按诉讼程序划分，可以分为一审代理词、二审代理词和再审代理词。按被代理人在诉讼中的地位划分，可以分为一审原告方代理词、一审被告方代理词；二审上诉方代理词、二审被上诉方代理词；再审申请人一方代理词和再审被申请人一方代理词。

（二）法律依据和制作条件

《行政诉讼法》第32条规定："代理诉讼的律师，有权按照规定查阅、复制本案有关材料，有权向有关组织和公民调查，收集与本案有关的证据。对涉及国家秘密、商业秘密和个人隐私的材料，应当依照法律规定保密。当事人和其他诉讼代理人有权按照规定查阅、复制本案庭审材料，但涉及国家秘密、商业秘密和个人隐私的内容除外。"

行政诉讼代理词的内容应根据委托人在诉讼中所处的地位、案件的性质、审理程序等因素来加以确定和进行制作。制作行政诉讼代理词时，首先，应当确立鲜明正确的代理观点，即正确地表达代理人对整个案件的基本看法。在具体的行政诉讼中，案件的分歧和争执通常表现在各个层次和各个方面，既相互关联，又纷繁复杂。代理人应当通过了解案件事实，确立核心论点，并围绕该论点发表代理意见。其次，应当充分运用可靠的案件材料和准确适用法律，即代理人应当收集整理能够反映案件客观情况的各种材料以及发表代理意见所需要的各项法律规定。案件材料是形成代理观点的基础，没有充分可靠的案件材料，就难以查明案件事实，确立鲜明正确的代理观点，发表有理有据、具有说服力的代理词；而准确地适用法律规定，以法律为依据确定双方当事人的权利、义务和责任，可以更好地维护委托人的合法权益。

（三）使用情况

在行政诉讼中，发表代理词是行政诉讼代理人的重要工作内容之一。代理词既是代理人实现代理职能,维护委托人合法权益的工具和手段,也是帮助人民法院查明案情,正确审理行政案件的依据。

针对需要在法庭上发表的代理词,为了取得较好的法律效果,代理人应当注意代理词的措辞,做到语言运用准确、简练、生动有力。所谓准确,是指用语要准确无误,造句要顺理成章,应文字通顺、表达准确;所谓简练,是指要用最少的文字表达最大的信息内容,做到内容丰富,言简意赅;所谓生动有力,是指代理词的阐述应当做到形象生动、深刻有力,能够引起合议庭和旁听人员的共鸣,使合议庭接受代理人的意见,达到较好的效果,以维护委托人的合法权益。在叙述代理词后,应当阐明具体建议,即对代理观点进行简要的概括和总结,向法庭提出有利于被代理人的具体处理意见。

二、内容要点和制作技巧

行政诉讼代理词由首部、正文和尾部构成。

(一)首部

1. 标题

居中写"行政诉讼代理词"。

2. 称呼

顶格写称呼语,如"尊敬的审判长、审判员"。

3. 引言

(1)写明出庭代理的合法性依据。具体写法可以参照本书第八章"律师民事法律文书"中的相关内容。

(2)简要说明代理人出庭前所进行的准备工作,如阅读起诉书、会见当事人、阅读案卷材料、调查收集证据等有关情况。

(3)概述对所代理案件的总体意见。

(二)正文

正文是代理词的主体部分,是代理人为维护原告或被告、上诉人或被上诉人的合法权益和履行法定职责所作的主旨阐述。应该针对起诉书、上诉状或一审判决书所认定的本案事实和证据出发,根据法律规定,阐述和论证代理意见。

行政诉讼代理词的内容应根据委托人在诉讼中所处的地位、案件的性质、审理程序等因素来加以确定和进行制作。诉讼代理人在制作代理词时,应通过陈述纠纷事实,提供相关证据以支持委托人的诉讼主张。需要注意的是,不同诉讼主体的代理词其重点不同。原告方的代理词以起诉状为基础,重点陈述和分析事实,并根据当事人双方的权利义务关系,阐述和论证诉讼请求的合法性和正当性。而被告方的代理词则主要针对原告方阐述的事实、向法庭提供的证据的真实性提出质疑和批驳。二审中的上诉方代理词则以上诉状为基础,针对原裁判和对方意见进行分析、批驳,同时论证己方意见。而被上诉方代理词则通过对上诉人的上诉请求和事实理由进行分析、评判和反驳,证明原裁判的正确性,以维护原裁判所支持的己方权益。特别值得注意的是,作为被告、上诉人或者被上诉人一方的行政机关,对作出的具体行政行为负有举证责任,应当提供作出该具体行政行为的证据和所依据的规范性文件。否则,其诉讼主张和辩护意见将不被法庭采纳。最后,诉讼代理人对代理意见可以进行总结性发言,请求法院充分考虑和采纳代理意见。

这部分内容的制作要求应当坚持实事求是,从案情的实际情况出发,提出合理的主张、意见与要求,也可以在辨明事实和分清责任的基础上提出能为各方当事人所接受的解决办法或解决建议。当然,代理词的内容应严格限于当事人的授权范围内,不可超越当事人的授权范围发表代理意见。

(三)尾部

尾部内容包括:

(1)结束语。对代理意见进行总结,提出对本案的看法和结论性意见。应做到概括有力,简洁明晰。

(2)写明致送人民法院的名称。

(3)代理人签名;注明代理人的身份、代理词的制作或提交日期。

三、文书样式

行政诉讼代理词

尊敬的审判长、审判员:

依据我国法律的规定,××××律师事务所接受本案原告(或被告)×××的委托,指派我担任委托代理人,代理诉讼。我的委托权限是……我在授权委托的权限范围内行使代理权。接受委托后,我查阅了案卷,开展了调查,走访了证人,刚才又听取了法庭调查,比较清楚地掌握了本案的全部情况。现依据事实和法律发表如下代理意见,供合议庭参考。

……(写明具体的代理意见)

综上所述,……(对上述代理意见进行概括)根据×××法第××条第×款的规定,请求法庭依法维护原告的合法权益(或依法驳回原告的诉讼请求)。

  此致
×××人民法院

示例 11-5

委托代理人(签名或盖章)
××××年××月××日

第十二章 人民法院行政法律文书

第一节 概 述

一、人民法院行政法律文书的概念和特点

人民法院行政法律文书，是指人民法院对审理终结的行政案件，就实体问题或者程序问题作出处理决定时所制作的具有法律效力的法律文书。

人民法院对公民、法人或者其他组织提起的行政诉讼依法进行审判，对行政机关的违法行为予以纠正，保护行政管理相对人的合法权益。

人民法院行政法律文书主要有以下特点：

（一）诉讼主体特定

原告主要是认为行政机关和行政机关工作人员的行政行为侵犯其合法权益的公民、法人或者其他组织，是行政管理相对人，而被告是实施具体行政行为的行政机关。

（二）审查对象特殊

人民法院审理行政案件，主要是对行政行为是否合法进行审查。行政法律文书也主要围绕具体行政行为是否合法进行阐述。

（三）裁判依据广泛

行政诉讼文书除引用法律、法律解释、行政法规、司法解释作为裁判依据外，还可以引用地方性法规、自治条例和单行条例、国务院或者国务院授权的部门公布的行政法规解释或者行政规章。

二、人民法院行政法律文书的分类

人民法院行政法律文书可以按照不同的标准进行分类：

（一）按处理问题的对象划分

根据处理问题的对象不同，可以将其划分为行政判决书和行政裁定书。行政判

决书解决的是实体问题，行政裁定书解决的是程序问题。

（二）按文书性质划分

根据文书的性质不同，可以将其划分为行政裁判类文书、通知类文书、决定类文书等。

（三）按诉讼程序划分

根据解决纠纷的程序不同，可以将其划分为第一审行政法律文书、第二审行政法律文书、再审行政法律文书。

（四）按处理结果内容划分

根据处理结果的内容不同，可以将其划分为确认行政行为违法或无效案件行政判决书、撤销或变更行政行为案件行政判决书、限期履行法定职责案件行政判决书、行政赔偿案件行政赔偿调解书、指定管辖案件行政裁定书、证据保全行政裁定书等。

目前，行政法律文书的参照样式是最高人民法院于2015年4月29日发布的《行政诉讼文书样式（试行）》。另外，最高人民法院于2020年4月1日发布了《公益诉讼文书样式（试行）》。

第二节　第一审行政判决书

一、知识要点

（一）概念和特点

第一审行政判决书，是指人民法院依照我国行政诉讼法规定的第一审程序，对审理终结的行政案件，就案件的实体问题作出处理决定时制作的法律文书。

第一审行政判决书是行政诉讼中重要的法律文书，既是处理当事人争议的依据，也是制作第二审行政判决书的基础。第一审行政判决书针对的是当事人之间的实体问题，即被诉的具体行政行为是否合法。如果是解决案件中的某些程序问题，应使用行政裁定书，而不是使用行政判决书。

第一审行政判决书有多种类型，包括：请求撤销、变更行政行为类；请求履行法定职责类；请求给付类；请求确认违法或无效类；复议机关作共同被告类；一并审理民事案件类；行政裁决类；行政协议类；行政赔偿类。

（二）法律依据和制作条件

《行政诉讼法》第69条规定："行政行为证据确凿，适用法律、法规正确，符合法定程序的，或者原告申请被告履行法定职责或者给付义务理由不成立的，人民法院判决驳回原告的诉讼请求。"

《行政诉讼法》第 70 条规定:"行政行为有下列情形之一的,人民法院判决撤销或者部分撤销,并可以判决被告重新作出行政行为:(一)主要证据不足的;(二)适用法律、法规错误的;(三)违反法定程序的;(四)超越职权的;(五)滥用职权的;(六)明显不当的。"

《行政诉讼法》第 72 条规定:"人民法院经过审理,查明被告不履行法定职责的,判决被告在一定期限内履行。"

《行政诉讼法》第 73 条规定:"人民法院经过审理,查明被告依法负有给付义务的,判决被告履行给付义务。"

《行政诉讼法》第 74 条规定:"行政行为有下列情形之一的,人民法院判决确认违法,但不撤销行政行为:(一)行政行为依法应当撤销,但撤销会给国家利益、社会公共利益造成重大损害的;(二)行政行为程序轻微违法,但对原告权利不产生实际影响的。行政行为有下列情形之一,不需要撤销或者判决履行的,人民法院判决确认违法:(一)行政行为违法,但不具有可撤销内容的;(二)被告改变原违法行政行为,原告仍要求确认原行政行为违法的;(三)被告不履行或者拖延履行法定职责,判决履行没有意义的。"

《行政诉讼法》第 75 条规定:"行政行为有实施主体不具有行政主体资格或者没有依据等重大且明显违法情形,原告申请确认行政行为无效的,人民法院判决确认无效。"

《行政诉讼法》第 76 条规定:"人民法院判决确认违法或者无效的,可以同时判决责令被告采取补救措施;给原告造成损失的,依法判决被告承担赔偿责任。"

《行政诉讼法》第 77 条规定:"行政处罚明显不当,或者其他行政行为涉及对款额的确定、认定确有错误的,人民法院可以判决变更。人民法院判决变更,不得加重原告的义务或者减损原告的权益。但利害关系人同为原告,且诉讼请求相反的除外。"

《行政诉讼法》第 78 条规定:"被告不依法履行、未按照约定履行或者违法变更、解除本法第十二条第一款第十一项规定的协议的,人民法院判决被告承担继续履行、采取补救措施或者赔偿损失等责任。被告变更、解除本法第十二条第一款第十一项规定的协议合法,但未依法给予补偿的,人民法院判决给予补偿。"

由以上法律规定可以看出,第一审行政判决书的制作以第一审程序终结为前提。人民法院对一审行政案件审理终结后制作第一审行政判决书,根据不同案件类型,就当事人之间的实体问题作出相应判决。

(三)使用情况

第一审行政判决书制作完成后,应发给当事人。当事人不服的,有权在判决书送达之日起十五日内向上一级人民法院提起上诉。

二、内容要点和制作技巧

如前所述，第一审行政判决书有多种类型，不同种类的判决书在制作上略有差异。不过，虽然不同种类的判决书在表述上有各自特点，但总体结构和要求基本相同，故此部分以适用普通程序的请求撤销、变更行政行为类一审行政判决书为例，介绍第一审行政判决书的内容要点和制作技巧。

第一审行政判决书由首部、正文、尾部构成。

（一）首部

首部包括人民法院名称、文书名称、案号、诉讼参与人、案件由来和审理经过等内容。

1. 人民法院名称

人民法院名称应完整，一般应与院印的文字一致。基层人民法院的名称前应写明所在的省（自治区、直辖市）的名称。人民法院的名称居中排列。涉外案件，法院名称前需冠"中华人民共和国"。

2. 文书名称

文书名称为"行政判决书"，无须"一审"字样。文书名称位于人民法院名称的下一行，居中排列。

3. 案号

案号是指用于区分各级法院办理案件的类型和次序的简要标识，由中文汉字、阿拉伯数字及括号组成。案号包含立案年度、制作法院、案件类型、案件的顺序号等要素信息，其基本要素为收案年度、法院代字、专门审判代字、类型代字、案件编号，表述为"（年度）××行初字第×号"。例如，"（2020）沪0116行初2号"判决书，是指上海市金山区人民法院制作的于2020年收案的第2个案件的一审行政判决书。

另外，还必须注意案号应该写在文书名称下一行右端，其最末一字与下面的正文右端各行看齐。同时，案号上下各空一行。

4. 诉讼参与人的基本情况

（1）原告。提起行政诉讼的原告包括公民、法人或者其他组织。

原告是公民的，写明姓名、性别、出生年月日、公民身份号码、民族和住址。住址应写住所地，住所地与经常居住地不一致的，写经常居住地。

原告是法人的，写明法人的名称和所在地址，并另起一行列项写明法定代表人及其姓名和职务。原告是不具有法人资格的其他组织的，写明名称或字号和所在地址，并另起一行写明负责人及其姓名和职务。原告是个体工商户的，写明业主的姓名、出生年月日、公民身份号码、民族、住址；有字号的，在其姓名之后用括号注明"系……（字号）业主"。

如果原告人数众多，推选或指定诉讼代表人的，可仅列明诉讼代表人的基本情况，原告名单及其基本情况可列入判决书附录部分。

(2) 原告的法定代理人、委托代理人。如果原告是无诉讼行为能力的公民，应在写明原告本人的基本情况之后，另行列写其法定代理人的姓名、住址，并在姓名后扩号注明其与原告的关系。

原告有委托代理人的，应在原告基本情况之后，另行列写委托代理人的基本情况。委托代理人系律师或基层法律服务工作者的，写明其姓名、工作单位和职务。委托代理人系原告的近亲属的，应在代理人姓名后括注其与当事人的关系。既有法定代理人又有委托代理人的，法定代理人列在委托代理人之前。

(3) 被告。此部分包括被告的名称及地址、法定代表人或负责人的姓名及职务、出庭行政机关负责人的姓名及职务等。在行政诉讼中，被告是行政机关，应写明被诉行政机关的名称、所在地址。被告具有法人资格的，另起一行列项写明法定代表人的姓名、职务；若被告不具有法人资格的，写明负责人的姓名、职务。被诉行政机关应派人出庭应诉。《行政诉讼法》第3条第3款规定："被诉行政机关负责人应当出庭应诉。不能出庭的，应当委托行政机关相应的工作人员出庭。"根据《最高人民法院关于行政机关负责人出庭应诉若干问题的规定》第2条的界定，被诉行政机关负责人包括行政机关的正职、副职负责人、参与分管被诉行政行为实施工作的副职级别的负责人以及其他参与分管的负责人。若被诉行政机关负责人出庭的，应列明该出庭应诉负责人的姓名及职务。

(4) 被告委托代理人。律师担任行政机关代理人的，写明姓名、工作单位和职务。行政机关的工作人员担任委托代理人的，写明姓名、性别、工作单位和职务。代理人中既有律师又有工作人员的，律师位于工作人员之后。

(5) 第三人。如果有第三人参加诉讼的，列第三人的基本情况。依据第三人是公民、法人还是非法人组织，分别与前述原告的基本情况写法相同。

5. 案件由来和审理经过

(1) 案件由来。如果原告不服行政机关的某种作为，如作出的行政处罚决定，请求撤销、变更行政行为，案件由来可以写为"原告×××不服被告×××（行政主体名称）……（行政行为），于××××年××月××日向本院提起行政诉讼"。

(2) 审理经过。写明立案后成立的审判组织、审理方式、到庭人员和审理过程等内容，表明案件现已审理终结。适用普通程序审理的，审判组织应写明依法组成合议庭。审理方式有公开开庭和不公开开庭。开庭审理的，应写明开庭日期；不公开开庭的，还应写明不公开开庭审理的理由，如"因本案涉及国家秘密（或者个人隐私）"。到庭人员写明到庭参加庭审活动的当事人、行政机关负责人、委托代理人、证人、鉴定人、勘验人和翻译人员等。此部分可表述为："原告×××不服被告×××（行政主体名称）……（行政行为）于××××年××月××日向本院提起行政诉讼。本院于××××年××月××日立案后，于××××年××月××日向被告送达了起诉状副本及应诉通知书。本院依法组成合议庭，于××××年××月××日公开（或不公开）开庭审理了本案。……（写明到庭参加庭审活动的当事人、行政机关负责人、诉讼代理人、证人、鉴定人、勘验人和翻译人员等）到庭参加诉讼。……（写明发生的其他重要程序活动，如被批准延长本案审理期限等情况）本案现已审理终结。"

叙写此部分内容时，还应注意以下几点：

第一，如果有第三人参加诉讼，且是法院通知第三人参加诉讼的，可写为"因×××与本案被诉行政行为（或与案件处理）有利害关系，本院依法通知其作为第三人参加诉讼"。如果第三人是主动申请参加诉讼的，可写为"因×××与本案被诉行政行为有利害关系，经×××申请，本院依法准许其作为第三人参加诉讼"。

第二，如果当事人经合法传唤，无正当理由未到庭的，应当写明"×告×××经本院合法传唤，无正当理由拒不到庭"。

第三，如果进行证据交换或者召开庭前会议的，应写明"本院于××××年××月××日组织原告、被告及第三人进行了证据交换（或召开庭前会议），并送达了证据清单副本"。

第四，如果有被批准延长审理期限情况，应写明批准延长审理期限批复的文号。

（二）正文

正文包括事实和证据、理由、判决结果三部分。裁判文书行文应当规范、准确、清楚、朴实、庄重、凝练，一般不得使用方言、俚语、土语、生僻词语、古旧词语、外语；特殊情形必须使用的，应当注明实际含义。

1. 事实和证据

本部分包括行政行为的叙述部分、当事人的诉辩意见部分、当事人举证质证和法庭认证部分、法庭"经审理查明"部分。这些部分可互相独立，自成段落，也可以根据案情和证据、事实和当事人争议的具体内容，互相融合。

（1）争议的行政行为。行政判决书在写完首部内容之后，应先对双方争议的行政行为进行介绍，叙述被告实施行政行为的程序和行政行为的主要内容。此部分应注意详略得当，一般应当写明行政行为认定的主要事实、定性依据以及处理结果等核心内容，通过简洁的表述说明案件的诉讼标的；行政行为内容较为简单的，也可以全文引用；行政行为理由表述有歧义，被告在答辩中已经予以明确的，也可以被告明确后的理由为准。

（2）当事人诉辩意见和提供的证据。先写原告诉称部分，再写被告辩称部分。原告诉称应写明原告所主张的事实和理由及原告的诉讼请求，但应简明概述，归纳总结，避免照抄行政起诉状的内容。然后，写明原告提供的证据。被告辩称应写明被告的答辩意见和要求,同时也应注意归纳概括要点,避免照抄行政答辩状的内容。然后,写明被告提供的证据。第三人参加诉讼的,概括写明第三人的意见和提供的证据。

(3) 当事人质证和法院认证。此部分通常以"经庭审质证"开头,分别写明原告对被告所提证据的质证意见和被告对原告所提证据的质证意见,然后写明法院对双方证据的认证意见。质证的表述方式可因案而异,既可一证一质,也可综合举证质证。法院对证据的认证通常以"本院对上述证据的认证如下"作为开头,对当事人所提交的证据进行分析、确认。法院认证意见应当明确,对于当事人有争议的证据,特别是对行政行为的合法性有影响的证据,应当写明采纳或者不予采纳的理由。

(4) 经法院审理查明的事实。此部分通常以"经审理查明"开头,写明经法院审理确认的事实。可以视情况区分写明当事人无争议的事实和有争议但经法院审查确认的事实。事实的叙述可以根据具体案情采用时间顺序,也可以灵活采用其他叙述方式,以能够逻辑清晰地反映案件情况为原则,避免事无巨细地罗列,或者简单地记流水账。应当结合案件的争议焦点等,做到繁简适当。

第一审行政判决书"事实"部分的制作还应注意以下问题:

第一,一般情况下,写明当事人的诉辩意见后,即可写明其提供的相关证据。如果当事人提供的证据有较强的关联性,合并叙述更有利于综合反映案件证据情况的,也可酌情将当事人的证据合并叙述。对证据的列举可以结合案情,既可以分别逐一列举证据,写明证据的名称、内容以及证明目的,也可以综合分类列举证据,并归纳证明目的。当事人提供的证据浩繁的,也可以概括说明。

第二,对于当事人超过法定举证期限提供的证据,人民法院予以采纳的,应当列明并说明理由。当事人在法定期限内未提交证据的,应当予以说明。

第三,对法院根据原告、第三人的申请调取的证据,可以作为原告、第三人提交的证据予以载明;对法院依职权调取的证据,应当单独予以说明。

第四,如果庭审前经过证据交换或者庭前会议,或者在庭审辩论时当事人对合议庭归纳的无争议事实均认可,事实部分可以分为两个层次:一是写"对以下事实,各方当事人均无异议,本院依法予以确认";二是"本院另认定以下事实",主要写当事人可能有异议,本院依法认定的案件事实。

第五,对证据的认定,应当结合诉讼各方举证质证以及法庭调查核实证据等情况,根据证据规则,运用逻辑推理和经验法则,必要时使用推定和司法认知等方法,围绕证据的关联性、合法性和真实性进行全面、客观、公正的审查判断,阐明证据采纳和采信的理由。

第六,描述案件事实,应注意保守国家秘密,保护当事人的商业秘密和个人隐私。

2. 理由

第一审行政判决书在查明事实的基础上,应阐明判决的理由,为后续的判决结果打下基础。理由部分以"本院认为"开头,应根据相关规定,对行政行为是否合法、原告的诉讼请求是否成立等进行分析论证。应注意主次分明,重点突出,详略得当。对于争议焦点,应当详细论述;对于无争议的部分,可以简写。

第一审行政判决书"理由"部分的制作还应注意以下问题:

(1)阐述理由时,应当注意加强对法律规定以及相关法理的阐释,除非法律规定十分明确,一般应当避免援引规定就直接给出结论的简单论述方式。

2018年6月1日,最高人民法院发布《关于加强和规范裁判文书释法说理的指导意见》,进一步加强和规范人民法院裁判文书释法说理工作,提高释法说理水平和裁判文书质量。裁判文书释法说理的目的是通过阐明裁判结论的形成过程和正当性理由,提高裁判的可接受性,实现法律效果和社会效果的有机统一。裁判文书释法说理,要阐明事理,说明裁判所认定的案件事实及其根据和理由,展示案件事实认定的客观性、公正性和准确性;要释明法理,说明裁判所依据的法律规范以及适用法律规范的理由;要讲明情理,体现法理情相协调,符合社会主流价值观;要讲究文理,语言规范,表达准确,逻辑清晰,合理运用说理技巧,增强说理效果。行政诉讼中对被诉行政行为所依据的规范性文件一并进行审查的案件,以及判决变更行政行为的案件,判决书更应当强化释法说理。

(2)原告请求对行政行为所依据的规范性文件一并进行合法性审查的,在对规范性文件进行审查后,应依照行政诉讼法及司法解释的规定,对规范性文件的合法性以及能否作为认定被诉行政行为合法性的依据予以阐明。

(3)援引法律依据时,应当引用法律、法律解释、行政法规或者司法解释。对于应当适用的地方性法规、自治条例和单行条例、国务院或者国务院授权的部门公布的行政法规解释或者行政规章,可以直接引用。援引的法律依据,既可以写明整个条文的内容,也可以摘抄与案件相关的内容;条文内容较多的,也可以只援引法律条款,将具体内容附在判决书的附录部分,兼顾表述的准确性和文书的可读性。

直接作为判决结果依据的法律规范,一般应当按照先《行政诉讼法》后司法解释的次序排列,并写明具体规定的条、款、项、目。

引用法律法规条文,应当用汉字数字注明条文序号,如"《中华人民共和国行政诉讼法》第六十六条"。引用司法解释时,司法解释条文序号使用汉字的,用汉字数字注明条文序号;司法解释条文序号使用阿拉伯数字的,用阿拉伯数字注明条文序号。

3. 判决结果

判决结果是人民法院对当事人之间的行政争议作出的实体处理结论。根据《行政诉讼法》第69条、第70条、第77条等的规定,一审请求撤销、变更行政行为类判决可分为驳回原告诉讼请求判决、撤销或者部分撤销被诉行政行为判决、变更被诉行政行为判决等情形。"判决如下"一语之后，应使用冒号。

第一，驳回原告诉讼请求的，写：

"驳回原告×××的诉讼请求。"

第二，撤销被诉行政行为的，写：

"一、撤销被告×××（行政主体名称）作出的（××××）……字第××号……（行政行为名称）

二、责令被告×××（行政主体名称）在××日内重新作出行政行为（不需要重作的，此项不写；不宜限定期限的，期限不写）。"

第三，部分撤销被诉行政行为的，写：

"一、撤销被告×××（行政主体名称）作出的（××××）……字第××号……（行政行为名称）的第××项，即……（写明撤销的具体内容）

二、责令被告×××（行政主体名称）在××日内重新作出行政行为（不需要重作的，此项不写；不宜限定期限的，期限不写）；

三、驳回原告×××的其他诉讼请求。"

第四，判决变更被诉行政行为的，写：

"变更被告×××（行政主体名称）作出的（××××）……字第××号……（写明行政行为内容或者具体项），改为……（写明变更内容）"

书写判决结果时还应注意，裁判主文需要列条的序号、裁判文书的裁判主文涉及的数字，均需使用汉字数字。

（三）尾部

尾部包括诉讼费用的负担，交代上诉事项，合议庭组成人员署名，日期，法官助理、书记员署名，加盖印戳和公章，附录。

（1）诉讼费用的负担。写明案件受理费的数额和负担方。案件受理费由败诉方负担。如果有其他诉讼费用的，写明费用的名称、数额和负担方。诉讼费用的金额用阿拉伯数字。负担方应写明诉讼地位和姓名或名称，且名称应使用全称。例如，"案件受理费人民币 50 元，由被告上海市某某区人民政府负担"。

（2）交代上诉事项，包括上诉权、上诉期限、上诉法院等。当事人不服人民法院第一审行政判决的，有权在判决书送达之日起十五日内向上一级人民法院提起上诉，故第一审行政判决书应交代上诉事项。在诉讼费用的负担项之后，另起一行，写明"如不服本判决，可以在判决书送达之日起十五日内向本院递交上诉状，并按对方当事人的人数提出副本，上诉于××××人民法院"。

（3）合议庭组成人员署名。在尾部的右下方，由审判长、审判员或人民陪审员依次署名。院长、庭长参加合议庭的，通常担任审判长，署名为审判长，不署职务名称。

（4）日期。判决书尾部的日期，应当是作出判决的日期。当庭宣判的，应当写当庭宣判的日期。日期用汉字数字表示。

（5）法官助理、书记员署名。在日期下方，由法官助理、书记员署名。

（6）加盖印戳和公章。在日期左下方与法官助理、书记员署名的左上方，加盖"本件与原本核对无异"印戳。判决书原本上不写"本件与原本核对无异"字样。院印加盖在日期居中位置。院印上不压审判员，下不压书记员，下弧骑年压月在成文时间上。印章国徽底边缘及上下弧以不覆盖文字为限。

（7）在书记员签名页之后，另页附"相关法律条文"，将判决书中所提到的法律条文附上，以供当事人全面了解有关法律规定的内容。一般应当按照先实体法律规范后程序法律规范、先上位法律规范后下位法律规范、先法律后司法解释等次序排列。

三、文书样式

××××人民法院

行政判决书①

（一审请求撤销、变更行政行为类案件用）

（××××）××行初××号

示例 12-1

原告：×××，……（写明姓名或名称等基本情况）

法定代表人：×××，……（写明姓名、职务）

委托代理人（或法定代理人）：×××，……（写明姓名等基本情况）

被告：×××，……（写明行政主体名称和所在地址）

法定代表人（或负责人）：×××，……（写明姓名、职务）

委托代理人：×××，……（写明姓名等基本情况）

第三人：×××，……（写明姓名或名称等基本情况）

法定代表人：×××，……（写明姓名、职务）

委托代理人（或法定代理人）：×××，……（写明姓名等基本情况）

原告×××不服被告×××（行政主体名称）……（行政行为），于××××年××月××日向本院提起行政诉讼。本院于××××年××月××日立案后，于××××年××月××日向被告送达了起诉状副本及应诉通知书。本院依法组成合议庭，于××××年××月××日公开（或不公开）开庭审理了本案。……（写明到庭参加庭审活动的当事人、行政机关负责人、诉讼代理人、证人、鉴定人、勘验

---

① 法律应用研究中心编：《最高人民法院行政诉讼文书样式：制作规范与法律依据》，中国法制出版社2021年版，第5—6页。本章的样式已进行相应修改，如案号等。以下同，不再赘述。

人和翻译人员等）到庭参加诉讼。……（写明发生的其他重要程序活动，如被批准延长本案审理期限等情况）本案现已审理终结。

被告×××（行政主体名称）于××××年××月××日作出……（被诉行政行为名称）……（简要写明被诉行政行为认定的主要事实、定性依据和处理结果）

原告×××诉称，……（写明原告的诉讼请求、主要理由以及原告提供的证据、依据等）

被告×××辩称，……（写明被告的答辩请求及主要理由）

被告×××向本院提交了以下证据、依据：1.……（证据的名称及内容等）2.……

第三人×××述称，……（写明第三人的意见、主要理由以及第三人提供的证据、依据等）

本院依法调取了以下证据：……（写明证据名称及证明目的）

经庭审质证（或庭前交换证据、庭前准备会议），……（写明当事人的质证意见）

本院对上述证据认证如下：……（写明法院的认证意见和理由）

经审理查明，……（写明法院查明的事实。可以区分写明当事人无争议的事实和有争议但经法院审查确认的事实）

本院认为，……（写明法院判决的理由）依照……（写明判决依据的行政诉讼法以及相关司法解释的条、款、项、目）的规定，判决如下：

……（写明判决结果）

……（写明诉讼费用的负担）

如不服本判决，可以在判决书送达之日起十五日内向本院递交上诉状，并按对方当事人的人数提出副本，上诉于××××人民法院。

审判长　×××
审判员　×××
审判员　×××
××××年××月××日
（院印）

本件与原本核对无异

法官助理　×××
书记员　×××

附：本判决适用的相关法律依据。

第三节　第二审行政判决书

一、知识要点

（一）概念和特点

第二审行政判决书，是指人民法院依照我国行政诉讼法的第二审程序，对当事人不服第一审行政判决提起上诉的案件，就案件的实体问题作出维持原判或者改判的决定时制作的法律文书。

第二审行政判决书的制作以第二审程序的启动为前提。当事人不服人民法院第一审判决的，有权向上一级人民法院提起上诉。上一级人民法院审理上诉案件，应当对原审人民法院的判决和被诉行政行为进行全面审查。

第二审行政判决书应当体现上诉审的特点，强调针对性和说服力。第二审行政判决是终审判决，一经作出，即发生法律效力。

（二）法律依据和制作条件

《行政诉讼法》第89条规定："人民法院审理上诉案件，按照下列情形，分别处理：（一）原判决、裁定认定事实清楚，适用法律、法规正确的，判决或者裁定驳回上诉，维持原判决、裁定；（二）原判决、裁定认定事实错误或者适用法律、法规错误的，依法改判、撤销或者变更；（三）原判决认定基本事实不清、证据不足的，发回原审人民法院重审，或者查清事实后改判；（四）原判决遗漏当事人或者违法缺席判决等严重违反法定程序的，裁定撤销原判决，发回原审人民法院重审。原审人民法院对发回重审的案件作出判决后，当事人提起上诉的，第二审人民法院不得再次发回重审。人民法院审理上诉案件，需要改变原审判决的，应当同时对被诉行政行为作出判决。"

由以上法律规定可以看出，第二审行政判决书的制作条件是二审审理终结，且二审维持原判或改判。如果二审是发回重审的，应制作行政裁定书，而非行政判决书。

（三）使用情况

第二审行政判决书一经作出，即发生法律效力，当事人应履行判决书中确定的义务。不履行的，另一方可申请强制执行。

二、内容要点和制作技巧

第二审行政判决书的结构与第一审行政判决书基本相同，也是包括首部、正文、尾部三部分，但在具体内容的表述上有自己的特有之处。

(一) 首部

首部包括人民法院名称和文书名称、案号、诉讼参与人的基本情况、案件由来及审理经过等。

1. 人民法院名称和文书名称

第二审行政判决书中人民法院名称和文书名称的写法与第一审行政判决书相同。"行政判决书"无须加二审字样。

2. 案号

案号的构成要素与第一审行政判决书相同,但因二审是终审程序,故案件类型代字为"行终"。第二审行政案件案号表述为"(××××)××行终××号"。同时需注意的是,如果该案件属于专利、植物新品种、集成电路布图设计、技术秘密、计算机软件、垄断等专业技术性较强的知识产权行政案件,在二审中的案号也应写专门审判代字"知"。例如,某案件在一审中的案号为"(2020)××知行初××号",在二审中的案号为"(2020)××知行终××号"。

3. 诉讼参与人的基本情况

(1) 上诉案件当事人的称谓,写"上诉人""被上诉人",并用括号注明其在原审中的诉讼地位,如"上诉人(原审原告)""被上诉人(原审被告)",然后参照第一审行政判决书样式,自然人写明姓名、性别、出生年月日、民族、住址等基本情况;法人、非法人组织写明名称、住所地等基本情况。原告、被告和第三人都提出上诉的,可并列为"上诉人"。当事人中一人或者部分人提出上诉,上诉后是可分之诉的,未上诉的当事人在法律文书中可以不列;上诉后仍是不可分之诉的,未上诉的当事人可以列为被上诉人。

(2) 上诉案件当事人中的代表人、诉讼代理人等,分别在该当事人项下另起一行列项书写。写作要求与第一审行政判决书相同。

4. 案件由来及审理经过

(1) 案件由来。案件由来即上诉人不服第一审行政判决提出上诉,此处应包含上诉人姓名或名称、案由、原审法院及判决书的案号等信息,表述为"上诉人×××因……(写明案由)一案,不服××××人民法院(××××)××行初××号行政判决,向本院提起上诉"。

(2) 审理经过。此部分应表明审判组织、审理方式、诉讼参与人到庭情况等。根据《行政诉讼法》的规定,人民法院对上诉案件,应当组成合议庭,开庭审理。经过阅卷、调查和询问当事人,对没有提出新的事实、证据或者理由,合议庭认为不需要开庭审理的,也可以不开庭审理。开庭审理的,写明到庭的当事人、诉讼代理人等;未开庭的,写"本院依法组成合议庭,对本案进行了审理,现已审理终结"。

(二) 正文

第二审行政判决书的正文包括事实和证据、理由、判决结果三部分。

1. 事实和证据

（1）写明原审认定的事实、理由和判决结果，通常以"原审查明"作为开头。

（2）简述上诉人的上诉请求及其主要理由；被上诉人的主要答辩意见；原审第三人的陈述意见。

（3）当事人二审期间提出新证据的，写明二审是否采纳以及质证情况，并说明理由。如无新证据，则无须表述。

（4）写明二审认定的事实和证据，此部分通常以"经审理查明"作为开头，包括上诉争议的内容以及二审查明认定的事实和证据。书写上诉争议的内容时，要概括简练，抓住争议焦点，防止照抄原审判决书、上诉状和答辩状，但又要不失原意。二审审查认定的事实和证据，要根据不同类型的案件书写。如果原审判决事实清楚，上诉人亦无异议的，简要地确认原判认定的事实即可；如果原审判决认定事实清楚，但上诉人提出异议的，应对有异议的问题进行重点分析，予以确认；如果原审判决认定事实不清，证据不足，经二审查清事实后改判的，应具体叙述二审查明的事实和有关证据。

一般情况下，二审认定事实与一审一致的，可写："本院经审理查明的事实与一审判决认定的事实一致，本院予以确认。"与一审认定的主要事实基本一致，但在个别事实作出新的认定的，可写："本院经审理查明的事实与一审判决认定的事实基本一致。但一审认定的……事实不当，应认定为……"本院认定的事实是一审未认定的，可写："本院另查明：……"

2. 理由

此部分应写明作出判决的理由和判决依据的法律条款。

（1）理由部分通常以"本院认为"开头，针对上诉请求和理由，重点围绕争议焦点，就原审判决及被诉行政行为是否合法、上诉理由是否成立、上诉请求应否支持等，阐明维持原判或者撤销原判予以改判的理由。第二审行政判决书书写理由时，要有针对性和说服力，兼顾全面审查和重点突出。

（2）第二审行政判决书维持原判的，应援引《行政诉讼法》第89条第1款第1项；依法改判的，除引用《行政诉讼法》第89条第1款第2项或第3项之外，还需同时引用相关实体法的条款作为法律依据。

3. 判决结果

"判决结果"部分可分为以下四种情形：

第一，维持原审判决的，写：

"驳回上诉，维持原判。"

第二，对原审判决部分维持、部分撤销的，写：

"一、维持××××人民法院（××××）××行初××号行政判决第×项，即……（写明维持的具体内容）

二、撤销××××人民法院（××××）××行初××号行政判决第×项，

即……（写明撤销的具体内容）

三、……（写明对撤销部分作出的改判内容。如无须作出改判的，此项不写）"

第三，撤销原审判决，驳回原审原告的诉讼请求的，写：

"一、撤销××××人民法院（××××）××行初××号行政判决；

二、驳回×××（当事人姓名）的诉讼请求。"

第四，撤销原审判决，同时撤销或变更行政机关的行政行为的，写：

"一、撤销××××人民法院（××××）××行初××号行政判决；

二、撤销（或变更）××××（行政主体名称）××××年××月××日（××××）×××字第××号……（写明具体行政行为或者复议决定名称或其他行政行为）

三、……（写明二审法院改判结果的内容。如无须作出改判的，此项不写）"

（三）尾部

尾部写明诉讼费用的负担，交代判决书的效力，合议庭组成人员署名，日期，法官助理、书记员署名，加盖印戳和公章，以及附录。

（1）对驳回上诉，维持原判的案件，二审诉讼费用由上诉人承担；双方当事人都提出上诉的，由双方分担。对撤销原判，依法改判的案件，应同时对一、二两审的各项诉讼费用由谁负担，或者共同分担的问题作出决定，相应地变更一审法院对诉讼费用负担的决定。

（2）第二审行政判决为终审判决，故应写明"本判决为终审判决"。

（3）其他事项与第一审行政判决书相同。

三、文书样式

示例 12-2

××××人民法院

行政判决书[①]

（二审维持原判或改判用）

（××××）××行终××号

上诉人（原审×告）×××，……（写明姓名或名称等基本情况）

被上诉人（原审×告）×××，……（写明姓名或名称等基本情况）

（当事人及其他诉讼参加人的列项和基本情况的写法，除当事人的称谓外，与一审行政判决书样式相同）

上诉人×××因……（写明案由）一案，不服××××人民法院（××××）

---

① 法律应用研究中心编：《最高人民法院行政诉讼文书样式：制作规范与法律依据》，中国法制出版社2021年版，第58—59页。

×行初字第××号行政判决,向本院提起上诉。本院依法组成合议庭,公开(或不公开)开庭审理了本案。……(写明到庭的当事人、诉讼代理人等)到庭参加诉讼(未开庭的,写"本院依法组成合议庭,对本案进行了审理,现已审理终结")。本案现已审理终结。

……(概括写明原审认定的事实、理由和判决结果,简述上诉人的上诉请求及其主要理由和被上诉人的主要答辩的内容及原审第三人的陈述意见)

……(当事人二审期间提出新证据的,写明二审是否采纳以及质证情况,并说明理由。如无新证据,本段不写)

经审理查明,……(写明二审认定的事实和证据)

本院认为,……(写明本院判决的理由)依照……(写明判决依据的法律以及相关司法解释的条、款、项、目)的规定,判决如下:

……(写明判决结果)

……(写明诉讼费用的负担)

本判决为终审判决。

审判长　×××
审判员　×××
审判员　×××
××××年××月××日
(院印)

本件与原本核对无异

书记员　×××

附: 本判决适用的相关法律依据。

第四节　再审行政判决书

一、知识要点

(一)概念和特点

再审行政判决书,是指人民法院按照审判监督程序,对已经发生法律效力的判决、裁定,依法重新审理后,就案件的实体问题作出处理决定时所制作的法律文书。

再审行政判决书是依法纠错的法律文书，是对已经发生法律效力的判决、裁定发现确有错误后，重新审理后制作的，体现了实事求是、有错必究的原则，有利于切实维护公民、法人和其他组织的合法权益。

再审行政判决书的效力不能一概而论。按照第一审程序审理所作的再审行政判决，当事人可以上诉；按照第二审程序审理所作的再审行政判决，是终审判决。

(二) 法律依据和制作条件

《行政诉讼法》第 90 条规定："当事人对已经发生法律效力的判决、裁定，认为确有错误的，可以向上一级人民法院申请再审，但判决、裁定不停止执行。"

《行政诉讼法》第 91 条规定："当事人的申请符合下列情形之一的，人民法院应当再审：(一) 不予立案或者驳回起诉确有错误的；(二) 有新的证据，足以推翻原判决、裁定的；(三) 原判决、裁定认定事实的主要证据不足、未经质证或者系伪造的；(四) 原判决、裁定适用法律、法规确有错误的；(五) 违反法律规定的诉讼程序，可能影响公正审判的；(六) 原判决、裁定遗漏诉讼请求的；(七) 据以作出原判决、裁定的法律文书被撤销或者变更的；(八) 审判人员在审理该案件时有贪污受贿、徇私舞弊、枉法裁判行为的。"

《行政诉讼法》第 92 条规定："各级人民法院院长对本院已经发生法律效力的判决、裁定，发现有本法第九十一条规定情形之一，或者发现调解违反自愿原则或者调解书内容违法，认为需要再审的，应当提交审判委员会讨论决定。最高人民法院对地方各级人民法院已经发生法律效力的判决、裁定，上级人民法院对下级人民法院已经发生法律效力的判决、裁定，发现有本法第九十一条规定情形之一，或者发现调解违反自愿原则或者调解书内容违法的，有权提审或者指令下级人民法院再审。"

《行政诉讼法》第 93 条规定："最高人民检察院对各级人民法院已经发生法律效力的判决、裁定，上级人民检察院对下级人民法院已经发生法律效力的判决、裁定，发现有本法第九十一条规定情形之一，或者发现调解书损害国家利益、社会公共利益的，应当提出抗诉。地方各级人民检察院对同级人民法院已经发生法律效力的判决、裁定，发现有本法第九十一条规定情形之一，或者发现调解书损害国家利益、社会公共利益的，可以向同级人民法院提出检察建议，并报上级人民检察院备案；也可以提请上级人民检察院向同级人民法院提出抗诉。各级人民检察院对审判监督程序以外的其他审判程序中审判人员的违法行为，有权向同级人民法院提出检察建议。"

由以上法律规定可以看出，再审行政判决书的制作条件如下：

(1) 人民法院启动行政案件再审程序。

(2) 人民法院审理再审案件后，认为原生效判决确有错误。

(3) 制作再审行政判决书时，在撤销原生效判决的同时，可以对生效判决的内容作出相应裁判，也可以裁定撤销生效判决，发回作出生效判决的人民法院重新审理。

（三）使用情况

再审行政判决书在实务中使用较少。人民法院按照审判监督程序再审的案件，发生法律效力的判决是由第一审法院作出的，按照第一审程序审理，所作的再审行政判决当事人可以上诉；发生法律效力的判决是由第二审法院作出的，按照第二审程序审理，所作的再审行政判决是发生法律效力的判决；上级人民法院按照审判监督程序提审的，按照第二审程序审理，所作的再审行政判决是发生法律效力的判决。

二、内容要点和制作技巧

再审行政判决书从结构上来说，分成首部、正文、尾部三部分。

（一）首部

首部包括人民法院名称、文书名称、案号、当事人的基本情况、诉讼代理人身份事项、案件由来及审理经过等。

(1) 人民法院名称、文书名称的写法与前述第一审行政判决书、第二审行政判决书相同。

(2) 行政再审案件的类型代字为"行再"，再审行政判决书的案号表述为"（××××）××行再××号"。

(3) 当事人表述为"再审申请人""被申请人""原审第三人"。"再审申请人""被申请人"括号注明在原审及二审中的诉讼地位，如"再审申请人（一审原告、二审被上诉人）"，并按照第一审行政判决书的写法，写明姓名或名称等基本情况。检察机关提出抗诉的，应写明"抗诉机关：××××人民检察院"。

(4) 案件由来及审理经过等内容表述为："原审原告（或原审上诉人）×××与原审被告（或原审被上诉人）×××……（写明案由）一案，本院（或××××人民法院）于××××年××月××日作出（××××）×行×字第××号行政判决，已经发生法律效力。……（写明进行再审的根据）本院依法组成合议庭，公开（或不公开）开庭审理了本案。……（写明到庭的当事人、代理人等）到庭参加诉讼（未开庭的，写'本院依法组成合议庭审理了本案，现已审理终结'）。本案现已审理终结。"

叙写进行再审的根据时，可分为四种情况表述：

第一，"××××人民检察院于××××年××月××日提出抗诉"。

第二，"本院于××××年××月××日作出（××××）××行申（监）×

×号行政裁定,对本案提起再审"。

第三,"××××人民法院于××××年××月××日作出(××××)××行申(监)××号行政裁定,指令本院对本案进行再审"。

第四,"本院于××××年××月××日作出(××××)××行申(监)××号行政裁定,对本案进行提审"。

(二)正文

正文包括事实和证据、理由、判决结果三部分。

1. 事实和证据

(1)概括写明原审生效判决的主要内容、当事人的陈述或申请再审要点。如果是检察机关提出抗诉的,应简述其抗诉理由。

(2)写明法院经再审查明的事实和证据。此部分通常以"经审理查明"开头。一般情况下,如再审认定事实与原审一致的,写:"本院经审理查明的事实与原审判决认定的事实一致,本院予以确认。"与原审认定的主要事实基本一致,但对个别事实作出新的认定的,写:"本院经审理查明的事实与原审判决认定的事实基本一致。但原审认定的……事实不当,应认定为……"本院认定的事实是原审未认定的,写:"本院另查明:……"

2. 理由

在认定事实之后,判决书应论述判决理由,为后续的判决结果打基础。此部分通常以"本院认为"开头,针对再审申请请求和理由,重点围绕争议焦点,就原审判决及被诉行政行为是否合法、再审申请理由是否成立、再审请求是否应予支持等,阐明维持原判或者撤销原判予以改判的理由。具体写法可参照二审判决书理由部分。检察院抗诉的,还应对检察院抗诉的请求和理由进行审查。

3. 判决结果

再审行政判决书的判决结果,可分为以下三种情形:

第一,全部改判的,写:

"一、撤销××××人民法院××××年××月××日(××××)××行×××号行政判决(如一审判决、二审判决、再审判决均需撤销的,应分项写明);

二、……(写明改判的内容。内容多的可分项写)"

第二,部分改判的,写:

"一、维持××××人民法院××××年××月××日(××××)××行×××号行政判决第×项,即……(写明维持的具体内容)

二、撤销××××人民法院××××年××月××日(××××)××行×××号行政判决第×项,即……(写明部分改判的具体内容。如一审判决、二审判决均需撤销的,应分项写明)

三、……(写明部分改判的内容,内容多的可分项写)"

第三，仍然维持原判的，写：

"维持××××人民法院××××年××月××日（××××）××行×××号行政判决。"

（三）尾部

尾部写明诉讼费用的负担，交代判决的效力，合议庭组成人员署名，日期，法官助理、书记员署名，加盖印戳和公章，以及附录。

（1）对全部改判或部分改判而变更原审诉讼费用负担的，写明原审诉讼费用由谁负担或者双方如何分担；对依照《诉讼费用交纳办法》第9条规定需要交纳案件受理费的，同时写明一、二审及再审诉讼费用由谁负担或者双方如何分担。对驳回再审申请，但依照《诉讼费用交纳办法》第9条规定需要交纳案件受理费的，写明再审诉讼费用的负担。

（2）按第一审程序再审的，写明"如不服本判决，可以在判决书送达之日起十五日内向本院递交上诉状，并按对方当事人的人数提出副本，上诉于××××人民法院"；按第二审程序再审的，或者是上级人民法院提审的，写明"本判决为终审判决"。

（3）其他事项的制作要求与第一审行政判决书相同。

三、文书样式

示例 12-3

××××人民法院
行政判决书①
（再审行政案件用）

（××××）××行再××号

抗诉机关：××××人民检察院（未抗诉的，此项不写）。

再审申请人（写明原审诉讼地位）：×××，……（写明姓名或名称等基本情况）

被申请人（写明原审诉讼地位）：×××，……（写明姓名或名称等基本情况）

原审第三人（或原审中的其他称谓）：×××，……（写明姓名或名称等基本情况）

（当事人及其他诉讼参加人的列项和基本情况的写法，除当事人的称谓外，与一审行政判决书样式相同。再审申请未提及的当事人，按原审判决书中诉讼地位

---

① 法律应用研究中心编：《最高人民法院行政诉讼文书样式：制作规范与法律依据》，中国法制出版社2021年版，第62—63页。

列明。）

　　原审原告（或原审上诉人）×××与原审被告（或原审被上诉人）×××……（写明案由）一案，本院（或××××人民法院）于××××年××月××日作出（××××）×行×字第××号行政判决，已经发生法律效力。……（写明进行再审的根据）本院依法组成合议庭，公开（或不公开）开庭审理了本案。……（写明到庭的当事人、代理人等）到庭参加诉讼（未开庭的，写"本院依法组成合议庭审理了本案，现已审理终结"）。本案现已审理终结。

　　……（概括写明原审生效判决的主要内容；简述检察机关的抗诉理由，或者当事人的陈述或申请再审要点）

　　经再审查明，……（写明再审确认的事实和证据）

　　本院认为，……（写明本院判决的理由）依照……（写明判决依据的行政诉讼法以及相关司法解释的条、款、项、目）的规定，判决如下：

　　……（写明判决结果）

　　……（写明诉讼费用的负担）

　　……（按第一审程序进行再审的，写明"如不服本判决，可以在判决书送达之日起十五日内向本院递交上诉状，并按对方当事人的人数提出副本，上诉于××××人民法院"。按第二审程序进行再审或者上级法院提审的，写明"本判决为终审判决"）

审判长　×××
审判员　×××
审判员　×××
××××年××月××日
（院印）

本件与原本核对无异

书记员　×××

附：本判决适用的相关法律依据。

第五节 行政裁定书

一、知识要点

（一）概念和特点

行政裁定书，是指人民法院在审理行政案件的过程中，对有关程序问题作出处理决定时所制作的具有法律效力的法律文书。行政裁定书是行政诉讼中的重要文书，可有效解决诉讼过程中程序方面的问题。

行政裁定书具有如下特点：

(1) 行政裁定书针对的是行政诉讼中程序方面的问题。如果是实体问题，则应使用行政判决书。

(2) 行政裁定书适用范围较广。立案、管辖、中止诉讼、财产保全、先予执行、准许撤诉等方面，均需使用行政裁定书。

(3) 一审行政裁定书上诉期限较短。当事人不服人民法院第一审裁定的，有权在裁定书送达之日起十日内向上一级人民法院提起上诉。一审行政判决书的上诉期限则为十五日。

（二）法律依据和制作条件

《行诉法司法解释》第101条第1款规定："裁定适用于下列范围：（一）不予立案；（二）驳回起诉；（三）管辖异议；（四）终结诉讼；（五）中止诉讼；（六）移送或者指定管辖；（七）诉讼期间停止行政行为的执行或者驳回停止执行的申请；（八）财产保全；（九）先予执行；（十）准许或者不准许撤诉；（十一）补正裁判文书中的笔误；（十二）中止或者终结执行；（十三）提审、指令再审或者发回重审；（十四）准许或者不准许执行行政机关的行政行为；（十五）其他需要裁定的事项。"

关于行政裁定书的制作条件，如前所述，行政裁定书的适用范围较广，故并无统一的制作条件。例如，不予立案裁定书的制作条件是原告的起诉不符合起诉条件；先予执行裁定书的制作条件是起诉行政机关没有依法支付抚恤金、最低生活保障金和工伤、医疗社会保险金的案件，权利义务关系明确，不先予执行将严重影响原告生活等。

（三）使用情况

行政裁定书在行政诉讼中经常使用，一审程序、二审程序、再审程序中均会涉及。不服一审裁定的，可以上诉；二审裁定是终审裁定。

二、内容要点和制作技巧

行政裁定书虽种类较多，但从结构上看，都可以分为首部、正文、尾部三部分，制作要求方面有很多共同之处，写法也与行政判决书相同。但因裁决事项的不同，在具体内容上也会存在差异，尤其是正文部分。

行政裁定书在人民法院名称、案号、署名、日期、加盖印戳和公章等方面的制作要求，与前述行政判决书相同，此处不赘。

制作行政裁定书时，应注意以下几点：

（一）首部

（1）无论哪一种行政裁定书，在其文书名称均为"行政裁定书"。

（2）当事人的基本情况部分，在不予立案行政裁定书中，当事人称为起诉人；在二审发回重审行政裁定书、二审维持或撤销一审裁定行政裁定书、二审准许或不准许撤诉行政裁定书中，当事人称为上诉人和被上诉人。

（3）裁决事项的由来等部分，根据不同情形，有不同表述。

（二）正文

正文主要写明裁决事项、裁决理由和裁决结果。不同类别的行政裁定书，有一定差异。

以下列举几种行政裁定书裁定事项由来及正文的写法：

1. 不予立案行政裁定书

"××××年××月××日，本院收到×××的起诉状（口头起诉的，注明起诉方式），……（概括写明起诉的事由）

本院认为，……（写明不予立案的理由）依照……（写明裁定依据的行政诉讼法以及相关司法解释的条、款、项、目）的规定，裁定如下：

对×××的起诉，本院不予立案。"

2. 驳回起诉行政裁定书

"原告×××诉被告×××……（写明案由）一案，本院受理后，依法组成合议庭（或依法由审判员×××独任审判），公开（或不公开）开庭审理了本案（未开庭的，写'本院依法进行了审理，现已审理终结'），现已审理终结。

……（概括写明原告起诉的事由）

……（各方当事人对案件是否符合起诉条件有争议的，围绕争议内容分别概括写明原告、被告、第三人的意见及所依据的事实和理由；如果没有，此项不写）

经审理查明，……（各方当事人对案件是否符合起诉条件的相关事实有争议的，写明法院对该事实认定情况；如果没有，此项不写）

本院认为，……（写明驳回起诉的理由）依照……（写明裁定依据的行政诉讼法以及相关司法解释的条、款、项、目）的规定，裁定如下：

驳回原告×××的起诉。"

3. 二审准许或不准许撤诉行政裁定书

"上诉人×××因……（写明案由）一案，不服××××人民法院（××××）××行初××号行政判决，向本院提起上诉。在本院审理过程中，上诉人×××以……（简要写明撤回上诉的理由）为由，向本院申请撤回上诉。

本院认为，……（简要写明准许或者不准许撤回上诉的理由）依照《中华人民共和国行政诉讼法》第六十二条之规定，裁定如下：

……（写明裁定结果）"

4. 二审发回重审行政裁定书

"上诉人×××因……（写明案由）一案，不服××××人民法院（××××）××行初××号行政判决，向本院提起上诉。本院受理后，依法组成合议庭，公开（不公开）开庭审理了本案（未开庭的，写'本院受理后，依法组成合议庭审理了本案'）。

上诉人×××上诉称，……

被上诉人×××答辩称，……

原审第三人（或者一审判决的其他称谓）述称，……

经审理查明，……（经审理查明的案件事实内容，主要写据以作出发回重审裁定的相关事实，与发回重审无关的可少写或不写）

本院认为，……（写明发回重审的理由，概括指引如何操作）依照……（写明裁定依据的法律以及相关司法解释的条、款、项、目）的规定，裁定如下：

一、撤销××××人民法院（××××）××行初××号行政判决；

二、发回××××人民法院重审。"

（三）尾部

(1) 不予立案行政裁定书、驳回起诉行政裁定书、管辖异议行政裁定书应交代上诉事项，写明"如不服本裁定，可在裁定书送达之日起十日内，向本院递交上诉状，并按对方当事人的人数提出副本，上诉于××××人民法院"。

(2) 先予执行行政裁定书、依申请停止执行行政行为或驳回申请行政裁定书、依职权停止执行行政行为行政裁定书，需交代复议事项，写明"如不服本裁定，可以向本院申请复议一次，复议期间不停止裁定的执行"。

三、文书样式

示例 12-4

××××人民法院

行政裁定书①

（一审准许或不准许撤回起诉用）

（××××）××行初××号

原告：×××，……（写明姓名或名称等基本情况）

被告：×××，……（写明姓名或名称等基本情况）

第三人：×××，……（写明姓名或名称等基本情况）

（当事人及其他诉讼参加人的列项和基本情况的写法，除当事人的称谓外，与一审行政判决书样式相同。）

本院在审理原告×××诉被告×××……（写明案由）一案中，原告×××……（简要写明原告提出的撤诉请求和理由）

本院认为，……（写明准许撤诉或不准许撤诉的理由）依照……《中华人民共和国行政诉讼法》第六十二条的规定，裁定如下：

……（写明裁定结果）

……（准许撤诉的，写明诉讼费用的负担；不准许撤诉的，此项不写）

审判长　×××
审判员　×××
审判员　×××
××××年××月××日

本件与原本核对无异

书记员　×××

---

① 法律应用研究中心编：《最高人民法院行政诉讼文书样式：制作规范与法律依据》，中国法制出版社2021年版，第86页。

第六节　行政赔偿调解书

一、知识要点

（一）概念和特点

行政赔偿调解书，是指人民法院在审理行政赔偿案件过程中，通过调解，促使当事人达成解决赔偿争议的协议后，依法制作的具有法律效力的法律文书。

公民、法人或其他组织认为行政机关侵犯其人身权、财产权等合法权益的，有权要求行政机关赔偿。行政赔偿案件可以适用调解，从而制作行政赔偿调解书。

虽然人民法院审理行政案件，不适用调解，但是，行政赔偿、补偿以及行政机关行使法律、法规规定的自由裁量权的案件可以调解。当然，调解应当遵循自愿、合法原则，不得损害国家利益、社会公共利益和他人合法权益。调解书经双方当事人签收后，即具有法律效力。

（二）法律依据和制作条件

《行政诉讼法》第60条规定："人民法院审理行政案件，不适用调解。但是，行政赔偿、补偿以及行政机关行使法律、法规规定的自由裁量权的案件可以调解。调解应当遵循自愿、合法原则，不得损害国家利益、社会公共利益和他人合法权益。"

由以上法律规定可以看出，行政赔偿调解书的制作条件是：必须是在允许调解的案件类型中使用，且调解必须遵循自愿、合法原则，符合此条件才能制作行政赔偿调解书。当事人一方或者双方不愿调解、调解未达成协议的，人民法院应当及时制作判决书。

（三）使用情况

行政赔偿调解书制作完成，经双方当事人签收后，即具有法律效力。

二、内容要点和制作技巧

在行政诉讼中，人民法院审理行政赔偿案件，一审、二审、再审均可以通过调解达成调解协议，从而制作行政赔偿调解书。本部分以第一审行政赔偿调解书为例，予以介绍。

第一审行政赔偿调解书分为首部、正文、尾部三部分。

（一）首部

首部包括人民法院名称、文书名称、案号、当事人的基本情况、诉讼代理人身份事项、案件由来及审理经过等。此部分除文书名称为"行政赔偿调解书"、案号中的案件类型代字为"行赔初"之外，其他事项的写法与第一审行政判决书相同。

（二）正文

行政赔偿调解书的正文与第一审行政判决书存在一定差异。行政赔偿调解书的正文包括案件事实、调解协议的内容和对协议内容的确认，不包含"理由"。行政赔偿调解书不需要说理。

（1）写明经人民法院审理查明的案件事实。对当事人诉辩意见、审理查明部分应当与裁判文书有所区别，应当本着减小分歧，钝化矛盾，有利于促进调解协议的原则，对争议和法院认定的事实适当简化。

（2）表述"本案在审理过程中，经本院主持调解，双方当事人自愿达成如下协议"，引出调解协议的具体内容。

调解应当根据当事人自愿的原则，在查清事实、分清是非的基础上进行。协议的内容不得违反法律的规定。协议内容应明确、具体，便于履行。

（3）写明"上述协议，符合有关法律规定，本院予以确认"，对调解协议的内容进行确认。

（三）尾部

尾部包括调解书生效的条件和时间、合议庭人员署名、日期、盖章、书记员署名、附录。

行政赔偿案件不收取诉讼费用。行政赔偿调解书应写明"本调解书经双方当事人签收后，即具有法律效力"。其他事项的要求与第一审行政判决书相同。

三、文书样式

示例 12-5

××××人民法院
行政赔偿调解书[①]
（一审行政赔偿案件用）

（××××）××行赔初××号

原告：×××，……（写明姓名或名称等基本情况）

法定代表人：×××，……（写明姓名、职务）

[①] 法律应用研究中心编：《最高人民法院行政诉讼文书样式：制作规范与法律依据》，中国法制出版社2021年版，第55—56页。

委托代理人（或法定代理人）：×××，……（写明姓名等基本情况）

被告：×××，……（写明行政主体名称和所在地址）

法定代表人：×××，……（写明姓名、职务）

委托代理人：×××，……（写明姓名等基本情况）

第三人：×××，……（写明姓名或名称等基本情况）

法定代表人：×××，……（写明姓名、职务）

委托代理人（或法定代理人）：×××，……（写明姓名等基本情况）

原告×××因与被告×××……（写明案由）行政赔偿一案，于××××年××月××日向本院提起行政赔偿诉讼。本院于××××年××月××日立案后，于××××年××月××日向被告送达了起诉状副本及应诉通知书。本院依法组成合议庭，于××××年××月××日公开（或不公开）开庭审理了本案（不公开开庭的，写明原因）。……（写明到庭参加庭审活动的当事人、行政机关负责人、诉讼代理人、证人、鉴定人、勘验人和翻译人员等）到庭参加诉讼。……（写明发生的其他重要程序活动，如被批准延长审理期限等）本案现已审理终结。

经审理查明，……（写明法院查明的事实）

本案在审理过程中，经本院主持调解，双方当事人自愿达成如下协议：

……（写明协议的内容）

上述协议，符合有关法律规定，本院予以确认。

本调解书经双方当事人签收后，即具有法律效力。

审判长　×××
审判员　×××
审判员　×××
××××年××月××日
（院印）

本件与原本核对无异

书记员　×××

第五编 非诉讼法律文书

PART FIVE
LEGAL WRITING

第十三章 律师非诉讼法律文书

第一节 概 述

一、律师非诉讼法律文书的概念和特点

律师非诉讼法律文书,是指律师接受当事人委托,在处理非诉讼法律事务时所制作的具有法律效力或法律意义的法律文书。非诉讼法律事务,是指不涉及与法院或仲裁机构发生司法联系的法律事务。

律师非诉讼法律文书主要有以下特点:

(一)委托性

律师非诉讼法律文书是一项律师产品,一般依当事人的委托作出。在制作及出具律师非诉讼法律文书之前,律师一般已经和当事人建立了委托关系,所处理的事项一般以当事人委托的事项为限。

(二)非诉讼性

区别于诉讼法律事务,非诉讼法律事务不涉及与法院或仲裁机构发生司法联系。律师非诉讼法律文书一般不会作为诉讼或仲裁的程序性文件使用,其制作目的不是用于参与或推进诉讼或仲裁程序。

(三)广泛性

律师非诉讼业务面极其广泛,几乎所有法律领域都会产生律师非诉讼业务,且律师非诉讼业务的种类和形式也灵活多样,因此律师非诉讼法律文书从领域上和种类上来说都具有广泛性。

(四)沟通性

律师非诉讼业务不同于律师诉讼业务,律师诉讼业务具有对抗性,是通过司法程序中的对抗让居中裁判的法官和仲裁员查明法律事实,并依法裁判。

律师非诉讼业务是律师接受当事人的委托,向当事人提供法律服务产品,在此过程中律师只有和当事人保持充分、良好的沟通,才能深入理解当事人的法律需求、明晰案件事实情况,从而为律师提供法律服务创造良好的基础条件。此外,律师与当事人的良好沟通还能增进双方之间的相互理解,有利于提高服务质量,增加当事人的满意度。

(五)风险性

众所周知,律师非诉讼法律服务存在一定潜在风险。特别是律师法律意见书,其发表意见的法律事项往往涉及公司上市、发债、并购或重组等重大事项,稍有疏漏就会对有关事项产生重大不利影响。另外,有些事项在后续发生争议之时,相关利害关系方往往会检视律师的法律意见,如发现疏漏可能会要求律师承担法律责任。为此,律师在出具非诉讼法律文书之时,应严格遵守相关法律、法规的要求,务必勤勉、尽职,采取审慎的态度出具相关法律文书。

二、律师非诉讼法律文书的分类

律师非诉讼法律文书可以按照不同的划分标准进行分类:

(一)根据处理法律事项是否涉及法律争议进行分类

根据处理事项是否涉及法律争议,可以划分为处理非争议性法律事务的文书和处理争议性法律事务的文书。前者主要包括律师见证书、合同、法律意见书等;后者主要包括律师函、律师调解协议书等。

(二)根据处理法律事项的不同类别进行分类

根据处理事项的不同类别,可以划分为处理日常法律事务的文书和处理专项法律事务的文书。前者主要包括法律建议书、合同、律师函等;后者主要包括法律意见书、律师调解协议书等。

第二节 律师见证书

一、知识要点

（一）概念和特点

律师见证书，是指律师应客户的申请，根据见证律师本人亲身所见，以律师事务所的名义依法对具体的法律事实或法律行为的真实性、合法性进行证明所出具的法律文书。

律师见证书具有证明效力，可以在一定程度上证明相关法律事实及法律行为。但是，律师见证书属于"私证"，其证明效力不及作为"公证"的公证书。经公证的事实可以直接作为认定事实的根据，除非有相反证据足以推翻。而律师见证书类似于证人证言，其所见证事实需要经过法院查证属实，才能作为认定事实的根据。

（二）法律依据和制作条件

《中华人民共和国律师法》（以下简称《律师法》）第28条规定："律师可以从事下列业务：……（六）接受委托，提供非诉讼法律服务；（七）解答有关法律的询问、代写诉讼文书和有关法律事务的其他文书。"

《律师见证业务工作细则》第2条规定："律师见证是指律师应客户的申请，根据见证律师本人亲身所见，以律师事务所的名义依法对具体的法律事实或法律行为的真实性、合法性进行证明的一种活动。"

《律师见证业务工作细则》第12条规定："律师可以承办下列见证业务：（一）各类经济合同的签订与履行行为；（二）企业章程、董事会决议、转股协议等法律文书；（三）继承、赠与、转让、侵害等民事行为；（四）各种委托代理关系。"

制作及出具律师见证书之前应注意以下事项：

(1) 建立委托关系

律师从事见证业务之前，应当与客户建立委托关系、签订见证委托合同。委托合同中应明确载明见证事项以及双方之间的相关权利与义务。

(2) 审查委托人资质

出具律师见证书之前，见证律师应审慎审查相关主体资格，确保其身份的真实性。另外，见证律师还需审查相关主体是否具备相应的民事权利能力和民事行为能力，其意思表示是否真实。

(3) 审查见证事项

出具律师见证书之前，应审查所见证事项是否合法，并确保所见证事项属于可见证事项。

此外，律师还应审查相关基础文件的真实性、合法性，对于复印件应与原件核对一致，对于相关法律文件要到工商部门、公安局或其他机构进行查阅核实。

（4）律师资质和人数符合要求

从事律师见证业务，律师事务所应指派两名律师从事见证工作。律师是指具备合法有效的律师执业证的律师，实习律师不能以自己的名义单独或和其他律师合办见证业务。

（5）确保亲眼所见

律师在见证阶段应亲临现场，做到亲眼所见，一般情况下应对见证的全过程进行录像及制作见证笔录；见证过程中应尊重客观事实，无须对所见证内容进行分析、研究、判断推理，以防止主观臆断。

（三）使用情况

律师见证书的份数可按客户的需要进行制作，并可增发若干副本。律师见证书由律师事务所统一编号后打印、盖章。见证业务办理完毕后，承办律师应按档案管理的要求立卷归档，送办公室统一保管。

二、内容要点和制作技巧

律师见证书由首部、正文和尾部三个部分组成。

（一）首部

1. 标题

居中写明"律师见证书"。

2. 文书编号

写在标题的右下方，内容一般为（××××）××律见字第××号，分别表示年度、律师事务所简称、文书类型、文书编号，具体根据律师事务所的编号规则而定。

3. 委托人的身份事项

委托见证人是自然人的应写明姓名、性别、出生年月日、民族及住址等情况；如是法人或其他组织则应写明法人或其他组织的名称和住所地，并另起行写明其法定代表人或主要负责人的姓名和职务。如委托见证人为数人的，应当分别写明其个人的基本情况。

4. 法定代理人和委托代理人的身份事项

如有法定代理人和委托代理人的，应写明法定代理人和委托代理人的姓名、性别、出生年月日、民族、住址以及与委托见证人的关系。

（二）正文

这部分是律师见证书的主体部分，由见证事项、见证过程、见证结论和法律依据四部分构成。

1. 见证事项

用简明扼要的文字写明委托人委托见证的事项之具体内容。

2. 见证过程

用简明扼要的文字写明律师从接受见证委托到核查当事人身份及相关材料以及办理见证的全过程内容。其中，主要写明审查的资料（可作为附件）以及所见证事项发生的经过。

3. 见证结论

见证结论是见证书的关键部分，需要写明律师根据所见证事实，结合相关法律法规的规定所作出的结论。

4. 法律依据

律师见证实际上是一种法律适用行为，律师见证书中需写明见证事项所涉及的相关法律、法规的具体规定。

（三）尾部

依次写明制作文书的律师事务所名称、见证律师的签名（或盖章）、文书制作的年月日并加盖律师事务所的公章。

三、文书样式

律师见证书

（××××）××律见字第××号

示例 13-1

委托见证人：……

委托代理人：……

××律师事务所接受×××委托进行××事项见证。

见证律师审查了委托人提供的××文件。

兹证明：……

××律师事务所　　　
×××律师　　　　
×××律师　　　　
××××年××月××日　

第三节 法律意见书

一、知识要点

（一）概念和特点

法律意见书，是指律师就当事人所涉法律问题，根据当事人提供的材料及/或在律师尽职调查的基础上，正确运用法律进行阐述和分析，提供给当事人或有关方作为决策参考的专业书面意见。

法律意见书具有如下特点：

1. 正式性

法律意见书是律师就当事人所涉的法律问题，采取特定书面形式进行的分析和阐述，具有规范性体式，相对于律师通过口头、电子邮件等方式进行的法律分析和咨询而言更加正式，具备明显的正式性。

2. 重大性

法律意见书一般是就企业面临的重大法律问题所发表的正式法律意见，而一般性的法律问题可以采取口头或便函的形式回复，无须采取法律意见书的形式进行分析、阐释。

3. 独立性

法律意见书是律师运用自己的专业法律知识，从独立第三方的角度就当事人所涉及的法律事务发表的法律意见。律师发表法律意见以事实为根据，以法律为准绳，需避免为了迎合当事人的某些需要，违背事实和法律制作法律意见书。

（二）法律依据和制作条件

《律师法》第28条规定："律师可以从事下列业务：……（六）接受委托，提供非诉讼法律服务；（七）解答有关法律的询问、代写诉讼文书和有关法律事务的其他文书。"

《律师职业道德和执业纪律规范》第24条规定："律师应当充分运用自己的专业知识和技能，尽心尽职地根据法律的规定完成委托事项，最大限度地维护委托人的合法利益。"

《律师职业道德和执业纪律规范》第26条规定："律师应当遵循诚实守信的原则，客观地告知委托人所委托事项可能出现的法律风险，不得故意对可能出现的风险做不恰当的表述或做虚假承诺。"

《律师职业道德和执业纪律规范》第27条规定："为维护委托人的合法权益，律师有权根据法律的要求和道德的标准，选择完成或实现委托目的的方法。对委托人拟委托的事项或者要求属于法律或律师执业规范所禁止的，律师应告知委托人，并提出修改建议或予以拒绝。"

除此之外，律师出具法律意见书还需依据与所涉法律事务相关的部门法及其相关行政法规、规章制度。

法律意见书的制作条件包括如下方面：

（1）律师应明确法律意见书所涉法律事务的范围，为此律师需准确理解当事人的法律需求，并在此基础上归纳、总结法律意见书所涉及的法律事务，待当事人确认之后再制作相应的法律意见书。

（2）律师应对出具法律意见书所依据的事实和证据材料进行认真的核查和验证，确保法律意见书的质量，尽职尽责地维护委托人的合法利益。

（3）制作法律意见书的同时还应制作工作底稿，工作底稿是指律师在为制作法律意见书过程中形成的工作记录及在工作中获取的所有文件、会议纪要、谈话记录等资料。工作底稿应准确、真实，客观反映律师工作的整个过程。工作底稿是判断律师是否勤勉尽责的重要依据。

（三）使用情况

法律意见书一般需制作多份，部分供律师事务所备案，部分提供给委托方，还有部分法律意见书需要提供给予所涉法律事务相关的第三方。

律师在法律意见书中一般都会明确法律意见书的使用范围，对于范围之外的使用不具有参考性，律师亦不负法律责任。

法律意见书通常可以使用在如下情形之中：说明某种行为是否合法，或是否能产生预期的法律后果；确认某种法律关系的存在或设立；解决争议或不确定性；满足合同或交易要求；在其他专业人士不具备资格或能力的领域，就某些问题提供解决方案或意见；满足法律要求；作为监管机构确认某种事实的基础。

二、内容要点和制作技巧

法律意见书可分为首部、正文和尾部三部分。

（一）首部

1. 标题

一般可写为"法律意见书"或"关于××事项的法律意见书"。

2. 主送对象

写明主送的单位（或个人）的全称

3. 引言

引言部分主要写明委托人及委托事项，以及出具法律意见书的法律法规等相关依据。

4. 律师声明

律师声明主要用于表述法律意见书的用途及使用范围，并表明律师对于当事人所介绍事实情况及所提供资料进行审查的提示及免责陈述。

（二）正文

正文一般包含如下内容：

1. 基本事实

基本事实一般包括委托人提供的材料清单，以及委托人介绍的事实情况。需注意，委托人提交的材料清单需完整、清晰列明，并建议将材料复印件作为法律意见书的附件。委托人介绍的事实情况，建议律师进行必要的梳理，确保与法律意见书需要论证、阐述的法律问题直接相关，且准确、明晰，以服务于后文的论证、阐释。

2. 法律分析

法律分析是为法律意见书的建议或结论而服务的，其写法没有统一的范式，应根据委托人的具体需求，结合案情进行展开。一般来说，可以采取基本事实、法律规定、分析结果的方式展开论述。具体而言，可从法律构成要件的角度，将基本事实进行法律上的概括和抽象，得出需要论述的法律问题进行针对性的分析阐释。行文时，最好在标题中列明每一部分的中心思想，保持条理清晰、观点明确。

3. 法律建议或结论

法律建议或结论是法律意见书最为关键的部分，需注意的是，得出的建议或结论需具体、明确、可行，并用简明扼要的文字清晰、明确地写明。如法律建议或结论的得出存在某些前提性或限制性条件的，也建议一并写明。

（三）尾部

法律意见书的尾部，应当写明律师事务所的名称、律师的姓名以及法律意见书的制作日期，并由律师事务所盖章、经办律师签字。

三、文书样式

示例 13-2

法律意见书

××字〔××〕第××号

主送对象：×××（写明姓名或名称）

一、引言

1. 委托事项：……

2. 出具法律意见书的依据（主要是法律规定）：……

3. 律师声明（主要是出具法律意见书的相关假设、前提及免责声明）：……

二、正文

1. 背景事实（主要是委托人介绍的事实、提供的材料清单及其归纳、律师查询到的事实）：……

2. 法律分析（主要是律师基于背景事实，结合相关法律法规的规定，对相关法律事项的分析，或对于相关事项的处理意见）：……

三、建议或结论（主要是对于相关法律事项的处理建议或相关法律分析的总结性意见）：……

××律师事务所
×××律师
××××年××月××日

第四节　法律建议书

一、知识要点

（一）概念和特点

法律建议书，是指律师向当事人出具的对于当事人所涉法律事项提出明确法律建议的法律文书。法律建议书和法律意见书一样，属于律师对当事人委托事项的分析建议，用于当事人的决策参考，对当事人没有强制效力。法律建议书具有如下特点：

1. 特定性

法律建议书是出具给特定对象，针对特定法律事务所作的法律建议。

2. 可操作性

法律建议书与法律意见书不同，法律意见书更侧重于对委托事项的分析、阐释，而法律建议书更侧重于给出明确、具体的可操作性建议。

3. 正式性

律师提供法律建议的形式包括口头形式、书面形式，而书面形式又包括电子邮件、法律建议书等形式。其中，以法律建议书的形式提出法律建议是最为正式的方式，一般适用于较为重大、严肃的法律事项。

（二）法律依据和制作条件

《律师法》第28条，《律师职业道德和执业纪律规范》第24条、第26条、第27条，见前文。

除此之外，律师出具法律建议书还需依据与所涉法律事务相关的部门法及其相关行政法规、规章制度。

法律建议书的制作条件包括如下方面：

(1) 法律建议书一般是依当事人的请求作出，但有些情况下虽当事人未提出请求，但其涉及明显、重大法律风险的，律师出于维护当事人合法权益的考虑，可主动通过法律建议书的方式向当事人提出法律建议。

(2) 律师应充分核查委托事项所涉及的基本事实，如若事出紧急，可在与当事人确认基本事实的基础上进行分析并提供建议。

(3) 律师在出具法律建议书之前需梳理出焦点问题，并围绕焦点问题提供法律建议。

(三) 使用情况

法律建议书所提出的法律建议必须明确、具体，要求可落地、可执行。一般而言，法律建议书可以使用在如下场合：

(1) 审查企业重大合同时发现存在重大风险；

(2) 参与企业重大决策和重大经济活动时，发现相关决策违反法律规定，可能造成无效或造成重大损失；

(3) 审查公司章程、制度，发现客户章程、内部规章制度存在重大法律漏洞，或者违反法律强制性规定；

(4) 发现顾问单位出现紧急情况需要法律干预或者采取紧急法律行为；

(5) 律师事务所认为其他需要提出法律建议的情形。

二、内容要点和制作技巧

法律建议书一般可以分为首部、正文和尾部三部分。

(一) 首部

1. 标题

一般可写为"法律建议书"或"关于××事项的法律建议书"。

2. 主送对象

写明主送的单位（或个人）的全称。

3. 引言

引言部分主要写明法律建议书所涉的法律事项，以及出具法律建议书的法律法规等相关依据。

(二) 正文

正文一般包含如下内容：

(1) 基本事实，一般包括委托人提供的材料清单、委托人介绍的事实情况以及律师自行查实的相关情况。

（2）列明涉及的相关法律法规。如果检索到相关判例，也可以列明。

（3）在上述事实的基础之上，根据相关法律法规对当事人所涉法律事实或法律行为进行分析，具体分析为何存在法律风险或存在违法的情况。分析应保持条理清晰、观点明确。

（4）在分析的基础之上写明法律建议，如对于法律风险的具体消除、规避措施，或者违法行为的纠正措施等。

（三）尾部

法律建议书的尾部，应当写明律师事务所的名称、律师的姓名以及法律建议书的制作日期，并由经办律师签字及律师事务所盖章。

三、文书样式

法律建议书

主送对象：×××（写明姓名或名称）

一、根据×××的委托，就××事宜进行分析，并提供法律建议如下：

…………

二、基本事实

…………

三、法律分析

1. 对于××问题的分析：……

2. 对于××问题的分析：……

3. 对于××问题的分析：……

四、法律建议

1. 对于……事项，建议……

2. 对于……事项，建议……

××律师事务所

×××律师

×××律师

××××年××月××日

示例 13-3

第五节　调解协议书

一、知识要点

（一）概念和特点

调解协议书，是指律师接受当事人的委托，以调解员的身份居中主持调解，对双方当事人进行劝导，促成当事人之间就争议解决达成一致意见之后，由当事人相应签署的法律文书。

调解协议书具有如下特征：

1. 自愿性

调解必须充分尊重当事人的意愿，在当事人自愿的情况下达成调解协议。包括律师在内的任何人都不能强迫当事人接受调解。另外，调解允许当事人在法律范围内对自己的民事权利进行任意处置，尊重当事人的自由意志。

2. 特定性

调解只能适用于特定的法律关系，不是所有法律关系都适合调解。婚姻关系、身份关系确认纠纷不能调解。

3. 私密性

区别于法院司法程序，律师调解的过程及律师调解协议都不对社会公众开放和公开，有利于保障当事人隐私或商业秘密。

4. 便捷性

调解过程中，律师运用其专业法律知识居中协调，促成当事人之间的争议解决，无须经历法院和仲裁等司法程序，是一种便捷、高效的争议解决机制。

5. 非强制性

律师调解协议不同于法院调解书，不具有强制执行性。原因在于律师调解协议本质上属于当事人之间达成的合同，需经司法程序确认其效力之后才能申请强制执行。

（二）法律依据和制作条件

《律师法》第28条规定："律师可以从事下列业务：……（五）接受委托，参加调解、仲裁活动；……"

《最高人民法院、司法部关于开展律师调解试点工作的意见》（以下简称《工作意见》）第1条关于"指导思想"中规定："全面贯彻党的十八大和十八届三中、四中、五中、六中全会精神，深入贯彻习近平总书记系列重要讲话和对律师工作的重要指示精神，围绕全面推进依法治国总目标，深化多元化纠纷解决机制改革，健全诉调对接工作机制，充分发挥律师职能作用，建立律师调解工作模式，创新律师调解方式方法，有效化解各类矛盾纠纷，维护当事人合法权益，促进社会公平正义，维护社会和谐稳定。"

《工作意见》第2条关于"基本原则"中规定："坚持依法调解。律师调解工作应当依法进行，不得违反法律法规的禁止性规定，不得损害国家利益、社会公共利益和当事人及其他利害关系人的合法权益。坚持平等自愿。律师开展调解工作，应当充分尊重各方当事人的意愿，尊重当事人对解决纠纷程序的选择权，保障其诉讼权利。坚持调解中立。律师调解应当保持中立，不得有偏向任何一方当事人的言行，维护调解结果的客观性、公正性和可接受性。坚持调解保密。除当事人一致同意或法律另有规定的外，调解事项、调解过程、调解协议内容等一律不公开，不得泄露当事人的个人隐私或商业秘密。坚持便捷高效。律师运用专业知识开展调解工作，应当注重工作效率，根据纠纷的实际情况，灵活确定调解方式方法和程序，建立便捷高效的工作机制。坚持有效对接。加强律师调解与人民调解、行政调解、行业调解、商事调解、诉讼调解等有机衔接，充分发挥各自特点和优势，形成程序衔接、优势互补、协作配合的纠纷解决机制。"

《工作意见》第7条关于"明确律师调解案件范围"中规定："律师调解可以受理各类民商事纠纷，包括刑事附带民事纠纷的民事部分，但是婚姻关系、身份关系确认案件以及其他依案件性质不能进行调解的除外。"

显而易见，调解协议书应当是在经律师调解后双方当事人达成调解协议后制作的。这里需要强调的是：

(1) 律师从事律师调解应充分保障各方当事人的意愿，尊重当事人对于纠纷解决程序的自由选择权，不得强迫当事人接受调解。

(2) 律师调解应当依法进行，不得违反法律、法规禁止性规定，不得损害国家利益、社会公共利益和当事人及其他利害关系人利益。

(3) 律师调解员主持或参与民商事纠纷调解活动应当保持中立，不得有偏向任何一方当事人的言行，维护调解结果的客观性、公正性和可接受性。

(三) 使用情况

经律师调解员出具书面调解协议的，当事人可依法就调解协议向有管辖权的人民法院申请司法确认或支付令，赋予其强制执行的效力。

二、内容要点和制作技巧

调解协议书可以分为首部、正文、尾部三个部分。

（一）首部

1. 标题

居中写明"调解协议书"。

2. 调解书的编号

标题右下方写明调解协议书的编号。

3. 当事人的身份信息

分别写明当事人的姓名、性别、出生年月、民族、身份证号码、联系地址及联系方式等。

4. 纠纷的主要事实、争议事项

写明双方因何产生争议，双方之间的诉求分别是什么。

（二）正文

写明经调解达成协议的内容，主要包含相关法律关系的确认，或相关事项的履行金额、履行方式、期限等。另外，还需写明调解协议的生效时间。如调解协议即时履行完毕的，也应当予以载明。

（三）尾部

双方当事人签章，主持调解的律师和律师事务所签名、盖章。

三、文书样式

示例13-4

调解协议书

编号：×××

甲方：×××

法定代表人：×××

乙方：×××

法定代表人：×××

调解人：××××律师事务所律师×××（甲方委托）。

　　　　××××律师事务所律师×××（乙方委托）。

甲方称：……

乙方辩称：……

甲乙双方律师对双方当事人的理由进行分析认为：

…………

甲乙双方当事人本着互谅互让的原则，经协商达成如下协议：

…………

以上协议，双方均愿履行。履行日期为协议生效后××个月内履行完毕。

本调解协议书自××××年××月××日起生效。

甲方：×××　　　　　　　　乙方：×××

法定代表人：×××　　　　　法定代表人：×××

甲方律师：×××　　　　　　乙方律师：×××

××××律师事务所律师　　　××××律师事务所律师

××××年××月××日

第六节　合　同　书

一、知识要点

（一）概念和特点

合同书，是指平等民事主体之间就设立、变更、终止民事权利义务关系达成并签署的书面协议。

合同书是《民法典》第469条规定的众多合同形式中的一种。合同的形式多种多样，包括书面形式、口头形式或者其他形式。书面形式又包括合同书、信件、电报、电传、传真等可以有形地表现所载内容的形式。本节内容主要涉及对其中合同书的介绍。

合同书具有如下特征：

1. 意定性

合同是一种债，并且属于意定之债。合同书的成立必须有两方以上的当事人互为意思表示，并且意思表示一致。

2. 书面性

合同书是书面形式的合同，通常以有形的纸面方式存在。当然，有些合同书也以数据电文的方式存在，只要这些数据电文能够有形地表现所载合同内容，并可随时调取查用，也可将其视为合同书。

3. 相对性

合同书只能拘束合同当事人，只有在法律有规定的情况下其效力才涉及第三方。

4. 合法性

合同书必须符合法律的规定才能成立及生效，违反法律强制性规定的合同书其效力得不到法律的承认。

（二）法律依据和制作条件

《民法典》第469条规定："当事人订立合同，可以采用书面形式、口头形式或者其他形式。书面形式是合同书、信件、电报、电传、传真等可以有形地表现所载内容的形式。以电子数据交换、电子邮件等方式能够有形地表现所载内容，并可以随时调取查用的数据电文，视为书面形式。"

《民法典》第470条规定："合同的内容由当事人约定，一般包括下列条款：（一）当事人的姓名或者名称和住所；（二）标的；（三）数量；（四）质量；（五）价款或者报酬；（六）履行期限、地点和方式；（七）违约责任；（八）解决争议的方法。当事人可以参照各类合同的示范文本订立合同。"

《律师法》第28条规定："律师可以从事下列业务：……（六）接受委托，提供非诉讼法律服务；（七）解答有关法律的询问、代写诉讼文书和有关法律事务的其他文书。"

制作合同书的前提条件就是双方当事人对合同内容达成了协议。此外，还需满足以下条件：

1. 当事人条件

合同至少应有两个或两个以上的当事人，并且当事人需具备与订立合同相适应的民事行为能力。当事人订立合同的意思表示应当真实，不得存在欺诈、胁迫的情况。

2. 合法性条件

合同内容不得违反法律的强制性规定，不得违背社会公共利益，不得损害国家或第三人利益。

3. 理解交易背景

很多时候，制作一份合同书的根本目的是帮助当事人完成一项商业上的交易，实现其商业目的，这就要求律师必须熟悉交易背景和目的，否则很难制作一份合格的合同书。

另外，交易背景还包括当事人的市场地位，因为市场地位往往决定合同地位。出于促成交易的考虑，市场地位较弱的一方往往会在合同条款设置上对市场地位强势一方进行一定的妥协和容忍。律师在制作合同书之时，必须考虑合同各方市场地位之间的差异，从尽量促成交易同时防范交易风险的角度妥善设置合同书条款。

4. 可操作性

可操作性包含两个方面：一方面合同书条款的设置需要保证合同在履行过程中具备可操作性；另一方面还需要保证在合同发生纠纷的时候具有可操作性。

5. 以促成交易为核心

合同书制作应当以促成交易为核心，包括条款的设置和安排都需要围绕这个核心来展开。当然，制作合同书也需要注意防范交易风险、维护委托方的利益。促成交易和防范风险之间需要取得某些平衡，为了促成交易可以适度容忍一些不重要的交易风险。

（三）使用情况

合同书订立之后，各方当事人应将合同书原件进行妥善保管。对于合同履行过程中产生的重要文件、函件、单据等，也应当与合同书原件一并保管、归档。

合同履行过程中，应注意严格按照合同的约定履行合同义务，关注的事项包括但不限于合同义务的履行期限、方式，并严格按照合同的规定履行各项通知义务。

如若双方在履行合同过程中存在变更合同的意愿，或者双方已经通过行为实质上变更合同的，应及时签订补充合同，避免今后产生不必要的争议。

如合同履行过程中发生违约的，则守约方可及时进行相应催告和交涉，收集相关违约证据，同时采取措施防止损失的扩大。

在合同履行完毕之后，可将合同书及相关履行凭证、证据进行统一归档。

二、内容要点和制作技巧

合同书一般分为如下三个部分：

（一）首部

首部一般由如下几个方面组成：

1. 合同名称

合同名称没有具体的制式，如系有名合同则一般直接写该有名合同的名称，如系无名合同则一般直接写"协议""合同"作为名称。无论是有名合同还是无名合同，都可以在名称中加上该合同所涉项目的名称。

2. 合同当事方的信息

合同当事方的信息建议尽量详细，这便于合同的履行以及在发生违约情况下守约方的维权。一般而言，推荐如下写法：

当事方如系自然人，需写明自然人的姓名、性别、出生年月、身份证号码、住所地、联系方式及联系地址；合同当事方如系法人或其他组织的，需写明单位名称、组织机构代码证号码、住所地、法定代表人/负责人姓名、联系方式及联系地址。

3. 合同鉴于条款

合同鉴于条款中一般写明交易背景及交易目的，这往往涉及合同目的。合同目的一般指合同双方订立和履行合同所期望达到的效果。明确合同目的对于合同当事方十分重要：在合同约定不明时，通过分析合同目的可对合同条款进行补充和完善；在当事人对于合同条款的解释产生分歧之时，通过分析合同目的可以对合同条款作出准确解释。另外，合同目的还可用于确定合同的附随义务，以及在发生违约时用于判断合同解除权是否成立等。因此，在撰写鉴于条款之时，应当注意尽可能明确双方之间的合同目的。

4. 名词解释

对于较为复杂的合同，涉及较多专业术语的，可在首部进行名词解释。

（二）正文

正文一般写明合同的相关条款内容，以股权转让合同为例，需写明股权转让的标的、股权转让价款及支付方式、工商变更登记办理、原股东的承诺与保证、违约责任、争议解决方式等。

合同条款对于权利义务的设置、履行方式、履行期限等都要做到明确、具体，各项权利、义务之间要具有逻辑性、可衔接性，确保合同的可操作性，避免产生不必要的争议。另外，违约条款和争议解决条款的设置也要明确、具体，如不能泛泛地写"违约方需向守约方赔偿因违约方违约所造成的损失"，而是应当具体写明损失的计算方法或者是违约金的金额。

合同条款还需注意双方权利、义务的对等，如权利、义务显失公平，一方面可能影响弱势当事方的签约意愿，另一方面可能对合同的效力产生不利影响。另外，即便是合同效力不存在问题，司法机关也可能基于该情况在裁判时对相关权利、义务进行平衡。

（三）尾部

尾部一般为签署栏，写明签约的各方当事人姓名或名称，姓名和名称处应为当事人留足签字、盖章的空间；签章可设置为"签字或盖章"，也可以设置为"签字和盖章"，当事人在签署合同书时务必根据合同书的签章设置进行合同的签署。否则，很容易在日后发生不必要的争议。此外，尾部还需写明签署日期、合同签订地等重要信息。

三、文书样式

示例 13-5

××××合同

甲方：××××
住所：××××
联系方式及联系地址：××××
乙方：××××
住所：××××
联系方式及联系地址：××××
鉴于：……甲乙双方经协商一致达成如下协议：
一、合同标的
……

二、合同价款及支付方式
……

三、甲乙双方权利义务
……

四、违约责任
……

五、争议解决
……

六、本合同自甲乙双方签署之日生效。

七、本合同一式两份，甲乙双方各执一份，具备同等法律效力。

【签署栏】

甲方：××××（盖章/签字）　　乙方：××××（盖章/签字）

签署日期：××××年××月××日　　签署日期：××××年××月××日

签订地：××××

第十四章 仲裁法律文书

第一节 概 述

一、仲裁法律文书的概念和特点

仲裁，亦称"公断"，是诉讼外纠纷解决的重要法律途径，是指争议双方当事人依据争议发生前或争议发生后达成的仲裁协议，自愿将争议交给约定的仲裁机构作出裁决，双方当事人有义务履行裁决的一种解决争议的方式。

从立法来看，我国仲裁的类型包括商事仲裁（含国内和涉外商事仲裁）、劳动人事争议仲裁和农村承包合同纠纷仲裁三种。对应的三部法律分别是：1994年8月31日公布并于1995年9月1日起施行的《仲裁法》；2007年12月29日公布并于2008年5月1日起施行的《中华人民共和国劳动争议调解仲裁法》（以下简称《劳动争议调解仲裁法》）；2009年6月27日公布并于2010年1月1日起施行的《中华人民共和国农村土地承包经营纠纷调解仲裁法》（以下简称《农村土地承包经营纠纷调解仲裁法》）。但是，我国劳动人事争议仲裁和农村承包合同纠纷仲裁具有较浓郁的行政色彩，与现代仲裁意义上的仲裁还有较大的差异。因此，本书对涉及这两类仲裁的法律文书不作介绍。本书中所谓的"仲裁"专指商事仲裁，"仲裁法律文书"就专指商事仲裁法律文书。

仲裁法律文书，是指当事人、仲裁机构及仲裁员进行仲裁，人民法院实施对仲裁的司法监督时所制作的法律文书。

仲裁实行协议管辖、专家断案、一裁终局、不公开审理等原则，因此，与仲裁一样，仲裁法律文书也具有自愿性、专业性、灵活性、保密性、快捷性等显著特点。

1. 自愿性

当事人的自愿性是仲裁最突出的特点。仲裁以双方当事人的自愿为前提，即当事人之间的纠纷是否提交仲裁、交与谁仲裁、仲裁庭如何组成、由谁组成，以及仲裁的审理方式、开庭形式等都是在当事人自愿的基础上，由双方当事人协商确定的。所有这些特点都在仲裁协议书、仲裁申请书和裁决书中有充分的体现。

2. 专业性

民商事纠纷往往涉及特殊的知识领域，会遇到许多复杂的法律、经济贸易和有关的技术性问题，故专家裁判更能体现专业权威性。因此，由具有一定专业水平和能力的专家担任仲裁员对当事人之间的纠纷进行裁决是仲裁公正性的重要保障。在仲裁法律文书中，专业性不仅体现在法律专业性上，还体现在来自各领域专家的与案件有关的各方面专业特性中。

3. 灵活性

由于仲裁充分体现了当事人的意思自治，仲裁中的诸多具体程序都是由当事人协商确定与选择的，因此，与诉讼相比，仲裁程序更加灵活，更具有弹性。体现在仲裁法律文书中，仲裁协议决定着案件的管辖，而不实行级别管辖和地域管辖；案件调解中当事人不仅可以对纠纷处理结果自愿协商、自主决定，还可以对法律文书的类别（调解书或裁决书）、法律文书的内容协商一致。

4. 保密性

当事人的商业秘密和贸易活动不会因仲裁活动而泄露，仲裁表现出极强的保密性。因此，仲裁以不公开审理为原则。有关的仲裁法律和仲裁规则也同时规定了仲裁员及仲裁秘书人员的保密义务。所以，仲裁法律文书通常都是不向社会公开的，仲裁机构或仲裁员不能通过任何形式对社会公开发布。

5. 快捷性

仲裁实行一裁终局制度，仲裁裁决一经仲裁庭作出即发生法律效力，这使得当事人之间的纠纷能够迅速得以解决。

二、仲裁法律文书的类别

如前所述，仲裁法律文书通常包括当事人制作的仲裁法律文书、仲裁机构法律文书和人民法院行使对仲裁监督权而制作的仲裁法律文书。

鉴于涉及人民法院行使司法监督职能而制作的撤销仲裁裁决裁定书等内容已在第九章第五节"民事裁定书"中作过介绍，因此，本章仅介绍当事人和仲裁机构制作的几种主要的仲裁法律文书。

第二节　仲裁协议书

一、知识要点

（一）概念和特点

在民商事仲裁中，仲裁协议是仲裁的前提，没有仲裁协议，就不存在有效的仲裁。仲裁协议，是指双方当事人自愿将他们之间可能发生或者已经发生的争议提交共同指定的仲裁机构通过仲裁解决的书面协议。它是双方当事人所表达的采用仲裁方式解决纠纷意愿的法律文书，是将双方当事人之间的仲裁合意书面化、法律化的形式。

仲裁协议本质上是一种合同，但其与一般的合同又有一定的区别。仲裁协议具有以下特征：

1. 意思表示的共同性

仲裁协议的签订建立在双方当事人自愿、平等和协商一致的基础上，以授权仲裁庭通过仲裁的方式解决争议，并得到公正裁决为目的。因此，仲裁协议是双方当事人共同的意思表示，是他们将争议提交仲裁的共同意愿的体现。

2. 权利义务的同一性

与一般民事合同具有的双务性不同，仲裁协议中双方当事人的权利义务具有同一性。在仲裁协议中，双方当事人具有共同的目标，即当发生特定的纠纷后，通过仲裁方式予以解决，因此他们之间的权利义务是同一的，这主要表现为任何一方当事人都有权将所发生的争议提交仲裁解决，同时任何一方当事人也具有不得就该争议向人民法院提起诉讼的义务。

3. 协议内容的特殊性

仲裁协议的内容具有特殊性，具体表现在：（1）仲裁协议作为一种纠纷解决的合同，双方当事人既可以在纠纷发生之前，也可以在纠纷发生之后协商确定，将他们之间可能发生或者已经发生的争议提交仲裁解决。（2）双方当事人提交仲裁解决的事项必须具有法律规定的可仲裁性，即属于仲裁法规定的仲裁范围。对于诸如人身权等当事人不可以自由处分的权利，即使发生了争议或当事人受到了侵害，也不得通过订立仲裁协议，寻求以仲裁方式解决。（3）双方当事人在仲裁协议中可以任意选择他们共同认可的仲裁机构，而不论该仲裁机构是否与他们双方及其所发生的争议有任何联系。

4. 法律约束力的广泛性

仲裁协议具有广泛的约束力。这一约束力具体表现为：（1）仲裁协议约束着双方当事人，任何一方当事人不得就协议仲裁的争议事项向人民法院提起诉讼；（2）仲裁协议约束着法院，法院不得受理任何一方当事人对已订有仲裁协议的争议事项提起的诉讼；（3）仲裁协议约束着仲裁庭，仲裁庭应当依照仲裁协议中的授权行使仲裁权，解决当事人之间的纠纷。

5. 协议形式的严格要式性

仲裁协议具有严格的要式性，即仲裁协议必须以书面形式订立，口头形式的仲裁协议没有法律效力。

仲裁协议可作为合同的争议解决条款规定在合同中，即以仲裁条款的形式存在于合同之中，也可以双方单独签订仲裁协议。仲裁协议书，是指当事人之间订立的、一致表示愿意将他们之间已经发生或可能发生的争议提交仲裁解决的单独的书面协议。这种仲裁协议的特点是它是单独的仲裁协议,是在合同中没有规定仲裁条款的情况下,双方当事人为了专门约定仲裁内容而单独订立的一种协议。它与仲裁条款不同,当事人可以在争议发生之前,也可以在争议发生之后订立。

(二)法律依据和制作条件

《仲裁法》第4条规定:"当事人采用仲裁方式解决纠纷,应当双方自愿,达成仲裁协议。没有仲裁协议,一方申请仲裁的,仲裁委员会不予受理。"该法第16条还规定:"仲裁协议包括合同中订立的仲裁条款和以其他书面方式在纠纷发生前或者纠纷发生后达成的请求仲裁的协议。仲裁协议应当具有下列内容:(一)请求仲裁的意思表示;(二)仲裁事项;(三)选定的仲裁委员会。"这是制作仲裁协议书最直接的法律依据。

同时,《仲裁法》第17条规定:"有下列情形之一的,仲裁协议无效:(一)约定的仲裁事项超出法律规定的仲裁范围的;(二)无民事行为能力人或者限制民事行为能力人订立的仲裁协议;(三)一方采取胁迫手段,迫使对方订立仲裁协议的。"该法第18条还规定:"仲裁协议对仲裁事项或者仲裁委员会没有约定或者约定不明确的,当事人可以补充协议;达不成补充协议的,仲裁协议无效。"该法第19条又规定:"仲裁协议独立存在,合同的变更、解除、终止或者无效,不影响仲裁协议的效力。仲裁庭有权确认合同的效力。"

从上述法律规定中可以看出,制作仲裁协议书必须具备如下条件:

(1)制作仲裁协议书必须以在双方当事人自愿、平等和协商一致的基础上达成的仲裁协议为依据。仲裁协议书是仲裁协议的书面表现形式,仲裁协议是双方当事人在自愿、平等和友好协商基础上达成的就纠纷解决方式的约定。

(2)仲裁协议书通常是在主合同中没有约定纠纷解决方式的情况下单独制定的。仲裁协议条款和仲裁协议书都是合同的组成部分,如果仲裁协议的内容已经存在于合同条款中,那么,仲裁协议书也就没有单独订立的必要了,除非仲裁条款约定不明,需要有补充协议特别约定。

(3)仲裁条款存在于合同之中,是在合同签订时制定的。仲裁协议书从形式上是独立于主合同的,可以在签订合同后纠纷发生前制定,也可以是在发生纠纷后,由双方当事人平等协商制定。

(4)仲裁协议书中确定的仲裁事项必须具有可仲裁性,即属于仲裁法规定的仲裁事项,对于诸如人身权等当事人不可以自由处分的权利,即使发生了争议或当事人受到了侵害,当事人也不得订立仲裁协议,以仲裁方式解决。

(三)使用情况

仲裁协议书签订以后就产生广泛的拘束力,不仅双方当事人必须严格遵守协的约定，而且也排除人民法院对案件的管辖。当事人对仲裁协议的效力有异议的，可以请求仲裁委员会作出决定或者请求人民法院作出裁定。一方请求仲裁委员会作出决定，另一方请求人民法院作出裁定的，由人民法院裁定。

当事人对仲裁协议的效力有异议，应当在仲裁庭首次开庭前提出。

二、内容要点和制作技巧

仲裁协议书实质就是一份合同书，合同书制作中需要包含的内容和要素，仲裁协议书也应当具备。当然，仲裁协议书是一种特别的合同约定，它是双方当事人对纠纷解决方式的一种事先安排，因此在内容要点和制作技巧上也有特殊性。

仲裁协议书也可由首部、正文和尾部构成。

（一）首部

1. 标题

居中写明"仲裁协议书"或"协议书"。

2. 合同当事人身份事项

在保证与主合同一致性的基础上，应尽量按照《民事诉讼法》《仲裁法》等与纠纷解决相关的程序法相协调。因此，仲裁协议书中的当事人可以"甲方""乙方"的不同地位加以区分，其身份事项的具体内容也可以因公民与法人或其他组织的不同情况来书写，即当事人为"公民"的，其身份事项应写明姓名、性别、年龄、民族、职业、工作单位、住所、联系方式等；当事人为法人或者其他组织的，应写明其名称、住所和法定代表人或者主要负责人的姓名、职务、联系方式。

（二）正文

正文应当包括以下内容：

1. 合同协商的过程

简要地写明双方当事人平等、自愿、协商一致达成仲裁协议的过程。可表述为："甲方和乙方在自愿、平等的基础上，通过友好协商对双方于××××年××月××日签订的《××合同》的纠纷解决方式，达成如下协议：……"

2. 协议主文

根据《仲裁法》的规定，仲裁协议应当具有下列内容：（1）请求仲裁的意思表示；（2）仲裁事项；（3）选定的仲裁委员会。由此可见，作为仲裁协议书的协议主文包括但不限于：

（1）必须有将纠纷通过仲裁的方式解决的明确宣示；

（2）必须具体、正确且可确定地写明选定的仲裁委员会；

（3）必须明确写明交付仲裁解决的具体事项。

在具体写法上，第（1）（2）项内容，既可以分别写明也可以合并书写，但以合并书写更为适宜。譬如，可表述为："双方同意将《××合同》项下的纠纷（×××纠纷）交由××仲裁委员会按照其《仲裁规则》的规定处理。"在这里特别需要指出的是，仲裁委员会的名称必须准确书写，以便于当事人确定。

需要注意的是，为了突出仲裁委员会的自治性、独立性和民间性等特征，仲裁委员会的名称通常不以行政区划来命名，也就是说，仲裁委员会的名称中有"地方"名而无"地域"名，譬如，"上海仲裁委员会"而非"上海市仲裁委员会"，"苏州仲裁委员会"而非"苏州市仲裁委员会"。

至于"仲裁事项"，则必须强调"可裁性"要求。也就是说，仲裁事项必须是在仲裁法规定的适用范围，即平等主体的公民、法人和其他组织之间发生的合同纠纷和其他财产权益纠纷。而对于涉及身份关系和身份权的婚姻、收养、监护、扶养、继承纠纷，以及依法应当由行政机关处理的行政争议，均不具有仲裁法中的"可裁性"，都不能在仲裁协议书中进行约定。在仲裁协议书中，"仲裁事项"可以概括性表述，譬如，"凡因执行本合同或与本合同有关的一切争议"。当然，"仲裁事项"也可以根据需要分别列明，并以序号加以区别。

（三）尾部

尾部内容包括：
(1) 签约当事人签名、盖章，或签名加盖章；
(2) 协议签订的日期。

三、文书样式

【样式1】

仲裁协议书

当事人：……（以下简称"甲方"）

当事人：……（以下简称"乙方"）

（以上写明当事人的姓名或者名称等基本信息）

根据《中华人民共和国仲裁法》的规定，当事人双方在自愿、平等的基础上，通过友好协商，同意提请××仲裁委员会按照其《仲裁规则》的规定，仲裁如下争议：

(1) ……

(2) ……

(3) ……

（以上列明欲提交仲裁委员会解决的争议事项）

当事人名称：……　　　　　当事人名称：……

示例 14-1

地址：……　　　　　　　　　地址：……
签字（盖章）　　　　　　　　签字（盖章）
××××年××月××日　　　××××年××月××日
（注意：仲裁机构的名称一定要准确）

【样式2】

仲裁协议书

当事人：……（以下简称"甲方"）

当事人：……（以下简称"乙方"）

（以上写明当事人的姓名或者名称等基本信息）

根据《中华人民共和国仲裁法》的规定，我们经过协商，愿就××××年××月××日签订的《××合同》第××条约定的仲裁事项，达成如下补充协议：

凡因执行本合同或与本合同有关的一切争议，申请××仲裁委员会仲裁，并适用《××仲裁委员会仲裁规则》。××仲裁委员会的裁决是终局的，对双方都有约束力。

当事人：……　　　　　　　　当事人：……
签名（盖章）　　　　　　　　签名（盖章）
××××年××月××日　　　××××年××月××日

第三节　仲裁申请书

一、知识要点

（一）概念和特点

仲裁申请书，是指平等主体的公民、法人和其他组织之间发生合同纠纷或其他财产权益纠纷时，当事人根据双方达成的仲裁协议，向仲裁协议中选定的仲裁机构提出仲裁请求并要求仲裁机构通过仲裁解决双方发生的争议的仲裁法律文书。

仲裁申请书体现的是当事人申请仲裁的意思表示，递交仲裁申请书本身就是对仲裁程序的启动，是产生仲裁程序的条件，因此，仲裁申请书具有启动仲裁程序性的特征；申请人通过仲裁申请书向仲裁机构陈述纠纷事实、申诉保障理由的特性，所以，仲裁申请书具有申诉性特征；同时，申请人通过仲裁申请书向仲裁机构提供事实和理由，能为仲裁机构开展协商、调解提供参考依据，体现了仲裁申请书的参证性特征。

（二）法律依据和制作条件

《仲裁法》第 22 条规定："当事人申请仲裁，应当向仲裁委员会递交仲裁协议、仲裁申请书及副本。"这是制作仲裁申请书最直接的法律依据。

《仲裁法》第 21 条规定："当事人申请仲裁应当符合下列条件：（一）有仲裁协议；（二）有具体的仲裁请求和事实、理由；（三）属于仲裁委员会的受理范围。"由此可见，制作仲裁申请书应当具备以下几个条件：

（1）制作仲裁申请书必须以有"仲裁协议"为必要。仲裁作为一种法定的纠纷解决方式，与诉讼的强制适用不同，它以当事人的自主选择为前提。也就是说，当事人能否通过仲裁的方式解决彼此尚未发生或者已经发生的民商事纠纷，必须以当事人是否协商一致选择了仲裁这种解决方式以及选定明确的仲裁机构受理案件为必要，即有"仲裁协议"。

（2）有具体的仲裁请求和事实、理由。仲裁请求是申请人希望通过仲裁要达到的目的，即通过仲裁机构的仲裁裁决实现保障的具体实体权利。而事实和理由，则是支持仲裁请求的依据。

（3）属于仲裁委员会的受理范围。这包含两层意思：一是仲裁的事项是属于仲裁委员会受理案件的范围；二是受案的仲裁委员会必须是双方当事人在仲裁协议中共同选定的。

（三）使用情况

仲裁申请书制作完毕以后，申请人应当向仲裁委员会递交仲裁协议、仲裁申请书及副本。仲裁申请书副本的份数应与对方当事人的人数一致。

仲裁委员会收到仲裁申请书，经审查可以作出两种处理意见：

第一，认为符合受理条件的，仲裁委员会应在收到仲裁申请书之日起五日内决定受理，并通知当事人。

第二，认为不符合受理条件的，仲裁委员会应在收到仲裁申请书之日起五日内书面通知当事人不予受理，并说明理由。

仲裁委员会受理仲裁申请后，应当在仲裁规则规定的期限内将仲裁规则和仲裁员名册送达申请人，并将仲裁申请书副本和仲裁规则、仲裁员名册送达被申请人。

被申请人收到仲裁申请书副本后，应当在仲裁规则规定的期限内向仲裁委员会提交答辩书。仲裁委员会收到答辩书后，应当在仲裁规则规定的期限内将答辩书副本送达申请人。被申请人未提交答辩书的，不影响仲裁程序的进行。

二、内容要点和制作技巧

《仲裁法》第 23 条规定："仲裁申请书应当载明下列事项：（一）当事人的姓名、性别、年龄、职业、工作单位和住所，法人或者其他组织的名称、住所和法定代表人或者主要负责人的姓名、职务；（二）仲裁请求和所根据的事实、理由；（三）证据和证据来源、证人姓名和住所。"

上述法律规定明确了仲裁申请书的主要内容，根据这一规定，我们可以将仲裁申请书分为三个部分，即首部、正文和尾部。

（一）首部

1. 标题

居中写明"仲裁申请书"或"申请书"。

2. 当事人身份事项

分别写明申请人、被申请人或者第三人的基本情况，具体写法因当事人的不同而不同：如果当事人是公民（自然人），一般写明其姓名、性别、年龄、职业、工作单位和住所；如果当事人是法人或其他组织，应当写明该法人或其他组织的名称、住所和法定代表人或者主要负责人的姓名、职务。具体写法和应注意的事项，可以参照本书第八章第二节"民事起诉状"的相关内容。

3. 委托代理人的身份事项

依照有关法律规定，在仲裁中，当事人可以委托一至二人作为仲裁代理人。如果当事人有委托代理人的，应该在相应的当事人身份事项下面另起一行写明其委托代理人身份事项。委托代理人身份事项的具体写法有两种：一是以律师为委托代理人的，写明"×××（姓名）、××律师事务所律师"；二是以非律师为委托代理人的，其身份内容包括姓名、性别、年龄、职业、工作单位和住址。

（二）正文

正文部分由仲裁请求、事实与理由、证据和证据来源、证人姓名和住所等几项内容构成。至于仲裁请求和事实、理由的内容要点和制作方法，与民事起诉状差异不大，除了应当写明双方有仲裁协议的事实外，其他的可以参照本书第八章第二节"民事起诉状"的相关内容。

（三）尾部

（1）写明致送单位名称。文字上表述为"此致""××仲裁委员会"。注意要分两行写。

（2）申请人署名，如果属于代书的，还要由代书人署名。代书人为律师的，应当写明其姓名、工作单位和职务，如"××× ××律师事务所律师"。

（3）提出仲裁申请书的年月日。

（4）附项。附项一般包括仲裁申请书副本的份数和证据清单及证据材料的件数。副本的份数应当和对方当事人的人数一致。

三、文书样式

仲裁申请书

申请人：×××

住所：……

法定代表人/负责人：×××，……（写明职务），联系方式：……

委托诉讼代理人：×××，……

被申请人：×××

住所：……

法定代表人/负责人：×××，……（写明职务），联系方式：……

委托诉讼代理人：×××，……

…………

（以上写明当事人和其他诉讼参加人的姓名或者名称等基本信息）

仲裁请求：

…………

事实和理由：

…………

证据和证据来源，证人姓名和住所：

…………

　此致

××仲裁委员会

申请人（公章和签名）
××××年××月××日

附：1. 仲裁申请书副本×份。
　　2. 证据清单及证据×份。

示例 14-2

第四节　仲裁答辩书

一、知识要点

（一）概念和特点

仲裁答辩书，是指仲裁案件的被申请人一方，针对仲裁申请人一方仲裁申请的内容，依法进行答复、辩驳时制作的仲裁法律文书。

仲裁答辩书是应诉类仲裁法律文书，它充分体现了仲裁当事人权利平等的原则，有利于维护被申请人的合法权益，并促使仲裁委员会全面了解仲裁双方的意见和要求，达到公正裁决的目的。它具有以下特征：

1. 制作的被动性

仲裁答辩书的制作是以仲裁申请书的提出，且仲裁委员会对仲裁案件已经受理为前提的。所以，仲裁答辩书的制作具有被动性，当事人只能在收到仲裁委员会发送的仲裁申请书副本之后，才可以制作相应的仲裁答辩书。

2. 提出的限时性

仲裁答辩书的提出是有法律规定的时间限制的，根据《仲裁法》第25条，仲裁答辩书应当在仲裁规则规定的期限内提出。

3. 论证的针对性

仲裁答辩书的内容是针对仲裁申请书的内容展开的。所以，仲裁答辩书主要是采用反驳的论证方法，对仲裁申请书的观点予以驳斥。另外，如果当事人有反请求，也可以在仲裁答辩书中一并提出。

（二）法律依据和制作条件

《仲裁法》第25条规定："仲裁委员会受理仲裁申请后，应当在仲裁规则规定的期限内将仲裁规则和仲裁员名册送达申请人，并将仲裁申请书副本和仲裁规则、仲裁员名册送达被申请人。被申请人收到仲裁申请书副本后，应当在仲裁规则规定的期限内向仲裁委员会提交答辩书。仲裁委员会收到答辩书后，应当在仲裁规则规定的期限内将答辩书副本送达申请人。被申请人未提交答辩书的，不影响仲裁程序的进行。"

由此可见，制作仲裁答辩书的条件应包括：

（1）仲裁案件的申请人提出仲裁申请。

（2）仲裁申请符合法定的条件，仲裁委员会对其已经受理。

（3）被申请人收到了仲裁委员会送达的仲裁申请书副本。

（三）使用情况

仲裁答辩书制作完毕之后，当事人应当于法定期限内将其递交仲裁委员会。但是，如果当事人不提出答辩书，也不会影响仲裁委员会对案件的审理。

二、内容要点和制作技巧

（一）首部

1. 标题

居中写明"仲裁答辩书"，实践中也有写"答辩书"的。

2. 答辩人身份事项

如果答辩人是公民，应该写明其姓名、性别、出生年月日、民族、职业和住址；如果答辩人是法人或其他组织，则必须写明其名称、地址，法定代表人或代表人姓名、职务，企业性质、工商登记核准号，经营范围和方式，开户银行、账号。

3. 案由

案由即案件的性质，文字上可以表述为："因……一案（写明当事人姓名和案由），提出答辩意见如下"。

（二）正文

仲裁答辩书正文部分的内容要点不是固定的，它主要是根据仲裁申请书所作出的答复和辩解，因此，必须注意答辩要点要具有针对性和反驳性。仲裁答辩书正文的写作要点和技巧，可以参见本书第八章第六节"民事答辩状"的相关内容。

（三）尾部

尾部主要内容与民事起诉状相同，只是署名写"答辩人"。

三、文书样式

仲裁答辩书

答辩人：×××
住址：……
法定代表人（或代表人）：×××，职务：……　　电话：×××
企业性质：……　　　　工商登记核准号：……
经营范围和方式：……
开户银行：……　　账号：……
因……一案，提出答辩如下：
　……

此致
××仲裁委员会

答辩人：×××
××××年××月××日

示例 14-3

附：1. 本答辩状副本 × 份。
　　2. 证据清单及有关证据材料。

第五节　仲裁代理词

一、知识要点

（一）概念和特点

仲裁代理词，是指仲裁中当事人的仲裁代理人以被代理人的名义，在代理权限范围内，为维护被代理人的合法权益，在法庭辩论阶段依据事实和法律所作的综合性发言，属于辩论类仲裁法律文书。

因为仲裁代理词是仲裁代理人为维护被代理人的合法权益制作并发表的，所以，根据仲裁代理人所代理的当事人在仲裁中的地位不同，可以将仲裁代理词具体分为：申请人代理词、被申请人代理词等。另外，仲裁代理词有书面的，也有口头的。因为口头仲裁代理词必须根据庭审情况变化决定其内容要点，具有较大的灵活性，所以本书只介绍书面的仲裁代理词。在仲裁实践中，书面仲裁代理词一般是仲裁代理人出庭前准备的，但其内容也可以在开庭时根据庭审调查等情况予以修改，以更好地维护被代理人的合法权益。

仲裁代理词具有如下特点：

1. 有明确的制作目的

仲裁代理词的制作目的非常明确，它的制作是为了维护被代理人的合法权益，支持被代理人合法的仲裁请求。也就是说，仲裁代理词不是用以维护仲裁代理人自身权益的，也不是用以维护被代理人非法权益的。

2. 以被代理人的名义发表

仲裁代理词是仲裁代理人根据法律的规定或接受仲裁当事人的委托，以被代理人的名义制作并发表的，而不是以仲裁代理人的名义制作并发表的。

3. 内容受到严格的限制

仲裁代理词是根据法律规定或受被代理人的委托制作的，体现了被代理人个人的意志，其内容不得超出法律规定或仲裁当事人授予的代理权限范围。另外，仲裁代理词在代理权限范围内的内容对被代理人发生仲裁代理的效力。

（二）法律依据和制作条件

《仲裁法》第29条规定："当事人、法定代理人可以委托律师和其他代理人进行仲裁活动。委托律师和其他代理人进行仲裁活动的，应当向仲裁委员会提交授权委托书。"

《仲裁法》第47条规定："当事人在仲裁过程中有权进行辩论。辩论终结时，首席仲裁员或者独任仲裁员应当征询当事人的最后意见。"

制作仲裁代理词应具备以下条件：

1. 必须有法律的规定或者当事人的委托

根据前面所列的法律规定，仲裁代理人制作仲裁代理词的前提条件必须是有法律规定或当事人的委托。

2. 权限范围明确

在制作仲裁代理词前，仲裁代理人还要明确其代理的权限范围。代理的权限范围依法通过授权委托书明确。如果仲裁代理人超出代理权限范围代理，必须承担相应的法律责任。

（三）使用情况

仲裁代理词制作完毕后，用于仲裁庭审的辩论阶段当庭发布，并可在庭后向仲裁庭提供书面代理意见。

二、内容要点和制作技巧

仲裁代理词是仲裁代理人在庭审中的发言材料，属于法庭演讲词，因而它一般没有固定的格式，尤其当辩论进行到第二轮以后，一般均为口头代理意见。但是，由于长期仲裁实践的约定俗成，也将仲裁代理词分为首部、正文和尾部三部分。

（一）首部

1. 标题

居中写明"代理词"或"申请人/被申请人代理词"。

2. 呼告语

在标题下面另起一行空两格，写明对仲裁庭组成人员的称谓。如"首席仲裁员、仲裁员"（适用于合议制仲裁庭的情形），或"仲裁员"（适用于独任仲裁的情形）。

3. 前言

前言也叫"开场白"，是仲裁代理人正式发表代理意见前所作的发言，具体内容一般包括三个方面：

（1）概括仲裁代理人出庭的身份和法律依据。文字上可以表述为："受本案申请人/被申请人×××的委托（或其法定代理人的委托），由××律师事务所指派（如果仲裁代理人不是律师，可以写'并经仲裁委员会许可'）担任今天本案申请人/被申请人×××的仲裁代理人，出席庭审。"

（2）叙述仲裁代理人在开庭前所做的各种准备工作。如可以表述为："开庭前我查阅了案卷，同申请人/被申请人进行了详谈，对有关的问题作了必要的调查取证。刚才又认真参与了法庭调查，所以我对本案有了全面、清晰的了解。"

（3）根据案件的实际需求，仲裁代理人还可以在前言部分简要阐明自己对本案的基本看法。这样可以引起法庭对自己观点的注意。但是，在仲裁实践中，这一部分内容多放在结论部分写，因为这样做容易给人一种有理有据，水到渠成的印象，使代理词显得更有说服力。

(二) 正文

正文是仲裁代理词的主体部分，也是仲裁代理词的核心，主要阐明代理意见。总体上说，可以从以下几方面组织正文的要点：

(1) 确认是否存在某种法律事实或法律行为，以及这种法律事实或法律行为有无法律效力。

(2) 分析当事人之间有无法律关系，以及他们相互之间是否享有某些权利和承担某些义务。

(3) 论证案件的性质和法律责任的承担问题。

但是，由于申请人、被申请人在仲裁中提出的主张及所承担的证明责任不同，因此，在正文对事实的叙述和理由的阐明上侧重点会有所不同。

申请人是仲裁案件中提出仲裁请求的一方当事人，所以，申请人代理词必须维护仲裁申请人的合法权益，以申请人的名义，充分证明申请人仲裁请求的合法性。具体可以从三个方面展开论证：

(1) 站在申请人的仲裁立场上，围绕申请人在仲裁中所提出的仲裁请求，具体陈明事实、详细分析证据，以此证明申请人在仲裁申请书中和法庭调查阶段所叙述事实的真实性。

(2) 根据上述事实和证据，结合有关法律进行全面充分论证，以此强调申请人所提出的仲裁请求是合理合法的。

(3) 针对对方当事人或对方仲裁代理人的答辩主张有针对性地进行反驳。

制作申请人代理词特别应该注意的是：根据"谁主张，谁举证"的原则，申请人对自己提出的仲裁请求负有证明责任。因此，申请人代理词必须主动、积极地列举、分析证据，以支持申请人的仲裁请求。

被申请人代理词的正文的主要内容则是应根据案情从各个不同的角度，全面反驳申请人的仲裁主张，针对性比较强。如果被申请人有反诉请求，则应该就反请求部分充分举证，并阐述反请求的具体主张。具体可以从以下几方面阐明代理意见：

(1) 针对程序中存在的问题进行论证，指出申请人申请仲裁的程序错误。这里主要分析申请人提起仲裁是否存在程序上违反法律的情况，如果申请人申请仲裁违反了仲裁程序，被申请人代理词应当首先指出。一般来说，程序问题包括管辖权发生错误、时效超出或当事人错列、漏列等。

(2) 就申请人提供的证据材料加以分析，并指出其不实和虚假，从而否定、反驳申请人的仲裁请求，证明申请人的主张是没有事实根据的。

(3) 分析申请人提起仲裁和支持仲裁所援引的法律条文，进一步否定申请人仲裁主张的合法性,以达到驳斥申请人的目的。

(4) 如果被申请人有反请求主张的,必须针对其反请求进行分析论证,证明反请求的合理、合法。注意:被申请人代理词必须遵循"谁主张,谁举证"的原则,就其反请求主张充分列举证据。

(三) 尾部

尾部内容相对比较简单。首先对正文部分的代理意见进行概括,得出一个总的结论;其次由仲裁代理人署名,并写明年月日。

必须注意的是:在仲裁实践中,为了避免代理人与被代理人日后的纷争,一般仲裁代理人会将代理意见的具体内容交由被代理人审阅。如果被代理人对代理意见没有异议,也可以在仲裁代理词尾部署名。因此,申请人代理词的尾部可以由申请人署名。

三、文书样式

仲裁代理词

首席仲裁员、仲裁员:

我受本案申请人/被申请人×××的委托,担任其仲裁代理人参加本案的各项仲裁活动,出庭前……现就本案的审理,发表如下代理词:

……

仲裁代理人:×××　××律师事务所律师
申请人/被申请人:×××(签名或盖章)
××××年××月××日

示例 14-4

第六节　仲裁裁决书

一、知识要点

(一) 概念和特点

仲裁裁决书,是指仲裁机构根据仲裁程序,在认定证据、查明事实的基础上,依法对当事人提出的仲裁请求或反请求及其相关事项作出决定时制作的具有法律效力的仲裁法律文书。

仲裁裁决书是仲裁机构处理争议案件的最终书面结果,是当事人享有实体权利、承担义务的书面依据。它对维护社会经济秩序,保护当事人合法权益具有重要的意义。仲裁裁决书具有如下特点：

1. 自主性

仲裁裁决书通常是在仲裁机构审理民商事案件并对其形成处理结果后制作的，但是，为了切实保障当事人意思自治，《仲裁法》规定，当事人在仲裁进行的各个阶段，都可以在仲裁庭的主持下进行调解。双方当事人经调解或自行达成调解或和解协议后，可以选择根据协议结果制作调解书或者裁决书。

2. 稳定性

仲裁裁决书中的处理意见是仲裁机构在对民商事案件进行审理之后所作出的结论，其一旦发生法律效力便具有相对稳定性，任何其他机关、团体和个人不得随意变更或撤销。只有当人民法院启动对仲裁的司法监督程序，才能对仲裁裁决作出撤销或不予执行的裁定。

3. 排他性

对于某仲裁机构受理审查的民商事案件，如果其裁决书反映的结果没有经法定程序撤销，任何机构均不得重新受理。

4. 强制性

对于已经生效的仲裁裁决书，法律明确赋予其强制执行的效力，对当事人具有强制性的约束力，有关当事人必须自觉履行裁决书所规定的民事义务。如果当事人不履行该义务，对方当事人可以提出执行申请，请求人民法院依照《民事诉讼法》所规定的执行程序强制执行。

(二) 法律依据和制作条件

《仲裁法》第54条规定："裁决书应当写明仲裁请求、争议事实、裁决理由、裁决结果、仲裁费用的负担和裁决日期。当事人协议不愿写明争议事实和裁决理由的，可以不写。裁决书由仲裁员签名，加盖仲裁委员会印章。对裁决持不同意见的仲裁员，可以签名，也可以不签名。"

《仲裁法》第55条规定："仲裁庭仲裁纠纷时，其中一部分事实已经清楚，可以就该部分先行裁决。"

《仲裁法》第52条第3款规定："在调解书签收前当事人反悔的，仲裁庭应当及时作出裁决。"

仲裁裁决书的制作条件总体上讲，必须是仲裁委员会对仲裁案件已经审理终结。具体而言，有几种不同的情形：

(1) 法庭辩论终结，依法作出裁决并制作裁决书；

(2) 当事人申请仲裁后自行达成和解协议，可以请求仲裁庭根据和解协议作出裁决书；

(3) 仲裁庭在作出裁决前，当事人自愿调解并达成调解协议，仲裁庭根据协议的结果制作裁决书；

(4) 仲裁庭在作出裁决前，当事人自愿调解但调解不成，仲裁庭应当及时作出裁决并制作裁决书；

(5) 被申请人经书面通知，无正当理由不到庭或者未经仲裁庭许可中途退庭的，可以缺席裁决并制作裁决书；

(6) 被申请人提出反请求，申请人经书面通知，无正当理由不到庭或者未经仲裁庭许可中途退庭的，可以缺席裁决并制作裁决书。

（三）使用情况

仲裁实行一裁终局，裁决书自作出之日起发生法律效力。因此，仲裁裁决书制作完毕，必须依法及时送达当事人。

二、内容要点和制作技巧

仲裁裁决书由首部、正文和尾部三部分构成。

（一）首部

1. 标题

一般分两行写明制作主体（即仲裁委员会）的名称和文种的名称，第一行居中写名"××仲裁委员会"，第二行居中写明"裁决书"。譬如，"上海仲裁委员会""裁决书"。应该注意的是，仲裁委员会的名称必须与其委员会印章相一致。

2. 文书编号

文书编号，是指用于区分各个仲裁委员会办理案件的类型和次序的简要标识，由中文汉字、阿拉伯数字及括号组成。文书编号一般由年份、制作机构代字、文书性质和序号组成，如苏州仲裁委员会制作2018年受理的编号为007的裁决书，可表述为"（2018）苏仲裁字第007号"。

这里需要指出的是，由于仲裁具有的独立性和自治性特点，各个仲裁委员会均无隶属关系，彼此独立自主地开展仲裁活动。因此，仲裁不像民事诉讼那样，凡是在中华人民共和国主权领域内的，都必须依据《民事诉讼法》和《民诉法司法解释》进行。各个仲裁委员会都有自己的仲裁规则，仲裁当事人可以选择适用选定仲裁机构的仲裁规则，也可以选择适用其他仲裁机构的仲裁规则。仲裁委员会和仲裁当事人都有较强的自主决定空间。体现在文件编号的书写上，并不都是如同上述"（2018）苏仲裁字第007号"一样的表述。

有的仲裁委员会认为，在仲裁中有仲裁调解，因此当然也有仲裁调解书。但根据《仲裁法》的规定，在仲裁过程中当事人达成调解协议的，当事人有权选择根据调解协议制作"仲裁调解书"或"仲裁裁决书"。那么，当有人为避免今后在申请执行过程中可能出现的纷扰而选择制作"仲裁裁决书"结案的情况下，该案的文书性质应该写"裁字"还是"调字"呢？另外，案件编号通常都是在立案时编制的，此时不可能预先估计会以裁决还是调解的方式结案，如果以"裁字"和"调字"标识的话，势必要有两个案号，且会带来一家仲裁机构的文件编制上的不连续，因此选择均以"案字"的形式标识。譬如，上海仲裁委员会2022年第3587号案的文件编号即为"（2022）沪仲案字第3587号"。

文件编号应该写在文书名称下一行右端，其最末一字与下面的正文右端各行看齐。同时，文件编号上下各空一行。

3. 当事人身份事项

这里所指的当事人包括申请人、被申请人（答辩人）。

如果当事人是公民的话，那么应该写明其姓名、性别、出生年月日、民族、职业或者工作单位和职务、住址。其中，住址应当写明当事人的住所地；住所地和经常居住地不在同一个地方的，写其经常居住地。

如果当事人是法人的话，先写明法人的名称和所在地址，另起一行再写明法定代表人的姓名和职务。如果当事人是其他组织或是起有字号的个人合伙单位的话，应该先写明其名称或字号以及所在地址，另起一行写其代表人的姓名和职务。如果当事人是个体工商户的话，则写明业主的姓名、性别、出生年月日、民族、住址；对于起字号的，必须在其名字后面注明，如"系……（字号）业主"。

4. 仲裁代理人身份事项

仲裁代理人身份事项包括：姓名、性别、职业或者工作单位和职务、住址。另外，法定代理人姓名后面还应该用括号注明其与当事人的关系。如果是当事人的近亲属作为委托代理人的，也应该在其姓名后面用括号注明其与当事人的关系。如果仲裁代理人是律师，则只需写明三项，即姓名、所在律师事务所的名称及职务。

（二）正文

正文是仲裁裁决书的主要内容，但其具体内容，各仲裁机构并不完全相同。

一般地，正文由引言、案情、仲裁庭意见和裁决结果四个部分构成。引言不加标题，其他部分分别以"一、案情""二、仲裁庭意见""三、裁决"的标题列明，标题居中。

1. 引言

仲裁裁决书在引言部分说明仲裁程序事项，具体包括：

（1）仲裁委员会受理案件的时间、根据（受理依据）、案件编号以及案件适用的仲裁程序。

（2）仲裁庭的产生和组成情况。写明仲裁员选定或者指定的时间、经过，组成仲裁庭的仲裁员和首席仲裁员的姓名，如果有申请回避的情况，应予说明。

（3）仲裁材料、文件和通知提交和送达的情况。

（4）当事人申请财产保全或证据保全的，应写明申请保全的时间、内容、提交人民法院的时间及人民法院的裁定事项。

（5）当事人提出反请求或者管辖权异议的，应说明对反请求的受理或者对管辖权异议作出决定的情况。

（6）案件审理的情况。应说明是书面审理还是开庭审理，并写明审理的过程，以及和解或调解的情况。开庭审理的，还应说明开庭的次数，每次开庭的时间、双方的出庭情况。

2. 案情

写明案件的基本情况。主要包括：

（1）申请人的仲裁请求及所依据的主要事实与理由。完整、客观地按照当事人的仲裁申请书的内容进行归纳或者直接引用，切忌断章取义。首先，裁决书可以直接引用申请人在仲裁申请书中提出的仲裁请求，仲裁请求有多项的应一一列明。其次，按照当事人的仲裁申请书的内容客观、完整地叙述案件事实。在简要叙述案件事实的发展过程的基础上，突出争议的事实，写明系争事项的主要内容，特别写明与争议有关的合同条款的具体内容。最后，结合事实和法律，归纳申请人在仲裁申请书中陈述的理由。可表述为："申请人向仲裁庭提出的仲裁请求：……事实和理由……"

（2）被申请人的答辩意见及事实和理由。如果被申请人提供答辩书的，裁决书中应当完整、客观地写明被申请人的答辩意见，并简要地阐明被申请人主张的事实和理由。可表述为："被申请人向仲裁庭提出的答辩意见……事实和理由……"

（3）如果被申请人提出反请求的，裁决书中应当写明被申请人的反请求和申请人（被答辩人）对反请求的答辩。可表述为："被申请人（答辩人）向仲裁庭提出的反请求：……事实和理由……"另起一行写明："申请人（被答辩人）对被申请人的反请求提出的答辩意见……事实和理由……"

（4）在叙述申请人的仲裁请求、被申请人的答辩及事实和理由后，仲裁庭可以归纳争议焦点，全面、准确地归纳当事人争执的主要问题，列明争议双方各自对这些问题的观点和论据。可表述为："根据申请人的仲裁请求和被申请人的答辩意见，仲裁庭归纳的争议焦点为……"

（5）完整、准确地叙述仲裁庭在开庭审理过程中，申请人和被申请人的举证、质证的情况。可表述为："申请人为支持其仲裁请求向仲裁庭提供了如下证据和证据材料：1.……2.……"另起一行写明："被申请人对申请人提供证据的质证意见如下：……"另起一行写明："被申请人为支持其答辩向仲裁庭提供了如下证据和证据材料：1.……2.……"另起一行写明："申请人对被申请人提供证据的质证意见如下：……"

3. 仲裁庭意见

仲裁庭意见是仲裁裁决书的关键内容，是作出仲裁裁决的基础。它应当包括仲裁庭在认定证据的基础上查明的案件事实；依据事实和法律，明确双方责任的理由。具体的写法是：

(1) 写明经过庭审调查中的举证和质证，仲裁庭对双方提供的证据作出认证。特别强调这是对证据的认定，而不是对事实的认定。仲裁庭认定的事实，必须建立在对证据认定的基础上。仲裁庭可以对申请人和被申请人提供的证据进行分别认证，但考虑到申请人和被申请人提供的证据可能重复，因此，将双方提供的证据合并起来认证更为科学。可表述为："经过申请人和被申请人对证据的举证、质证，仲裁庭对证据作如下认证：……"

(2) 写明仲裁庭在证据认证基础上对案件事实的认定。其引导词可表述为："仲裁庭经审理，查明本案事实如下：……"对查明的案件事实，可以按时间顺序一一列明，也可以通过归纳类别的方式列明。

(3) 对双方的争议进行分析判断。在查明事实的基础上，依据法律分析说明当事人的哪些主张和要求符合事实和法律，应予支持；哪些主张和要求不符合事实和法律，不予支持；哪些主张和要求超出仲裁程序，不予审理。可表述为："仲裁庭认为：……"这是仲裁庭的论理部分，对之后作出的仲裁裁决是否合理具有决定性影响。因此，在制作这部分内容时一定要注意：分析判断时要前后呼应，论点要明确，论据要充分，论证要严密，语言要简练，表达要准确，条理要清晰。

(4) 对如何承担仲裁费用说明理由。

4. 裁决结果

裁决结果也就是仲裁庭经过审理后对案件的最终处理决定。它包括以下裁决事项：

(1) 请求事项的裁决。针对当事人的请求事项作出裁决结果，既不能超出请求的范围，也不能有遗漏。裁决应明确当事人之间的法律关系和责任分担，确定权利人享有的权利和义务人履行的义务。裁决应准确、全面、明确、具体，有给付事项的，应写明给付义务人、给付对象、给付的标的物、给付数额、履行期限及具体方式、逾期履行的责任。

(2) 仲裁费用的裁决。具体写明仲裁费用是由一方承担还是双方分担，以及具体的数额。

(三) 尾部

(1) 写明"本裁决为终局裁决，自作出之日起生效"。

(2) 在裁决书的右下方由仲裁员依次签名，对裁决持不同意见的仲裁员可以自行决定是否在裁决书上签名。

(3) 在签名的下方注明裁决书作出的年月日，并在日期上加盖仲裁委员会印章。

在制作仲裁裁决书时需要特别注意的问题是：

(1) 仲裁裁决书的引言部分一定要写明受理案件的依据，即申请人与被申请人之间的仲裁协议和申请人的仲裁申请。因为根据法律规定，如果没有仲裁协议，作出的仲裁裁决可能会因仲裁当事人的申请，被人民法院撤销。

（2）对于仲裁裁决书中的争议事实和仲裁理由部分，一般情况下应写明，但如果申请人和被申请人要求不必写明争议事实和仲裁理由的，可以不写。这是仲裁裁决书与民事判决书的不同之处。

（3）对于仲裁结果，既要对双方的请求予以答复，或支持或驳回，分项表述；同时又不能超出仲裁请求，必须是针对双方的请求事项作出的。裁决结果应当明确、具体，便于申请人与被申请人执行。

（4）仲裁裁决书的语言表达应清晰明确。仲裁裁决书是仲裁庭行使仲裁权的集中体现，也是申请人和被申请人行使权利、履行义务的依据，所以行文必须有条有理，表达应当清楚、准确。

三、文书样式

示例 14-5

××仲裁委员会

裁　决　书①

（××××）×仲×字第××号

申请人：……

被申请人：……

（以上写明当事人和其他诉讼参加人的姓名或者名称等基本信息。）

引　言

××仲裁委员会（以下简称"仲裁委"）根据申请人（暨被反请求人）×××（以下简称"申请人"）于××××年××月××日提交的仲裁申请书，及申请人与被申请人（暨反请求人）×××（以下简称"被申请人"）于××××年××月××日签订的《××合同》（合同编号：××××，以下简称《合同》）中的仲裁条款，于××××年××月××日受理了本案。

（上述内容应当根据案件的不同来源进行调整。）

本案受理后，仲裁委向申请人发送了受理通知书及附件、《××仲裁委员会仲裁规则》（以下简称《仲裁规则》）、仲裁员选定书及仲裁员名册等，向被申请人发送了仲裁通知书及附件、仲裁申请书副本及附件、《仲裁规则》、仲裁员选定书及仲裁员名册等。

依据《仲裁规则》第××条的规定，本案有关仲裁文书均已送达双方当事人。

在《仲裁规则》第××条第××款和第××款规定的期限内，申请人选定×××仲裁员为仲裁庭的仲裁员，推选×××、×××、×××仲裁员为仲裁庭的首席

---

① 参照了北京仲裁委员会、上海仲裁委员会和广州仲裁委员会的裁决书样式。

仲裁员；被申请人选定×××仲裁员为仲裁庭的仲裁员，推选×××、×××、×××仲裁员为仲裁庭的首席仲裁员。因双方当事人未共同选定/（共同选定×××仲裁员为仲裁庭的）首席仲裁员，故仲裁委主任依据《仲裁规则》第××条的规定，指定/确定×××仲裁员为仲裁庭的首席仲裁员。本案由×××、×××、×××三位仲裁员组成仲裁庭进行审理。

仲裁庭在审阅了申请人提交的仲裁申请书及证据材料、被申请人提交的仲裁反请求申请书及证据材料后，于××××年××月××日在仲裁委所在地对本案进行了开庭审理。申请人的特别授权委托代理人×××先生/女士/律师及被申请人的特别授权委托代理人×××先生/女士/律师参加了庭审。庭审中，申请人陈述了仲裁请求及所依据的事实与理由，被申请人进行了答辩；被申请人陈述了仲裁反请求及所依据的事实与理由，申请人进行了答辩；双方当事人均出示了证据材料并对对方的证据材料进行了质证；申请人/被申请人申请证人×××出庭作证，仲裁庭予以同意，证人陈述了证人证言，并回答了双方当事人及仲裁庭的提问；双方当事人均回答了仲裁庭的提问，进行了辩论，并分别作了最后陈述。双方在仲裁庭的主持下进行了调解，但未能达成调解协议。本案现已审理终结。

（如果在仲裁过程还发生财产保全、管辖权异议、当事人追加等程序性问题，应根据实际发生的情况叙述。）

一、案　　情

（一）申请人的仲裁请求及事实和理由

申请人向仲裁庭提出的仲裁请求：1.……2.……事实和理由：……

（二）被申请人的答辩意见及事实和理由

被申请人向仲裁庭提出的答辩意见：……事实和理由：……

（三）申请人提供证据材料及答辩人的质证意见

申请人为支持其仲裁请求，向仲裁庭提交了如下证据：

1.……（证据名称、证据形式、证明内容）

2.……

被申请人对申请人提供的证据，向仲裁庭提出了如下质证意见：

1.……

2.……

（四）被申请人提供证据材料及申请人的质证意见

被申请人为支持其答辩，向仲裁庭提交了如下证据：

1.……（证据名称、证据形式、证明内容）

2.……

申请人对被申请人提供的证据，向仲裁庭提出了如下质证意见：

1.……

2.……

（五）争议焦点归纳（如有）

二、仲裁庭意见

（一）仲裁庭对各方当事人提供证据的认定意见：……（如有）

（二）仲裁庭经审理，查明本案事实如下：……

（三）关于本案的法律适用（如有）

（四）关于本案的管辖（如有）

（五）关于案涉合同/协议的效力

（六）关于本案争议焦点

1. 争议焦点……

2. 申请人认为：……

3. 被申请人认为：……

4. 仲裁庭认为：……

（七）关于申请人仲裁请求的处理

（八）关于被申请人仲裁反请求的处理（如有）

（九）关于仲裁费用的承担

三、裁　　决

综上所述，仲裁庭依据《××仲裁委员会仲裁规则》第××条之规定裁决如下：

一、……

二、……

……

本裁决为终局裁决。本裁决文书自作出之日起发生法律效力。

（××××）×仲×字第××××号签字页（此页无正文）

首席仲裁员　×××

仲　裁　员　×××

仲　裁　员　×××

××××年××月××日

第七节　仲裁调解书

一、知识要点

（一）概念和特点

仲裁调解书，是指仲裁机构在当事人经仲裁庭调解或当事人自行达成协议时所制作的、记明申请人和被申请人自愿达成协议内容的一种仲裁法律文书。仲裁调解书与仲裁裁决书具有同等的法律效力。

与仲裁裁决书相比较，仲裁调解书具有以下几个特点：

(1) 仲裁调解书的制作依据必须是双方当事人在平等自愿基础上协商一致达成的调解协议，当事人之间没有有效的调解协议，就不能制作仲裁调解书。

(2) 仲裁调解可以发生在仲裁活动的各个阶段，只要双方当事人已经达成调解协议，仲裁机构就可以制作仲裁调解书，而不限于开庭审理结束后。

(3) 仲裁调解书是当事人意思自治结果的一种体现，这不仅反映在当事人对纠纷处理结果的真实意思表示上，而且还体现在当事人对仲裁调解书内容的取舍有处分的权利。如果当事人协商一致，要求仲裁机构不在仲裁调解书中叙述争议的事实，仲裁机构就可以直接在仲裁调解书中写明协议的内容。所以，内容更加简洁。

（二）法律依据和制作条件

《仲裁法》第51条规定："仲裁庭在作出裁决前，可以先行调解。当事人自愿调解的，仲裁庭应当调解。调解不成的，应当及时作出裁决。调解达成协议的，仲裁庭应当制作调解书或者根据协议的结果制作裁决书。调解书与裁决书具有同等法律效力。"

《仲裁法》第52条第1、2款规定："调解书应当写明仲裁请求和当事人协议的结果。调解书由仲裁员签名，加盖仲裁委员会印章，送达双方当事人。调解书经双方当事人签收后，即发生法律效力。"

由此可见，双方当事人在仲裁过程中达成调解协议，是制作仲裁调解书的前提条件。当事人达成仲裁调解协议的，仲裁机构应当制作仲裁调解书，也可以根据当事人的协议约定制作仲裁裁决书。

（三）使用情况

仲裁机构制作仲裁调解书后，应及时送达双方当事人。调解书经双方当事人签收后，即发生法律效力。在调解书签收前当事人反悔的，仲裁庭应当及时作出裁决。

二、内容要点和制作技巧

仲裁调解书由首部、正文和尾部组成。

（一）首部

1. 标题

文书标题由文书制作机构名称和文书名称组成，即"××仲裁委员会""仲裁调解书"，分两行居中书写。

2. 文书编号

具体写法与仲裁裁决书相近,将"裁"字改为"调"字即可。

3. 仲裁参加人的基本情况

写法与仲裁裁决书相同,可参见"仲裁裁决书"的相关内容。

(二)正文

(1)写明仲裁委员会受理案件的依据、仲裁庭产生和组成的情况、仲裁庭对案件的审理情况等程序性事项。

(2)写明双方当事人之间订立的合同以及所发生的争议事项。

(3)写明仲裁请求和当事人协议的结果,这是调解书最重要的内容。调解书必须全面、准确反映当事人达成的调解协议的内容,尊重当事人的处分权。但调解内容必须合法,并且不自相矛盾。协议不止一项的,应分别列明,并记载履行的具体期限和方式,使调解内容具有可操作性。

(4)如果调解协议没有涉及仲裁费用,仲裁庭应交代仲裁费用的分担情况。

(三)尾部

(1)写明"本调解书与裁决书具有同等法律效力,自双方当事人签收之日起生效"。

(2)在调解书的右下方由仲裁员依次签名,在签名下方注明制作调解书的年月日,在日期上加盖仲裁委员会印章。

三、文书样式

××仲裁委员会
调　解　书

(××××)×仲调字第××号[①]

示例 14-6

申请人:……

被申请人:……

(以上写明当事人和其他诉讼参加人的姓名或者名称等基本信息。)

××仲裁委员会(以下简称"仲裁委")根据申请人(暨被反请求人)×××(以下简称"申请人")于××××年××月××日提交的仲裁申请书,及申请人与被申请人(暨反请求人)×××(以下简称"被申请人")于××××年××月

---

① 如前所述,有的仲裁委员会不区别裁决和调解,文书性质统一用"案"字表述,即文书编号统一表述为"(××××)×仲案字第××号"。

××日签订的《××合同》(合同编号：××××，以下简称《合同》)中的仲裁条款，于××××年××月××日受理了本案。

（上述内容应当根据案件的不同来源进行调整。）

本案受理后，仲裁委向申请人发送了受理通知书及附件、《××仲裁委员会仲裁规则》（以下简称《仲裁规则》）、仲裁员选定书及仲裁员名册等，向被申请人发送了仲裁通知书及附件、仲裁申请书副本及附件、《仲裁规则》、仲裁员选定书及仲裁员名册等。

依据《仲裁规则》第××条的规定，本案有关仲裁文书均已送达双方当事人。

在《仲裁规则》第××条第××款和第××款规定的期限内，申请人选定×××仲裁员为仲裁庭的仲裁员，推选×××、×××、×××仲裁员为仲裁庭的首席仲裁员；被申请人选定×××仲裁员为仲裁庭的仲裁员，推选×××、×××、×××仲裁员为仲裁庭的首席仲裁员。因双方当事人未共同选定/（共同选定×××仲裁员为仲裁庭的）首席仲裁员，故仲裁委主任依据《仲裁规则》第××条的规定，指定/确定×××仲裁员为仲裁庭的首席仲裁员。本案由×××、×××、×××三位仲裁员组成仲裁庭进行审理。

仲裁庭在审阅了申请人提交的仲裁申请书及证据材料、被申请人提交的仲裁反请求申请书及证据材料后，于××××年××月××日在仲裁委所在地对本案进行了开庭审理。申请人的特别授权委托代理人×××先生/女士/律师及被申请人的特别授权委托代理人×××先生/女士/律师参加了庭审。庭审中，申请人陈述了仲裁请求及所依据的事实与理由，被申请人进行了答辩；被申请人陈述了仲裁反请求及所依据的事实与理由，申请人进行了答辩；双方当事人均出示了证据材料并对对方的证据材料进行了质证；申请人/被申请人申请证人×××出庭作证，仲裁庭予以同意，证人陈述了证人证言，并回答了双方当事人及仲裁庭的提问；双方当事人均回答了仲裁庭的提问，进行了辩论，并分别作了最后陈述。

（如果庭前调解达成协议的，上述庭审过程可以省略；如果在仲裁过程中还发生财产保全、管辖权异议、当事人追加等程序性问题的话，应根据实际发生的情况叙述。）

申请人向仲裁庭提出的仲裁请求：……

被申请人向仲裁庭提出了答辩意见：……

在仲裁庭主持下，双方当事人本着互谅互让，协商解决纠纷的精神，达成调解协议，仲裁庭确认的调解结果如下：

一、……

二、……

本调解书与裁决书具有同等法律效力，自双方当事人签收之日起生效。

首席仲裁员　×××
仲　裁　员　×××
仲　裁　员　×××
××××年××月××日

第八节　撤销仲裁裁决申请书

一、知识要点

（一）概念和特点

撤销仲裁裁决申请书是指仲裁裁决作出后，当事人认为该裁决存在法律规定应予撤销的情形，从而向仲裁委员会所在地的中级人民法院提出撤销该仲裁裁决时所制作的仲裁法律文书。

撤销仲裁裁决申请书具有如下特点：

1. 提出撤销仲裁裁决申请的主体必须是仲裁当事人

由于仲裁当事人与仲裁裁决的结果有直接的利害关系，仲裁裁决也决定着当事人的合法权益是否得到了保护或者受到了侵害，因此，法律规定提出申请撤销仲裁裁决的主体是当事人，包括仲裁申请人和被申请人。

2. 必须有证据证明仲裁裁决有法律规定的应予撤销的情形

仲裁当事人提出申请撤销仲裁裁决时必须有证据能够证明该仲裁裁决具有法律规定的应予撤销的情形。

3. 必须向有管辖权的人民法院提出撤销仲裁裁决的申请

当事人申请撤销仲裁裁决，必须向作出该仲裁裁决的仲裁委员会所在地的中级人民法院提出。

4. 必须在法定的期限内提出撤销仲裁裁决的申请

我国《仲裁法》规定，当事人申请撤销仲裁裁决的，应当自收到裁决书之日起六个月内提出。

（二）法律依据和制作条件

《仲裁法》第58条规定："当事人提出证据证明裁决有下列情形之一的，可以向仲裁委员会所在地的中级人民法院申请撤销裁决：（一）没有仲裁协议的；（二）裁决的事项不属于仲裁协议的范围或者仲裁委员会无权仲裁的；（三）仲裁庭的组成或者仲裁的程序违反法定程序的；（四）裁决所根据的证据是伪造的；（五）对方当事人隐瞒了足以影响公正裁决的证据的；（六）仲裁员在仲裁该案时有索贿受贿，徇私舞弊，枉法裁决行为的。人民法院经组成合议庭审查核实裁决有前款规定情形之一的，应当裁定撤销。人民法院认定该裁决违背社会公共利益的，应当裁定撤销。"

《仲裁法》第59条规定："当事人申请撤销裁决的，应当自收到裁决书之日起六个月内提出。"

由此可见，制作撤销仲裁裁决申请书应具备以下条件：

（1）制作撤销仲裁裁决申请书的主体是仲裁裁决书中列明的当事人；

（2）仲裁委员会已经作出仲裁裁决；

（3）当事人有证据证明仲裁委员会作出的仲裁裁决存在《仲裁法》第58条规定的情形；

（4）当事人申请撤销裁决的，应当自收到裁决书之日起六个月内提出；

（5）撤销仲裁裁决申请书应当向仲裁委员会所在地的中级人民法院提出。

需要特别指出的是，《仲裁法》第70条规定："当事人提出证据证明涉外仲裁裁决有民事诉讼法第二百五十八条第一款规定的情形之一的，经人民法院组成合议庭审查核实，裁定撤销。"但是，现行《民事诉讼法》对涉外仲裁裁决的司法监督已经由"撤销仲裁裁决"和"不予执行仲裁裁决"的两通道，变成了现在的"不予执行仲裁裁决"的单通道。

（三）使用情况

仲裁当事人制作撤销仲裁裁决申请书后，应当递交仲裁委员会所在地的中级人民法院。仲裁当事人提出申请撤销仲裁裁决时必须有证据对该仲裁裁决具有法律规定的应予撤销的情形加以证明。没有证据，人民法院不予受理；当事人所提供的证据能否证明，则需要人民法院审查认定。

人民法院应当在受理撤销裁决申请之日起两个月内作出撤销裁决或者驳回申请的裁定。人民法院受理撤销裁决的申请后，认为可以由仲裁庭重新仲裁的，通知仲裁庭在一定期限内重新仲裁，并裁定中止撤销程序。仲裁庭拒绝重新仲裁或在规定的期限内不重新仲裁的，人民法院应当裁定恢复撤销程序。

二、内容要点和制作技巧

撤销仲裁裁决申请书由首部、正文和尾部构成。

（一）首部

1. 标题

居中写明"撤销仲裁裁决申请书"或"申请书"。

2. 当事人身份事项

分别写明申请人、被申请人的基本情况，具体写法因当事人的不同而不同：如果当事人是公民（自然人），一般写明其姓名、性别、年龄、职业、工作单位和住所；如果当事人是法人或其他组织，应当写明该法人或其他组织的名称、住所和法定代表人或者主要负责人的姓名、职务。

具体写法和应注意的事项，可以参照第八章第二节"民事起诉状"的相关内容。

3. 委托代理人的身份事项

在仲裁中，当事人依法可以委托一至二人作为仲裁代理人。如果当事人有委托代理人的，应该在相应的当事人身份事项下面另起一行写明其委托代理人身份事项。委托代理人身份事项的具体写法有两种：一是以律师为委托代理人的，写明"×××（姓名）　××律师事务所律师"；二是以非律师为委托代理人的，其身份内容包括姓名、性别、年龄、职业、工作单位和住址。

（二）正文

正文部分包括请求事项、事实与理由两部分。

撤销仲裁裁决申请书的"请求事项"就是一项，即"撤销××仲裁委员会（×××）×仲×字第××号裁决书"。

"事实与理由"部分主要包含两个方面的内容：

（1）简单交代仲裁裁决的形成过程，列明仲裁裁决的内容。可表述为："××××年××月××日，××仲裁委员会作出（××××）×仲×字第××号裁决书，裁决：……"

（2）结合事实和法律，对仲裁裁决进行客观评价，尤其是要依据《仲裁法》和《民事诉讼法》列举的应当撤销仲裁裁决的法定情形，说明或论述该仲裁裁决应当予以撤销的理由。

（三）尾部

（1）写明致送单位名称。文字上表述为："此致""××中级人民法院"。注意要分两行写。

（2）申请人署名。如果属于代书的，还要由代书人署名。代书人为律师的，应当写明其姓名、工作单位和职务，如"×××　××律师事务所律师"。

（3）提出撤销仲裁裁决申请书的年月日。

（4）附项。申请书应附上申请撤销的仲裁裁决书。

三、文书样式

申　请　书

申请人：……

委托/法定/指定代理人：……

被申请人：……

示例 14-7

委托/法定/指定代理人：……

(以上写明当事人和其他诉讼参加人的姓名或者名称等基本信息。)

请求事项：

撤销××仲裁委员会（××××）×仲×字第××号裁决书。

事实与理由：

××××年××月××日，××仲裁委员会作出（××××）×仲×字第××号裁决书，裁决：……（写明仲裁裁决结果）

……（写明申请撤销裁决的事实和理由）

此致
××××人民法院

申请人（签名或者盖章）
××××年××月××日

附：××仲裁委员会（××××）×仲×字第××号裁决书。

第九节 不予执行仲裁裁决申请书

一、知识要点

(一) 概念和特点

不予执行仲裁裁决申请书，是指仲裁裁决作出后，当事人认为该裁决存在法律规定不予执行的情形，从而向仲裁委员会所在地的中级人民法院提出不予执行该裁决时所制作的仲裁法律文书。

不予执行仲裁裁决申请书具有如下特点：

(1) 提出不予执行仲裁裁决申请的主体必须是交付人民法院执行的裁决书确认其承担给付义务的仲裁当事人，即执行案件中的被执行人（被申请人）。

(2) 必须向执行该仲裁裁决书的人民法院提出不予执行仲裁裁决的申请。

(3) 必须在仲裁裁决书已经交付执行但尚未执行完毕时提出不予执行仲裁裁决申请。

(4) 必须有证据证明该仲裁裁决有法律规定的不予执行的情形。

(二) 法律依据和制作条件

《仲裁法》第63条规定："被申请人提出证据证明裁决有民事诉讼法第二百一

十三条第二款规定的情形之一的，经人民法院组成合议庭审查核实，裁定不予执行。"

《民事诉讼法》第 244 条第 2 款规定："被申请人提出证据证明仲裁裁决有下列情形之一的，经人民法院组成合议庭审查核实，裁定不予执行：（一）当事人在合同中没有订有仲裁条款或者事后没有达成书面仲裁协议的；（二）裁决的事项不属于仲裁协议的范围或者仲裁机构无权仲裁的；（三）仲裁庭的组成或者仲裁的程序违反法定程序的；（四）裁决所根据的证据是伪造的；（五）对方当事人向仲裁机构隐瞒了足以影响公正裁决的证据的；（六）仲裁员在仲裁该案时有贪污受贿，徇私舞弊，枉法裁决行为的。人民法院认定执行该裁决违背社会公共利益的，裁定不予执行。"

《民事诉讼法》第 281 条规定："对中华人民共和国涉外仲裁机构作出的裁决，被申请人提出证据证明仲裁裁决有下列情形之一的，经人民法院组成合议庭审查核实，裁定不予执行：（一）当事人在合同中没有订有仲裁条款或者事后没有达成书面仲裁协议的；（二）答辩人没有得到指定仲裁员或者进行仲裁程序的通知，或者由于其他不属于被申请人负责的原因未能陈述意见的；（三）仲裁庭的组成或者仲裁的程序与仲裁规则不符的；（四）裁决的事项不属于仲裁协议的范围或者仲裁机构无权仲裁的。人民法院认定执行该裁决违背社会公共利益的，裁定不予执行。"

《民诉法司法解释》第 475 条规定："仲裁机构裁决的事项，部分有民事诉讼法第二百四十四条第二款、第三款规定情形的，人民法院应当裁定对该部分不予执行。应当不予执行部分与其他部分不可分的，人民法院应当裁定不予执行仲裁裁决。"

由此可见，制作不予执行仲裁裁决申请书应当具备如下条件：
（1）仲裁裁决书已经作出，且权利人已经向人民法院申请执行；
（2）该仲裁裁决书具有法律规定不予执行的情形；
（3）向执行该仲裁裁决书的人民法院提出。

（三）使用情况

申请人制作不予执行仲裁裁决申请书后，应当向执行该仲裁裁决的人民法院提出。人民法院收到当事人的申请书后应当进行审查，审查认为申请理由不成立的，应当裁定驳回申请；认为申请理由成立的，应当裁定不予执行。裁定书应当送达双方当事人和仲裁机构。

人民法院裁定不予执行仲裁裁决后，当事人对该裁定提出执行异议或者复议的，人民法院不予受理。当事人可以就该民事纠纷重新达成书面仲裁协议申请仲裁，也可以向人民法院起诉。

二、内容要点和制作技巧

不予执行仲裁裁决申请书由首部、正文和尾部构成。

（一）首部

1. 标题

居中写明"不予执行仲裁裁决申请书"或"申请书"。

2. 当事人身份事项

分别写明申请人、被申请人的基本情况，具体写法因当事人的不同而不同：如果当事人是公民，一般写明其姓名、性别、年龄、职业、工作单位和住所；如果当事人是法人或其他组织，应当写明该法人或其他组织的名称、住所和法定代表人或者主要负责人的姓名、职务。

具体写法和应注意的事项，可以参照第八章第二节"民事起诉状"的相关内容。

3. 委托代理人的身份事项

在仲裁中，当事人依法可以委托一至二人作为仲裁代理人。如果当事人有委托代理人的，应该在相应的当事人身份事项下面另起一行写明其委托代理人身份事项。委托代理人身份事项的具体写法有两种：一是以律师为委托代理人的，写明"×××（姓名） ××律师事务所律师"；二是以非律师为委托代理人的，其身份内容包括姓名、性别、年龄、职业、工作单位和住址。

（二）正文

正文部分包括请求事项、事实与理由两部分。

不予执行仲裁裁决申请书的"请求事项"就是一项，即"裁定对××仲裁委员会（××××）×仲×字第××号裁决书不予执行"。

"事实与理由"部分主要包含两个方面的内容：

（1）简单交代仲裁裁决的形成过程，列明仲裁裁决的具体内容。可表述为："××××年××月××日，××仲裁委员会作出（××××）×仲×字第××号裁决书，裁决：……"

（2）结合事实和法律，对仲裁裁决进行客观评价，尤其是要依据《仲裁法》和《民事诉讼法》列举的应当不予执行仲裁裁决的法定情形，说明或论述该仲裁裁决应当不予执行的理由。

（三）尾部

（1）写明致送单位名称。文字上表述为："此致""××人民法院"。注意要分两行写。

（2）申请人署名。如果属于代书的，还要由代书人署名。代书人为律师的，应当写明其姓名、工作单位和职务,如"×××　××律师事务所律师"。

(3) 提出不予执行仲裁裁决申请书的年月日。

(4) 附项。申请书应附上申请不予执行的仲裁裁决书。

三、文书样式

示例 14-8

申　请　书

申请人:……

委托/法定/指定代理人:……

被申请人:……

委托/法定/指定代理人:……

(以上写明当事人和其他诉讼参加人的姓名或者名称等基本信息。)

请求事项:

裁定对××仲裁委员会(××××)×仲×字第××号裁决书不予执行。

事实和理由:

××××年××月××日,××仲裁委员会作出(××××)×仲×字第××号裁决书,裁决:……(写明仲裁裁决结果)

……(写明申请不予执行仲裁裁决的事实和理由)

　　此致

××××人民法院

申请人(签名或者盖章)
××××年××月××日

附:××仲裁委员会(××××)×仲×字第××号裁决书。

第十五章 公证法律文书

第一节 概 述

一、公证法律文书的概念和特点

公证是公证机构根据自然人、法人或者其他组织的申请,依照法定程序对民事法律行为、有法律意义的事实和文书的真实性、合法性予以证明的活动。公证法律文书,是指当事人和公证机构为进行公证活动而依法制作的法律文书的总称,主要包括当事人为启动公证程序而向公证机构提出公证请求时而制作的公证申请书,以及公证机构为开展公证服务而制作的公证文书等。由此可见,公证法律文书具有如下几个特点:

(1)公证活动必须依当事人的申请而进行,而不是依职权自行启动,因此,公证法律文书的制作主体应当包括公证当事人和公证机构。公证机构是依法设立,不以营利为目的,依法独立行使公证职能、承担民事责任的证明机构。公证当事人是指与公证事项有利害关系并以自己的名义向公证机构提出公证申请,在公证活动中享有权利和承担义务的自然人、法人或者其他组织。

(2)制作公证法律文书的目的是通过公证机构对民事法律行为、有法律意义的事实和文书的真实性、合法性予以证明。因此,公证法律文书的适用对象就是公证机构业务范围内的公证事项、公证事务、赋予债权文书强制执行效力等。

(3)公证活动必须依照法定程序进行。这里所谓的"法定程序"就是指《公证法》和《公证程序规则》所确定的程序。

二、公证法律文书的种类

根据公证法律关系的主体和客体不同,我们可以将公证法律文书区分为不同的种类。根据公证法律关系的客体不同,我们可以将公证法律文书区分为法律行为公证法律文书、法律事务公证法律文书和文书公证法律文书。根据公证法律关系的主体不同,我们可以将公证法律文书区分为当事人公证法律文书(如公证申请书)和公证机构法律文书即公证文书。

第二节　公证申请书

一、知识要点

(一) 概念和特点

公证申请书，是指自然人、法人或者其他组织请求公证机构依照法定程序和法律规定对一定的法律行为、法律事实或有法律意义的文书予以公证时制作的法律文书。公证申请书具有如下特点：

(1) 制作主体是以自己的名义向公证机构提出公证申请的自然人、法人或者其他组织。无民事行为能力人或者限制民事行为能力人申办公证，应当由其监护人代理。法人申办公证，应当由其法定代表人代表。其他组织申办公证，应当由其负责人代表。

(2) 公证的主体是公证机构，申请人应当向公证机构递交公证申请书。

(3) 申请公证申请书中载明申请公证的事项只能是《公证法》规定的法律行为、法律事实或有法律意义的文书。

(4) 当事人可以委托他人代理申办公证，但申办遗嘱、遗赠扶养协议、赠与、认领亲子、收养关系、解除收养关系、生存状况、委托、声明、保证及其他与自然人人身有密切关系的公证事项，应当由其本人亲自申办。公证员、公证机构的其他工作人员不得代理当事人在本公证机构申办公证。

(二) 法律依据和制作条件

《公证程序规则》第17条规定："自然人、法人或者其他组织向公证机构申请办理公证，应当填写公证申请表。公证申请表应当载明下列内容：(一) 申请人及其代理人的基本情况；(二) 申请公证的事项及公证书的用途；(三) 申请公证的文书的名称；(四) 提交证明材料的名称、份数及有关证人的姓名、住址、联系方式；(五) 申请的日期；(六) 其他需要说明的情况。申请人应当在申请表上签名或者盖章，不能签名、盖章的由本人捺指印。"

《公证程序规则》第18条规定："自然人、法人或者其他组织申请办理公证，应当提交下列材料：(一) 自然人的身份证明，法人的资格证明及其法定代表人的身份证明，其他组织的资格证明及其负责人的身份证明；(二) 委托他人代为申请的，代理人须提交当事人的授权委托书，法定代理人或者其他代理人须提交有代理权的证明；(三) 申请公证的文书；(四) 申请公证的事项的证明材料，涉及财产关系的须提交有关财产权利证明；(五) 与申请公证的事项有关的其他材料。对于前款第四项、第五项所规定的申请人应当提交的证明材料，公证机构能够通过政务信息资源共享方式获取的，当事人可以不提交，但应当作出有关信息真实合法的书面承诺。"上述规定是制作公证申请书的法律依据。根据该等规定可以明确，申请办理公证的，公证申请书为必要的材料。

由此可见，公证申请书的制作条件应包括：

(1) 申请主体可以是自然人、法人或者其他组织，但需要注意的是，申请人与申请公证的事项必须有利害关系，申请人之间对申请公证的事项应当不存在争议。

(2) 申请公证的事项应当符合《公证法》的规定，具体包括：① 公证事项。《公证法》第11条规定："根据自然人、法人或者其他组织的申请，公证机构办理下列公证事项：（一）合同；（二）继承；（三）委托、声明、赠与、遗嘱；（四）财产分割；（五）招标投标、拍卖；（六）婚姻状况、亲属关系、收养关系；（七）出生、生存、死亡、身份、经历、学历、学位、职务、职称、有无违法犯罪记录；（八）公司章程；（九）保全证据；（十）文书上的签名、印鉴、日期，文书的副本、影印本与原本相符；（十一）自然人、法人或者其他组织自愿申请办理的其他公证事项。法律、行政法规规定应当公证的事项，有关自然人、法人或者其他组织应当向公证机构申请办理公证。" ② 公证事务。《公证法》第12条规定："根据自然人、法人或者其他组织的申请，公证机构可以办理下列事务：（一）法律、行政法规规定由公证机构登记的事务；（二）提存；（三）保管遗嘱、遗产或者其他与公证事项有关的财产、物品、文书；（四）代写与公证事项有关的法律事务文书；（五）提供公证法律咨询。" ③ 公证具有强制执行效力的债权文书。《公证法》第37条规定："对经公证的以给付为内容并载明债务人愿意接受强制执行承诺的债权文书，债务人不履行或者履行不适当的，债权人可以依法向有管辖权的人民法院申请执行。前款规定的债权文书确有错误的，人民法院裁定不予执行，并将裁定书送达双方当事人和公证机构。"

(三) 使用情况

《公证程序规则》第19条规定："符合下列条件的申请，公证机构可以受理：（一）申请人与申请公证的事项有利害关系；（二）申请人之间对申请公证的事项无争议；（三）申请公证的事项符合《公证法》第十一条规定的范围；（四）申请公证的事项符合《公证法》第二十五条的规定和该公证机构在其执业区域内可以受理公证业务的范围。法律、行政法规规定应当公证的事项，符合前款第一项、第二项、第四项规定条件的，公证机构应当受理。对不符合本条第一款、第二款规定条件的申请，公证机构不予受理，并通知申请人。对因不符合本条第一款第四项规定不予受理的，应当告知申请人向可以受理该公证事项的公证机构申请。"

公证机构受理公证申请后，应当：

(1) 告知当事人申请公证事项的法律意义和可能产生的法律后果，告知其在办理公证过程中享有的权利、承担的义务。告知内容、方式和时间，并由申请人或其代理人签字，记录归档。

（2）在全国公证管理系统录入办证信息，加强公证办理流程管理，方便当事人查询。

（3）按照规定向当事人收取公证费。公证办结后，经核定的公证费与预收数额不一致的，应当办理退还或者补收手续。对符合法律援助条件的当事人，公证机构应当按照规定减收或者免收公证费。

（4）指派承办公证员，并通知当事人。当事人要求该公证员回避，经查属于《公证法》第23条第3项规定应当回避情形的，公证机构应当改派其他公证员承办。

（5）根据不同公证事项的办证规则，分别审查下列事项：

① 当事人的人数、身份、申请办理该项公证的资格及相应的权利；
② 当事人的意思表示是否真实；
③ 申请公证的文书的内容是否完备，含义是否清晰，签名、印鉴是否齐全；
④ 提供的证明材料是否真实、合法、充分；
⑤ 申请公证的事项是否真实、合法。

公证机构在审查中，认为申请公证的文书内容不完备、表达不准确的，应当指导当事人补正或者修改。当事人拒绝补正、修改的，应当在工作记录中注明。应当事人的请求，公证机构可以代为起草、修改申请公证的文书。

公证机构在审查中，对申请公证的事项的真实性、合法性有疑义的，认为当事人的情况说明或者提供的证明材料不充分、不完备或者有疑义的，可以要求当事人作出说明或者补充证明材料。当事人拒绝说明有关情况或者补充证明材料的，公证机构应当不予办理公证。

公证机构经审查，认为申请提供的证明材料真实、合法、充分，申请公证的事项真实、合法的，应当自受理公证申请之日起十五个工作日内向当事人出具公证书。但是，因不可抗力、补充证明材料或者需要核实有关情况的，所需时间不计算在期限内。

二、内容要点和制作技巧

公证申请书主要由首部、正文和尾部组成。

（一）首部

1. 标题

居中写明"公证申请书"，一般不要仅写成"申请书"。

2. 申请人身份事项

（1）申请人系自然人的，应写明姓名、性别、年龄、职业、籍贯、单位、住址、电话等信息。

（2）申请人系法人的，应写明单位名称、注册地、企业性质；法定代表人的姓名、性别、年龄、职务、籍贯、电话和住址。

（3）若委托代理人代为公证的，还应写明代理人的相应身份事项。

（二）正文

写明申请公证的原因和目的、请求公证的具体事项（包括提请公证机构公证的法律行为、法律事实或有法律意义的文书等）、相关的证明材料和其他有关问题。

（三）尾部

写明公证申请书致送的公证机构名称；申请人签名盖章；申请日期等。

三、文书样式

示例 15-1

公证申请书

申请人：……

法定代表人：……

申请公证的原因：……

申请公证的事项：……

证明材料：……

其他需要说明的问题：……

此致

××××公证处

申请人：×××

××××年××月××日

第三节 公证文书

一、公证文书概念和种类

（一）公证文书的概念

公证文书，是指公证机关在公证活动中依照法定程序和法律规定制作的各类文书的总称，它是由自然人、法人或其他组织提出申请，公证机关依法出具的能够证明法律行为、法律事实或有法律意义的文书的真实性、合法性和有效性的证明文件。

(二) 公证文书的种类

公证文书可分为公证书、公证决定书、公证通知书和辅助性公证文书。

(1) 公证决定书,是指公证机构根据事实和法律,为解决某些公证程序事项而作出的书面处理意见。《公证程序规则》第48条规定了公证机构应当不予办理公证的九种情形,第49条规定了不予办理公证的决定应当书面通知当事人或其代理人;第50条规定了公证机构应当终止公证的五种情形,第51条规定了终止公证的决定应当书面通知当事人或其代理人。根据上述条文可见,不予办理公证和终止公证均要以决定书的方式作出。

(2) 公证通知书,是指公证机构向当事人通告公证决定或者其他公证程序事宜的文书。《公证程序规则》第20条规定:"公证机构受理公证申请后,应当指派承办公证员,并通知当事人。"实践中主要有口头通知、书面通知和公告通知等形式。

(3) 辅助性公证文书,是指公证机构在办理公证业务活动中制作的服务于办证的文书。主要包括:① 补正公证书。补正公证书是对原公证书部分内容的变更,与原公证书一起对公证对象的真实性、合法性予以证明,具有公证书的特定效力。《公证程序规则》第63条规定:"公证机构进行复查,应当对申请人提出的公证书的错误及其理由进行审查、核实,区别不同情况,按照以下规定予以处理:……(二)公证书的内容合法、正确,仅证词表述或者格式不当的,应当收回公证书,更正后重新发给当事人;不能收回的,另行出具补正公证书;……(四)公证书的部分内容违法或者与事实不符的,可以出具补正公证书,撤销对违法或者与事实不符部分的证明内容;也可以收回公证书,对违法或者与事实不符的部分进行删除、更正后,重新发给当事人;……" ② 撤销公证书的公告。《公证法》第39条规定:"公证书的内容违法或者与事实不符的,公证机构应当撤销该公证书并予以公告,该公证书自始无效"。

公证书是公证文书中最重要的一种。下面将就公证书的知识要点及制作规范和技巧进行详细介绍。

二、公证书

(一) 知识要点

1. 概念和特点

公证书是公证机构对当事人申请公证的事项,经过审查核实,认为申请提供的证明材料真实、合法、充分,申请公证的事项真实、合法,并按照法定程序制作的,具有特殊法律效力的法律文书。

公证书具有如下特点:

(1) 公证书的制作主体必须是国家公证机构和公证员。

(2) 公证书具有极强的公信力。

(3) 公证书具有特殊效力。公证书是严格按照法律程序出具的证明文件，公证证明活动要按照法律规定的程序进行。为了规范办证程序，保证公证质量，公证书必须经过严格审查，按照法律程序和格式制作，因而具有国家证明效力和法律效力，有的公证书还具有强制执行效力。

(4) 公证书的标准具有真实性和合法性。公证书证明的内容遵循"真实、合法"的原则，公证的标准是真实性、合法性。

公证书主要有要素式公证书和定式公证书两类。要素式公证书是指文书的内容由规定的要素构成，行文结构、文字表述由公证员依据实际情况撰写的公证文书。它主要适用于保全证据类公证书、现场监督类公证书、合同（协议）类公证书、继承类公证书、强制执行类公证书等。定式公证书是指按照规定的格式和固定的格式语言制作的公证文书。它格式固定，篇幅短小，文字简明，印制规范。定式公证书主要适用于民事法律行为类公证书、有法律意义的事实类公证书、有法律意义的文书类公证书等。

2. 法律依据和制作条件

《公证法》第30条规定："公证机构经审查，认为申请提供的证明材料真实、合法、充分，申请公证的事项真实、合法的，应该自受理公证申请之日起十五个工作日内向当事人出具公证书。"这是制作公证书的直接法律依据。

《公证程序规则》第42条规定："公证书应当按照司法部规定的格式制作。公证书包括以下主要内容：（一）公证书编号；（二）当事人及其代理人的基本情况；（三）公证证词；（四）承办公证员的签名（签名章）、公证机构印章；（五）出具日期。公证证词证明的文书是公证书的组成部分。有关办证规则对公证书的格式有特殊要求的，从其规定。"

《公证程序规则》第43条规定："制作公证书应当使用全国通用的文字。在民族自治地方，根据当事人的要求，可以同时制作当地通用的民族文字文本。两种文字的文本，具有同等效力。发往香港、澳门、台湾地区使用的公证书应当使用全国通用的文字。发往国外使用的公证书应当使用全国通用的文字。根据需要和当事人的要求，公证书可以附外文译文。"

从上述法律规定可以看出，制作公证书必须具备如下条件：

(1) 公证书必须是在当事人提出公证申请书后作出；

(2) 申请提供的证明材料真实、合法、充分，申请公证的事项真实、合法；

(3) 应该自受理公证申请之日起十五个工作日内向当事人出具公证书。

另外，《公证程序规则》还针对不同内容的公证书分别规定有不同的制作条件。《公证程序规则》第36条规定，民事法律行为的公证，应该符合下列条件：

(1) 当事人具有从事该行为的资格和相应的民事行为能力；

(2) 当事人的意思表示真实；

(3) 该行为的内容和形式合法，不违背社会公德；

(4)《公证法》规定的其他条件。

对于不同的民事法律行为公证的办证规则有特殊要求的，从其规定。

《公证程序规则》第37条规定，有法律意义的事实或者文书的公证，应该符合下列条件：

(1) 该事实或者文书与当事人有利害关系；

(2) 事实或者文书真实无误；

(3) 事实或者文书的内容和形式合法，不违背社会公德；

(4)《公证法》规定的其他条件。

对于不同的有法律意义的事实或者文书公证的办证规则有特殊要求的，从其规定。

《公证程序规则》第39条规定，具有强制执行效力的债权文书的公证，应该符合下列条件：

(1) 债权文书以给付为内容；

(2) 债权债务关系明确，债权人和债务人对债权文书有关给付内容无疑义；

(3) 债务履行方式、内容、时限明确；

(4) 债权文书中载明当债务人不履行或者不适当履行义务时，债务人愿意接受强制执行的承诺；

(5) 债权人和债务人愿意接受公证机构对债务履行情况进行核实；

(6)《公证法》规定的其他条件。

3. 使用情况

承办公证员拟制公证书后，应连同被证明的文书、当事人提供的证明材料及核实情况的材料、公证审查意见，报公证机构的负责人或其指定的公证员审批。但按规定不需要审批的公证事项除外。

审批公证事项及拟出具的公证书时，应当审核以下内容：(1) 申请公证的事项及其文书是否真实、合法；(2) 公证事项的证明材料是否真实、合法、充分；(3) 办证程序是否符合《公证法》、本规则及有关办证规则的规定；(4) 拟出具的公证书的内容、表述和格式是否符合相关规定。

符合上述规定的，公证机构出具公证书。公证书自出具之日起生效。

公证机构制作的公证书正本，由当事人各方各收执一份，并可以根据当事人的需要制作若干份副本。公证机构留存公证书原本（审批稿、签发稿）和一份正本归档。

公证书出具后，可以由当事人或其代理人到公证机构领取，也可以应当事人的要求由公证机构发送。当事人或其代理人收到公证书应当在回执上签收。公证书需要办理领事认证的，根据有关规定或者当事人的委托，公证机构可以代为办理公证书认证，所需费用由当事人支付。

(二) 内容要点和制作技巧

公证书证词由首部、正文和尾部组成。①

1. 首部

(1) 标题

公证证词页上部居中写明"公证书"。

(2) 公证书编号

公证书编号由年份代码、地区代码、公证处代码、证书类别代码、证书顺序代码组成，年度编号和序号编号使用阿拉伯数字。表述为"(年份代码)××字第××号"。

(3) 当事人的基本情况

当事人的基本情况为申请人、关系人及代理人的基本情况，当事人是自然人的，基本情况依次写明其姓名、性别、出生日期、住址、身份证号码。当事人是外国人的，应写明国籍。当事人有代理人的，还应写明代理人的姓名。当事人是法人或非法人组织的，依次写明全称、住所，以及法定代表人或代理人的姓名、性别、出生日期等内容。当事人有多人时，应一一列明。

(4) 公证事项

公证事项应单列一行写明，如"公证事项：借款合同"。

2. 正文

正文也称公证证词，是公证书的核心内容。它由公证书要素组成，公证书要素即构成公证书正文（证词）的必要内容。公证书正文（证词）内容包括必备要素和选择要素两部分。"必备要素"为公证书证词必须具备的内容；"选择要素"为根据公证证明的实际需要或当事人的要求，酌情在公证书正文（证词）中写明的内容。证词内容应当根据证明事项及公证机构的工作情况来撰写。

证词内容包括：申请人申请情况，公证证明的对象、范围和内容，证明过程，证明所依据的事实和法律，公证结论等。公证证明的对象、范围不同，公证的条件、内容和适用的法律也不同，这些都要在证词中有所反映。公证证词所涉及的组织名称，第一次出现时必须使用全称。所涉及的日期要采用公历，需涉及农历时应采用括号注明。这部分内容由于当事人申请公证的事项不同，写法也可能不尽相同。最主要是写明公证证明的对象、公证证明的范围和内容、证明所依据的法律法

---

① 要素式公证书和定式公证书在结构上均由首部、正文和尾部组成，其中最大的差别就在于定式公证书的正文部分是有固定格式和语言，制作时只需填充其中的变量即可；而要素式公证书的正文部分则无论是在行文结构上还是在文字表述方面，都需要由公证员依据实际情况撰写。

规等。

3. 尾部

写明制作文书的公证机构的名称、承办公证员的签名或签名章、出具日期、公证处印章及钢印、附注等组成。

关于公证书的出具日期，需要审批的公证事项，审批人的批准日期为公证书的出具日期；不需要审批的公证事项，承办公证员的签发日期为公证书的出具日期；现场监督类公证需要现场宣读公证证词的，宣读日期为公证书的出具日期。

三、文书样式

（一）要素式公证书

【样式1】

公　证　书
（继承类要素式公证书通用格式）
（××××）××字第××号

示例 15-2

申请人：……

委托/法定代理人：……

被继承人：……

公证事项：继承权。

证词内容：

一、必备要素

1. 继承人姓名、申请日期、申请事项。

2. 当事人提供的证明材料。

3. 公证机构向当事人告知继承权公证的法律意义和可能产生的法律后果。

4. 公证机构查明（审查核实）的事实，包括：

(1) 被继承人的死亡时间、地点。

(2) 继承人申请继承被继承人的遗产的情况。

(3) 经向所有继承人核实，被继承人生前是否立有遗嘱、遗赠扶养协议。

(4) 被继承人的全体继承人，有无死亡的继承人；继承人与被继承人的亲属关系；代位继承情况及其他继承人。

(5) 继承人中有无丧失继承权的情况。

(6) 有无放弃继承权的情况。

5. 公证结论：

(1) 法律事实、理由。

(2) 被继承人遗留的个人财产为合法财产。

(3) 被继承人的合法继承人。

(4) 被继承人的遗产由何人继承、如何继承。

二、选择要素

(1) 被继承人的死亡原因。

(2) 继承人提供的主要证据材料的真实性、合法性。

(3) 适用遗嘱继承的，当事人是否了解遗嘱的内容。公证机构经向所有继承人核实，用于遗嘱继承的遗嘱为被继承人所立的最后一份有效遗嘱。

(4) 对遗嘱见证人、执行人、遗产的使用人、保管人等事项的说明。

(5) 根据遗嘱信托办理继承权公证的，应当根据遗嘱的内容，列明受托人应当承担的义务。

(6) 根据《公司法》《保险法》《合伙企业法》《个人独资企业法》等有关继承的特别法的规定办理继承权公证的，写明特别法的具体适用。

(7) 被继承人生前未缴纳的税款和债务情况，继承人对此所作的意思表示。

(8) 公证员认为需要告知的有关继承的其他法律规定。

(9) 公证员认为需要说明的其他事实或情节。

中华人民共和国××省××市××公证处

公证员（签名章或签名）

××××年××月××日

【样式2】

示例15-3

具有强制执行效力的债权文书公证书

（××××）××字第××号

申请人：

甲：……　乙：……

丙：……

公证事项：赋予××合同/协议强制执行效力。

证词内容：

一、必备要素

1. 申请人名称或姓名、申请日期及申请公证事项。

2. 公证机构查明的事实，包括：

(1) 当事人的身份及签订债权文书的民事权利能力与民事行为能力；

(2) 代理人的身份及代理权限；

(3) 担保人的身份及民事权利能力和民事行为能力；

(4) 债权文书所附担保合同标的物的权属情况及相关权利人的意思表示；

(5) 债权文书主要条款是否完备，内容是否明确、具体；

(6) 当事人签订债权文书的意思表示是否真实、是否对所有条款达成了一致意见；

(7) 当事人是否了解、确认了债权文书的全部内容；

(8) 是否履行了法律规定的批准、许可或登记手续；

(9) 公证机构对强制执行公证的法律意义和可能产生的法律后果的告知；

(10) 债权文书当事人对强制执行的约定及债务人/担保人自愿直接接受强制执行的意思表示；

(11) 债权文书当事人就《执行证书》出具前公证机构核查内容、方式达成的在先约定。

3. 公证结论：

(1) 当事人签订债权文书的日期、地点等；

(2) 当事人签订债权文书行为的合法性；

(3) 债权文书内容的合法性；

(4) 当事人在债权文书上签字、盖章的真实性；

(5) 赋予该债权文书强制执行效力；

(6) 债权文书生效日期、条件等。

二、选择要素

(1) 双方当事人向公证机构提交的证据材料；

(2) 当事人对债权文书的重要解释或说明；

(3) 公证员认为需要说明的其他情况；

(4) 附件。

中华人民共和国××省××市××公证处

公证员（签名章或签名）

××××年××月××日

【样式3】

执 行 证 书

（××××）××字第××号

申请执行人：……

被申请执行人：……

示例 15-4

证词内容：

一、必备要素

1. 申请执行人和被申请执行人的名称或姓名、申请日期及申请事项；

2. 申请执行人申请执行所提交的证据材料；

3. 公证机构查明的事实，包括：

(1) 申请执行人与被申请执行人订立债权文书经公证并赋予强制执行效力的情况；

(2) 申请执行人履行、被申请执行人不履行或履行不适当的事实；

(3) 申请执行人与被申请执行人在债权文书中就公证机构核查内容、方式所作的在先约定；

(4) 公证机构签发本证书前进行核查的过程。

4. 公证结论：

(1) 被执行人；

(2) 具体执行标的（违约金、利息、滞纳金等可列入执行标的）；

(3) 第三人对申请出具本证书是否提出过异议；

(4) 申请执行的期限。

二、选择要素

(1) 抵押物/质物的登记情况；

(2) 可供执行标的物；

(3) 有管辖权的人民法院；

(4) 公证员认为需要说明的其他情况；

(5) 附件。

中华人民共和国××省××市××公证处
公证员（签名章或签名）
××××年××月××日

(二) 定式公证书

【样式1】

示例 15-5

公 证 书
（定式委托公证书格式）

(××××)××字第××号

申请人：……

公证事项：委托。

兹证明×××（申请人）于××××年××月××日来到我处，在本公证员的面前，在前面的委托书上签名，并表示知悉委托的法律意义和法律后果。

×××（申请人）的委托行为符合《中华人民共和国民法典》第一百四十三条的规定。

中华人民共和国××省××市（县）××公证处
公证员（签名或签名章）
××××年××月××日

【样式2】

公　证　书
（定式遗嘱公证书格式）

（××××）××字第××号

示例15-6

申请人：……

公证事项：遗嘱。

兹证明×××（申请人）于××××年××月××日来到我处，在本公证员和本处公证员×××的面前，在前面的遗嘱上签名，并表示知悉遗嘱的法律意义和法律后果。

×××（申请人）的遗嘱行为符合《中华人民共和国民法典》第一百四十三条和第一千一百三十九条的规定。

中华人民共和国××省××市（县）××公证处
公证员（签名或签名章）
××××年××月××日

【样式3】

公　证　书
（定式死亡公证书格式）

（××××）××字第××号

示例15-7

申请人：……

公证事项：死亡。

兹证明×××（死者），男（或者女），于××××年××月××日在××省××市（县）因××死亡。

中华人民共和国××省××市××公证处
公证员（签名或签名章）
××××年××月××日

第六编 其他法律文书

PART SIX

LEGAL WRITING

第十六章 笔 录

第一节 概 述

一、笔录的概念与特点

笔录是指在法律活动中形成的具有实录性质的文字材料。随着技术的发展，笔录的形成不再依赖单一的文字记录行为，借助全程同步录音录像技术可以保障笔录的客观性，语音识别技术也已经逐渐运用于法庭审理笔录的制作过程。上述影像资料除了可以佐证笔录的客观性、合法性以外，在一些情况下，还可以替代相应的笔录。

笔录具有如下特点：

（一）客观性

客观性是笔录的最基本特征，笔录是以文字形式对法律活动的过程和结果等进行如实记录，其内容应当能够证明某些事实的客观存在。因此，笔录的制作者应当客观地制作笔录，尽量避免自身的主观意识对所记载内容的影响，以使得笔录能够真实、客观地反映其记录的内容。

（二）合法性

作为一种法律文书，笔录的制作必须符合相关法律规定。笔录的合法性主要表现在三个方面，即制作主体的合法、制作程序的合法和制作形式的合法。具体而言，笔录必须由法定的主体依照法定程序，按照法律规定的形式来制作。只有如此，笔录所具有的法律效力和法律意义才能得以体现。

（三）即时性

笔录具有"即现即记，即记即成"的特点。笔录必须当场制作，与正在进行的执法执纪活动同时进行，不得事后加工、修改、润饰、变动。只有这样才能确保记录内容的准确，也能有效防止因为记忆或者其他因素对笔录的客观性产生不利的影响。不及时制作笔录会使其证明力和证据能力受到减损甚至怀疑。事后擅自修改、伪造、变造笔录的，要承担相应的法律责任或法律后果。

（四）局限性

笔录作为司法实践中言辞证据最主要的固定方式，具有天然的局限性。这里的局限性是指从语言到文字转化过程中附随的局限，语言是用声音来表达的象征体系，但是通过语言进行交流时，其中包含的信息量是丰富的，除了声音之外，还伴随着陈述人的神态、动作、仪表、姿势、环境等因素。同样的话，如果用不同的语气、声调、神态、动作、姿势，既可能表达赞美之情，也可能表达讽刺之意。在不同场景下，表达的意思也不尽相同。因此，当语言转化为文字后，语言所包含和附随的信息量可能会造成丢失甚至偏差。

二、笔录的作用

笔录作为一种实录性的公文，在司法实践中起着不可替代的重要作用。对于诉讼案件而言，笔录是案卷材料的重要组成部分，是法定诉讼证据之一。在各种非诉活动中，笔录也同样起着证明作用。从外在表现形式看，笔录是用规范的文字记录相关事项，不能采用图形、符号等方式进行记载。作为不同的证据种类，它们所起的作用各不相同，可以互相印证补充，但不能相互替代。以司法机关为例，从立案、侦查、起诉到审判各个环节，都需要制作相应的笔录。笔录的作用主要体现在以下几个方面：

（一）笔录是案件事实情况和承办人员活动情况的真实反映

承办人员在诉讼的各个阶段所进行的法律活动，都须有相应的笔录。例如，讯问犯罪嫌疑人，有讯问笔录；审判被告人，有法庭审理笔录；律师进行调查，有调查笔录等。

（二）笔录是承办人员进行法律活动的重要手段

承办人员在进行法律活动的过程中，一般都会借助笔录手段。例如，搜集证据，要制作讯问笔录、调查笔录、搜查笔录、现场勘查笔录等；审查案件，了解案情，阅读卷宗要制作阅卷笔录。如果没有这些笔录手段，承办人员的法律活动便难以进行，甚至根本无法完成。

（三）笔录是承办人员依法进行活动的忠实记录

司法机关以及律师进行的某些法律活动，必须按照法律程序进行。例如，对死刑犯执行死刑的时候，必须验明正身，执行后要将执行情况如实记录，要制作验明正身笔录、执行死刑笔录，从而证明执行死刑是依法定程序进行的。

（四）笔录是制作其他法律文书的重要依据

无论是制作侦查文书、预审文书、检察文书，还是辩护代理文书、裁判文书，都必须以可靠的事实和证据为依据，各类笔录正是这些材料的固定形式，应依据这些笔录制作相应的文书。例如，依据法庭审理笔录、合议庭评议笔录，才能制作判决书等。

（五）笔录是重要的证据和诉讼材料

笔录经合法制作，有关人员签名盖章或者捺指印后，即具有法定证据效力，如证人证言笔录、调查笔录、勘验笔录。笔录完成立卷归档后，这些证据能够使诉讼材料得以固定保存，对掌握分析案情、研究核实证据、侦查起诉、辩护代理、定性处理、审判执行、复核申诉等，都是具有相当实用价值的资料；同时，笔录作为重要的司法资料，对案件的调研总结以及法治教育也具有重要的参考价值。

三、笔录的种类

在各种诉讼和非诉讼活动中，笔录种类较多。笔录按照不同的标准可以进行不同的分类：

（1）依制作主体不同，笔录可以分为公安机关笔录、检察机关笔录、审判机关笔录、公证笔录、律师笔录和仲裁笔录等。

（2）依案件性质不同，笔录可以分为刑事笔录、民事笔录和行政笔录三大类。在民事和行政诉讼中，从起诉到执行，都涉及笔录的具体运用。在刑事诉讼中，从立案侦查到执行，每个诉讼阶段也都需要制作相应的笔录。

（3）依功能划分不同，笔录可以分为听证笔录、现场笔录、口头起诉笔录、控告笔录、现场勘验笔录、调查笔录、调解笔录、法庭审理笔录、口头裁定笔录、合议庭评议笔录、审判委员会讨论案件笔录、宣判笔录、执行笔录、查封扣押财产笔录、讯问笔录、询问笔录、搜查笔录和执行死刑笔录等。本章主要介绍现场勘验笔录、询问笔录、讯问笔录、法庭审理笔录和合议庭评议笔录。

第二节　现场勘验笔录

一、知识要点

(一) 概念和特点

现场勘验笔录，又称勘查笔录，是指公安机关、人民检察院、监察机关依法对刑事案件现场进行勘验、检查，以及人民法院的审判人员对各类案件勘验物证或现场时制作的客观文字材料。

现场勘验笔录具有如下特点：

(1) 勘验、检查人员应当具有相应的身份或资质。在刑事诉讼中，勘验、检查在侦查阶段是一种侦查行为，应由侦查人员进行。必要的情况下，公安机关、监察机关可以指派或者聘请具有专门知识的人，在侦查人员的主持下进行勘验、检查。人民法院调查核实证据时，可以进行勘验、检查。

(2) 勘验的对象是与犯罪有关的场所、物品、尸体，提取、采集与案件有关的痕迹、物证等；检查的对象是犯罪嫌疑人、被害人的人身。

(3) 勘验、检查的情况除了形成笔录之外，还应当由参加勘验、检查的人员和见证人签名或者盖章。

(二) 法律依据和制作条件

《刑事诉讼法》第128条规定："侦查人员对于与犯罪有关的场所、物品、人身、尸体应当进行勘验或者检查。在必要的时候，可以指派或者聘请具有专门知识的人，在侦查人员的主持下进行勘验、检查。"第129条规定："任何单位和个人，都有义务保护犯罪现场，并且立即通知公安机关派员勘验。"第130条规定："侦查人员执行勘验、检查，必须持有人民检察院或者公安机关的证明文件。"第133条规定："勘验、检查的情况应当写成笔录，由参加勘验、检查的人和见证人签名或者盖章。"第196条第2款规定："人民法院调查核实证据，可以进行勘验、检查、查封、扣押、鉴定和查询、冻结。"

《民事诉讼法》第83条规定："勘验物证或者现场，勘验人必须出示人民法院的证件，并邀请当地基层组织或者当事人所在单位派人参加。当事人或者当事人的成年家属应当到场，拒不到场的，不影响勘验的进行。有关单位和个人根据人民法院的通知，有义务保护现场，协助勘验工作。勘验人应当将勘验情况和结果制作笔录，由勘验人、当事人和被邀参加人签名或者盖章。"

《中华人民共和国监察法》（以下简称《监察法》）第26条规定："监察机关在调查过程中，可以直接或者指派、聘请具有专门知识、资格的人员在调查人员主持下进行勘验检查。勘验检查情况应当制作笔录,由参加勘验检查的人员和见证人签名或者盖章。"第41条第1款规定:"调查人员采取……勘验检查等调查措施,均应当依照规定出示证件,出具书面通知,由二人以上进行,形成笔录、报告等书面材料,并由相关人员签名、盖章。"

根据《人民检察院行政诉讼监督规则》《人民检察院民事诉讼监督规则》的相关规定,人民检察院可以采取勘验物证、现场的调查核实措施。人民检察院调查核实,应当由二人以上共同进行。

现场勘验笔录作为我国八种法定证据之一,具有法律效力。现场勘验、检查的任务,是发现、固定、提取与犯罪有关的痕迹、物证及其他信息,存储现场信息资料,判断案件性质,分析犯罪过程,确定侦查方向和范围,为侦查破案、刑事诉讼,以及检察机关指控犯罪和审判机关定罪量刑提供线索和证据。

刑事案件现场勘验、检查工作应当遵循依法、安全、及时、客观、全面、细致的原则。刑事案件现场勘验、检查的内容,包括现场保护、现场实地勘验检查、现场访问、现场搜索与追踪、侦查实验、现场分析、现场处理、现场复验与复查等。公安机关对刑事案件现场进行勘验、检查不得少于二人。勘验、检查现场时,应当邀请一至二名与案件无关的公民作见证人。由于客观原因无法由符合条件的人员担任见证人的,应当在笔录材料中注明情况,并对相关活动进行录像。勘验、检查现场,应当拍摄现场照片,绘制现场图,制作笔录,由参加勘查的人员和见证人签名。对重大案件的现场,应当录像。勘验、检查人员应当及时采集并记录现场周边的视频信息、基站信息、地理信息及电子信息等相关信息。勘验、检查与电子数据有关的犯罪现场时,应当按照有关规范处置相关设备,保护电子数据和其他痕迹、物证。

(三)使用情况

现场勘验、检查结束后,应当及时将现场信息录入"全国公安机关现场勘验信息系统"并制作《现场勘验检查工作记录》。《现场勘验检查工作记录》包括现场勘验笔录、现场图、现场照片、现场录像和现场录音。现场勘验检查工作记录应当客观、全面、详细、准确、规范,能够作为核查现场或者恢复现场原状的依据。现场勘验笔录正文需要载明现场勘验过程及结果,包括与犯罪有关的痕迹和物品的名称、位置、数量、性状、分布等情况,尸体的位置、衣着、姿势,血迹分布、性状和数量以及提取痕迹、物证情况等。对现场进行多次勘验、检查的,在制作首次现场勘验检查工作记录后,逐次制作补充勘验检查工作记录。现场绘图、现场照相、录像、现场勘验笔录应当相互吻合。现场绘图、现场照相、录像、现场勘验笔录等现场勘验、检查的原始资料应当妥善保存。现场勘验、检查原始记录可以用纸质形式或者电子形式记录,现场勘验、检查人员、见证人应当在现场签字确认,以电子形式记录的可以使用电子签名。

现场勘验笔录可以作为证据用于证明案件事实,经过法院查证属实的,能够作为定案的根据。

在刑事案件的庭审过程中,提交现场勘验笔录作为证据的,应当当庭宣读。审判人员应当听取公诉人、当事人和辩护人、诉讼代理人的意见。当事人和辩护人、诉讼代理人有权申请重新勘验。如果重新勘验影响审判进行的,可以延期开庭审理。

在民事案件的庭审过程中,宣读勘验笔录在法庭调查环节进行,当事人经法庭许可,可以向勘验人发问,当事人要求重新进行勘验的,是否准许,由人民法院决定。准许重新勘验的,可以延期开庭审理。

二、内容要点和制作技巧

现场勘验笔录由首部、正文和尾部构成。

(一)首部

1. 标题

居中写"现场勘验笔录"。

2. 笔录特定项目

写明现场勘验单位、指派/报告单位,报告时间,勘验事由,现场勘验起始时间和地点,勘验前现场的条件,现场勘验的天气、温度、湿度、风向、光线等情况,以及现场勘验指挥人信息等。

(二)正文

正文包括勘验过程和勘验结果两部分。

(1)勘验过程首先要记录发现或者接到报案的情况以及组织人员赴现场勘验情况。然后要重点记载现场和勘验的具体情况,如现场的空间、方位、大小及建筑布局,物体的摆放、成色情况,犯罪工具及其他物证、痕迹的具体位置、种类、分布情况以及提取方法,现场物品损坏情况以及被害人情况、其他变动或异常情况。对于性质不同的案件,要根据不同案件的特点,有针对性地进行勘验。例如,对于凶杀现场,要记录尸体的具体方位和姿势,周围是否有血迹,周围物品和痕迹的位置和特点以及尸表检查情况等;入室盗窃现场要记录清楚门窗是否关闭,是否完整,有无撬压痕迹,有无指纹、足迹,室内家具有无移动、破坏情况等。

(2)勘验结果主要包括对现场物证、痕迹的处理情况,提取物品的名称、数量、标记和特征,提取痕迹的名称和数量,拍摄现场照片和绘制现场图的种类和数量。

现场勘查笔录是对案件现场勘查中发现的各种客观情况的记载,侦查人员对现场情况的分析意见不能记录在笔录中。笔录中对各种情况的记载顺序,应当与对现场情况进行实际勘查的顺序相符。笔录的文字一定要准确、清楚,避免使用生涩难懂或者含混不清的语言,尤其是对现场物体和痕迹的位置、形状、距离、大小等特征的勘查,一定要准确记载。

(三) 尾部

(1) 附记事项。附记事项一般要写明在现场发现和提取的物证情况,主要包括以下内容:痕迹,物品的名称、质地、重量、数量、尺寸、体积,封存的标记,保存的地点和送检单位、地点,现场照片、绘图、录像的名称种类、数量,专门技术人员对痕迹、物品的意见,见证人对勘查的意见等。

(2) 履行签署手续。尾部由现场勘验记录人员(如笔录人、制图人、照相人、录像人、录音人、现场勘验人员、见证人等),依次签名或盖章,并注明年月日。

三、文书样式

现场勘验笔录

现场勘验单位:……

指派/报告单位:……

时间:××××年××月××日

勘验事由:……

现场勘验开始时间:……

现场勘验结束时间:……

现场地点:……

天气:……

勘验前现场的条件:……

现场勘验利用的光线:……

现场勘验指挥人:……

现场勘验情况:……

现场勘验记录人员:……

笔录人:……

制图人:……

照相人:……

录像人:……

录音人:……

现场勘验人员:……

本人签名:×××

本人签名:×××

示例 16-1

现场勘验见证人：……

本人签名：×××

本人签名：×××

×××× 年 ×× 月 ×× 日

附件1：提取痕迹、物证登记表。
附件2：现场勘验平面示意图。
附件3：现场照片。
附件4：现场勘验情况分析报告。

第三节 询问笔录

一、知识要点

（一）概念和特点

询问笔录，是指司法机关办案人员、律师为了弄清案件的事实，核实相关证据，依法向了解案件情况的人进行调查、询问时制作的法律文书。

询问笔录应用比较广泛，它既可以在刑事诉讼中，由司法机关对证人等了解案件情况的人进行调查时使用，也可以在民事和行政诉讼中，由人民法院、律师对当事人、证人等了解案件情况的人进行调查时使用，还可以在司法机关、律师向具有专门知识的人了解专业性问题时使用。

询问笔录具有下列特点：

（1）询问笔录应当如实地、完整地记载被询问人的陈述。询问工作结束后，询问笔录应当交被询问人核对，对没有阅读能力的，应当向其宣读。记载有遗漏或者差错的，被询问人可以提出补充或者更正。被询问人确认笔录无误后，应当签名或者盖章，询问人也应当在笔录上签名。

（2）询问笔录作为记载被询问人所提供的证言，具有法律的严肃性。开始询问前，询问人应当告知被询问人必须如实提供证言、证据，如有意作伪证或隐匿罪证要负的法律责任。

（3）询问应当个别进行，询问笔录亦应分别记载。不能把几个被询问人的询问情况写在一份笔录里，应当单人单问单记，单独制作笔录。

（二）法律依据和制作条件

《刑事诉讼法》第52条规定："审判人员、检察人员、侦查人员必须依照法定程序，收集能够证实犯罪嫌疑人、被告人有罪或者无罪、犯罪情节轻重的各种证据。严禁刑讯逼供和以威胁、引诱、欺骗以及其他非法方法收集证据，不得强迫任何人证实自己有罪。必须保证一切与案件有关或者了解案情的公民，有客观地充分地提供证据的条件，除特殊情况外，可以吸收他们协助调查。"

《民事诉讼法》第 67 条规定："当事人对自己提出的主张，有责任提供证据。当事人及其诉讼代理人因客观原因不能自行收集的证据，或者人民法院认为审理案件需要的证据，人民法院应当调查收集。人民法院应当按照法定程序，全面地、客观地审查核实证据。"

《行政诉讼法》第 40 条规定："人民法院有权向有关行政机关以及其他组织、公民调取证据。但是，不得为证明行政行为的合法性调取被告作出行政行为时未收集的证据。"第 41 条规定："与本案有关的下列证据，原告或者第三人不能自行收集的，可以申请人民法院调取：（一）由国家机关保存而须由人民法院调取的证据；（二）涉及国家秘密、商业秘密和个人隐私的证据；（三）确因客观原因不能自行收集的其他证据。"

《监察法》第 41 条规定，调查人员采取询问的调查措施，应当依照规定出示证件、出具书面通知，由二人以上进行，形成笔录、报告等书面材料，并由相关人员签名、盖章。

根据上述法律规定，询问笔录适用于刑事、民事、行政各类诉讼案件。执法人员在调查或者进行检查时，应当主动向当事人或者有关人员出示执法证件。当事人或者有关人员有权要求执法人员出示执法证件。执法人员不出示执法证件的，当事人或者有关人员有权拒绝接受调查或者检查。当事人或者有关人员应当如实回答询问，并协助调查或者检查，不得拒绝或者阻挠。询问或者检查应当制作笔录。

需要传唤违反治安管理行为人接受调查的，经公安机关办案部门负责人批准，使用传唤证传唤。对现场发现的违反治安管理行为人，人民警察经出示工作证件，可以口头传唤，但应当在询问笔录中注明。

《刑事诉讼法》第 126 条规定："本法第一百二十二条的规定，也适用于询问证人。"

（三）使用情况

询问笔录完成后，应当交被询问人核对；对没有阅读能力的，应当向其宣读。记载有遗漏或者差错的，被询问人可以提出补充或者更正。被询问人确认笔录无误后，应当签名或者盖章，询问的人民警察也应当在笔录上签名。被询问人要求就被询问事项自行提供书面材料的，应当准许；必要时，人民警察也可以要求被询问人自行书写。

询问不满十六周岁的违反治安管理行为人，应当通知其父母或者其他监护人到场。询问聋哑的违反治安管理行为人、被侵害人或者其他证人，应当有通晓手语的人提供帮助，并在笔录上注明。询问不通晓当地通用的语言文字的违反治安管理行为人、被侵害人或者其他证人，应当配备翻译人员，并在笔录上注明。

询问笔录可以作为分析案件情况的参考资料，也可以为进一步查明案件事实提供证据线索。有价值的询问笔录，可以作为认定案件事实的依据。

二、内容要点和制作技巧

询问笔录由首部、正文和尾部构成。

（一）首部

首部包括标题、时间和地点以及询问人、记录人和被询问人的基本情况。

1. 标题

应写为"询问笔录"或者"×××一案询问笔录"或者"××××公安局（××××检察院）询问笔录"。

2. 时间和地点

（1）时间。应当具体写明询问开始和结束的年月日时分，即写为"××××年××月××日×时×分至××××年××月××日×时×分"。

（2）地点。应当准确、具体写明询问地点，如×××县公安局刑警大队或×××县人民法院。

3. 询问人、记录人、被询问人的基本情况

（1）询问人的基本情况。应当写明询问人的姓名和工作单位。

（2）记录人的基本情况。应当写明记录人的姓名和工作单位。

（3）被询问人的基本情况，通常需要写明被询问人的姓名、性别、年龄、出生日期、身份证种类及号码、联系方式、户籍所在地和现住址等。

（二）正文

正文是文书的核心内容，应当写明调查人向被调查人告知的有关事项、提问的内容和被调查人的陈述内容。

1. 告知事项

《刑事诉讼法》第125条规定："询问证人，应当告知他应当如实地提供证据、证言和有意作伪证或者隐匿罪证要负的法律责任。"第127条规定："询问被害人，适用本节各条规定。"《民事诉讼法》第114条规定，诉讼参与人或者其他人伪造、毁灭重要证据，妨碍人民法院审理案件的，人民法院可以根据情节轻重予以罚款、拘留；构成犯罪的，依法追究刑事责任。根据上述法律规定，询问人在询问开始前，应当告知被询问人如实陈述的义务，以及不如实陈述应当承担的法律责任。

2. 提问的内容和被调查人的陈述内容

提问的内容因案而异，各有不同的侧重点，记录时间应当明确、具体，文字

力求简洁。被调查人的陈述内容是笔录的重点,通常有两种记录方法:一种是问答式,即由询问人提出问题,被询问人回答;另一种是综合记录式,即询问人将需要询问的问题了解清楚后,采用综合归纳的方法,将询问人的询问和被询问人的回答简明扼要地记录清楚,为了使询问笔录的内容更加清晰,采用综合记录式的方法记录时,可以将询问笔录的内容分成两个自然段,一段记写提问的内容,另一段记写回答的内容,以使笔录的内容更加条理化。

根据案件性质的不同,涉及被询问人陈述内容的记录也存在差别。涉及刑事案件,应当重点记录被询问人陈述的与犯罪事实有关的时间、地点、手段、情节、危害结果以及涉及的人和事等。涉及民事案件,应当重点记录当事人之间的关系,民事纠纷发生的时间、地点、涉及的人、起因、过程、结果和争议焦点等。涉及行政案件,应当重点记录行政机关实施具体行政行为的时间、地点、过程、结果,以及行政管理相对人提起诉讼的原因等。

叙写这部分内容时,需要注意以下几个问题:

(1)记录的内容应当明确、具体,文字阐述应当简明扼要,但不失原意。

(2)涉及被询问人与被调查人的关系应当记写清楚。

(3)如果被询问人在调查过程中提供了其他知情人的线索,应当详细、具体地记写清楚,包括知情人的姓名、住址、所在单位等。

(4)提供的书证、物证应当记明名称、件数等。

(5)对被询问人阐述的与调查内容无关的情况,可以不予记录。

(三)尾部

询问笔录记录完毕后,应当依法履行法定的手续,即让询问人阅读、核对笔录的内容,如果被询问人没有阅读能力,应向其宣读。如有错记、漏记的内容,应当予以改正和补充,在增加、删除、涂改之处,应当由被询问人签名、盖章或者捺印。

笔录内容核对完毕后,由被询问人在笔录尾页写明"以上笔录我已经看过(或以上笔录已经向我宣读过),与我所说的相符"字样,并由被调查人签名、盖章或者捺印,写明年月日。最后由询问人和记录人分别签名,写明年月日。

三、文书样式

询 问 笔 录

时间:××××年××月××日×时×分至××××年××月××日×时×分。

地点:……

询问人:……

示例 16-2

记录人：……

被询问人：……

身份证种类及号码：……

现住址：……

联系方式：……

户籍所在地：……

被询问人于××月××日×时×分到达，××月××日×时×分离开，本人签名：

问：……

答：……

问：……

答：……

以上笔录我看过，和我说的相符。

被询问人（签名/捺印）：×××
××××年××月××日
询问人（签名）：×××
记录人（签名）：×××
××××年××月××日

第四节 讯问笔录

一、知识要点

（一）概念和特点

讯问笔录，是指公安机关、监察机关、人民检察院和人民法院为查明案件事实，在依法讯问犯罪嫌疑人或被告人时记录讯问情况的文字材料。

讯问笔录具有下列特点：

（1）讯问笔录是一种具有法律效力的书面材料。它记载的犯罪嫌疑人、被告人的供述或辩解，经查证属实，可以作为定案和定罪量刑的依据。

（2）讯问笔录客观地记录和反映了讯问犯罪嫌疑人的过程和讯问情况，可以起到固定证据的作用，既可以防止犯罪嫌疑人翻供，又可以真实地反映侦查人员的询问方法是否合法。

（3）讯问笔录全面、系统地记载了讯问人员提问的内容和犯罪嫌疑人的供述或辩解，因此，可以作为侦查人员分析案情、研究问题、检察办案质量、总结办案经验和教训的重要依据。

（二）法律依据和制作条件

《刑事诉讼法》第86条规定："公安机关对被拘留的人，应当在拘留后的二十四小时以内进行讯问。"第94条规定："人民法院、人民检察院对于各自决定逮捕的人，公安机关对于经人民检察院批准逮捕的人，都必须在逮捕后的二十四小时以内进行讯问。"第118条规定："讯问犯罪嫌疑人必须由人民检察院或者公安机关的侦查人员负责进行。讯问的时候，侦查人员不得少于二人。犯罪嫌疑人被送交看守所羁押以后，侦查人员对其进行讯问，应当在看守所内进行。"第119条第1款规定："对不需要逮捕、拘留的犯罪嫌疑人，可以传唤到犯罪嫌疑人所在市、县内的指定地点或者到他的住处进行讯问，但是应当出示人民检察院或者公安机关的证明文件。对在现场发现的犯罪嫌疑人，经出示工作证件，可以口头传唤，但应当在讯问笔录中注明。"第122条规定："讯问笔录应当交犯罪嫌疑人核对，对于没有阅读能力的，应当向他宣读。如果记载有遗漏或者差错，犯罪嫌疑人可以提出补充或者改正。犯罪嫌疑人承认笔录没有错误后，应当签名或者盖章。侦查人员也应当在笔录上签名。犯罪嫌疑人请求自行书写供述的，应当准许。必要的时候，侦查人员也可以要犯罪嫌疑人亲笔书写供词。"第173条第1款规定："人民检察院审查案件，应当讯问犯罪嫌疑人，听取辩护人或者值班律师、被害人及其诉讼代理人的意见，并记录在案。"第191条第3款规定："审判人员可以讯问被告人"。第234条第2款规定："第二审人民法院决定不开庭审理的，应当讯问被告人。"第251条第1款规定，最高人民法院复核死刑案件，应当讯问被告人。

《监察法》第41条规定："调查人员采取讯问……调查措施，均应当依照规定出示证件，出具书面通知，由二人以上进行，形成笔录、报告等书面材料，并由相关人员签名、盖章。调查人员进行讯问……应当对全过程进行录音录像，留存备查。"

讯问笔录的主要作用是客观地记载和反映讯问犯罪嫌疑人的过程和讯问情况，全面如实地记录犯罪嫌疑人的供述或辩解。侦查人员在讯问犯罪嫌疑人的时候，应当首先讯问犯罪嫌疑人是否有犯罪行为，让他陈述有罪的情节或者无罪的辩解，然后向他提出问题。犯罪嫌疑人对侦查人员的提问，应当如实回答。但是，对与本案无关的问题，有拒绝回答的权利。侦查人员在讯问犯罪嫌疑人的时候，应当告知犯罪嫌疑人享有的诉讼权利，如实供述自己罪行可以从宽处理和认罪认罚的法律规定。讯问聋、哑的犯罪嫌疑人，应当有通晓聋、哑手势的人参加，并且将这种情况记明笔录。

（三）使用情况

讯问笔录完成后，应当交被讯问人核对，对于没有阅读能力的，应当向他宣读。如果记载有遗漏或者差错，被讯问人可以提出补充或者改正。被讯问人承认笔录没有错误后，应当签名或者盖章。侦查人员也应当在笔录上签名。被讯问人请求自行书写供述的，应当准许。必要的时候，侦查人员也可以要求被讯问人亲笔书写供词。侦查人员在讯问被讯问人的时候，可以对讯问过程进行录音或者录像；对于可能判处无期徒刑、死刑的案件或者其他重大犯罪案件，应当对讯问过程进行录音或者录像。录音或者录像应当全程进行，保持完整性。

对于涉及未成年人的刑事案件，在讯问的时候，应当通知被讯问人的法定代理人到场。无法通知、法定代理人不能到场或者法定代理人是共犯的，也可以通知被讯问人的其他成年亲属，所在学校、单位、居住地基层组织或者未成年人保护组织的代表到场，并将有关情况记录在案。讯问笔录、法庭笔录应当交给到场的法定代理人或者其他人员阅读或者向他宣读。被讯问人为女性未成年人的，应当有女性工作人员在场。

讯问笔录中记载的被讯问人的供述或辩解，经查证属实后，可以作为认定案件事实的依据。通过对讯问笔录记载内容进行分析，可以初步确定案件的性质，为案件定性处理提供依据。通过讯问笔录，可以了解讯问情况，证实讯问程序的合法性。

二、内容要点和制作技巧

讯问笔录由首部、正文和尾部构成。

（一）首部

首部包括标题、时间、地点以及讯问人、记录人、被讯问人的基本情况。

1. 标题

应写为"讯问笔录"或者"×××一案讯问笔录"或者"×××公安局（×××检察院）讯问笔录"，之后用括号注明第×次。

2. 时间和地点

（1）时间。应当具体写明讯问开始和结束的年月日时分，即写为"××××年××月××日×时×分至××××年××月××日×时×分"。

（2）地点。应当准确、具体写明讯问地点，如×××县公安局刑警大队或×××县人民检察院。

3. 讯问人、记录人、被讯问人的基本情况

（1）讯问人的基本情况。应当写明讯问人的姓名和工作单位。

（2）记录人的基本情况。应当写明记录人的姓名和工作单位。

（3）被讯问人的基本情况，通常需要写明被讯问人的姓名、性别、年龄、出生日期、身份证种类及号码、联系方式、户籍所在地和现住址等。

(二) 正文

正文是文书的核心内容，主要包括查明犯罪嫌疑人身份情况和讯问实况，一般采用问答的方式进行记录。

1. 查明犯罪嫌疑人身份情况

第一次讯问时，应当依次记明犯罪嫌疑人的姓名、曾用名、年龄（出生年月日）、民族、籍贯、文化程度、政治面貌、工作单位、职务、住址以及家庭情况、主要经历、是否曾受过刑事处罚或劳动教育处分等。第二次讯问时，该项内容可以从简，只记明犯罪嫌疑人姓名、职业等即可。

2. 讯问实况

这部分内容是讯问笔录的主体，应当尽可能记录原话以使记录内容客观、全面、准确、具有实际价值。具体需要记明的内容，包括讯问人告知事项、提问内容、犯罪嫌疑人的供述或辩解、讯问过程中发生的特殊事项等。其中，犯罪嫌疑人的供述或辩解是笔录的核心内容。

(1) 告知事项。涉及讯问人向犯罪嫌疑人告知有关政策、法律事项等，应当简要记录。《刑事诉讼法》第 34 条规定："犯罪嫌疑人自被侦查机关第一次讯问或者采取强制措施之日起，有权委托辩护人；在侦查期间，只能委托律师作为辩护人。被告人有权随时委托辩护人。侦查机关在第一次讯问犯罪嫌疑人或者对犯罪嫌疑人采取强制措施的时候，应当告知犯罪嫌疑人有权委托辩护人。人民检察院自收到移送审查起诉的案件材料之日起三日以内，应当告知犯罪嫌疑人有权委托辩护人。人民法院自受理案件之日起三日以内，应当告知被告人有权委托辩护人。犯罪嫌疑人、被告人在押期间要求委托辩护人的，人民法院、人民检察院和公安机关应当及时转达其要求。犯罪嫌疑人、被告人在押的，也可以由其监护人、近亲属代为委托辩护人。辩护人接受犯罪嫌疑人、被告人委托后，应当及时告知办理案件的机关。"第 120 条规定："侦查人员在讯问犯罪嫌疑人的时候，应当首先讯问犯罪嫌疑人是否有犯罪行为，让他陈述有罪的情节或者无罪的辩解，然后向他提出问题。侦查人员在讯问犯罪嫌疑人的时候，应当告知犯罪嫌疑人享有的诉讼权利，如实供述自己罪行可以从宽处理和认罪认罚的法律规定。"因此，讯问人在讯问犯罪嫌疑人时，应当首先讯问犯罪嫌疑人是否有犯罪行为，告知犯罪嫌疑人依法享有委托辩护人的权利，以及如实供述自己的罪行可以从宽处理的法律规定。然后向犯罪嫌疑人提问，讯问犯罪嫌疑人。

(2) 犯罪嫌疑人的供述或辩解。在制作讯问笔录时，应当按照讯问人、犯罪嫌疑人的问答顺序，依次进行记录，不能将几次问答综合在一起记录。根据讯问情况，清楚准确地记载犯罪事实、动机、目的、手段，与犯罪有关的时间、地点、涉及的人、事、物等。属于共同犯罪的，还要记明其与其他犯罪人共同作案的事实，以及其在共同犯罪中的地位和作用。属于经济犯罪的，还要记明犯罪涉及财务的金额、赃款赃物的去向，以及退赃情况等。记录内容应当做到简练、完整、准确。涉及证明案件性质的关键性情节、有关的证据、有明显矛盾的地方等重要情况，应当准确清楚地重点记录。在讯问过程中，若犯罪嫌疑人进行无罪辩护，应当记清其陈述的理由和依据。此外，对犯罪嫌疑人在讯问过程中认罪态度等情形，也应当准确地予以记录。

具体记录时，还应当注意以下几个问题：

（1）对于犯罪嫌疑人的供述或辩解，无论是有利于犯罪嫌疑人，还是不利于犯罪嫌疑人，犯罪嫌疑人无论是作有罪或是重罪的供述，还是无罪或是轻罪的辩解，都应当如实全面记录。

（2）笔录的内容既要全面，又要突出重点，主要应当围绕犯罪事实以及与犯罪有关的情况进行记录，如涉及犯罪构成特征、罪行轻重程度的关键性情节，以及具有从重或从轻、加重或减轻、免除处罚的有关情节等。

（3）笔录应当如实反映犯罪嫌疑人供述的原意，不能随意夸大、缩小，更不能改变原意。对于涉及定罪定性的重要情节，应尽可能地记录原话。

（4）对于讯问过程中犯罪嫌疑人的表情、语气以及态势语言，应当用括号注明，以便通过犯罪嫌疑人的心理状态和供认态度掌握、分析、判断、鉴别案情。

（三）尾部

讯问笔录记录完毕后，应当依法履行法定的手续，即应当交被讯问人阅读、核对笔录的内容，对于没有阅读能力的，应当向其宣读。如有错记、漏记的内容，应当予以改正和补充，在增加、删除、涂改之处，应当由被讯问人签名、盖章或者捺指印。

笔录内容核对完毕，被讯问人确认笔录没有错误后，由被讯问人在笔录尾页写明"以上笔录我已看过（或以上笔录已经向我宣读过），与我说的相符"字样，并由被讯问人签名、盖章或者捺指印，写明年月日，同时在笔录除最后一页以外的每页末尾右下角签名、盖章或者捺指印。被讯问人拒绝签名、捺指印的，也应当在笔录上注明。最后由讯问人和记录人分别签名，写明年月日。

三、文书样式

示例 16-3

讯问笔录（第×次）

时间：××××年××月××日×时×分至××××年××月××日×时×分。

地点：……

讯问人：……

记录人：……

被讯问人：……

身份证种类及号码：……

联系方式：……

户籍所在地：……

口头传唤/被扭送/自动投案的被讯问人于××月××日×时×分到达，××月××日×时×分离开，本人签名：

问：……

答：……

问：……

答：……

问：……

答：……

以上笔录我已看过，与我说的相符。

被讯问人（签名/捺印）：×××

××××年××月××日

讯问人（签名）：×××

记录人（签名）：×××

××××年××月××日

第五节　法庭审理笔录

一、知识要点

（一）概念和特点

法庭审理笔录，又称法庭笔录或庭审笔录，是指由书记员记录的关于法庭审理活动全部内容的文字材料。

法庭审理笔录具有下列特点：

（1）法庭审理笔录是整个庭审活动的真实记录，是通过文字形式正确反映法庭审理的全过程，把经过庭审核实的事实、证据固定下来。

（2）法庭审理笔录既能反映刑事案件被告人以及民事案件当事人的供词、陈述和证人证言等证据的提取情况，又能反映出人民法院的审判活动是否严格依照相关法定程序进行。

（3）法庭审理笔录是人民法院认定案件事实、全面客观地核实证据，作出公正裁判文书的重要依据。

（4）法庭审理笔录是检查办案和执法情况、加强审判监督、总结经验教训的重要资料。

（二）法律依据和制作条件

《刑事诉讼法》第207条规定："法庭审判的全部活动，应当由书记员写成笔录，经审判长审阅后，由审判长和书记员签名。法庭笔录中的证人证言部分，应当当庭宣读或者交给证人阅读。证人在承认没有错误后，应当签名或者盖章。法庭笔录应当交给当事人阅读或者向他宣读。当事人认为记载有遗漏或者差错的，可以请求补充或者改正。当事人承认没有错误后，应当签名或者盖章。"

《民事诉讼法》第150条规定："书记员应当将法庭审理的全部活动记入笔录，由审判人员和书记员签名。法庭笔录应当当庭宣读，也可以告知当事人和其他诉讼参与人当庭或者在五日内阅读。当事人和其他诉讼参与人认为对自己的陈述记录有遗漏或者差错的，有权申请补正。如果不予补正，应当将申请记录在案。法庭笔录由当事人和其他诉讼参与人签名或者盖章。拒绝签名盖章的，记明情况附卷。"

《行政诉讼法》第101条规定："人民法院审理行政案件……本法没有规定的，适用《中华人民共和国民事诉讼法》的相关规定。"

法庭审判的全部活动，应当由书记员写成笔录。法庭审理笔录经审判人员、书记员、当事人和其他诉讼参与人核对签字。当事人认为记载有遗漏或者差错的，可以申请补正。我国《仲裁法》《劳动争议调解仲裁法》及《农村土地承包经营纠纷调解仲裁法》等有关仲裁庭审笔录的规定与《民事诉讼法》《刑事诉讼法》相关规定类似。本节重点介绍人民法院的法庭审理笔录。

（三）使用情况

开庭审理的全部活动，应当由书记员制作笔录。笔录经审判长审阅后，分别由审判长和书记员签名。法庭笔录应当在庭审后交由当事人、法定代理人、辩护人、诉讼代理人阅读或者向其宣读。法庭笔录中的出庭证人、鉴定人、有专门知识的人、调查人员、侦查人员或者其他人员的证言、意见部分，应当在庭审后分别交由有关人员阅读或者向其宣读，前述所列人员认为记录有遗漏或者差错的，可以请求补充或者改正；确认无误后，应当签名；拒绝签名的，应当记录在案；要求改变庭审中陈述的，不予准许。

智能语音识别技术正在改变传统的庭审记录方式。《最高人民法院关于进一步推进案件繁简分流优化司法资源配置的若干意见》与《最高人民法院关于人民法院庭审录音录像的若干规定》鼓励通过语音识别技术实现庭审语音同步转化生成法庭笔录，并探索使用庭审录音录像简化或者替代书记员法庭记录。

二、内容要点和制作技巧

法庭审理笔录由首部、正文和尾部组成。

（一）首部

首部包括标题、庭审时间和地点以及参与人基本情况。

1. 标题

应当写明"法庭审理笔录"，并括注标明第几次开庭审理案件。例如，标明"（第一次）"。

2. 庭审时间、地点和参与人基本情况

这部分内容，应当依次填写清楚庭审时间和地点、是否公开审理和旁听人数、审判人员姓名、书记员姓名、审判长（员）宣布开庭审理×××一案等。对不公开审理的，应当根据三大诉讼法的相关规定，记明不公开审理的具体理由。

（二）正文

正文是法庭审理笔录的重点内容，应当准确、完整地记录如下内容：法庭调查、法庭辩论、合议庭评议、宣告判决等。

1. 法庭调查

该部分要简要记录调查程序，详细记录法庭调查内容。

（1）公诉人宣读起诉书，或自诉人宣读自诉状，或原告陈述诉讼请求。记录时，只记程序即可，如公诉人宣读起诉书，只记"公诉人×××宣读起诉书"，起诉书内容因附在卷中，故可省略不记。

（2）详细记录法庭调查的具体内容，如审判人员、公诉人讯问当事人或发问，当事人的回答，被害人的陈述。记录时，以问答的形式详细记明。

《刑事诉讼法》第191条规定："公诉人在法庭上宣读起诉书后，被告人、被害人可以就起诉书指控的犯罪进行陈述，公诉人可以讯问被告人。被害人、附带民事诉讼的原告人和辩护人、诉讼代理人，经审判长许可，可以向被告人发问。审判人员可以讯问被告人。"第194条规定："公诉人、当事人和辩护人、诉讼代理人经审判长许可，可以对证人、鉴定人发问。"《民事诉讼法》第142条第2款规定："当事人经法庭许可，可以向证人、鉴定人、勘验人发问。"因此，根据上述法律规定的人员发问和回答，应当如实记明。

（3）告知证人法定的权利与义务。《刑事诉讼法》第194条规定，证人作证，审判人员应当告知他要如实地提供证言和有意作伪证或者隐匿罪证要负的法律责任。《民事诉讼法》第141条规定了法庭调查应当包含告知证人的权利义务的环节。因此，审判人员告知证人法定的权利与义务，要如实记明。

(4) 核实证据。《刑事诉讼法》第 195 条规定:"公诉人、辩护人应当向法庭出示物证,让当事人辨认,对未到庭的证人的证言笔录、鉴定人的鉴定意见、勘验笔录和其他作为证据的文书,应当当庭宣读。"《民事诉讼法》第 141 条规定,法庭调查应当包含宣读未到庭的证人证言,出示书证、物证、视听资料和电子数据,宣读鉴定意见,宣读勘验笔录的环节。因此,法院依法进行的上述活动,应当如实记明。

(5) 补充证据。《刑事诉讼法》第 197 条规定:"法庭审理过程中,当事人和辩护人、诉讼代理人有权申请通知新的证人到庭,调取新的物证,申请重新鉴定或者勘验。……法庭对于上述申请,应当作出是否同意的决定。"《民事诉讼法》第 142 条规定:"当事人在法庭上可以提出新的证据。……当事人要求重新进行调查、鉴定或者勘验的,是否准许,由人民法院决定。"因此,在法庭审理过程中,当事人等根据上述法律规定提出×种申请事项,法庭作出是否同意决定的,应当如实记明。

2. 法庭辩论

应当详细记明诉辩双方争辩的关键性意见,如论点、论据、法律依据以及理由等。

(1) 公诉人、当事人、辩护人和诉讼代理人的辩论情况。《刑事诉讼法》第 198 条规定,公诉人、当事人和辩护人、诉讼代理人可以对证据和案件情况发表意见并且可以互相辩论。对上述人员发表的意见,应当依次记明顺序和双方基本观点。《民事诉讼法》第 144 条规定,法庭辩论应当先由原告及其诉讼代理人发言,后由被告及其诉讼代理人答辩,再由第三人及其诉讼代理人发言或者答辩,最后是互相辩论环节。对上述人员的发言、答辩及辩论,也应当依次记明程序和双方基本观点。

(2) 被告人的最后陈述和当事人的最后意见。《刑事诉讼法》第 198 条第 3 款规定:"审判长在宣布辩论终结后,被告人有最后陈述的权利。"《民事诉讼法》第 144 条第 2 款规定:"法庭辩论终结,由审判长或者独任审判员按照原告、被告、第三人的先后顺序征询各方最后意见。"对当事人依照上述法律规定进行的最后陈述、发表的最后意见,应当将发言要点记明。

(3) 民事调解。《民事诉讼法》第 145 条规定,法庭辩论终结,应当依法作出判决。判决前能够调解的,还可以进行调解。因此,对于法庭是否进行了再调解,调解有没有达成调解协议,应当记明。

3. 合议庭评议

《刑事诉讼法》第 200 条规定:"在被告人最后陈述后,审判长宣布休庭,合议庭进行评议,根据已经查明的事实、证据和有关的法律规定,分别作出以下判决：……"《民事诉讼法》第 145 条规定："……调解不成的，应当及时判决。"因此，若当庭判决，合议庭应当及时进行评议，因为评议笔录要单独制作，故只需简要记明"合议庭休庭评议"即可。

4. 宣告判决

书记员应将审判长宣布的判决结果逐项记入笔录。当庭判决的，应将宣判后被告人或当事人的意见和态度、是否提出上诉、公诉人有何意见等详细记入笔录。定期宣判的，则另行单独制作宣判笔录。

（三）尾部

尾部应当由当事人和其他诉讼参与人签名或盖章，审判人员、书记员签名。

1. 当事人或其他诉讼参与人签名或盖章

《刑事诉讼法》第 207 条第 3 款规定："法庭笔录应当交给当事人阅读或者向他宣读。当事人认为记载有遗漏或者差错的，可以请求补充或者改正。当事人承认没有错误后，应当签名或者盖章。"《民事诉讼法》第 150 条第 2 款和第 3 款规定："法庭笔录应当当庭宣读，也可以告知当事人和其他诉讼参与人当庭或者在五日内阅读。当事人和其他诉讼参与人认为对自己的陈述记录有遗漏或者差错的，有权申请补正。如果不予补正，应当将申请记录在案。法庭笔录由当事人和其他诉讼参与人签名或者盖章。拒绝签名盖章的，记明情况附卷。"

2. 审判人员、书记员签名

《刑事诉讼法》第 207 条第 1 款规定："法庭审判的全部活动，应当由书记员写成笔录，经审判长审阅后，由审判长和书记员签名。"《民事诉讼法》第 150 条第 1 款规定："书记员应当将法庭审理的全部活动记入笔录，由审判人员和书记员签名。"

三、文书样式

法庭审理笔录（第×次）

示例 16-4

时间：××××年××月××日×时×分至××××年××月××日×时×分。

地点：……

是否公开审理：……

旁听人数：……

审判人员：……

书记员：……

审判长（员）宣布开庭审理××××一案。

记录如下：
…………

当事人（签字或盖章）：×××
审判人员（签字）：×××
书记员（签字）：×××

第六节 合议庭评议笔录

一、知识要点

（一）概念和特点

合议庭评议笔录，是指人民法院实行合议制审判的案件，在审判长主持下由合议庭全体成员平等参与案件的评议，对案件的证据采信、事实认定、法律适用、裁判结果以及诉讼程序等问题充分发表意见，对评议结果进行口头表决，由书记员将上述全部过程进行记录，并由合议庭组成人员签名所形成的文字材料。

合议庭评议笔录具有下列特点：

(1) 评议是组成合议庭审判案件的必经程序，因此，合议庭评议笔录也必不可少。

(2) 合议庭评议笔录记载了评议情况和结论，是对审理终结的案件的讨论记录。

(3) 合议庭评议结论对案件的最后处理作出的决定是制作裁定书、判决书的依据。若合议庭无权决定，需报请上级讨论审批的，评议笔录也成为上级审批案件时必须查阅的文字依据。

（二）法律依据和制作要求

《刑事诉讼法》第200条规定："在被告人最后陈述后，审判长宣布休庭，合议庭进行评议，根据已经查明的事实、证据和有关的法律规定，分别作出以下判决：……"

《刑事诉讼法》第207条第1款规定："法庭审判的全部活动，应当由书记员写成笔录，经审判长审阅后，由审判长和书记员签名。"

《刑诉法司法解释》第214条规定："开庭审理和评议案件，应当由同一合议庭进行。合议庭成员在评议案件时，应当独立发表意见并说明理由。意见分歧的，应当按多数意见作出决定，但少数意见应当记入笔录。评议笔录由合议庭的组成人员在审阅确认无误后签名。评议情况应当保密。"

《民事诉讼法》第 45 条规定:"合议庭评议案件,实行少数服从多数的原则。评议应当制作笔录,由合议庭成员签名。评议中的不同意见,必须如实记入笔录。"

《行政诉讼法》第 101 条规定:"人民法院审理行政案件……本法没有规定的,适用《中华人民共和国民事诉讼法》的相关规定。"

《中华人民共和国法院组织法》《民事诉讼法》《刑事诉讼法》及《中华人民共和国人民陪审员法》等法律均有关于合议庭评议案件的相应规定。合议庭的具体评议规则方面,《最高人民法院关于人民法院合议庭工作的若干规定》第 9 条规定:"合议庭评议案件应当在庭审结束后五个工作日内进行。"合议庭评议笔录所记载的评议结果是制作裁判文书的依据,合议庭评议案件实行少数服从多数的原则,不同意见也应当记入笔录。合议庭对适用法律有重大分歧的案件,以及疑难、复杂、重大、新类型或者其他合议庭认为有必要提交审判委员会讨论决定的案件,根据审判委员会作出的决定制作裁判文书。合议庭对审判委员会的决定有异议,可以提请院长决定提交审判委员会复议一次。《最高人民法院关于人民法院合议庭工作的若干规定》第 14 条规定:"合议庭一般应当在作出评议结论或者审判委员会作出决定后的五个工作日内制作出裁判文书。"该司法解释及《最高人民法院关于进一步加强合议庭职责的若干规定》等均对合议庭的议事规则进行了规定。

我国《仲裁法》《劳动争议调解仲裁法》及《农村土地承包经营纠纷调解仲裁法》等规定有关仲裁庭评议案件的规则同样是实行少数服从多数的原则,并将相关意见作为制作裁决书的依据,不同的是,当仲裁庭不能形成多数意见时,按照首席仲裁员的意见作出裁决。

合议庭行使审判权对案件进行审理和裁判,全体成员必须参与案件的审理、评议与裁判,共同对案件的事实认定和适用法律负责。审判长的主要职责在于主持合议庭的审判活动,主持合议庭对案件进行评议。合议庭评议案件应当在庭审结束后五个工作日内进行。合议庭评议案件时,先由承办法官对案件事实和证据是否确实、充分以及适用法律等发表意见,再由其他审判人员最后发表意见;审判长作为承办法官的,由审判长最后发表意见。评议案件的裁判结果时,由审判长最后陈述观点与意见,并根据评议的情况总结合议庭评议的结论性意见。

(三)使用情况

合议庭评议笔录由书记员制作,由合议庭组成人员签名。合议庭成员进行评议的时候,应当认真负责,充分阐述观点与看法,独立行使表决权,不得拒绝陈述或者仅作同意与否的简单表态,即使同意他人意见,也应当阐明事实根据和法律依据,进行分析论证。合议庭成员对评议结果的表决,以口头表决的形式进行。合议庭如果意见分歧,应当按多数人的意见作出决定,但是少数人的意见应当写入笔录。

合议庭评议笔录是人民法院的内部文书,归入副卷保存,当事人、诉讼代理人、辩护人（包括律师），均无权查阅。

二、内容要点和制作技巧

合议庭评议笔录由首部、正文和尾部构成。

（一）首部

首部包括标题、案由、评议的时间和地点、参加评议的人员等。

1. 标题

应写为"合议庭评议笔录"或"评议笔录"，并括注标明第几次评议。例如，标明"（第一次）"。

2. 案由

若是民事案件，通常写为"×××（原告姓名或名称）诉×××（被告姓名或名称）×××（案由）一案"；若是刑事案件，通常写为"×××（被告人姓名）×××（罪名）一案"。

3. 评议的时间和地点

应当具体写明评议开始和结束的年月日时分，即写为"××××年××月××日×时×分至××××年××月××日×时×分"。同时，应当准确、具体地写明评议的地点。

4. 参加评议的人员

应当具体写明审判人员的姓名和职务、书记员的姓名。

（二）正文

正文是笔录的核心内容，主要应当写明评议的情况和评议的结果。

《刑事诉讼法》第200条规定："在被告人最后陈述后，审判长宣布休庭，合议庭进行评议，根据已经查明的事实、证据和有关的法律规定，分别作出以下判决：（一）案件事实清楚，证据确实、充分，依据法律认定被告人有罪的，应当作出有罪判决；（二）依据法律认定被告人无罪的，应当作出无罪判决；（三）证据不足，不能认定被告人有罪的，应当作出证据不足、指控的犯罪不能成立的无罪判决。"

《民事诉讼法》第45条规定："合议庭评议案件，实行少数服从多数的原则。评议应当制作笔录，由合议庭成员签名。评议中的不同意见，必须如实记入笔录。"

根据上述法律规定，第一审刑事案件的评议笔录，通常需要记明以下内容：对犯罪事实和证据的认定；对被告人行为性质的认定；对被告人的处理决定；涉及附带民事诉讼的具体处理；涉及赃物、物证的处理；具体法律条款的适用等。第一审民事案件的评议笔录，通常需要记明以下内容：对纠纷事实和证据的认定；纠纷的性质；权利义务和是非责任；案件的争执焦点；人民法院的处理决定；具体适用的法律条款等。

涉及二审和再审的案件,通常需要记明以下内容:对原审判决的评议;对上诉和抗诉理由的评议;二审的处理决定;具体适用的法律条款等。

综上,合议庭评议笔录主要应当针对案件的性质、事实和证据的认定、案件的具体处理结果、法律适用等方面的问题,详细、具体地记录审判人员发表的意见,以展示合议庭评议的过程,并具体写明评议结果。

(三)尾部

尾部应当由审判人员和书记员签名。

三、文书样式

示例 16-5

合议庭评议笔录(第×次)

时间:××××年××月××日×时×分至××××年××月××日×时×分。

地点:……

合议庭成员:……

书记员:……

案由:……

记录如下:

……

审判人员(签字):×××

书记员(签字):×××

××××年××月××日

第十七章　国家赔偿法律文书

第一节　概　　述

一、国家赔偿法律文书的概念和特点

根据《中华人民共和国国家赔偿法》（以下简称《国家赔偿法》）第2条规定，国家机关和国家机关工作人员行使职权，有本法规定的侵犯公民、法人和其他组织合法权益的情形，造成损害的，受害人有依照本法取得国家赔偿的权利。由此可见，国家赔偿法律文书，是指公民、法人和其他组织认为国家机关和国家机关工作人员行使职权时侵犯其合法权益，而申请国家赔偿过程中，被害人、赔偿义务机关、复议机关或人民法院作出的有关国家赔偿的具有法律效力或法律意义的法律文书的总称。

国家赔偿法律文书具有如下特点：（1）国家赔偿法律文书的制作主体是被害人、赔偿义务机关、复议机关或人民法院；（2）国家赔偿法律文书制作的法律依据是《国家赔偿法》；（3）国家赔偿法律文书既是一种独立的法律文书，又是司法机关、行政机关法律文书的一个组成部分。

二、国家赔偿法律文书的种类

根据《国家赔偿法》的规定，国家赔偿包括行政赔偿和刑事赔偿。在实务中常见的国家赔偿法律文书主要有行政赔偿申请书、刑事赔偿申请书和国家赔偿决定书等。

第二节　行政赔偿申请书

一、知识要点

（一）概念和特点

行政赔偿申请书，是指行政机关及其工作人员在行使行政职权时，有侵害人身

权或财产权情形的,受到侵害的公民、法人和其他组织,依法向赔偿义务机关递交的要求其赔偿的法律文书。

行政赔偿申请书具有下列特点:

(1) 行政赔偿申请书的制作主体和相关当事人具有特定性。首先,申请书的制作主体只能是在行政机关及其工作人员行使行政职权时,人身权或财产权受到侵害的公民、法人和其他组织;行政赔偿申请书的受文单位是国家行政机关。

(2) 行政赔偿的申请程序具有规范性。《国家赔偿法》第9条第2款规定:"赔偿请求人要求赔偿应当先向赔偿义务机关提出,也可以在申请行政复议或者提起行政诉讼时一并提出。"

(3) 行政赔偿的举证责任具有特殊性。《国家赔偿法》第15条规定:"人民法院审理行政赔偿案件,赔偿请求人和赔偿义务机关对自己提出的主张,应当提供证据。赔偿义务机关采取行政拘留或者限制人身自由的强制措施期间,被限制人身自由的人死亡或者丧失行为能力的,赔偿义务机关的行为与被限制人身自由的人的死亡或者丧失行为能力是否存在因果关系,赔偿义务机关应当提供证据。"

(二) 法律依据和制作条件

《国家赔偿法》第3条规定:"行政机关及其工作人员在行使行政职权时有下列侵犯人身权情形之一的,受害人有取得赔偿的权利:(一)违法拘留或者违法采取限制公民人身自由的行政强制措施的;(二)非法拘禁或以其他方法非法剥夺公民人身自由的;(三)以殴打、虐待等行为或者唆使、放纵他人以殴打、虐待等行为造成公民身体伤害或者死亡的;(四)违法使用武器、警械造成公民身体伤害或者死亡的;(五)造成公民身体伤害或者死亡的其他违法行为。"

《国家赔偿法》第4条规定:"行政机关及其工作人员在行使行政职权时有下列侵犯财产权情形之一的,受害人有取得赔偿的权利:(一)违法实施罚款、吊销许可证和执照、责令停产停业、没收财物等行政处罚的;(二)违法对财产采取查封、扣押、冻结等行政强制措施的;(三)违法征收、征用财产的;(四)造成财产损害的其他违法行为。"

具体而言,只有同时具备以下四个条件,赔偿请求人才可申请行政赔偿:

(1) 受害人是符合《国家赔偿法》第3条、第4条规定的公民、法人或者其他组织。受害的公民死亡,其继承人和其他有扶养关系的亲属有权要求赔偿。受害的法人或者其他组织终止的,其权利承受人有权要求赔偿。

(2) 有明确的赔偿义务机关。《国家赔偿法》第7条规定:"行政机关及其工作人员行使行政职权侵犯公民、法人和其他组织的合法权益造成损害的,该行政机关为赔偿义务机关。两个以上行政机关共同行使行政职权时侵犯公民、法人和其他组织的合法权益造成损害的,共同行使行政职权的行政机关为共同赔偿义务机关。法律、法规授权的组织在行使授予的行政权力时侵犯公民、法人和其他组织的合法权益造成损害的，被授权的组织为赔偿义务机关。受行政机关委托的组织或者个人在行使受委托的行政权力时侵犯公民、法人和其他组织的合法权益造成损害的，委托的行政机关为赔偿义务机关。赔偿义务机关被撤销的，继续行使其职权的行政机关为赔偿义务机关；没有继续行使其职权的行政机关的，撤销该赔偿义务机关的行政机关为赔偿义务机关。"

《国家赔偿法》第8条规定："经复议机关复议的，最初造成侵权行为的行政机关为赔偿义务机关，但复议机关的复议决定加重损害的，复议机关对加重的部分履行赔偿义务。"

（3）有具体的赔偿请求、事实和理由。行政赔偿申请书必须有明确的赔偿请求，是支付赔偿金还是返还财产或恢复原状，是否要求消除影响、恢复名誉、赔礼道歉，是否要求支付精神损害抚慰金等。同时，要阐述清楚依据的事实和理由，这部分内容是行政赔偿申请书的核心内容。

（4）不属于《国家赔偿法》第5条规定的例外情形。《国家赔偿法》第5条规定："属于下列情形之一的，国家不承担赔偿责任：（一）行政机关工作人员与行使职权无关的个人行为；（二）因公民、法人和其他组织自己的行为致使损害发生的；（三）法律规定的其他情形。"

（三）使用情况

《国家赔偿法》第9条第2款规定："赔偿请求人要求赔偿，应当先向赔偿义务机关提出，也可以在申请行政复议或者提起行政诉讼时一并提出。"同时，根据《国家赔偿法》第10条的规定，赔偿请求人可以向共同赔偿义务机关中的任何一个赔偿义务机关要求赔偿。

《国家赔偿法》第12条第4款规定："赔偿请求人当面递交申请书的，赔偿义务机关应当当场出具加盖本行政机关专用印章并注明收讫日期的书面凭证。申请材料不齐全的，赔偿义务机关应当当场或者在五日内一次性告知赔偿请求人需要补正的全部内容。"

二、内容要点和制作技巧

行政赔偿申请书由首部、正文和尾部构成。

（一）首部

1. 标题

居中写"行政赔偿申请书"。

2. 赔偿请求人基本情况

赔偿请求人是公民的，应当写明姓名、性别、年龄、工作单位和住所等；赔偿请求人是法人、其他组织的，应当写明其名称、住所以及法定代表人或负责人的姓名、职务等。赔偿请求人不是受害人本人的，应当说明与受害人的关系，并提供相应证明。

（二）正文

1. 赔偿请求

赔偿请求要表达明确、具体。赔偿请求人根据受到的不同损害，可以同时提出数项赔偿要求。国家赔偿以支付赔偿金为主要方式。能够返还财产或者恢复原状的，予以返还财产或者恢复原状。致人精神损害的，应当在侵权行为影响的范围内，为受害人消除影响，恢复名誉，赔礼道歉；造成严重后果的，应当支付相应的精神损害抚慰金。具体赔偿的数额应按照法律规定的标准计算清楚。

2. 事实与理由

这部分要写清楚提出赔偿请求的事实根据和法律依据。赔偿请求人对自己提出的主张，应当提供证据。赔偿请求人要提供行政机关及其工作人员在行使行政职权时侵犯其合法权益的事实经过、原因及造成的损害结果、违法行为和损害结果之间存在的因果关系等。

（三）尾部

行政赔偿申请书的尾部包括致行政赔偿义务机关的名称（全称）；行政赔偿申请人的签名，行政赔偿申请人为法人或者其他组织的，应当写明全称，由法定代表人或负责人签名，加盖单位公章；注明《行政赔偿申请书》的书写日期和页码。

三、文书样式

示例 17-1

行政赔偿申请书

赔偿请求人：×××

赔偿请求人因＿＿＿＿＿＿（申请国家赔偿案由），现请求国家赔偿。

赔偿请求：

…………

事实与理由：

…………

  此致
（行政赔偿义务机关）

            赔偿请求人（签字或盖章）：×××

              ××××年××月××日

附：有关法律文书及证明材料目录。

第三节 刑事赔偿申请书

一、知识要点

(一) 概念和特点

刑事赔偿申请书,是指行使侦查、检察、审判职权的机关以及看守所、监狱管理机关及其工作人员在行使职权时,有侵害人身权或财产权情形的,受到侵害的公民、法人和其他组织依法向赔偿义务机关递交的要求其赔偿的法律文书。

刑事赔偿申请书具有下列特点:

(1) 刑事赔偿申请书的制作主体具有特定性。首先,申请书的制作主体只能是在行使侦查、检察、审判职权的机关以及看守所、监狱管理机关及其工作人员在行使职权时,人身权或财产权受到侵害的公民、法人和其他组织。

(2) 刑事赔偿的申请程序具有规范性。《国家赔偿法》第22条第2款规定:"赔偿请求人要求赔偿,应当先向赔偿义务机关提出。"

(3) 刑事赔偿的举证责任具有特殊性。《国家赔偿法》第26条规定:"人民法院赔偿委员会处理赔偿请求,赔偿请求人和赔偿义务机关对自己提出的主张,应当提供证据。被羁押人在羁押期间死亡或者丧失行为能力的,赔偿义务机关的行为与被羁押人的死亡或者丧失行为能力是否存在因果关系,赔偿义务机关应当提供证据。"

(二) 法律依据和制作条件

《国家赔偿法》第17条规定:"行使侦查、检察、审判职权的机关以及看守所、监狱管理机关及其工作人员在行使职权时有下列侵犯人身权情形之一的,受害人有取得赔偿的权利:(一)违反刑事诉讼法的规定对公民采取拘留措施的,或者依照刑事诉讼法规定的条件和程序对公民采取拘留措施,但是拘留时间超过刑事诉讼法规定的时限,其后决定撤销案件、不起诉或者判决宣告无罪终止追究刑事责任的;(二)对公民采取逮捕措施后,决定撤销案件、不起诉或者判决宣告无罪终止追究刑事责任的;(三)依照审判监督程序再审改判无罪,原判刑罚已经执行的;(四)刑讯逼供或者以殴打、虐待等行为或者唆使、放纵他人以殴打、虐待等行为造成公民身体伤害或者死亡的;(五)违法使用武器、警械造成公民身体伤害或者死亡的。"

《国家赔偿法》第18条规定:"行使侦查、检察、审判职权的机关以及看守所、监狱管理机关及其工作人员在行使职权时有下列侵犯财产权情形之一的,受害人有取得赔偿的权利:(一)违法对财产采取查封、扣押、冻结、追缴等措施的;

(二)依照审判监督程序再审改判无罪,原判罚金、没收财产已经执行的。"

《国家赔偿法》第38条规定:"人民法院在民事诉讼、行政诉讼过程中,违法采取对妨害诉讼的强制措施、保全措施或者对判决、裁定及其他生效法律文书执行错误,造成损害的,赔偿请求人要求赔偿的程序,适用本法刑事赔偿程序的规定。"

具体而言,只有同时具备以下四个条件,赔偿请求人才可申请刑事赔偿:

(1)受害人是符合《国家赔偿法》第17条、第18条及其他相关规定的公民、法人或者其他组织。受害的公民死亡,其继承人和其他有扶养关系的亲属有权要求赔偿。受害的法人或者其他组织终止的,其权利承受人有权要求赔偿。

(2)有明确的赔偿义务机关。《国家赔偿法》第21条规定:"行使侦查、检察、审判职权的机关以及看守所、监狱管理机关及其工作人员在行使职权时侵犯公民、法人和其他组织的合法权益造成损害的,该机关为赔偿义务机关。对公民采取拘留措施,依照本法的规定应当给予国家赔偿的,作出拘留决定的机关为赔偿义务机关。对公民采取逮捕措施后决定撤销案件、不起诉或者判决宣告无罪的,作出逮捕决定的机关为赔偿义务机关。再审改判无罪的,作出原生效判决的人民法院为赔偿义务机关。二审改判无罪,以及二审发回重审后作无罪处理的,作出一审有罪判决的人民法院为赔偿义务机关。"

(3)有具体的赔偿请求和事实根据。刑事赔偿申请书必须有明确的赔偿请求,是支付赔偿金还是返还财产或恢复原状,是否要求消除影响、恢复名誉、赔礼道歉,是否要求支付精神损害抚慰金等。如果支付赔偿金,赔偿金的具体数额是多少,同时要阐述清楚依据的事实和理由。这部分内容是刑事赔偿申请书的核心内容。

(4)不属于《国家赔偿法》第19条规定的例外情形。《国家赔偿法》第19条规定:"属于下列情形之一的,国家不承担赔偿责任:(一)因公民自己故意作虚伪供述,或者伪造其他有罪证据被羁押或者被判处刑罚的;(二)依照刑法第十七条、第十八条规定不负刑事责任的人被羁押的;(三)依照刑事诉讼法第十五条、第一百七十三条第二款、第二百七十三条第二款、第二百七十九条规定不追究刑事责任的人被羁押的;(四)行使侦查、检察、审判职权的机关以及看守所、监狱管理机关的工作人员与行使职权无关的个人行为;(五)因公民自伤、自残等故意行为致使损害发生的;(六)法律规定的其他情形。"

(三)使用情况

刑事赔偿申请书制作完毕之后,应当先向赔偿义务机关提出。赔偿义务机关应当自收到申请之日起两个月内作出是否赔偿的决定。

赔偿请求人当面递交申请书的,赔偿义务机关应当当场出具加盖本行政机关专用印章并注明收讫日期的书面凭证。申请材料不齐全的,赔偿义务机关应当当场或者在五日内一次性告知赔偿请求人需要补正的全部内容。

二、内容要点和制作技巧

刑事赔偿申请书由首部、正文和尾部构成。

（一）首部

1. 标题

居中写"刑事赔偿申请书"。

2. 赔偿请求人基本情况

赔偿请求人是公民的，应当写明姓名、性别、年龄、工作单位和住所等；赔偿请求人是法人、其他组织的，应当写明其名称、住所以及法定代表人或负责人的姓名、职务等。赔偿请求人不是受害人本人的，应当说明与受害人的关系，并提供相应证明。

（二）正文

1. 赔偿请求

赔偿请求要表达明确、具体。赔偿请求人根据受到的不同损害，可以同时提出数项赔偿要求。

2. 事实与理由

这部分要写清楚提出赔偿请求的事实根据和法律依据。赔偿请求人对自己提出的主张，应当提供证据。赔偿请求人要提供行使侦查、检察、审判职权的机关以及看守所、监狱管理机关及其工作人员在行使行政职权时侵犯其合法权益的事实经过、原因及造成的损害结果、违法行为和损害结果之间存在的因果关系等。

（三）尾部

刑事赔偿申请书的尾部包括致行使侦查、检察、审判职权的机关以及看守所、监狱管理机关的名称（全称）；刑事赔偿申请人的签名；刑事赔偿申请人为法人或者其他组织的，应当写明全称，由法定代表人或负责人签名，加盖单位公章；注明刑事赔偿申请书的书写日期和页码。

三、文书样式

示例 17-2

刑事赔偿申请书

赔偿请求人：×××

赔偿请求人因 _____（申请国家赔偿案由），现请求国家赔偿。

赔偿请求：

…………

事实与理由：
....
　　　　此致
（刑事赔偿义务机关）

　　　　　　　　　　　　　　　赔偿请求人（签字或盖章）：×××
　　　　　　　　　　　　　　　　　　××××年××月××日

附： 有关法律文书及证明材料目录。

第四节　行政赔偿决定书

一、知识要点

（一）概念和特点

行政赔偿决定书，是指行政赔偿义务机关对行政赔偿请求人申请行政赔偿的请求进行审查后，依法作出是否赔偿决定时出具的法律文书。

行政赔偿决定书的制作主体是国家赔偿义务机关，行政赔偿决定书是行政赔偿义务机关确认赔偿与否的凭证。

（二）法律依据和制作条件

《国家赔偿法》第13条规定："赔偿义务机关应当自收到申请之日起两个月内，作出是否赔偿的决定。赔偿义务机关作出赔偿决定，应当充分听取赔偿请求人的意见，并可以与赔偿请求人就赔偿方式、赔偿项目和赔偿数额依照本法第四章的规定进行协商。赔偿义务机关决定赔偿的，应当制作赔偿决定书，并自作出决定之日起十日内送达赔偿请求人。赔偿义务机关决定不予赔偿的，应当自作出决定之日起十日内书面通知赔偿请求人，并说明不予赔偿的理由。"

具体而言，行政赔偿决定具有以下三个特点：

（1）作出赔偿决定的时效性。根据《国家赔偿法》第13条第1款前段规定，赔偿义务机关应当自收到申请之日起两个月内，作出是否赔偿的决定。

（2）赔偿的可协商性。根据《国家赔偿法》第13条第1款后段规定，赔偿义务机关作出赔偿决定，应当充分听取赔偿请求人的意见，并可以与赔偿请求人就赔偿方式、赔偿项目和赔偿数额依照本法第四章的规定进行协商。

（3）赔偿方式的限定性。《国家赔偿法》第32条规定："国家赔偿以支付赔偿金为主要方式。能够返还财产或者恢复原状的，予以返还财产或者恢复原状。"第35

条规定:"有本法第三条或者第十七条规定情形之一,致人精神损害的,应当在侵权行为影响的范围内,为受害人消除影响,恢复名誉,赔礼道歉;造成严重后果的,应当支付相应的精神损害抚慰金。"

(三)使用情况

《国家赔偿法》第13条第2、3款规定:"赔偿义务机关决定赔偿的,应当制作赔偿决定书,并自作出决定之日起十日内送达赔偿请求人。赔偿义务机关决定不予赔偿的,应当自作出决定之日起十日内书面通知赔偿请求人,并说明不予赔偿的理由。"

二、内容要点和制作技巧

行政赔偿决定书由首部、正文和尾部构成。

(一)首部

1. 标题和案号

标题部分分两行写明制作文书的机关名称和文种;在标题右下方写明案号,案号由年度、制作单位和文书性质代字及案件顺序号组成。

2. 当事人基本情况

当事人基本情况这一部分主要是赔偿请求人和赔偿义务机关的基本情况。赔偿请求人是自然人的,应写明其姓名、性别、民族、职业(或工作单位和职务)、住址;有别名或者曾用名的,应在姓名之后用括号标明。赔偿请求人是法人的,应写明其名称、住所地,并写明法定代表人的姓名和职务。赔偿请求人是依法成立的不具备法人资格的其他组织的,应写明其名称和住所地,并写明负责人的姓名和职务。赔偿请求人有法定代理人或委托代理人的,应写明其姓名、性别、职业(或工作单位和职务)及住址。赔偿义务机关及复议机关要写明全称、地址,以及其法定代表人或负责人的姓名、职务。

(二)正文

正文是赔偿决定书的核心,主要包括:

(1)赔偿请求人的申请事项、事实与理由及举证情况;

(2)赔偿义务机关查明的事实情况;

(3)赔偿义务机关结合事实和法律依据,阐明作出决定的理由;

(4)赔偿义务机关最终作出的决定。

(三)尾部

尾部要交代有关权利,加盖机关印章,并明确国家赔偿决定书作出的日期。

三、文书样式

示例 17-3

××市××区××局行政赔偿决定书

（××××）赔决定第×号

赔偿请求人：×××，……

赔偿义务机关：……

法定代表人：×××，……

赔偿请求人×××以×××为由，向××××人民法院提起行政诉讼，××××人民法院于××××年××月××日作出行政判决书，确认本机关行为违法。现本机关收到赔偿请求人的国家赔偿申请。

本机关查明：……

本机关认为：……

本机关现决定如下：

……

××市××区××局

××××年××月××日

（公章）

第五节　刑事赔偿决定书

一、知识要点

（一）概念和特点

刑事赔偿决定书，是指赔偿义务机关对赔偿请求人申请刑事赔偿的请求进行审查后，依法作出是否赔偿决定时出具的法律文书。

赔偿决定书的制作主体是刑事赔偿义务机关，赔偿决定书是赔偿义务机关确认赔偿与否的凭证。刑事赔偿决定书具有以下三个特点：（1）作出赔偿决定的时效性。《国家赔偿法》第 23 条第 1 款前段规定："赔偿义务机关应当自收到申请之日起两个月内，作出是否赔偿的决定。"（2）赔偿的可协商性。《国家赔偿法》第 23 条第 1 款后段规定："赔偿义务机关作出赔偿决定，应当充分听取赔偿请求人的意见，并可以与赔偿请求人就赔偿方式、赔偿项目和赔偿数额依照本法第四章的规定进行协商。"(3)赔偿方式的限定性。《国家赔偿法》第32条规定:"国家赔偿以支付赔偿金为主要方式。能够返还财产或者恢复原状的,予以返还财产或者恢复原状。"《国家赔偿法》第35条规定:"有本法第三条或者第十七条规定情形之一,致人精神损害的,应当在侵权行为影响的范围内,为受害人消除影响,恢复名誉,赔礼道歉;造成严重后果的,应当支付相应的精神损害抚慰金。"

(二)法律依据和制作条件

《国家赔偿法》第23条规定:"赔偿义务机关应当自收到申请之日起两个月内,作出是否赔偿的决定。赔偿义务机关作出赔偿决定,应当充分听取赔偿请求人的意见,并可以与赔偿请求人就赔偿方式、赔偿项目和赔偿数额依照本法第四章的规定进行协商。赔偿义务机关决定赔偿的,应当制作赔偿决定书,并自作出决定之日起十日内送达赔偿请求人。赔偿义务机关决定不予赔偿的,应当自作出决定之日起十日内书面通知赔偿请求人,并说明不予赔偿的理由。"

具体而言,刑事赔偿决定的特点主要表现在具有时效性和可协商性。即赔偿决定应当自赔偿义务机关收到申请之日起两个月内作出。赔偿义务机关作出赔偿决定,应当充分听取赔偿请求人的意见,并可以与赔偿请求人就赔偿方式、赔偿项目和赔偿数额依法进行协商。

根据《国家赔偿法》第32条第1款:"国家赔偿以支付赔偿金为主要方式。"对于赔偿金的标准应当按照以下规定执行:(1)侵犯公民人身自由的,每日赔偿金按照国家上年度职工日平均工资计算。(2)侵犯公民生命健康权的,赔偿金根据《国家赔偿法》第34条规定计算。

(三)使用情况

赔偿义务机关决定赔偿的,应当制作赔偿决定书,并自作出决定之日起十日内送达赔偿请求人。赔偿义务机关决定不予赔偿的,应当自作出决定之日起十日内书面通知赔偿请求人,并说明不予赔偿的理由。

二、内容要点和制作技巧

刑事赔偿决定书由首部、正文和尾部构成。根据制作主体不同,刑事赔偿决定书在样式和内容方面也有所区别。下面以人民法院赔偿委员会用于国家赔偿的赔偿决定书为样式作详细介绍:

(一)首部

1. 标题和案号

标题部分分两行写明制作文书的机关名称和文种;在标题右下方写明案号,案号由年度、制作单位和文书性质代字及案件顺序号组成。

2. 当事人基本情况

当事人基本情况这一部分主要是赔偿请求人和赔偿义务机关以及复议机关的基本情况。赔偿请求人是自然人的，应写明其姓名、性别、民族、职业（或工作单位和职务）、住址；有别名或者曾用名的，应在姓名之后用括号标明。赔偿请求人是法人的，应写明其名称、住所地，并写明法定代表人的姓名和职务。赔偿请求人是依法成立的不具备法人资格的其他组织的，应写明其名称和住所地，并写明负责人的姓名和职务。赔偿请求人有法定代理人或委托代理人的，应写明其姓名、性别、职业（或工作单位和职务）及住址。赔偿义务机关及复议机关要写明全称、地址，以及其法定代表人或负责人的姓名、职务。

（二）正文

正文是赔偿决定书的核心，主要包括：

（1）赔偿请求人的申请事项、事实与理由及举证情况；

（2）赔偿义务机关的决定、答辩意见及举证情况；

（3）复议机关的决定、答辩意见及举证情况；

（4）双方质证意见；

（5）结合双方当事人在质证程序中发表的意见，对证据作出确认；

（6）法院查明的事实；

（7）结合事实和法律依据，阐明作出决定的理由；

（8）作出裁判结果。

（三）尾部

尾部要交代有关权利，加盖机关印章，并明确国家赔偿决定书作出的日期。

三、文书样式

×××人民法院赔偿委员会
国家赔偿决定书

（××××）×法委赔字第×号

示例 17-4

赔偿请求人：×××，……
赔偿义务机关：……
法定代表人：×××，……
委托代理人：×××，……
复议机关：……
法定代表人：×××，……
委托代理人：×××，……

×××因×××申请×××国家赔偿一案，向本院赔偿委员会申请作出赔偿决定。本院赔偿委员会依法对本案进行了审理，现已审理终结。

经审理查明，……

本院赔偿委员会认为，……决定如下：

…………

××××年××月××日

（院印）